Hölderlin. Der Pflegsohn

Abb. 1 »Hölderlinsturm«. Aquarell, angeblich von Ernst Zimmer (um die Mitte des 19. Jahrhunderts) (Stadtarchiv Tübingen)

Hölderlin. Der Pflegsohn

Texte und Dokumente 1806–1843 mit den neu entdeckten Nürtinger Pflegschaftsakten

Herausgegeben von Gregor Wittkop

Verlag J.B. Metzler
Stuttgart · Weimar

Schriften der Hölderlin-Gesellschaft Band 16

Die Deutsche Bibliothek – CIP-Einheitsaufnahme

Hölderlin, der Pflegsohn : Texte und Dokumente 1806 – 1843
mit den neu entdeckten Nürtinger Pflegschaftsakten /
hrsg. von Gregor Wittkop. – Stuttgart ; Weimar : Metzler, 1993
(Schriften der Hölderlin-Gesellschaft ; Bd. 16)
ISBN 3-476-00938-6
NE: Wittkop, Gregor [Hrsg.]: Hölderlin Gesellschaft:
Schriften der Hölderlin-Gesellschaft

Gedruckt auf säure- und chlorfreiem, alterungsbeständigem Papier

ISBN 3-476-00938-6

Satz: J.Boy, Brennberg
Druck: Druck-Partner Rübelmann, Hemsbach
Printed in Germany

Verlag J.B.Metzler Stuttgart · Weimar

EIN VERLAG DER SPEKTRUM FACHVERLAGE GMBH

Inhalt

1 GRATIAL FÜR HÖLDERLIN

[Aus den Geschäftstagebüchern des Konsistoriums]

[a: 29. November 1805]

2) *Eingang der Supplik beim Konsistorium:*
[Rubrik Nro./Locus/Referent:] 1331.) *Nürtingen*. HE. *Prael[at]Keller*.
[Rubrik Materia:] Verw[ittwete] KammerRath *Gokin* allda um Unterstützung zu den auf ihren kranken Sohn, *Stip*[endiarium] *M*[agister] *Hölderlin*, zu verwendenden Kosten.

[Aus dem Konsistorialprotokoll:]

[b: 14. Januar 1806]

Pfarrwittwe *Gockin* ein *Gratial pro filio, stip. M. Hölderlin* wegen Kränklichkeit.
Auszusetzen.

[c: 30. April 1806]

Verwittwete CammerRath *Gock* bittet um Unterstüzung für ihren Sohn, den krankken *stipendiarium M. Hoelderlin*.
Concl:
Ad acta.

[d: 11.Juni 1806]

Die verwittwete CammerRäthin *Gock* bittet um Unterstüzung für ihren kräncklichen Sohn *M. Hoelderlin*.
Concl:
Da weder aus dem *exhib*[ito] noch aus dem Beybericht zuverläßig zu ersehen sey, wo *M. Hoelderlin* sich gegenwärtig aufhalte, so soll *Spec*[ialis: der Nürtinger Dekan] solches berichten.
Concl: ex post[eriori]
Ihn dem K[gl.] O[ber]F[inanz]*Depart*[ement] zu 100 Thlrn wenigstens zu empfehlen, um sodann ein gemeinschl: Anbringen machen zu können.

[Ein wiederholtes Gesuch der Mutter beschäftigt das Konsistorium am 26. September 1806 und wird dem Oberfinanzdepartement »pro monitorio« überwiesen. – Am 3. Oktober beschließt das Konsistorium ein »Anbringen an das K. StaatsMinisterium nach dem Antrag des OFin.*Dep*«. Nach weiterer Befassung mit der Sache am 7. und 21. Oktober gibt die Finanzbehörde zum 4. November »Nachricht, daß der verwittibten CammerRäthin *Gock* zu Verpfleg. ihres Sohns 150 f. jährl. bewilligt worden«.]

2 GUSTAV SCHODER AN IMMANUEL HOCH

3. Okt. 1806

Uhland studirt izt Schelling u[nd] Kerner hilft den gefallenen Titanen Hölderlin im Klinikum laxiren u[nd] macht ihm einen bösen Kopf. Dadurch will Autenrieth die Poesie u die Narrheit zugleich hinausjagen.

3 BERICHT DES STAATSMINISTERIUMS UND VERFÜGUNG DES KÖNIGS

Stuttgart, 9. Oktober 1806

Euer königlichen Majestät ist es allergst gefällig gewesen, von dem Königl: Staats-Ministerium über die Bitte der verwittibten Kammerrath *Gock* in Nürtingen um einen allergsten Beitrag zu den auf ihren kranken Sohn *M. Hoelderlin* zu verwendenden Kosten, AUst Bericht zu erfordern.

Gehorsamst Subsignirte haben hierauf nach der bei dem Königl. OberConsistorium eingezogenen Erkundigung AUst anzuzeigen:

M. Hölderlin hatte von Jugend an, wegen seiner Talente gute Hofnungen von sich gegeben. Nach wohl zurükgelegter akademischer Laufbahn nahm er als Stipendiat mit Erlaubniß einige Hofmeister-Stellen im Auslande an, und kehrte dann im Jahr 1804. in das Vaterland zurük. Aber bald zeigten sich bei ihm Anfälle einer Nerven-Krankheit und periodische traurige Spuren einer zerrütteten Einbildungs-Kraft, und zwar, nach dem beigelegten Zeugniß seines Arztes in Nürtingen – als Folgen von angestrengten Studien Arbeiten bei Nacht und Unterlassung der nöthigen Bewegung; und es ist, nach eben diesem Attestate, zu befürchten, daß er schwerlich ganz werde wiederhergestellt werden. Seine Mutter hat innzwischen alle Mittel zu Wiederherstellung der Gesundheit ihres Sohnes aufgeboten, ist aber nun – da auch sein väterliches Vermögen aufgezehrt ist, in dem Falle, Euer Königl. Majestät um eine gste milde Unterstüzung anflehen zu müssen.

Das Königl. OberFinanz*Departement* trägt nach mehreren ähnlichen Vorgängen von armen und unglüklichen Stipendiaten auf eine jährliche Unterstüzung von 150. fl in so lange an, bis Hölderlin wieder hergestellt seyn werde; Und AUst. Subsignirte legen diesen Antrag der höchsten Gnade Euer Königl. Majestät submissest vor.

[Randvermerk:] *Seine Koenigliche Majestaet* wollen dem *M. Hoelderlin* zu Nürtingen die von dem Königl:en StaatsMinisterio AUntgst: in Antrag gebrachte Unterstüzung von 150 f, bis zu deßen Wiederherstellung gnädigst verwilligt haben. *Dat:* Stuttgart den 12ten *October 1806.* [gez.] Friderich

4 AUSZAHLUNG DES GRATIALS

d:d: 16. Octbr: [1806]

Der Verwittibten Kammerrath Gockin in Nürtingen ist zu Verpflegung ihres kranken Sohns *Mr:* Hölderlen in so lange, biß derselbe wider hergestelt sein wird, eine Unterstüzung järl: allergdst: bewilligt worden mit ——: 150. f -

5 HÖLDERLIN IM TÜBINGER KLINIKUM

[Aus der Jahresrechnung 1806/ 1807:] Magister *Hölderlin* aus Nürtingen vom 15n 7br. biß 3n Maj 1807. auf 231.Tage *á* 24. x. ————— 92.f. 24.x.

6 AUS DEM REZEPTBUCH DER AUTENRIETHSCHEN KLINIK IN TÜBINGEN 1806

[Handschrift Authenrieths:]

d. 16. *Sept.*

M. Hölderlin

℞ H[er]B[ae] *belladonnae* *gr.* vj.

h[er]b[ae]. *digitalis purpureae* *gr.* ij.

infunde cum

Aq. chamomillae anisatae ℥ ij.

Colat[ur] D. S. Täglich 3 mahl einen Löffel voll zu geben.

[Handschrift Kerners:]

d. 17. u. 18. *Sept.*

Reit[eretu]r. M: Hölderlen *mixt[u]r[a]:* d. 16. *Sept: pr[aesentis anni]*

D. S. Täglich 4 Eßlöffel voll

[Handschrift Autenrieths:]

d. 18. *Sept.*

Hölderlin.

Einen Schoppen Wein auf 2 Tage.

[Handschrift Kerners:]

M: Hölderlen d. 21. *Sept.*

Reit: Mixtr: d 16. *Sept: pr.*

D. S. ut ante.

[Handschrift Autenrieths:]

d. 21. *Sept:* Hölderlin

℞ t[inctu]r[a] *cantharidum* ℈ ij.

mercurii dulcis *gr.* xvj.

opii puri. *gr.* iv.

Sacchari albi ℥*ß.*

M[isce] Div[ide] in viij part[es]

Dent[ur] ad chart[as] diss[ectas (?)]

Täglich 4 mahl ein Pulver zu geben.

[Handschrift Kerners:]

M: Hölderlen *d.* 30. *Sept:*
Reitr: pulvis d. 21. *Sept: pr:*
D.S. ut: ante:

M: Hölderlin *d.* 16. *octr:*
Reitr: pulvis d. 21. *Sept: pr:*
D.S. ut. ante:

[Handschrift Autenrieths:]

d. 17. *octr:* Hölderlin

℞ *Gummi aloes succotrinae*	℥ *ß.*
tart[ari] vitriolati.	℥ iij.
Sacchari albi	℥ j. *ß.*
Aq[uae] chamomillae anisatae	℥ j. *ß.*
Aq[uae] anisi	℥ iij.

M.D.S. Alle 2 Stund einen Löffel voll zu nehmen
d. 21. *octr.* Hölderlin
Spazierengehen

7 EIN BRIEFENTWURF JUSTINUS KERNERS

[Tübingen, Anfang 1807]

Hochwürdigster HE. *Sec*[retarius!]
Herzallerliebster HE. Vetter!

Bey meiner lezten Durchreise durch *St.* als ich aus uns[erer] *Vacanz* von *L.* zurükkam, hoffte ich Ihnen auch einmal meine Aufw. machen zu können zumal ich von meinem Bruder einen Auftr. an Sie hatte, [der] *Tübinger* [?] bott [?] hieher (aber) fuhr aber so plözl ab daß ich nur genug zu thun hatte um noch mit zu kommen. Gab die Zeitungen meiner *Tante* und hoffe daß Sie dieselbige richtig überkamen.

Bin wegen meinem Bruder in gar großen Ängsten inmaßen ich vernehme daß unsre Leute durch einen Ausfall derer in Breslau fast gar sehr gelitten haben.

Die Zeitläufte stehen [?] überall [?] fast schnell [?] u bedrükt.

HE. Hölder[l]in ist noch [auch?] fast schlim, war heute bey ihm, sprach er da nichts als vom *Con.flex* [?] und anders verwirrtes Zeug das mir gar traurig war anzuhören. Fast gar erbärmlich fällt es daher daß Vetter [?] Weisser ihn noch in s. Unglük so elendiglich verfolgt (und ihm nach s. Weise den Verstand abspricht den er doch noch beym Verstand hatte). Hab seine *Rec.* gelesen in der *Dyck*ischen Bibliothek. Mir bey allen Heiligen nichts weh thut als daß der werthe [?] Vetter unser [?] [darunter gestrichen: liebe *Uhland* mein) fast gar über die Achsel angesehen wird. Darüber sehr [fast?] zu zanken ich auch [?] nicht umbgehen kann. Begreife bey allen Heiligen nicht, wie ein so zart [?] ächt deutsches [darüber: göthisches Liedlein] voll der Sprach Reichthumb und Zierlichkeit albern und kindisch gescholten werden kann.

Im stillen Cl[ostergarten]
Da gegen [?] überschüttet man mit Schulreden [?] wie folgt:
Weiß ich nun nicht mehr was man........ Poesey nennt

8 LEO VON SECKENDORF AN KERNER

[Regensburg, 7. Februar 1807]

Hölderlins Schiksal geht mir sehr nahe, aber wie in aller Welt soll er ohne Umgang, ohne Aufsicht, ohne Befriedigung für sein gequältes Herz durch Erquickungen der Freundschaft zurecht kommen? Das ist sehr traurig – gerade die tödende Einsamkeit, das ewige Brüten hat ihn so zerstört! Grüßen Sie ihn doch recht herzlich von mir, wenn er der Erinnerung empfänglich ist – kan er vernehmen und Antheil nehmen? Er weiß nichts, daß von seinen Gedichten etwas im Almanach gedruckt ist, denn als ich *Sinclairn* davon schrieb, war er unzugänglich. Ich habe sie, mit äußerster Schonung, aber doch hie und da verändern müssen, um nur Sinn hineinzubringen.

9 ISAAC VON SINCLAIR AN GEORG WILHELM FRIEDRICH HEGEL

[Hötensleben bei Helmstedt, 23. Mai 1807]

Siegfried Schmidt, den du als meinen u. *Hölderlins* Freund kennen wirst, u. den ich würklich für eines der ersten poetischen Talente halte, lebt jezt dort [in Homburg] in großer Dürftigkeit [...]

Von *Hölderlin* weiß ich auch nichts, als daß ihn *Dr. Autenried* zu *Tübingen* in der Kur hat. Mit welchem Erfolg weiß ich nicht. In *Seckendorfs* Taschenbuch stehen aber einige Sachen von ihm, in seinem izzigen Zustand verfertigt, die ich aber für unvergleichlich ansehe, u. die *Fr. Schlegel* u. *Tieck,* die ich voriges Jahr darüber sprach, für das höchste in ihrer Art in der ganzen *modernen Poesie* erklärten. Wollte Gott, alle diese abscheulichen Schicksale wären einmahl vorüber.

10 SECKENDORF AN KERNER

[Regensburg, 13. August 1807]

Sinclair sandte mir neulich ein paar ältere Gedichte von *Hölderlin*, und fragt theilnehmend nach ihm. Ich fürchte er ist unheilbar! Der sonderbare Mensch! also hatte er doch die *Aurora* nicht vergessen. Es ist wahr, vor mehr als 4 Jahren empfing ich Gedichte von ihm für diese Zeitschrift, statt prosaischer Aufsäze, die ich verlangt hatte. Mein Arrest folgte darauf, u. die *Aurora* ging ein. Von *Honorar* war nie die Rede, ich wollte ihn nur zur Arbeit vorbereiten. Trüge der Almanach *Honorar,* ich würde es ihm wahrlich am ersten ganz überlassen – und redlich soll alles geschehn, was ich für ihn zu bewirken vermag – aber erst muß ich meine Kräfte wieder brauchen können.

11 BESUCH KARL AUGUST VARNHAGENS VON ENSE BEI HÖLDERLIN

[29. Dezember 1808]

Zu einem andern Dichter hat mich Kerner geführt, zu einem Dichter im wahren vollen Sinne, einem ächten Meister der Poesie, der aber nicht am Hofe zu suchen ist, noch in Cotta's Abendgesellschaft, sondern – im Irrenhaus. Wie ein Strafschauder traf es mich, als ich zuerst vernahm, Hölderlin lebe hier seit ein paar Jahren als Wahnsinniger! Der edle Dichter des Hyperion, und so manches herrlichen Liedes voll Sehnsucht und Heldenmuth, hatte allerdings eine Übersetzung des Sophokles in Druck gegeben, die mir ziemlich toll vorgekommen war, aber nur litterarisch toll, worin man bei uns sehr weit gehen kann, ohne grade wahnsinnig zu sein, oder dafür gehalten zu werden. Diese Tollheit zu rügen, war völlig erlaubt, und ich hatte mir für den Doppelroman, zu den übrigen litterarischen Figuren, auch einen Übersetzer Wachholder ausgedacht, der wie Hölderlin's Sophokles reden sollte. Nur durch Zufall unterblieb es, und wahrlich mir zum Heil! Denn mir wäre es ein schrecklicher Gedanke, einen Geisteskranken verspottet zu haben, eben so schauderhaft, wie eine Leiche prügeln zu wollen! Wie kläglich erscheint das irdische Beginnen, wie ohnmächtig der Haß und die Liebe, gegen das unerreichbar Entrückte! wie heiligend der Tod und großes Unglück! Der Scherz gegen Hölderlin hätte freilich ihn selber nie berührt, wäre nicht böse gemeint gewesen, war in seiner Voraussetzung nicht einmal unrecht, und diese Voraussetzung war die argloseste! aber doch ist es mir unendlich lieb, daß dieser Ausfall nicht geschah, ich fühle mich wie einer großen Gefahr, einem tiefen Frevel entgangen. – Der arme Hölderlin! Er ist bei einem Schreiner in Kost und Aufsicht, der ihn gut hält, mit ihm spaziren geht, ihn so viel als nöthig bewacht; denn sein Wahnsinn ist nicht grade gefährlich, nur darf man den Einfällen nicht trauen, die ihn plötzlich anwandeln könnten. Er raset nicht, aber spricht unaufhörlich aus seinen Einbildungen, glaubt sich von huldigenden Besuchern umgeben, streitet mit ihnen, horcht auf ihre Einwendungen, widerlegt sie mit größter Lebhaftigkeit, erwähnt großer Werke, die er geschrieben habe, andrer, die er jetzt schreibe, und all sein Wissen, seine Sprachkenntniß, seine Vertrautheit mit den Alten, stehen ihm hiebei zu Gebot; selten aber fließt ein eigenthümlicher Gedanke, eine geistreiche Verknüpfung, in den Strom seiner Worte, die im Ganzen nur gewöhnliches Irrereden sind. Als Ursache seines Wahnsinns wird ein schrecklicher Auftritt in Frankfurt am Main angegeben, wo er Hofmeister in einem reichen Hause war. Eine zarte liebenswerthe, unglückliche Frau würdigt den hohen Dichtergeist, das reine Gemüth des in seiner Lage gedrückten und verkannten Jünglings, es entsteht eine unschuldige Freundschaft, die aber dem rohesten Argwohn nicht entgeht, und Hölderlin wird thätlich mißhandelt, sieht auch die Freundin mißhandelt! Das brach ihm das Herz. Er wollte seinen Jammer in Arbeit vergraben, er übersetzte den Sophokles; der Verleger, der den ersten Theil drucken ließ und ausgab, ahndete nicht, daß in dem Buche schon manche Spur des Überganges zu finden sei, der in dem Verfasser leider nur allzubald sichtbar wurde.

WAS IST DER MENSCHEN LEBEN …

Was ist der Menschen Leben? ein Bild der Gottheit.
Wie unter dem Himmel wandeln die Irrdischen alle, sehen
Sie diesen. Lesend aber gleichsam, wie
In einer Schrift, die Unendlichkeit nachahmen und den Reichtum
Menschen. Ist der einfältige Himmel
Denn reich? Wie Blüthen sind ja
Silberne Wolken. Es regnet aber von daher
Der Thau und das Feuchtere. Wenn aber
Das Blau ist ausgelöschet, das Einfältige, scheint
Das Matte, das dem Marmelstein gleichet, wie Erz,
Anzeige des Reichtums.

WAS IST GOTT …

Was ist Gott? Unbekannt, dennoch
Voll Eigenschaften ist das Angesicht
Des Himmels von ihm. Die Blize nemlich
Der Zorn sind eines Gottes. Jemehr ist eins
Unsichtbar, schiket es sich in Fremdes. Aber der Donner
Der Ruhm ist Gottes. Die Liebe zur Unsterblichkeit
Das Eigentum auch, wie das unsere
Ist eines Gottes.

PHAETON-SEGMENTE

[1]

In lieblicher Bläue blühet mit dem metallenen Dache der Kirchthurm. Den umschwebet Geschrei der Schwalben, den umgiebt die rührendste Bläue. Die Sonne gehet hoch darüber und färbet das Blech, im Winde aber oben stille krähet die Fahne. Wenn einer unter der Gloke dann herabgeht, jene Treppen, ein stilles Leben ist es, weil, wenn abgesondert so sehr die Gestalt ist, die Bildsamkeit herauskommt dann des Menschen. Die Fenster, daraus die Glocken tönen, sind wie Thore an Schönheit. Nemlich, weil noch der Natur nach sind die Thore, haben diese die Ähnlichkeit von Bäumen des Walds. Reinheit aber ist auch Schönheit. Innen aus Verschiedenem entsteht ein ernster Geist. So sehr einfältig aber die Bilder, so sehr heilig sind die, daß man wirklich oft fürchtet, die zu beschreiben. Die Himmlischen aber, die immer gut sind, alles zumal, wie Reiche, haben diese, Tugend und Freude. Der Mensch darf das nachahmen. Darf, wenn lauter Mühe das Leben, ein Mensch aufschauen und sagen: so will ich auch seyn? Ja. So lange die Freundlichkeit noch am Herzen, die Reine, dauert, misset nicht unglüklich der Mensch sich mit der Gottheit. Ist unbekannt Gott? Ist er offenbar wie der Himmel? dieses glaub' ich eher. Des Menschen Maaß ist's. Voll Verdienst, doch dichterisch, wohnet der Mensch auf dieser Erde. Doch reiner ist nicht der Schatten der Nacht mit den Sternen, wenn ich so sagen könnte, als der Mensch, der heißet ein Bild der Gottheit.

[2]

Giebt es auf Erden ein Maaß? Es giebt keines. Nemlich es hemmen den Donnergang nie die Welten des Schöpfers. Auch eine Blume ist schön, weil sie blühet unter der Sonne. Es findet das Aug' oft im Leben Wesen, die viel schöner noch zu nennen wären als die Blumen. O! ich weiß das wohl! Denn zu bluten an Gestalt und Herz, und ganz nicht mehr zu seyn, gefällt das Gott? Die Seele aber, wie ich glaube, muß rein bleiben, sonst reicht an das Mächtige auf Fittigen der Adler mit lobendem Gesange und der Stimme so vieler Vögel. Es ist die Wesenheit, die Gestalt ist's. Du schönes Bächlein, du scheinest rührend, indem du rollest so klar, wie das Auge der Gottheit, durch die Milchstraße. Ich kenne dich wohl, aber Thränen quillen aus dem Auge. Ein heiteres Leben seh' ich in den Gestalten mich umblühen der Schöpfung, weil ich es nicht unbillig vergleiche den einsamen Tauben auf dem Kirchhof. Das Lachen aber scheint mich zu grämen der Menschen, nemlich ich hab' ein Herz. Möcht' ich ein Komet seyn? Ich glaube. Denn sie haben die Schnelligkeit der Vögel; sie blühen an Feuer, und sind wie Kinder an Reinheit. Größeres zu wünschen, kann nicht des Menschen Natur sich vermessen. Der Tugend Heiterkeit verdient auch gelobt zu werden vom ernsten Geiste, der zwischen den drei Säulen wehet des Gartens. Eine schöne Jungfrau muß das Haupt umkränzen mit Myrthenblumen, weil sie einfach ist ihrem Wesen nach und ihrem Gefühl. Myrthen aber giebt es in Griechenland.

[3]
Wenn einer in den Spiegel siehet, ein Mann, und siehet darinn sein Bild, wie abgemahlt; es gleicht dem Manne. Augen hat des Menschen Bild, hingegen Licht der Mond. Der König Oedipus hat ein Auge zuviel vieleicht. Diese Leiden dieses Mannes, sie scheinen unbeschreiblich, unaussprechlich, unausdrüklich. Wenn das Schauspiel ein solches darstellt, kommt's daher. Wie ist mir's aber, gedenk' ich deiner jezt? Wie Bäche reißt das Ende von Etwas mich dahin, welches sich wie Asien ausdehnet. Natürlich dieses Leiden, das hat Oedipus. Natürlich ist's darum. Hat auch Herkules gelitten? Wohl. Die Dioskuren in ihrer Freundschaft haben die nicht Leiden auch getragen? Nemlich wie Herkules mit Gott zu streiten, das ist Leiden. Und die Unsterblichkeit im Neide dieses Lebens, diese zu theilen, ist ein Leiden auch. Doch das ist auch ein Leiden, wenn mit Sommerfleken ist bedekt ein Mensch, mit manchen Fleken ganz überdekt zu seyn. Das thut die schöne Sonne: nemlich die ziehet alles auf. Die Jünglinge führt die Bahn sie mit Reizen ihrer Stralen wie mit Rosen. Die Leiden scheinen so, wie Oedipus getragen, als wie ein armer Mann klagt, daß ihm etwas fehle. Sohn Laios, armer Fremdling in Griechenland! Leben ist Tod, und Tod ist auch ein Leben.

FREUNDSCHAFT, LIEBE...

Freundschaft, Liebe, Kirch und Heilge, Kreuze, Bilder,
Altar und Kanzel und Musik. Es tönet ihm die Predigt.
Die Kinderlehre scheint nach Tisch ein schlummernd müßig
Gespräch für Mann und Kind und Jungfraun, fromme Frauen;
Hernach geht er, der Herr, der Burgersmann und Künstler
Auf Feldern froh umher und heimatlichen Auen,
Die Jugend geht betrachtend auch.

12 DIE LETZTWILLIGEN VERFÜGUNGEN JOHANNA CHRISTIANA GOKS

[1] Mein Lezter Wille.

Nürtingen d 15 octobr 1808.

Da ich nicht weiß, ob der l. Gott mich bald oder schnell von der Welt abfordern wird, wo ich nicht mehr im stand wäre, das meine l. Kinder betreffente schrifftlich, oder Mündlich zu hinderlasen, so bitte ich das hienach stehende anzunehmen.

Da ich keins von meinen l. Kindern zu verkürzen im Sinn habe. so hoffe ich, Sie werden es mir nicht verdencken wan ich meine l.Tochter, u. l. Jüngern Sohn bitte, von dem was Ihr l. Bedauerenswürdiger Bruder zum Studieren, Reiß kosten als Hoffmeister, u. während seiner trauerigen Gemüths Kranckheit nöthig hatte nichts

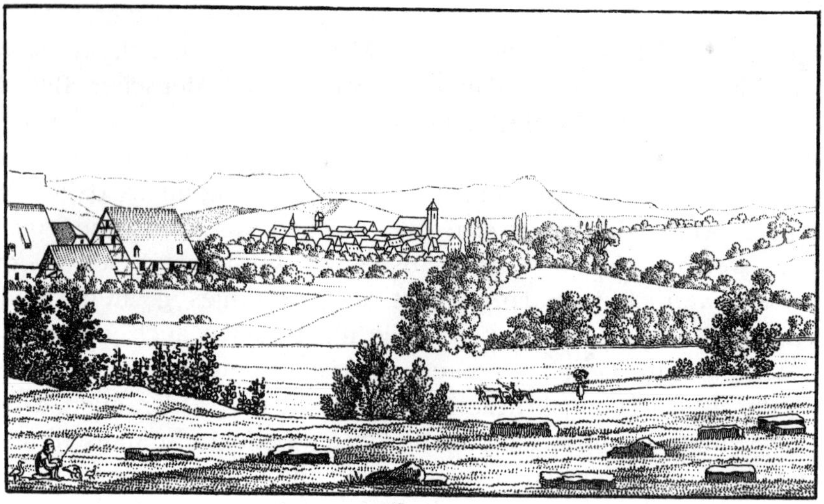

Abb. 2 Nürtingen, mit Blick zur Alb. Aquarellierte Radierung, um 1822 (Stadtarchiv Nürtingen)

anzurechnen, auch deswegen weil ich sein Cappithal von seinem anerstorbenen Vermögen länger als der beden andern l. Kinder genosen, wo Er also auser seinem Vätterlichen u. Baasen Guth, an dem was ich an Cappithal Vermögen hinterlase, auch mit seinen l. Geschwister einen gleichen theil zu erben hat. solte aber der l. Gott beschlosen haben, den armen bis nach meinem Tod in diesem trauerigen Zustand zu lasen wo Er an Mobiliar Vermögen nicht viel nöthig braucht, so sollen seine 2 Geschwister als Schadlosshaltung solches in 2 theil erben u. da ich hoffe daß die Zinse nebst dem Gehalt welchen Er Jährlich bezieht, vollkomen hinreichen wird, seine Bedürffnise nach allen theilen zu befriedigen, daß der l. unglückliche keinen Mangel leiden darff, so bitte ich das Wohllobliche Weisen Gericht. u. seine l. Geschwister zu sorgen daß das Cappithal auser dem aüsersten Nothfall unangegriffen bleibt. u. nach seinem Tod seine l. Geschwister wieder zur Schadlos haltung zu gut kome. –

ich hoffe Er werde es mir nicht als Mangel an Liebe ansehen. Bloß die Sorge Er könnte wan der l. Gott Ihn lange zu leben beschlosen hätte, in Dürfftigkeit leben oder seinen l. Geschwister zur last fallen, veranlaßt mich diese bitte zu thun.

je nach dem die umstände bey Ihm sein, hat Er auser seinem bett noch eins zu empfangen, u. 1 duzend leibweiszeug, u. bett u tischzeug durch alle Rubricken 6.Fach. auch 1 Comod, bettlade, Tisch, u. etliche Sesel. auch am Leinen tuch soll Er seinen theil Erben zu hemder.

ich empfehle Ihn seinen beden Geschwister daß Sie nach meinem Tod Vatter und Mutter Stelle bey dem l. unglücklichen vertreten.

auch das Wohllöbliche Waisen Gericht. seinem HE. Pfleger, u Kost-Herrn Bitte ich, sich eines ünglücklichen anzunehmen.

meine 2.te bitte betrifft meinen Jüngern Sohn, welcher [zu] wiederholten mahlen mich bath, Ihn Studieren zu lasen. u. da ich aus mancherlei Gründen es Ihm nicht verwilligen konnte. so versprach ich Ihm wan Er davon abstehen werde, als Schadloshaltung gegen seinen ältern Bruder von meinem Vermögen als Voraus 500 fl. zu geben. um Ihn zu überzeügen daß ich nicht ganz aus intrese Ihn suchte davon abzubringen. bey seiner Verheürathung erhielt Er auser seinem Vätterlichen 100 fl hieran. ich hoffe seine l. Geschwister werden Ihm solches nicht misgönnen da Er weniger Vätterlich Vermögen hat.

u. damit meine l. Tochter gegen Ihre bede l. Brüder nicht zu kurz komt so sollen Ihre bede l. Kinder jedes nach meinem Tod 200 fl. als ein Andencken von Ihrer Großmutter erhalten. [Dieser letzte Absatz später gestrichen, statt dessen ein Sternchen und am unteren Rande vermerkt: »nach der ersten Beylaage«.]

u meine l. Tochter solle meinen *Demant* Ring, meine l. Fr Söhnerin meine grose goldene Kette, u meine l. EnckelTochter Heinricke meine kleine goldene Kette zum meinem Andencken bekomen.

Das bey meinem l. Schwager, Pfarr in Löchgau stehende Cappithal von 150 fl solle meiner l. Schwester u Ihren beden Töchtern zu gleichen theilen als Beweis meiner Liebe gegeben werden. [Späterer Zusatz:] Da meine l. Schwester gestorben u die eine Tochter glücklich versorgt so fält dis weg.

auch der Hausfrau meines l. Sohns. ein gutes Kleid von mir u 20 fl an geld. mit der Bitte dem l. Bedauerenswürdigen davor gutes zu thun.

besonders empfehle ich Ihn nochmahls seinen 2 Geschwister u seiner guten u Ihn zärtlich liebenden Schwägerin Eüerer Liebe, u. Sorgfalt. so werdet Ihr an Eüern l. Kindern gleiche Liebe u Treüe zu erfahren haben, der l. Gott segne Euch das was Ihr von Euern treuen Eltern empfanget, folget dem Beyspiehl Eüerer längst vorangegangenen Sl. guten Vätter u. Eüerer um das Heil Ihrer l. Kinder zärtlich besorgten Mutter Lehren. Lebt glücklich, u. so, daß wir alle in jener Welt einander wieder sehen, u. nie wieder getrent werden. welche Bitte ich auch an meine l. Enckel mache daß doch keines von meinen Lieben verlohren werde u ich alle wieder sehe.

geschrieben von Eüerer treüen Mutter

Joh. Christ. Gockin.

[2] d 20 Sebt 1812

Da ich nach reiffer überlegung, u. gleicher Pflicht vor meine l. Tochter u Jüngern l. Sohn u Ihren l. Kindern zu sorgen, und da die Kosten meines l. bedauerenswürdigen Sohns sich so hoch, u. weit mehr belauffen als sein Vätterliches u Baasen Guth ausmacht. so nehme ich aus Pflicht gegen meine andere l. Kinder meine Bitte zuruk daß Er nach der wegnahme seines Vätterlichen u Baasen Guth, dan doch gleich Erbe u. wünschte daß Er aus <u>einigen wichtigen Gründen</u>, mit seinen 2 l. Geschwister mein hinterlasenes Vermögen in 3 gleiche theile Erbe. wan zuvor die hirüben gedachte 400 fl. vor meinen l. J. Sohn. u. die 400 fl. vor meiner l. Tochter Ihre 2 Kinder weg gerechnet werden. ich habe das Zutrauen zu dem l. Gott daß Er so wie bisher seinen Seegen zu dem was ich habe, geben werde, daß es erhalten werde, wo dan das was mein l. Sohn erhält, doch hinreichen werde vor seine Bedürffnise zu sorgen, ohne daß das Cappithal angegriffen werden muß. solte aber welches der l. Gott verhüthen wolle, sein Gehalt von Jährliche 150 fl. Ihme entzogen werden, u. dan seine Zinse nicht ganz hinreichen so bitte ich seine l. Geschwister daß Sie die L. vor Ihn haben Ihme aus Liebe miteinander jährlich so viel beytragen das das Cappithal erhalten wird. das ich nicht mit der Sorge aus der Welt gehen mus, das sein Vermögen aufgezehrt werden könnte, u. der l. bedauerenswürdige im Alter Mangel leiden müßte oder seinen l. Geschwister gar zur Last fallen könnte.

solte wie zu vermuthen ist, mein l. Sohn mich über leben, so bitte ich seine 2 Liebe Geschwister daß Sie wan anders HE. Zimmer auch Künfftig meinen l. Sohn noch ferner so brüderlich behandelt u Er bis an seinen Tod bey diesen guten Leuten blieb. sein Bett, weis zeüg, u. Kleider oder eben jenach dem die länge des Aufendhaldt bey diesen Leüten ist als Eigenthum überlasen. u 50 fl. oder wan Er langer lebte 100 fl. weil Sie Ihm so viel Liebe bewiesen haben. nochmahls empfehle ich bey meinem Sterben den l. BedauerensWürdigen seinem l. Bruder u. l. Schwester in Ihre Vorsorge, besonders aber auch seinem Künfftigen HE. Pfleger, u. einem Wohllöblichen Waisengericht. Der l. Gott wird w[ohl] Vergelter darvor seyn. wan Sie Sich dieses [l.] bedauerens würdigen [Verl]asenen annehmen. ich lebe u sterbe in [dem] Vertrauen daß mir die samtliche angeführte Bitten Willfahrt [werden.] da ich nach besten Wisen u Gewisen gegen meine l. Kind[er handelte] u. keins zu verkürzen suchte der l. Gott wird Euch den Seegen [darvor] geben was Ihr von Eürer Euch treü besorgten Mutter empfangen w[erdet.]

Der l. Gott sey mit Euch. Dis ist der lezte Wunsch [Eürer Mutter.]

[3] erste Beylaage.

1. Da mein l. Sohn in seiner gegenwärtigen Laage, in Stuttg. nicht im Stande ist, vor seine l. Kinder etwas zurück zu legen, u. durch seine Züge von seinem Vermögen einbüßte, auch der trauerige Fall vor komen könnte, daß meine l. Söhnerin auch Wittwe würde (welches aber der L. Gott in gnaden noch lange verhüthen wolle,) u. Sie keinen Gehalt noch Wittwen geld zu geniesen haben würde, so halte ich es vor Pflicht da ich gleiche Liebe, zu den l. Kindern meines l. Sohns habe, u die l. Kinder meiner l. Tochter da Sie bede schon eigen Vermögen besizen, u. auch vor denen meines l. Sohns nichts voraus verlangen werden ich hoffe Sie werden es nicht als Mangel an Liebe an sehen daß der Ihnen zu gedachte Voraus unterbleibe. Der l. Gott wird Ihnen das mit recht einst zu geniesende desto mehr Segnen.

2tens. Bitte ich meine l. Tochter daß Sie an dem hinterlasenen Vermögen, Ihres l Bruders meinen l. Sohn aus oben angeführten ursach[en] da es Blos von mir erspartes Vermögen ist, u. die unkosten sein Vätterliches schon lange überstiegen haben. meinen l. Sohn, oder desen l. Frau oder l. Kinder gleich mit Erben läßt, das Löb Waisen Gericht wird meine Bitte nicht unbillig finden, u. ich traue es meiner l. Tochter zu das Sie es Ihrem Lieben Bruder nicht misgönen werde, der Herr wird Sie deso mehr davor segnen, u. Sie kan dan das was Sie zu gleichem theil mit Ihrem

Bruder erhalt mit deso mehr Rühe empfangen. ich hoffe keine Fehl Bitte gethan zu haben u gebe Eüch Lieben allen nochmahls meinen Seegen.

[4] 2ten beylaage.

Da ich beförchte bey der Theilung nach meinen Tod könnte mir der Vorwurff gemacht werden, ich hätte meine 2 l. Kinder erster Ehe verkürzt, dadurch daß ich nach meines l. 2ten S. Mans Tod, mir nicht habe inventiren lasen. so halte ich vor nöthig zu meiner Entschuldigung daß ich es nicht aus Intrese oder aus Mangel an Vorsorge vor meine l. Kinder zu verhindern suchte wozu ich auch von dem Löb. Oberamt. u. HE. Stadtschreiber Planck, u. HE. Waisenrichter da Sie die ursachen wusten die genehmigung erhielte.

Der haubtgrund war, daß ich gewis überzeügt war, daß nach den nachfolgenden ursachen eine beträchtliche Einbus herausgekomen wäre, u. da ich laider in meiner ersten Ehe mit aller meiner Sorgfalt u gewisenhafftem handlen bey der Inventur auch eine Einbus sich zeigte, welches mir, da ich mich ganz unschuldig wußte, mich sehr beügte, u empfindlich wehe that, so beförchtete ich auch dis wieder zu erfahren, u. da ich mich gleich unschuldig wußte, u wisen konnte daß die Hölderlinische l. Kinder es weder nuzen noch schaden könnte wird der Vorwurff der mich deswegen treffen könnte u auch schon hat wegfallen daß ich dieses zu vermeiden suchte.

1. war diß der Anfang, daß die Güther, der Antheil an einem Hauß, u. alle Mobilen besonders auch Wein u Fäser sehr hoch bey der ersten Inventur angeschlagen wurden, weil die Pfle[ger] u Verwanden meiner l. Kinder wünschten, das Ihr Vermögen vergrösert würde, so daß bey dem Verkauff weit weniger gelößt wurde.

2. nahm meine Hochzeit u die Kosten des Aufzugs hieher auch etwas weg.

3. waren die Kosten sehr beträchtlich die mein l. S. Man hatte (u da Er von seinem S. Vatter nicht unterstüzt werden konnte, von meinem Vermögen gieng) da Er von HE. Hoffrath Bielfing mit genehmigung der Regierung, die übernahme der Kellers Geschäfften, u der Case, mit Tax u dergleichen, auch der Camerraths Tittel welchen HE Hoffrath Bilffinger onhe Wisen u Willen meines l. S. Mans besorgte.

und dan späther wieder die Kosten bey erhaltung des Burgermeister Amts, u. des Haubtzolls. welche Amter mein l. S. Man nur ganz kurz genosen da wir laider nur 4 1/2 Jahr in der Ehe lebten. u. die Besoldung von diesen Amtern bey einer redlichen u gewisenhafften Verwaltung wie es mein l. S. Man verwaltete nicht so groß war etwas dabey zurukzulegen.

4. war wieder schaden da mein l. S Man ein groses Haus kaufte, in welches Er mit Verblendung u Dächer an Haus u Scheuer um zu decken 500 fl. bezahlen mußte, vor welches ich bey dem wieder Verkauff nicht entschädiget wurde.

5. veranlaßte der thätige geist meines l. S Mans daß Er einen beträchtlich Wein handel anfieng, u. über 80 Eimer in eisengebundene Faß sich anschaffte. u einige Jahrgänge nacheinander sehr viel Wein kauffte, wo der Wein theüer u nicht besonders gut war. an welchen ich nach dem Tode meines l. S. Mans grosen Schaden hatte, weil die darauf folgende Jahrgänge, beser, u. auch Wohlfeiler wurden. Die Fäßer

in welches manches 100 fl. gesteckt wurden mußte ich. um das Kostbare haus los zu werden, in den Kauff geben ohne weiter zu lösen vor das haus als ich bezahlte.

6. wurde der grose Zieglerisch Garten um 1200.fl. gekaufft. welcher auf 3 Seiten einen Kostbaren Zaun nöthig hätte wo auch zum Nuzlichen u schönen im Garten selbst viel verbesert wurde, dan wurde im lezten Lebens Jahr meines Mans der Nekker so starck, daß beynahe die ganze Länge der Mauern an der Straße weggerisen wurde. welche auch nebst den Bäumen welche wieder gesezt werden mußten gegen 100 fl. kostete. über dies verfrohren in dem kalten Winter bey nahe alle Baume wo ich wied[er] junge Bäume sezen lies. u dan doch nur statt 1200 fl welche Er kostete nur 1000 fl aus dem garten lößte.

7. war mein l. S. Man Curator uber das Vermögen von der Frau von Kesel. wo ich in die Pflegschafft nach meines l. S. Mans Tod über 400 fl. bezahlen mußte, weil von den Posten welche [von] HE. von Kesel noch selbst angelegt wurden, meinem l. Man aber zur Last gelegt wurde, daß Er solche nicht bälder sich bezahlt machte, u. bey dem Nachfolgenden Pfleger in der ganth durchfiehl

8tens waren die Kosten von der Kranckheit u. der Leiche meines l S. Mans, u von 4 Kinder welche Ihrem l. Vatter vorangiengen wie auch 4 Wochenbette wo lange Kranckheiten bey mir darzukamen sehr beträchtlich. wo jeder Hausvatter, sich selbst vorstellen kan daß bey denen in Wahrheit angegebene ursachen nicht mein ganzes Vermögen durch diese 8 Punckte daraufgegangen. wo also mein l. Man u ich ohne unsere Schuld bey einer Inventur in den Ruff als üble Haußhälter gekomen wären. u ich dan nach u. nach durch den Segen von oben ohne zu geizen oder auf unerlaubte art nur 1 cr an mich zu ziehen, oder meinen l. Kindern an Ihrer Erziehung etwas manglen zu lasen. so viel erhielte, daß ich mit der Beruhigung aus der Welt gehen kan, daß meinen l. Kindern u Enckel am nötigen nichts abgeht, u. überflus ware nie mein Wunsch, weder vor mich, noch meine l. Kinder.

mein Danck gegen den l. Gott ist desto gröser, der mir in den langen Lauff meines trauerigen Witten Standtes, u. wo der l. Gott vor gut fand mir noch das schwehrste, u. Härteste wo je eine Mutter treffen kan, mir auf zu legen. wo ich unter der Last von Kumer u Sorgen schon lange erlegen seyn solte. u die Sume von Kosten vor meinen l bedauern würdigen Sohn nach meinem Vermögen viel zu groß, u. doch halff der l. Gott alles tragen u ist mir selbst unbegreifflich daß noch das was ich habe erhalten wurde. ich hoffe auch meine l. Kinder werden es als ein Geschenk von der guten Vorsehung ansehen u. desto danckbarer darvor seyn. da nichts darunter ist wo Ihnen unsegen bringen würde. u eins dem andern gern gönnen Was Ihnen durch den Segen von oben von Ihren l Eltern zufiel.

nicht aus eigen Liebe, sondern von einem geaüserten Verdacht mich zu reinigen wurde ich bewogen dises aufzuzeichnen, wo ich hoffe das so wohl meine l. Kinder, oder Persohnen welches etwa auffiel das keine 2te Inventur vorkam, auch deßwegen benachrichtiget werden. Das Inventarium meines l. S. 2ten Mans liegt pitschiert in der Registratur auf dem Rath haus. u die Inventarien meiner l. Tochter, u. meines l. Sohns finden sich bey diesem aufsaz.

Nürtingen d. 20 Sebt 1812. J C. Gockin.

[5] d. 13 Fe. 1813.

Da ich bey dem ersten aufsaz noch glaubte mein l. Jüngerer Sohn werde auch das was mein l. älterer Sohn an Mütterlich Vermögen hinterlaßen wird auch miterben so hielte ich vor gut meinem l. altern Sohn nichts anzurechnen. Da ich aber jezt erst erfahren daß der gute nicht mehr nach dem Landrecht an seinem Bruder erbt u ich doch auch Pflicht habe vor Ihn (der mich immer so zärtlich liebte) seine Frau u Kinder zu sorgen u Er gar zu kurz käme wan alles auf Ihn fiele so hoffe ich kein unrecht zu begehen wan ich bitte daß meine 3 l. Kinder mein hinderlasenes Vermögen in 3 gleiche theil Erben. ich hoffe durch den Beystand von oben es werde der 3te theil zureichen das mein l. Sohn kein Mangel leiden darff.

[6] 1820.

Da seit der Zeit, da ich meinen jüngern Enckel den Voraus jedem mit 200 fl. vermachte, meines l. Sohns seine Besoldung vermehrt wurde, u. meine l Söhnern wan Sie nach dem Willen Gottes Witte werden solte, hoffnung sich machen darff ein Wittwen Gehalt von gnädigster Herrschafft zu erhalten, u. es wahrscheinlich auch nur 2 Kinder bleiben, so wünschte ich um die Liebe meiner ältern l. Enckel auch nach meinem Tod zu erhalten. daß der Punct von dem meinen jungern l Enckel zu gedachten Voraus unterbleibe. ich hoffe der l. Gott werde Sie desto mehr segnen.

2tens bitte ich meine l. Kinder da ich Wahrscheinlich meinem l. bedauerenswürdigen Sohn, in die S. Ewigkeit voran gehen werde, u. um ruhiger sterben zu können, wan ich hoffen darff. daß HE. Zimer als sein Kostherr auch nach meinem Tod, den Lieben noch ferner in seiner liebevollen Pflege behalte, von dem was ich hinterlase, HE. Zimmer einst weilen bis Er das von dem l. Hölderlin von mir zu gedachte, u. in dem beygelegten Verzeichnis stehende erhalte, vor sich 25 fl. u. Fr. Zimmerin auser dem Kleid, auch einen guten Schurz 1 gutes halstuch u 2 Paar gute Strümpfe erhalten u. die Versicherung dabey daß Sie das mehrere nach des l. Höld Tod erhalten werden. auch wünschte ich das bey jeder Viert. Jahr Rechnung statt der bis herigen Geschencke jedesmahl der Fr. 1 Cronenthahler beygelegt werde. um desto gewiser versichert zu seyn, das dem Lieben an seiner Pflege nichts abgehe. auch bitte ich wiederholt meine l. Tochter. u. guten Sohn. auch zu sorgen das dem L an Kleidung u. weis zeüg nichts abgehe. u. besonders Ihn in meinem Nahmen seinem HE. Pfleger herzlich empfehlen, der Guthe verdient alle Liebe. u. Mitleiden der l. Gott wird Es auch Euch u Eüren l Kindern zu einem bleibenden Seegen anschreiben.

auch die Ricke bitte ich zu belohnen je nachdem Sie an mir verdient hat, u. ob die abwartung kurz oder lange dauern wird.

HYPERION-FRAGMENTE

[1]

Hyperion an Diotima.

Ich kann dir nicht sagen, wie sehr ich zuweilen wünsche, dich wiederzusehen.

Ich weiß kaum, wie ich von dir weggekommen bin, nach unserem Aufenthalte auf der Insel, wo ich mit einer außerordentlichen Person dich bekant gemacht habe, die ihrer höheren Sitten und um ihrer guten Denkart willen den Menschen lieb ist. Ich hüte mich, von dir mich weg zu machen. Das Leben hätte vieleicht einiges Anziehende für mich.

Diotima an Hyperion.

Ich kann dir nach und nach alles sagen, was eine Erklärung ist, zu den Zweifeln, und den eingestandenen Streiten, die wir haben.

[2]

Ich kann dir das wohl sagen, ich freue mich immer noch der bessern Zeiten, deren ich mich erinnere, ich kenne die bessern Stunden noch, deren reinen und guten und vergnüglichen Geist ich miskannte, das ich das Angesicht der Menschen falsch nahm, und unrichtige Worte aus dem Innern hohlte. Ich bin jezt in einer Gewohnheit, aus der ich mein Leben richtiger verstehe, ich wundere mich nicht, daß ich aus der Einsamkeit heraus bin, und lieber in der Offenheit der Schöpfung und in einem thätigen, nicht sehr miskennbaren, und gewissenhafteren Leben lebe. Ich nehme überhaupt die Welt ganz anders. Ich erstaune, wie das mit mir gekommen. Wußt ich nicht, daß ich ein Leben hatte, das dem Vergnügen und der Schönheit des Lebens entgegen sah, wußt' ich nicht, daß dieser Himmel, das Unvergängliche der Natur, worinn ich zeitlich lebe, diese ruhigen, dämmernden Wolken, unter denen mein Schiff weilt, und diese Sonne, diese günstigen Lüfte, die mir von Höherem und aussichtsvoller Zukunft zeugen, daß diese Heiligthümer alle, denen mein Herz geweiht ist nicht nur Zeichen der Vergangenheit seien, sondern auch der Gegenwart, in der ich nicht nur gute, sondern größere Menschen, eine unverworrene Erkennbarkeit unserer Natur, mit ihren Obern und ihren glaubigen Menschen finde.

Ich sehe die Bahnen mit Vergnügen an auf welchen wir uns befinden. Himmlische Gottheit! wie war es ehemals unter uns, da ich dir verschiedene nicht unbedeutende Schlachten, und häuffige Siege abgewann. Ich gestehe es, ich wäre mehrerer Behauptungen, und meiner Freude am Bücherlesen wegen, die ich dir und deinem Geständniß rauherer Sitten nicht verberge, offt gerner, auf einsameren Gebirgen, die hinter uns liegen, in den angenehmen Gegenden von Thebe, Macedonien, und Attika, auf den Höhen und Abhängen in den grünen Thälern des Olymps, auf Thraziens Gebirgen, an Lemnos droben, unter schattigen Bäumen der entlegenen Ithaka, um Mythilene, um Paros, ich wäre sogar lieber mit meinem Leben in den stillen Orten im Innern der Inseln, oder in heiligen Klöstern, oder mit Menschen, in Kirchen, so ruft mich ein Gott zur Ruhe, wegen ziemlicher Gottlosigkeit, die ich unter den Menschen finde, und so erzwungen, vieleicht von einer höheren Macht scheint sogar mir die jezige Thätigkeit, in der ich lebe, aber ich rede von mir. Wie soll ich die Freude dir deutlicher sagen? Red' ich von Menschen der Vergangenheit? red' ich von Menschen der Mitwelt? In himmlischen Lüften erscheint die Gnade der Gottheit. Mit seeligen Wohnungen pranget

[3]
Nun versteh' ich den Menschen erst, da ich ferne von ihm in der Einsamkeit lebe!

WENN AUS DER FERNE...

Wenn aus der Ferne, da wir geschieden sind,
Ich dir noch kennbar bin, die Vergangenheit
O du Theilhaber meiner Leiden!
Einiges Gute bezeichnen dir kann,

So sage, wie erwartet die Freundin dich?
In jenen Gärten, da nach entsezlicher
Und dunkler Zeit wir uns gefunden?
Hier an den Strömen der heilgen Urwelt.

Das muß ich sagen, einiges Gutes war
In deinen Bliken, als in den Fernen du
Dich einmal fröhlich umgesehen
Immer verschlossener Mensch, mit finstrem

Aussehn. Wie flossen Stunden dahin, wie still
War meine Seele über der Wahrheit daß
Ich so getrennt gewesen wäre?
Ja! ich gestand es, ich war die deine.

Wahrhafftig! wie du alles Bekannte mir
In mein Gedächtniß bringen und schreiben willst,
Mit Briefen, so ergeht es mir auch
Daß ich Vergangenes alles sage.

Wars Frühling? war es Sommer? die Nachtigall
Mit süßem Liede lebte mit Vögeln, die
Nicht ferne waren im Gebüsche
Und mit Gerüchen umgaben Bäum' uns.

Die klaren Gänge, niedres Gesträuch und Sand
Auf dem wir traten, machten erfreulicher
Und lieblicher die Hyacinthe
Oder die Tulpe, Viole, Nelke.

Um Wänd und Mauern grünte der Epheu, grünt'
Ein seelig Dunkel hoher Alleeen. Offt
Des Abends, Morgens waren dort wir
Redeten manches und sahn uns froh an.

In meinen Armen lebte der Jüngling auf,
Der, noch verlassen, aus den Gefilden kam,
Die er mir wies, mit einer Schwermuth,
Aber die Nahmen der seltnen Orte

Und alles Schöne hatt' er behalten, das
An seeligen Gestaden, auch mir sehr werth
Im heimatlichen Lande blühet
Oder verborgen, aus hoher Aussicht,

Allwo das Meer auch einer beschauen kann,
Doch keiner seyn will. Nehme vorlieb, und denk
An die, die noch vergnügt ist, darum,
Weil der entzükende Tag uns anschien,

Der mit Geständniß oder der Hände Druk
Anhub, der uns vereinet. Ach! wehe mir!
Es waren schöne Tage. Aber
Traurige Dämmerung folgte nachher.

Du seiest so allein in der schönen Welt
Behauptest du mir immer, Geliebter! das
Weist aber du nicht,

13 KARL PHILIPP CONZ AN AUGUST MAHLMANN

[Tübingen, 8. September 1809]

Euer Wohlgebohren

erlauben mir gütigst eine litterarische Anfrage. Ich bin im Besitze mehrerer noch ungedruckter theils poetischer theils prosaischer Aufsätze des Ihnen gewiß wohl bekannten talentvollen, aber leider nun seit mehreren Jahren von einer traurigen Geistesstörung befangenen Dichters Hölderlin, meines Landsmannes und Freundes. Er ist seit geraumer Zeit hier in Pension; sein Zustand scheint wohl unheilbar. Seine Familie hat mir die Papiere ausgeliefert, und den Wunsch blicken lassen, wenn ich etwas von dem, was ich des Verfassers würdig glaubte, gegen ein Honorair dem Drucke könnte überlassen, so würde eine dem unglücklichen dadurch zuwachsende Unterstützung mit Dank aufgenommen werden. An eine Sammlung seiner Gedichte ist bei der gegenwärtigen Lage des Buchhandels nicht zu denken. So bin ich auf den Einfall gekommen Ihnen für die elegante Zeitung einige dieser Aufsätze anzubieten. Es befinden sich viele Gedichte darunter, unter denen die früher komponirten vorzüglich durch Wärme und Innigkeit des Gefühls sich auszeichnen, und die wenigsten derselben sind gedruckt. Die späteren tragen schon zu viel den Stempel einer gewissen überschwänglichen Spitzfindigkeit, idealisirenden Ungemeinheit und manierirten gräcisirenden Form, als daß sie allgemeinen Beifall könnten ansprechen. Auch ist der Anfang – ungefähr 2 Akte – eines Drama in Jamben darunter – Empedokles auf Aetna, zwar schon jenem Tone annähernd, aber doch bei der Tiefe des Gefühls noch von mehr Klarheit, als manches neuere, Spätere. Ein prosaischer Aufsatz über die verschiedenen Richtungen der Poesie enthält viele richtige Kunstblicke in einem gerundeten lebendigen Styl, wenn ich auch schon nicht überall mit dem Verfasser in seinen Ansichten übereinstimmen möchte. Da ich das Journal, das Sie redigiren, wegen seiner ganzen Tendenz, seines Tons und Gehalts vorzüglich liebe, so würde ich Ihnen diese Arbeiten meines Freundes nicht empfehlen, wenn ich nicht glaubte, sie würden seiner würdig seyn. Wollen Sie die Güte haben, mir Ihren Entschluß deßwegen zu erklären und zugleich zu bestimmen, wie viel für den Bogen Honorair von der Verlagshandlung könnte erlassen werden, so bin ich geneigt, Ihnen, was ich für Ihr Institut brauchbar glaube, entweder nach und nach oder mit einmal zu übersenden. Nur müßte ich die Bedingung machen, daß der Nahme des Verfassers vor der Hand nicht dabei gedruckt werde. Seiner Geistesverwirrung ungeachtet hat er immer noch die Grille, daß er von einer eigenen Ausgabe seiner Werke spricht, und wo er hört, daß etwas von ihm gedruckt worden sey, ohne sein Vorwissen, wie z.B. Leo von Seckendorf und ich glaube auch die Verfasser der Einsiedlerzeitung manches, was sie aus den Händen seiner auswärtigen Freunde erhielten, unglücklicher Weise gerade aus der Periode, wo er schon über dem gegenwärtigen unglücklichen Zustande brütete – recht als ob sie in den Resultaten des beginnenden Irrsinnes die höchste Begeisterung und Weihe des Dichters witterten – wo er dies hört, ist er stets sehr ungehalten darüber und schreit über unbefugte Eingriffe in eigene Rechte. Meine Hauptabsicht, die ich oben erklärt, kennen Sie, und ich möchte dieselbe nur mit dem Interesse des Publicums und der wahren Ehre des Verfassers ohne seinen Namen vor der Hand zu nennen, vereinigt wissen.

Um diesen Brief nicht ganz leer an Sie abgehen zu lassen, lege ich für Ihr Institut einige meiner Aufsätze bei – die meines Freundes müssen erst abgeschrieben werden –

14 MAHLMANN AN CONZ

[Leipzig, 20. Oktober 1809]

Die Nachricht, die Sie mir von Hölderlin gegeben, daß dieser reiche Geist, der mich durch seinen Hyperion entzückt hat, auf immer für die Welt verloren ist, war mir sehr schmerzhaft.

Ach, daß ein so wahrhaft poetisches Gemüth von dem traurigsten Wahnsinn befallen werden mußte, während unsre unpoetischen Poetaster sich zum lächerlichsten Wahnsinn forciren! Der *bon sens* scheint in unsrer literarischen Welt immer seltner zu werden, und wenn nun vollends solche Geister physisch verunglücken, indeß die kraftlosen moralisch versinken, so ist das ein beweinenswerther Verlust.

Wollen Sie mir Aufsätze aus Hölderlins guter Zeit übersenden, so machen Sie mir eine Freude damit. Freylich das Honorar ist nur 10 rth für den gedrukten Bogen und komt also dem Cottaischen nicht gleich. Müssen Sie dabey auf den pekuniären Vortheil sehen, so wird natürlich das Morgenblatt vorgehen, sehen Sie aber auf Ausbreitung im Publikum so glaube ich mein Blatt steht jenem nicht nach. Daß Hölderlins Nahme fürs erste nicht genannt wird, ist auch wohl deswegen gut, weil unverständige Menschen so manches von ihm verbreitet haben, was ungedrukt hätte bleiben sollen, und was seinem Nahmen geschadet hat. Der erste Theil des Hyperion ist die Blüthe seines Genius gewesen, dann versank er in die Form und in eine unverständliche Tiefe.

15 KERNER AN HEINRICH KÖSTLIN

[Wien, 1. Januar 1810]

Du wirst Dich meiner gewiß noch erinnern! Ich will nicht gerade, wie Härlin einst, empfindsam sein – aber ich fühle doch fast so was jetzt, da ich an Dich schreibe der Vergangenheit eingedenk. – Der Tritschler zieht die Hosen aus und legt sie auf einen Stein. Hölderlin spricht von der Aussicht am Meer. Breslau wird wegen des Judenthums geneckt. Wir gehen in der Mondnacht in Dein romantisches Pfullingen. Gaupp verdammt die Kreuzfahrer und hält eine Rede an die Helden von Würtemberg. Der Steinreuß kehrt mit Taschen voll Blumen (wie eine Kuh den Magen voll Kräuter) fröhlich von der Weide. Tritschler spricht über das einseitige Nervenleiden. Uhland schlägt beim Gesang auf den Tisch. Schnurrer Disputirt mit Sigwardt über den Magen eines Kängeruhs. Kerner bekommt Convulsionen in der Thränendrüse wegen des Examens und des Ploucquetschen Salzes. Ploucquet steigt seine Balancierstange in der Hand um das Neubaueck – ach Gott! liebster Köstlin, warum müssen diese Bilder mir alle jetzt so lieblich scheinen ? – [...]

Daß Du den Stoll nicht kennen lerntest, das ist recht schade. Es ist ein ungemein guter komischer Mensch, ein Gemisch von Hölderlin und Schoder. Er hat Hölderlins Geist und Schoders Gutmütigkeit [...]

Ich freue mich, biß ich Dir Blätter von mir vorlesen kann die den Titel haben: »Des verschollenen Schattenspielers Luchs Reiseschatten.« Darinnen spielt ein Professor mit Nahmen Schwimmgürtel aus Tübingen auch eine Rolle. Auch Hölderlin greift sehr durch, weiter ein Poet Goldfasan und der Teufel. -

16 KERNER AN LUDWIG UHLAND ÜBER SEINE »REISESCHATTEN«

[a. Wien, 6. Januar 1810]

Stoll, V[arnhagen] und ich sitzen oft beym Wein und gedenken eurer. Mach doch das Köstlin auch an mich schreibt. Ich werde nun wahrscheinlich schon biß auf's Frühjahr hier bleiben, doch hoffte ich dich noch in *T.* anzutreffen. Ich habe nicht Zeit die Schattenblätter abzuschreiben und will's ein anders mal senden. Sie gehen da fort wo's Schattenspiel endigt, handeln noch vom Poeten Goldfasan, dem *Chemicus,* und Hölderlin, nehmlich den Ritt des Goldfasans u. des *Chemici* und wie Hölderlin durch einen Zufall im Wirthshaus vermeint er und alle Anwesende seyen blos Figuren auf einem Schachbrett, auch wie er alsdann zum Fenster hinausspringt.

[b. Wien, Februar 1810]

Conz schreibt: »er schreibe ein *historisches* Werk über das Mittelalter« –. In den Schatten ist auch fast nicht ein Gedanke aus der Zeit in der ich reiste und jezt lebe, alles aus Tübingen! Es ist als thäte sich mir jezt erst die Vergangenheit auf. Holder, Goldfasan, der Chemikus, Felix jezt – oft die kleinsten Dinge, wenn du nachsiehst, sind aus der Vergangenheit selbst die Landschaftsgemählde.

[c. Welzheim, 26. November 1812]

Holders Worte in den Reiseschatten die so wahnsinnig und unverständlich manchem scheinen mögen scheinen doch nun in Erfüllung zu gehen: »Von Norden aber wird kommen Nieerhörtes; denn dahin weist das Eisen *etc.*«

17 CLEMENS BRENTANO AN PHILIPP OTTO RUNGE

[Berlin, 21. Januar 1810]

Wenn ich sage, daß ich Shakspear'n, Goethe'n, daß ich die alten Geschichten liebe, so heißt das, daß ich glaube, alle gute Gabe komme von oben her, von Gott, vom lieben, klaren blauen Himmel herab und werde von gesegneten dankbaren Händen empfangen, mit den Blumen der Erde geschmückt, als Dankopfer guter Kinder wieder empor gesendet, [...] Wenn ich aber sagen soll, welche Art der Erscheinungen dieses Gartens zwischen Himmel und Erde mich besonders, nicht sowohl als Menschen überhaupt, sondern als Individuum immer tief gerührt haben, so sage ich Ihnen: das alte Rittergedicht Tristan und Isalde, die Fiammetta des Boccaz, der standhafte Prinz Calderon's und einige Oden des wahnsinnig gewordenen Würtemberger Dichters Hölderlin, z.B. seine Elegie an die Nacht, seine Herbstfeyer, sein Rhein, Pathmos, und andere, welche in den zwey Musenalmanachen Seckendorf's von 1807 und 1808 vergessen und unerkannt stehen. Niemals ist vielleicht hohe betrachtende Trauer so herrlich ausgesprochen worden. Manchmal wird dieser Genius dunkel und versinkt in den bittern Brunnen seines Herzens; meistens aber glänzet sein apokalyptischer Stern Wermuth wunderbar rührend über das weite Meer seiner Empfindung. Wenn Sie diese Bücher finden können, so lesen Sie diese Lieder doch. Besonders ist die Nacht klar und sternenhell und einsam und eine rück- und vorwärts tönende Glocke aller Erinnerung; ich halte sie für eines der gelungensten Gedichte überhaupt. Während ich Solches erlebte, entstand in mir unbewußt die Begierde, ein Gedicht zu erfinden, wie ich gern eins lesen möchte, und, was mir nicht begegnet war, gewisse Bilder und Zusammenstellungen begegneten mir immer wieder. Ich schaute sie mit gleichem Genusse an, ihre Farbe wurde mir bestimmt, und ich entschloß mich, sie in einem historischen Verhältniß zu einer ganzen Begebenheit auszubilden [...] Der Titel würde seyn: Die Erfindung des Rosenkranzes.

18 SINCLAIR AN HEGEL

[Homburg, 16. August 1810]

Es sollte mich freuen, wenn dieses Band der Wahrheit noch das unsrer alten Freundschaft befestigte, denn die andern sind nicht mehr, u. von denen die mit uns die Ansicht der Wahrheit gemein hatten, bist du mir noch allein geblieben.

Ich muß dir nämlich sagen, daß *Zwilling* in der Schlacht bey *Wagram* am zweyten Tag blieb. [Es folgt genauere Nachricht von dem Tode Zwillings.] Vom unglücklichen *Hölderlin* habe ich nichts gehört, seine Lage hat sich aber wohl indeß nichts geändert, melde mir gefälligst was du von ihm weist.

19 VARNHAGEN VON ENSE AN RAHEL LEVIN

[Steinfurt, 1. November 1810]

O Rahel, mit den menschlichen Dingen ist es so beschaffen, dass es doch oft wohl anders sein mag, als man glaubt, und die sichersten Anzeichen täuschen! Ich wollte den Dichter Hölderlin im Doppelroman verspotten, und erfuhr mit Entsetzen, dass er seit vielen Jahren in Tübingen wahnsinnig sei!

20 AUGUST MAYER AN KARL MAYER

[Tübingen, 7. Januar 1811]

Der arme Hölderlin will auch einen Almanach herausgeben und schreibt dafür täglich eine Menge Papiers voll. Er gab mir heute einen ganzen Fascikel zum durchlesen, woraus ich Dir doch Einiges aufschreiben will. Folgendes ist der schöne Schluß eines Lieds auf den Tod eines Kindes: [s.u.]
Einige komische Verse aus einem Gedichte: Der Ruhm. [s.u.]
Auf die Geburt eines Kindes. (Der Schluß:) [s.u.]
Folgende Verse waren mir rührend: »Das Angenehme dieser Welt [...]« [s.u.]

AUF DEN TOD EINES KINDES

Die Schönheit ist den Kindern eigen,
Ist Gottes Ebenbild vieleicht,-
Ihr Eigentum ist Ruh und Schweigen,
Das Engeln auch zum Lob gereicht.

DER RUHM

Es knüpft an Gott der Wohllaut, der geleitet
Ein sehr berühmtes Ohr, denn wunderbar
Ist ein berühmtes Leben groß und klar,
Es geht der Mensch zu Fuße oder reitet.

Der Erde Freuden, Freundlichkeit und Güter,
Der Garten, Baum, der Weinberg mit dem Hüter,
Sie scheinen mir ein Wiederglanz des Himmels,
Gewähret von dem Geist den Söhnen des Gewimmels.-

Wenn Einer ist mit Gütern reich beglüket,
Wenn Obst den Garten ihm, und Gold ausschmüket
Die Wohnung und das Haus, was mag er haben
Noch mehr in dieser Welt, sein Herz zu laben?

AUF DIE GEBURT EINES KINDES

Wie wird des Himmels Vater schauen
Mit Freude das erwachs'ne Kind,
Gehend auf blumenreichen Auen,
Mit andern, welche lieb ihm sind.

Indessen freue dich des Lebens,
Aus einer guten Seele kommt
Die Schönheit herrlichen Bestrebens,
Göttlicher Grund dir mehr noch frommt.

DAS ANGENEHME DIESER WELT...

Das Angenehme dieser Welt hab' ich genossen,
Die Jugendstunden sind, wie lang! wie lang! verflossen,
April und Mai und Julius sind ferne,
Ich bin nichts mehr, ich lebe nicht mehr gerne!

21 KARL MAYER AN KERNER

[Heilbronn, 16 Januar 1811]

August hat mir geschrieben, daß auch der arme Hölderlin mit der Herausgabe eines Almanaches umgehe. Er hat mir aus den vielen Gedichten, die hinein kommen sollen, folgende rührende Stelle geschrieben:

Das Angenehme dieser Welt hab' ich genossen,
Die Jugendstunden sind, wie lang! wie lang! verflossen,
April u. Mai u. Julius sind ferne,
Ich bin nichts mehr; ich lebe nicht mehr gerne.

22 KERNER AN FRIEDRICH DE LA MOTTE FOUQUÉ

[Wildbad, 21. Januar 1811]

Die Blätter von mir, deren Sie erwähnen und die, (wofern mein Verleger sie nicht zu anstößig für ein gebildetes Publikum fand), nun unter der Presse sind, führen den Titel: »Reiseschatten von dem Schattenspieler Luchs, Heidelberg bei Braun.«

Ich weiß nicht, ob es der Mühe lohnt, daß Sie das Werkchen lesen. Doch thun Sie es, vielleicht macht es Ihnen doch einigen Spaß.

Unser vaterländischer Dichter Hölderlin wird Ihnen bekannt seyn? Er dichtet noch immer in seiner Zerrüttung, in seinem Wahnsinne, meistens unverständlich für andere. Ein Freund von mir sandte mir heute nachstehende rührende Zeilen, die er unter seinen Papieren fand und die gar wohl zu verstehen: [Es folgt das in Karl Mayers Brief vom 16. 1. mitgeteilte Gedicht.]

Varnhagen kennt ihn persönlich. Schreiben Sie ihm doch diese Zeilen ab: denn ich weiß nicht, wo er haust.

23 AUS KERNERS »REISESCHATTEN«

[spätestens Januar 1811]

Erste Schattenreihe. Dritte Vorstellung.

Die Reisenden, die ich Morgens zu Begleitern auf dem Postwagen bekam waren: ein Chemikus, der wahnsinnige Dichter Holder, ein Pfarrer und ein Schreiner.

Mein Freund Holder, als er mich erkannte, fiel mir mit starker Liebeswuth um den Hals, und sprach: »Es ist doppelt erfreulich, daß ich dir in dieser Stadt und auf deiner Reise nach Norden begegne: denn wo in Gesangkraft ausströmt der Stern, daß als Komet er ein Nachtmalskelch der Schöpfung schwebt durch die Himmel, da wird geboren ein Meer, das ist die Nordsee und das Eisen auf ihr. – – Von Norden aber wird kommen Nieerhörtes: denn dahin weis't das Eisen und sein Geist, die Magnetur.« – Hier gerieth er in konvulsivische Verzuckungen, dann sprach er wieder: »O, ehrt mir den Metallgeist der Erde, und sein Auge das Gold! und zerreist nicht die Glieder und wuchert mit ihnen ein freches Volk! ha! ha! ha! so wollt' ich mein Leben auf einmal leben!« Hier stürzten ihm stromweis die Thränen aus dem Auge voll Seele.

Hernach sprach er wieder: »O Deutschland, das du geglättet bist, wie der Rücken eines Esels!«

Und nun mein armer, verirrter, (hier wandte er [der Pfarrer] sich zu Holder, indem er ihm alle die Schriften zu überreichen suchte,) höchstwahrscheinlich noch sehr junger Freund! empfangen Sie, um mich mit dem Herrn Chemikus zu vergleichen, empfangen Sie hier das wahrste Wasserstoffgas in den Worten gebildeter, erfahrener, wackerer Leute, Schriften, die mir eine geehrte Redaktion des schmeckenden Wurms zu belobender Recension – – – o weh! schrie der Pfarrer: – denn hier faste ihn mein wahnsinniger Freund bey der Gurgel, und hätte ihn erdrosselt, wenn nicht der Kondukteur und ich zu Hülfe geeilt wären.

Der Postwagen hielt, und die Gesellschaft machte den Vorschlag: Holder auf den Sitz des Kondukteurs zu bringen, worüber aber der Chemikus insgeheim sehr erbost war: denn er erwartete von der Stickluft der Gesellschaft im Wagen eine radikale Heilung, und hielt jenen Anfall blos für eine, durch die Stickluft im Wagen veranlaßte, letzte Explosion des Sauer- oder Wahnsinnstoffes.

Achte Vorstellung.

In Nehrendorf, als einer Poststation, hatte der Wagen ein wenig stille gehalten. Holder hatte sich verloren, der Popanz und die Plattisten blieben zurück, dagegen aber bestiegen der Chemikus [...], Haselhuhn, ich und drei lustige Studenten, Verfechter der Poesie, den neubespannten Wagen.

Zweyte Schattenreihe. Erste, zweyte und dritte Vorstellung.

Der Mond stieg immer heller und voller über die Berge. Da ersah ich plötzlich, wie ein Reuter auf einem weißen dürren Gaule einher geritten kam; der alte Gaul war gar seltsam mit Blumen umhängt, der Reuter aber hatte ein langes weißes Tuch im sonderbarsten Faltenwurf um sich geschlungen, und eine hohe Lilie in der Hand.

Ich erkannte alsbald in ihm den wahnsinnigen Dichter Holder.

Mit wildem Singen kam er durch's Thal her, die Zwerge schlichen sich furchtsam wieder in ihre Kästen.

Als er sich dem Wagen gegenüber befand, und mich erblickte, sprang er mit einem wilden Schrey vom Pferde durch's Wagenfenster herein, und fieng an mit Küssen auf uns loszustürmen. Die Studenten, so ihn gar nicht kannten, suchten ihn von sich abzuwehren, Holder aber drang immer heftiger auf sie ein.

Es entstund ein allgemeiner Tumult; die Postknechte erwachten, und die Pferde, besonders vom vorüberspringenden Pferde Holders scheu gemacht, fiengen aus allen Leibeskräften zu laufen an.

Vergebens schrie ich: »es sind noch zwey zurücke!« Der Wagen hatte schon einen zu großen Vorsprung gemacht.

Aus Holders verwirrten Erzählungen brachten wir endlich so viel heraus, daß er sich in Nehrendorf von uns verloren, und ihn dort wahrscheinlich einige muthwillige Leute überredeten, dem Postwagen auf dem alten Judengaul nachzusetzen. »Im Grunde der See«, sprach er ruhig »wo die Meerfrau reutet, da klingt Koralle und Muschel – – – im Schloß von Krystall, da geht's hoch her. Meine Mutter, die brachte mir Blumen, als ich einst in der Wiege lag – – Die Mutter aber hatte die Blumen geholt bey der Nachtfrau im Walde, – – – da brachte sie eine Lilie, die war groß – – und war verschlossen eine Knospe. – – – Da war es Nacht, und sie stellte die Lilie vor die Wiege in ein Glas Wasser – – da ging die Lilie im Mondschein auf, und daraus flog der Teufel, und der trug mich mit der Wiege auf einen Berg – – o weh! – –(da hub er zu weinen an) Weint nicht! weint nicht! (sprach er dann weiter) es geht der Berg auf, – – siehst du den lichten Zug weißer Jungfrauen aus ihm wallen? die tragen das Kind zur heiligen Taufe – – Hallelujah! – – ha! ha! ha! tanzt! da ist ja die Musik! Seht ihr den Kern des Lichts in's blaue Weltall gesteckt? Wolken! ihr Blätter von Azur und Gold! Jetzt dehnt er sich, jetzt, jetzt ist er Knospe, – spring auf! nun wogt es, nun strömt es, Farbe, Licht und Ton, die duften aus dem Kelche aus – – es athmen die Berge, die Thäler und Klüfte, und saugen und trinken mit Ungestüm.«

Die Sonne war am Himmel heraufgestiegen, und wir waren auf der nächsten Poststation angekommen. Es wurde gerade ein Volksfest gefeyert, und der König und die Königin im Städtchen erwartet.

Ich hatte viel zu schaffen, bis ich Holder dem Gegaff der Bauern entzogen und in das Wirthshaus gebracht hatte: denn er blieb vor einem Stiefel, so an eines Schumachers Haus gemahlt war, stehen, und wollte mit Gewalt den gemahlten Stiefel anziehen.

Endlich zog ich ihn mit Hülfe der Studenten in's Zimmer.

Zum Unglücke ließen die Zwerge alsbald sich in das nämliche Zimmer transportiren, ein großes Gewühl von Bauern strömte hinterher, auch kamen zwey Laufer in Uniform, so dem König vorausgeeilt waren, herein.

Bauern, Laufer, das Gespräch von König und Königin, und der mit schwarzen und weißen Platten belegte Boden des Zimmers, wirkte gar seltsam auf Holders Phantasie. Er glaubte nämlich plötzlich, er und wir alle seyen Figuren auf einem Schachbrete. »Schach dem König!« schrie er, »schlagt den Bauern! (die Bauern setzten sich zur Wehre) Laufer weg!« brüllte er, »ich bin der Springer!« und da sprang er mit einem Seitensprunge über die Bauern und Laufer hinweg, zum offenen Fenster hinaus.

Die Bauern und die Laufer setzten ihm nach, es kam die Polizey, und er wurde, weil er Schach dem König rief, in den Thurm gesetzt. Da wir zum Voraus sahen, daß die Sache sich bald aufklären müsse, schwiegen wir lieber, als daß wir uns ohne Noth vielleicht selbst in Unannehmlichkeiten versetzt hätten.

Dritte Schattenreihe. Zweyte Vorstellung.

Mit dumpfem Nachhall brachen sich die Wellen des Flusses an den felsigten Ufern. Nach und nach erloschen die fernen Stimmen; nur Holders klagender Ruf scholl noch in's Thal hinab. Er hatte sich an's Gitter seines Fensters gestellt, und rief die vorüberziehenden Wolken um Hülfe an.

24 ALOIS SCHREIBER ÜBER KERNERS »REISESCHATTEN«

[Januar 1811]

Der Schattenmacher ergießt seinen Kärrnerwitz unter andern auch gegen einen unsrer ersten Dichter, und zwar bespöttelt er nicht die Schriften desselben, sondern eine (im Organismus entstandene) Krankheit, welche vor einigen Jahren das Leben dieses trefflichen Mannes bedrohte. So etwas nennt man gemeine Gassenbüberey, wie sie auch nur aus einem tiefen romantischen Gemüthe hervorgehen kann. Daß der Schattenmacher seine Winzigkeit hinter den Namen eines edeln Deutschen versteckt, den die That der Charlotte Corday einst zu einem schönen Tode begeisterte, ist – Jungen-Unfug, darob ihm die Ruthe gebührte.

25 UHLAND UND AUGUST MAYER AN KARL MAYER

[Tübingen, 24. Mai 1811]

Deinen Bruder und Schwab sprach ich gestern. Sie erzählten, daß die Reiseschatten hier schon ziemlich bekannt wären, und im Kloster, besonders wegen der komischen Scenen, vielen Beifall gefunden hätten. Was Schreiner Z[immer] darüber gesagt, wird Dir Dein Bruder schreiben.

B[lifers], der einige Exemplare davon zu binden hatte, gab seinem Freunde Z... eines davon zum Lesen. Dieser erkannte sich in dem Schreiner, der mit Holder, Antiquar Haselhuhn und dem Chemikus auf dem Postwagen reitet, zumal da es zufällig von ihm heißt, er habe zwei Kinder. Höchst entrüstet kam er zu B., warf das Buch auf den Tisch und auf die Frage B's, wie es ihm gefalle, erwiderte er: »Der Kerl hätte lieber auf dem Feld arbeiten sollen, statt solches Zeug zu schreiben.« B.: »Ja meiner Frau hat es auch äußerst mißfallen.« Z.: »Tollheit ist Tollheit, und dies könnte man noch so hingehen lassen, aber Menschen nach dem Leben darzustellen – von mir will ich nicht reden, mir ist es zu gering, aber einen armen Narren wie Hölderlin zu conterfeien, dies beweist Aberwitz und einen höchst unmoralischen ungebildeten Charakter. Wenn ich wollte, so könnte ich ihn ja verklagen und er müßte mir gedruckte Satisfaction geben.« ...

Zu der vorigen Historie muß ich noch hinzufügen, daß Z. mich für einen Mitarbeiter hält, indem er auch gegen B. geäußert hat, Kerner könnte, wenn dies nicht wäre, unmöglich alles von ihm so genau gewußt haben. Er scheint mir deßhalb etwas erbittert auf mich.

26 GUSTAV SCHWAB AN KERNER

[Tübingen, 29. Mai 1811]

Noch füge ich Ihnen eine officielle Unterredung von Blifers und dem Schreiner Zimmer über Ihre Reiseschatten als Beytrag zu einem Supplementbande bey. Ich schreibe wörtlich, was ich von sichern Ohren, die die beyden Herrn belauscht haben, weis.

Blifers.

Nun, wie gefällt Ihnen das Buch, das ich Ihnen zu lesen gegeben?

Zimmer.

Hoh! das ist nicht der Mühe werth, daß man es ließt; der Esel hätte sollen auf dem Felde schaffen, anstatt ein Buch zu schreiben! Nein! es ist gar zu erbärmlich! Man weis ja gar nicht, was der Mensch mit der Schmiererey will! Daß er mich darin aufführt, davon will ich ganz schweigen, es ist mir gleichgültig: aber den armen Hölderlin, der sich gar nicht vertheidigen kann!! Und woher weis doch der Kerl all das Zeug von Hölderlin und mir?

Blifers.

Ja, man sagt er habe mehrere Mitarbeiter gehabt. (Seitdem wird Mayer von Zimmern höchst verdächtig angeblickt).

Blifers.

Meine Frau hat das Zeug auch gelesen, sie sagt, es sey ganz toll, *à la Jean Paul.*

Zimmer.

Oho! *Jean Paul* ist allerdings toll, und doch ist er mir zehntausend mahl lieber als der Kerl.

Doch genug von dem Philistergeschwätz.

27 ERNST ZIMMER AN JOHANNA CHRISTIANA GOK

Tübingen d 14 October 1811.

Hochgeehriste Frau Kammeräthe!

Hir folgt der Faden von dem Bleicher, und auch 7 Himder und eine Bettdeke von Ihrem Sohn, Daß Geld vor die Flöte habe ich auch erhalten, Gestern bin ich zum erstenmahl mit Ihrem Lieben Sohn wieder ausgegangen, derselbe ist seitdem mein Vater seine Zweschen herunter gethan hat nicht mehr aus dem Hauß gekommen, damahls war Er auch mit drausen und Lachte recht, wenn mann schüttelte und die zweschten Ihm auf den Kopf fielen. Im heim gehen begegnete uns Professor Konz und grüßte Ihren Sohn, nante Ihn Herr Magister, sogleich erwiederte Ihr Sohn, Sie sagen Herr Magister, Konz bat Ihren Sohn um Verzeihung und sagte bey uns alte Bekante kommt es nicht darauf an wie mir uns Titulliren bey diesen Worten zog Konz den Hommer aus der Tasche und sagte, sehen Sie ich habe auch unsern alten Freund bey mir, Hölderlin suchte eine Stelle darin auf, und gab Sie Konz zum leßen, Konz laß die Seite Ihrem Sohn ganz Begeister vor, dadurch wurde Ihr Sohn ganz enzükt, mir gehnen dann auseinander, und Konz sagte, leben Sie recht wohl Herr Biebledekarius das machte Ihren Sohn ganz zufrieden. Aber 3 Tage nachher brach Er aus, und sagte in der heftigkeit. Ich bin kein Magister ich bin Fürstlicher Biebledekarius schimfte und fluchte auf daß Consistorium und war lange unzufrieden, darüber, jetzt ist Er aber wieder ganz ruhig. Trauben bekam Er alle Tage zum

Essen, ich weiß wohl daß sie Seinem zustandt zuträglich sind. Mir sind gottlob alle gesund und sind auch daß ganze Jahr von Krankheiten frey geblieben. Ich Empfehle mich Ihnen u der Frau Professorin und Verbleibe

Ihr gehorsamer Dinner Ernst Zimmer.

28 ERNST ZIMMER AN JOHANNA CHRISTIANA GOK

Tübingen d 19ten April 1812.

Hochgeehriste Frau Kammerrathe!

Bey Ihren lieben Hölderle, ist eine sehr wichtige veränderung eingetretten, mir bemerkten seit geraumer Zeit eine abnahme seines Köprers ohngeachtet Er einen mehr als gewöhnlichen Apeditt hatte, auch ist Er leztes Virtel Jahr ruhiger wie sonst geweßen, war Er auch im Paroxismus so Tobte Er nicht sehr, und gewöhnlich wars bald vorüber.

Vor ohngefähr 10 Tagen war Er aber des Nachts sehr unruhig lief in meiner Werkstadt umher, und sprach in der grösten heftigkeit mit Sich selbst, ich stund auf und fragte Ihn was Ihm fehle, Er bat mich aber wieder ins Bett zu gehen und Ihn allein zu laßen, sagte dabey ganz vernünftig Ich kann im Bett nicht bleiben und muß herum laufen, Sie alle können ruhig seyn, ich thue nimand nichts, schlafen sie wohl bester Zimmer, dabei brach Er das gespräch ab, ich konnte auch nichts weiter thun als wieder ins Bett zu gehen wenn ich Ihn nicht erzöhrnen wolte, that es auch und liß In thun was Er wolte.

Morgens wurde Er dann ruhig, bekam aber große innerliche Hize und Durst, wie einer im starken Fieber nur immer haben kann, und einen Durchlauf dazu, Er wurde dadurch so schwach das Er im Bett bleiben mußte, Nachmittags einen sehr starken Schweiß.

Den 2ten Tag noch stärkere Hize und Durst, nachher einen so starken Schweiß das das Bett und alles was Er anhatte ganz durchnäßt wurde, diß daurte noch einige Tage so fort, denn bekam Er einen Ausschlag am Mund, Durst Hize und Schweiß blieben nach und nach weg, aber Leider der Durchlauf nicht, diesen hat Er noch immer fort, doch nicht so stark mehr.

Jezt ist Er wieder den ganzen Tag auser dem Bette und äuserst höflich, der Blik seines Augs ist freundlich und Liebreich auch spielt und singt Er, und ist überigens sehr vernünftig.

Das merkwürdigste dabey ist, das Er seit jenner Nacht keine spur von Unruhe mehr hatte sonst hatte Er doch wenigstens alleander Tag eine Uhnruhige Stunde. Und auch der eigene Geruch der besonders des Morgens in seinem Zimmer so auffallend war hat sich verlohren.

Ich habe den Herrn Professor Gmelin, als Arzt zu Ihrem Lieben Sohn hohlen laßen, dieser sagte mann könne über Ihres Sohnes würklichen Zustandt noch nichts bestimtes sagen es scheine Ihm aber ein Nachlaß der Natur zu seyn, und Leider gute Frau bin ich in die traurige Nothwindigkeit versetz es Ihnen zu schreiben das ich es selbst glaube.

Ihre schönne Hoffnung, den lieben Sohn noch disseits glüklich zu sehen würde den freylich leider ach leider verschwünden, doch komme es wie es komme so wird Er gewißt, doch jenseits beklükt werden. In 8 biß 14 Tage kan ich Ihnen vieleicht bestimtere Nachricht geben.

Sein dichterischer Geist zeigt Sich noch immer thätig, so sah Er bey mir eine Zeichnung von einem Tempel Er sagte mir ich solte einen von Holz so machen, ich versetze Ihm drauf daß ich um Brod arbeiten müßte, ich sey nicht so glüklich so in Philosofischer ruhe zu leben wie Er, gleich versetze Er, Ach ich bin doch ein armer Mensch, und in der nehmlichen Minute schrieb Er mir folgenden Vers mit Bleistift auf ein Brett

Die Linien des Lebens sind Verschieden
Wie Wege sind, und wie der Berge Gränzen.
Was Hir wir sind, kan dort ein Gott ergänzen
Mit Harmonien und ewigem Lohn und Frieden.

In ansehung seiner verpflegung dürfen Sie ganz beruhig sein. Meiner Frau lezten Tage ihrer Schwangerschaft wahren ganz gut, Sie konte Ihren Sohn noch alles selbst thun. Vorgestern ist Sie Enbunden worten doch starb leider das Kind nach einigen Stunden wieder, Sie hingegen befindet Sich gottlob recht wohl, und ist auser aller Gefahr.

Hir schüke ich Ihnen zugleich die Rechnung vor Ihren Sohn wir haben Ihm noch mehr Holz Kaufen müßen, gegenwärtig muß mann Ihm noch immer einheizen, Er friert sehr leicht, auch bekomt Er wider Kaffe zum Frühstük, und nachdem mir eine Speiße haben Kocht mann Ihm besonders.

Vor Kost 81 Tag	32 fl.	24 cr.
69 Schopen Wein	6 fl.	54 cr.
Schnupftabak	1	21
Holz	3 fl.	18
Vor Wäsche	3 fl.	
vor Lichter den ganzen Winter biß jezt	1 fl.	36
	48 fl.	33 cr.
davon gehen ab	6 fl.	
	42 fl.	33 cr.

Ihr gehorsamer Dinner Ernst Zimmer

AN ZIMMERN

Die Linien des Lebens sind verschieden
Wie Wege sind, und wie der Berge Gränzen.
Was hier wir sind, kan dort ein Gott ergänzen
Mit Harmonien und ewigem Lohn und Frieden.

29 FOUQUÉ AN UHLAND

[Nennhausen, 9. September 1812]

Was macht Hölderlin? Schweben die dunkeln Gewölke noch immer um sein Haupt? – Ein wahnsinniger Dichter erscheint mir ganz besonders furchtbar, und rührend, und geheiligt.

30 HÖLDERLIN AN JOHANNA CHRISTIANA GOK

[Tübingen, 15. September 1812]

Verehrungswürdige Mutter!

Ich habe die Ehre, Ihnen zu bezeugen, daß ich über den von Ihnen empfangenen Brief recht erfreut seyn mußte. Ihre vortreflichen Äußerungen sind mir sehr wohlthätig, und die Dankbarkeit, die ich Ihnen schuldig bin, kommt hinzu zu der Bewunderung Ihrer vortrefflichen Gesinnungen. Ihr gütiges Gemüth und Ihre so nüzlichen Ermahnungen sind niemals ohne Äußerung, die mich erfreuet, wie sie mir nüzlich ist. Das Kleidungsstük das Sie hinzugesezet, ist mir auch sehr gut. Ich muß mich beeilen. Ich wäre so frei, mehreres hinzuzusezen, wie nemlich solche Aufforderungen zu ordentlicher Aufführung meinerseits, wie ich hoffe, wirksam seyn und Ihnen angenehm seyn sollen. Ich habe die Ehre, mich zu nennen

Ihren
ergebensten Sohn
Hölderlin.

31 KERNER AN FOUQUÉ

[Welzheim, 22. Dezember 1812]

So ganz von Herzen gerne, geliebtester Freund! wollt' ich Ihren Wünschen entsprechen und zu Ihrem Frauentaschenbuche beitragen, aber wie arm ich bin, wissen Sie nicht. Ich habe nicht einmal ein Lied! [...]

Von Hölderlin send' ich Ihnen hier einige rührende Dichtungen, mehrere von ihnen erschienen schon Anno 1798 in unbekannt gebliebenen schlechten Zeitschriften und verdienten in der That durch Stellung in besserer Gesellschaft bekannter zu werden. Es ist rührend, wenn man sie liest und nun seinen gegenwärtigen Zustand betrachtet.

So ist schon manches theure Leben bei uns in der Blüthe erstickt.

32 FOUQUÉ AN KERNER

[Nennhausen, 30. Januar 1813]

Meinen besten, gerührtesten Dank für die Mittheilung der Hölderlinschen Dichtungen. Sie sprechen meine ganze Seele an, und sollen eine Zier des Deutschen Frauentaschenbuchs – unter diesem Titel erscheint die Sammlung – werden.

33 HÖLDERLIN AN JOHANNA CHRISTIANA GOK

[vermutl. 4. Quartal oder 1. Quartal 1813]

Liebste Mutter!

Ich ergreife die von Herrn Zimmern mir gütigst angebotene Gelegenheit, mich in Gedanken an Sie zu wenden, und Sie noch immer von der Bezeugung meiner Ergebenheit und der Redlichkeit meiner Anhänglichkeit zu unterhalten. Ihre schon so lange mir einleuchtende und klare Gütigkeit, die Fortdauer Ihrer Zärtlichkeit und Ihres mir so wohlthätigen moralischen Einflusses sind mir verehrungswürdige Gegenstände, die mir vor Augen schweben, ich mag meine schuldige Ehrerbietung in mir zu verstärken suchen oder ich mag denken, was an dem Angedenken seie, das ich Ihnen schuldig bin, vortrefliche Mutter! Wenn ich Ihnen nicht kann so unterhaltend seyn, wie Sie mir, so ist es das Verneinende, das in ebenderselben Ergebenheit liegt, die ich Ihnen zu bezeugen die Ehre habe. Meine Theilnahme hat an Ihnen noch nicht aufgehört; so fortdaurend Ihre mütterliche Gütigkeit, so unverändert ist mein Angedenken an Sie, verehrungswürdige Mutter! Die Tage, die Ihnen ohne Schaden an Gesundheit, und mit der Gewißheit Ihres Herzens hingehn, der Gottheit wohlzugefallen, sind mir immerhin theuer, und die Stunden, die ich in Ihrer Nähe zugebracht habe, wie mir scheinet unvergeßlich. Ich hoffe, und habe das feste Zutrauen, daß es Ihnen immer recht wohlgehen und auf dieser Welt gefallen werde. Ich habe die Ehre, mich Ihnen zu empfehlen, und nenne mich

Ihren
gehorsamsten Sohn
Hölderlin.

34 ERNST ZIMMER AN JOHANNA CHRISTIANA GOK

Tübingen d 2ten März 1813.

Hochgeehriste Frau Kammerräthe!

Verzeihen Sie daß ich Ihnen Ihr leztes Schreiben erst jezt beantworte, wir haben das Geld und Weißzeig alles richtig erhalten, und vor die Geschenke die Sie uns zugleich mit überschükt haben danken wir Ihnen Herzlich, ohnerachtet es Uns gewiß Herzlich leid Thut, das Sie Sich immer noch grösere kosten machen als nöthig ist, mir sind auch ohne sie gewiß zufrieden.

Hölderlin ist recht Braf und immer sehr Lustig Die Pfeifenköpfe haben Ihn gefreudt die Sie die güte hatten mit zu schüken. Er kante sie gleich und sagte Ich habe sie in Frankfurt gekauft. Auch sezte Er hinzu in Frankfurt habe ich viel Geld gebraucht, auf meinen Reisen aber habe ich nicht viel gebraucht. Die Zeitumstände mögen auch werden wie sie wollen, so können Sie von uns versichert seyn, daß wir in jedem Fall uns Ihres Lieben Sohnes annehmen. Seine Strimpfe sind noch nicht so weit zerrißen das es nöthig wäre daran zu striken. Ich wüßte auch sonst nichts das Er nothwindig brauchte.

Empfehlen Sie mich der Frau Profesorin.

Ich verbleibe Ihr gehorsamer Dinner Ernst Zimmer.

Ich habe Hölderlin gefragt ob Er nicht auch schreiben wolle, Es scheint aber das Er würklich keine Lust dazu hat.

35 HÖLDERLIN AN JOHANNA CHRISTIANA GOK

[Tübingen, 2. März 1813]

Herr Zimmern erlaubt mir, eine Empfehlung von mir hinzuzusezen. Ich empfehle mich in Ihr gütiges Andenken. Können Sie, Theuerste Mutter! mich bald wieder mit einem Briefe erfreuen, so wird diß an ein dankbares Herz geschehen.

36 HÖLDERLIN AN JOHANNA CHRISTIANA GOK

[Tübingen, vermutl. 1813]

Verehrungswürdige Mutter! Ich beantworte Ihren gütigen Brief mit vergnügtem Herzen und aus schuldiger Theilnahme an Ihrem Daseyn, Ihrer Gesundheit und Fortdauer in diesem Leben. Wenn Sie mich belehren, wenn Sie zu ordentlicher Aufführung Tugend und Religion mich ermuntern, so ist die Sanftmuth einer so gütigen Mutter das Bekannte und Unbekante in einem mir so verehrten Verhältniß mir nüzlich wie ein Buch seyn soll, und meiner Seele zuträglich wie höhere Lehren. Die Natürlichkeit Ihrer frommen und tugendhaften Seele leidet außer dieser leztern wohl bessere Vergleichungen; ich rechne auf Ihre christliche Verzeihung, theuerste Mutter, und auf mein Bestreben, mich immer mehr zu vervollkommnen und zu bessern.

Meine Mittheilungsgaabe schränkt sich auf Äußerungen meiner Anhänglichkeit an Sie ein, bis meine Seele an Gesinnungen so viel gewonnen hat, daß sie mit Worten sich davon mittheilen und Sie interessiren kann. Ich nehme mir die Freiheit, mich Ihrem mütterlichen Herzen und Ihrer gewöhnlichen Vortrefflichkeit gehorsamst zu empfehlen. Ich glaube, Fleiß und ein gewöhnliches Fortschreiten im Guten fehlt nicht leicht einen guten Zwek. Ich empfehle mich, verehrungswürdigste Mutter! und nenne mich mit Aufrichtigkeit

Ihren
gehorsamen Sohn
Hölderlin.

37 HÖLDERLIN AN JOHANNA CHRISTIANA GOK

[vermutl. um 1813/14]

Verehrungswürdigste Mutter!

Ich schäze mich glüklich so viele Gelegenheit zu haben, Ihnen meine Ergebenheit zu bezeugen, indem ich meine Gesinnungen durch Briefeschreiben äußere. Ich glaube sagen zu können, gute Gesinnungen, in Worten geäußert, sind nicht umsonst, weil das Gemüth auch von innerlichen Vorschriften abhängt, die in der Natur des Menschen liegen, und die, in so ferne sie christlich gelten, durch ihre Beständigkeit und Wohlthätigkeit interessiren. Der Mensch scheinet an Zuverlässigkeit, an ein Reineres, das seiner Neigung sich anzupassen scheint, gerne gewöhnt. Dieses Innere scheint auch reich an Kräften, wie es noch überdiß zu Besänftigung des menschlichen Gemüths, und zur Bildung menschlicher Gemüthskräfte beitragen kann. Göttliches, wie dessen der Mensch auch empfänglich ist, ist wunderbar zugegeben einer mehr natürlichen Bemühung, die der Mensch sich giebt. Ich bitte um Vergebung, daß ich mich Ihnen so unrüksichtlich habe mitgetheilt. Sich mit sich selbst zu beschäftigen ist eine Bestimmung, welche, so ernst sie erscheinen kann, doch den Geist des Menschen zur Hülfe hat, und der Anlagen des menschlichen Herzens wegen, zur Milde im menschlichen Leben und auch so ferne zu höherer Empfänglichkeit beitragen kann. Ich muß noch einmal um Vergebung bitten, indem ich abbreche. Ich nenne mich mit aufrichtigster Ergebenheit

Ihren
gehorsamen Sohn
Hölderlin.

38 ACHIM VON ARNIMS PLAN ZU VORLESUNGEN ÜBER PRAKTISCHE ÄSTHETIK NACH HÖLDERLINS »HYPERION«

[vermutl. um 1813/14]

Vorlesungen über praktische Aesthetick nach Hölderlins Hyperion.

1) Vom Austragen und Reifen eines Gedichts NB aus Goethes Leben. Wie weit einem ersten Entwurfe zu trauen ist.

2) Vom heiligen Schreiben, durch die Geschäfte entrissen, früher durch Schule.

3) Von der Staatskunst als Quelle der praktischen Aesthetick. – Von der edlen That des Theseus, als er einen Theil seiner Macht aufgegeben.

4) Leben der Künstler.

5) Von dem Wunsche ein vollständiges Daseyn auszusprechen, wenn es uns nicht gegeben ist dasselbe zu erreichen.

6) Abwertung der Kritick, wir sollen das Wesen in allem Fühlen, nicht künstlich erst die Fehler kennen lernen, um jenes zu finden, der Geologe kennt das Silber nach dem Ansehn, der Chemiker muß es scheiden. Die Kritik hat sich lange genug gequält über die Bücher etwas zu sagen, man könnte es mit (   ) über ungerechte Besitznahmen vergleichen.

7) Einleitung. Von der Erinnerung eines Kunstwerks, empfangen durch die Sinne und doch ganz übersinnlich ohne ein Begehren doch gnügend, die Zeit gefüllt ohne Reue ihres Daseyns, wie so anders jede heimliche Lust.

39 ERNST ZIMMER AN JOHANNA CHRISTIANA GOK

Tübingen d. 22ten Feb: 1814

Hochgeehriste Frau Kammerräthe!

Ihr Ieztes Schreiben samt dem Geld vor die Virteljahres Rechnung, habe ich erhalten. Sie haben mich wieder sehr in verlegenheit gesezt, das Sie uns und unsere Kinder in einer so harten Zeit noch beschenkten worüber ich Ihnen zwar meine gehorsamste danksagung mache, bitte Ihnen aber ins künftige solche große unkosten zu ersparen. Ihr Lieber Hölderle ist so braf das mann Ihn nicht beßer wünschen kan. Er hat viel Freude an seinem Christgeschenk gehabt das Wämesle ist Ihm auch nicht zu weit eher etwas zu kurz Uber den Brief den der Herr Pfarrer in Löschgau geschrieben hat, hatte Er viele Freude bezeigt. Er sagte zu mir, der Mann hat mir viele wohlthaten in meiner Jugend erzeigt, auch das Kleine Büchle von Böhlendorf hat Ihn Sehr gefreudt, Er sagte, ach der gute ist früh gestorben, es war ein Kurländer Ich habe Ihn in Homburg gekandt es war ein rechter guter Freund von mir. Wie sehr ist es Ihrem Lieben Guten Hölderle zu gönnen das Er keine wilde anfälle mehr hat, und das Er so heiter und zufrieden lebt. Mein Büble hat das Clavirspille angefangen, und da thut Sich Ihr lieber Sohn meistens mit Clavirspilen unterhalten, Er kann noch nach Noten spilen wenn Er will Er spilt aber lieber nach eigener Fantasie. Meine Frau wird Ihnen nächstens etwas weißzeig schüken. Die Kleider wo ich nach Reuttlingen geschükt habe werden doch dort angekomen seyn, ich habe noch den Postschein davor den Grosen Sak habe ich auch noch hir wo die beyden Päke darein waren, Ich bin so frey und schüke Ihnen ein Kästigen. hir braucht mann Sie gewöhnlich zu zukerdosen, ich habe neulich 6 stük machen müßen. Ich empfehle mich Ihnen und der Frau Profesorin, und verbleibe Ihr gehorsamer Dinner

Ernst Zimmer.

40 HÖLDERLIN AN JOHANNA CHRISTIANA GOK

[Tübingen, vermutl. 1814]

Verehrungswürdigste Mutter!

Ich fahre fort, Sie unterhalten zu wollen mit meinen Briefen, und Ihre gütige Zuschrift zu beantworten. Ich kann nicht aufhören, Sie zu verehren, und Ihre Güte gegen mich, und Zärtlichkeit in Ermahnungen zu erkennen. Wie haben Sie recht, mich zu ermahnen, daß ich die Ehrfurcht gegen Herrn Zimmern nicht verlieren, und mich immer mehr der Tugend und ordentlicher Sitten befleißigen soll. Ihre gütigen Briefe sind mir auch ein Beweis Ihrer fortdauernden Gesundheit. Ich empfehle mich Ihrer ferneren Güte, verehrungswürdigste Mutter! und nenne mich mit inniger Verehrung

Ihren
gehorsamen Sohn
Hölderlin.

41 ERNST ZIMMER AN JOHANNA CHRISTIANA GOK. FRAGMENT

[undatiert:] zu geben. Ich bin also so frey und setze Ihnen 2 cr. Täglich mehr an gebe Ihnnen aber mein Ehrenwort so bald es nur einigermasen wohlfeiler wird

42 HÖLDERLIN AN JOHANNA CHRISTIANA GOK

[Tübingen, vermutl. 1814]

Meine theuerste Mutter!

Ich danke Ihnen herzlichst für die neulichen Äußerungen Ihrer fortdaurenden Güte. Ich bin diese Tage nicht ganz wohl gewesen, bin aber jezt wieder besser. Das Befinden von Ihnen interessirt mich um so mehr, und ich freue auch mich um so mehr, wenn ich denke, daß Sie sich wohl befinden. Leben Sie immer gerne in Nürtingen, und ist dieser Aufenthalt Ihrer mir so theuren Gesundheit immer zuträglich?

Daß ich Sie so wenig unterhalten kann, rühret daher, weil ich mich so viel mit den Gesinnungen beschäfftige, die ich Ihnen schuldig bin. Was Sie sonst meinerseits interessiret, so ferne, ist Ihr Befinden, die Ruhe Ihres vortreflichen Gemüths, und Ihre Theilnahme mit dem Gemüthe an diesem Leben. Von diesem Ihnen zu reden, will ich mich befleißen, so sehr, als ich Ihnen dieses schuldig bin. Ich habe die Ehre, Sie meiner äußersten Hochachtung zu versichern, und nenne mich

Ihren
gehorsamen Sohn
Hölderlin.

43 ARNIM AN FRIEDRICH KARL VON SAVIGNY

[Wiepersdorf, um den 13. August 1814]

Einen sonderbaren Plan muß ich Dir noch mittheilen, als Nothbehelf in schlechter Zeit, ich möchte einmal mich in Vorlesungen versuchen und zwar über praktische Aesthetik, was ich darunter verstehe ist nicht so kurz zu sagen, vorläufig nur des Mißverständnisses wegen muß ich erklären, daß jene Aesthetik die gewöhnliche, welche sich damit abgiebt gewisse Werke deutlich zu machen, gar nicht ausschliest, aber auf andrem Wege dazu gelangt, theils geschichtlich, theils in eigner Ausübung. Mein Compendium würde Hölderlins Hyperion, von diesem wunderbar tiefen und klaren Buche sind mir viele Betrachtungen ausgegangen, es war das Einzige das mir in dem vorigen Jahre in der zweifelhaftesten Zeit noch immer ganz behagte, vieles läst sich daran anschliessen, insbesondre Staatswissenschaft. Hätte tig gesagt, ich möchte aber noch 1000 Jahre darauf mich vorbereiten.

44 BRENTANO AN RAHEL VARNHAGEN GEB. LEVIN

[Wiepersdorf, 1. Oktober 1814]

Sollten Sie nie den Hyperion von Hölderlin, Cotta 1797, gelesen haben, so thuen Sie es sobald als möglich; es ist eines der trefflichsten Bücher der Nation, ja der Welt.

45 HÖLDERLIN AN JOHANNA CHRISTIANA GOK

[Tübingen, vermutl. 1814]

Verehrungswürdigste Mutter!

Ich denke, daß ich Ihnen nicht zur Last falle mit der Wiederhohlung solcher Briefe. Ihre Zärtlichkeit und vortrefliche Güte erweket meine Ergebenheit zur Dankbarkeit, und Dankbarkeit ist eine Tugend. Ich denke der Zeit, die ich mit Ihnen zubrachte, mit vieler Erkentlichkeit, verehrungswürdigste Mutter! Ihr Beispiel voll Tugend soll immer in der Entfernung mir unvergeßlich bleiben, und mich ermuntern zur Befolgung Ihrer Vorschriften, und Nachahmung eines so tugendhaften Beispiels. Ich seze das Bekentniß meiner aufrichtigen Ergebenheit hinzu und nenne mich

Ihren

gehorsamsten Sohn

Hölderlin.

Meine Empfehlung an meine theuerste Schwester.

46 HÖLDERLIN AN JOHANNA CHRISTIANA GOK

[Tübingen, vermutl. 1814]

Verehrungswürdigste Frau Mutter!

Ich schreibe Ihnen schon wieder einen Brief. Ich weiß nicht, ob Sie mir den zulezt geschriebenen beantwortet haben. Ich vermuthe, daß er beantwortet ist. Nehmen Sie mir, nach Ihrer Güte, diese Behauptung nicht übel. Ich mache Ihnen die aufrichtigsten Wünsche für Ihre Gesundheit. Behalten Sie mich in gütigem Angedenken, und seyn Sie versichert, daß ich mich mit Wahrheit nenne

Ihren
gehorsamsten Sohn
Hölderlin

47 HÖLDERLIN AN JOHANNA CHRISTIANA GOK

[Tübingen, vermutl. 1814]

Verehrungswürdige Mutter!

Es ist mir lieb, wenn Sie recht gesund sind, und wenn es Ihnen in allen Stüken wohl geht. Die guten Nachrichten, die Sie mir von Ihnen gegeben haben, haben mich gefreut. Ich habe mir vorgenommen, an Ihrem Wohlbefinden immer wahreren Antheil zu nehmen. Mögen Sie meiner theueren und sehr geschäzten Schwester meine Empfehlung machen. Ich habe ihr noch nicht für die Besuche gedankt, die Sie mir hier zu machen die Güte hatte. Ich nenne mich

Ihren
gehorsamsten Sohn
Hölderlin.

48 HÖLDERLIN AN JOHANNA CHRISTIANA GOK

[Tübingen, vermutl. 1814 oder 1815]

Theuerste Mutter!

Ich kann nicht anders sagen, als daß ich sehr erkentlich gegen Ihre ausnehmende gütige Ausdrüke und so klare Erweise Ihrer Güte in meiner Seele mich finde.

Ich muß es eben zu verdienen suchen durch Wohlverhalten und fortdauernde Ehrerbietung gegen Personen, die mir Grundsäze angeben und an deren Grundsäze ich glaube.

Mich auszudrüken, ist mir so wenig gegönt gewesen im Leben, da ich mich in der Jugend gerne mit Büchern beschäfftiget und nachher von Ihnen entfernte. Was mir, bei dieser Art von Geständniß, immer geblieben, ist ein herzlicher Glaube an Ihr vortreffliches Herz und den Ernst Ihrer mütterlichen Vorschrifften.

Ihr Beispiel, Ihre Ermahnungen zur Verehrung eines höhern Wesens haben mir auch bis hieher genüzt, so daß sich das an sich Verehrbare solcher Gemüthsgegenstände auch durch Ihr Verwobenseyn in diesem Leben bekräfftiget.

Ich empfehle mich Ihnen in so ferne mit desto getrosterem Gemüthe und nenne mich

Ihren

gehorsamen Sohn

Friederich Hölderlin.

49 HÖLDERLIN AN JOHANNA CHRISTIANA GOK

[Tübingen, vermutl. 1. Quartal 1815]

Verehrungswürdigste!

Ich kann Ihnen nicht genug danken für Ihre gütige Zuschrift. Ich finde immer die Zeichen Ihres edlen Herzens und trachte, die sanften Ermahnungen, die Ihnen gefällig, zu befolgen.

Ich muß Ihnen auch herzlich danken für das, was Sie beigelegt und mir zugeschikt haben.

Sie werden die Feiertage vergnügt zugebracht haben.

Ich hoffe, da jezt die Äußerung gütigst auf Ihrer Seite, so weit, so bald ich über die Empfindungen, die ich Ihnen schuldig, hinaus bin, Ihnen auch einen recht großen Brief schreiben zu können.

Seyn Sie von meiner herzlichen Theilnahme an Ihrer kostbaren Gesundheit, Wohlseyn und Vergnügtseyn des Gemüthes und Fortdauer derselben versichert.

Darf ich Sie bitten, mich gehorsamst allen den Ihrigen zu empfehlen.

Ich habe die Ehre, mit völligster Ergebenheit mich zu nennen

Ihren

gehorsamsten

Hölderlin.

50 ARNIM ÜBER »HYPERION«

[März 1815]

Gott, welche Freude durchglüht einen andern Menschen, ein jugendliches hochbegabtes Gemüth seiner Bestimmung entgegen zu fördern; haben denn Fürsten keine Ahndung von solchem Genusse! Es wäre ein schreckliches Verzeichniß, alle die herrlichen teutschen Geister aufzuzählen, die aus solcher Lebensnoth in Krankheit, Selbstmord oder verhaßten Geschäften untergegangen sind! Hölderlin in seinem tiefsinnigen Hyperion hat das besser ausgesprochen, sprechend: »wo ein Volk das Schöne liebt, wo es den Genius in seinen Künstlern ehrt, da weht, wie Lebensluft ein allgemeiner Geist, da öffnet sich der scheue Sinn; der Eigendünkel schmilzt, und fromm und groß sind alle Herzen, und Helden gebiert die Begeisterung. Wo aber so beleidigt werden die göttliche Natur und ihre Künstler, da ist des Lebens beßte Lust hinweg und jeder andere Stern ist besser denn die Erde. Wüster immer, öder werden da die Menschen, die doch alle schöngeboren sind. Der Knechtsinn steigt, mit ihm der grobe Muth, der Rausch wächst mit den Sorgen und mit der Ueppigkeit der Hunger und die Nahrungsangst, zum Fluche wird der Segen des Jahres, und alle Götter fliehen.« Auch dieser Herrliche mußte in Armuth zum Wahnsinn erkranken, daß er lebt und doch verloren ist für uns, denen seine Trauer in trüber Zeit das Herz erweiterte, und den Drang der geheimen Noth von der Seele enthob.

51 HÖLDERLIN AN JOHANNA CHRISTIANA GOK

[Tübingen, 18. April 1815]

Verehrungswürdigste Mutter!

Wenn meine bisherigen Briefe Ihnen nicht ganz gefallen konnten, so kann eine öftere Erweisung einer solchen Aufmerksamkeit die gutwillige Bemühung anzeigen. Es ist oft so, daß die Übung auch diese Gestalt annehmen kann. Was Menschen näher bringt, ist Übung zur Gewohnheit, Annäherung der Gesinnungen und Beziehungen im Zusammenhange der Menschheit. Übrigens sind die näheren Gesinnungen noch andre; Erkentlichkeit, Religion, und Gefühl verpflichtender Beziehungen. Ich empfehle mich ergebenst in die Fortdauer Ihrer Güte, und nenne mich

Ihren
gehorsamsten Sohn
Hölderlin.

52 AUS GUSTAV SCHWABS BERLINER TAGEBUCH 1815

Vom 8ten Jul. Samstag.

Wir haben einen zweiten Abend bei *Savigny* zugebracht, der mit gewohnter Klarheit und Sanftmuth sich mit uns besprach [...] Später kam Brentano, blieb aber einsylbig, bis wir mit Savigny, der seine Frau abzuholen hatte, aufbrachen. Auf dem Wege durch die Linden ließ er nun seinem Witz und Geist aber auch seiner gränzenlosen Unverschämtheit vollen Lauf. Alle Dichter außer *Shaksperre* und – seinem Schwager *Arnim* wurden heruntergemacht. Göthe sei zu klassisch und zu gemacht; das letztere auch Uhland, dem er übrigens einige Vortrefflichkeit zugestand, Tieck sey äußerlich einnehmend übrigens ein Lump, von mäßigem Witz, lasse sich von seinen Freunden die *Cour* schneiden, sey neuerdings grimmig auf Göthe, weil Er mit seinem Ruhm nicht durchgedrungen. *Fouqué* spiele den deutschen Ritter und Sänger, sey übrigens ein zweiter Spieß, sein Zauberring nichts als unzusammenhängende *Basreliefs*, sein *Sigurd* ungemein langweilig und schlaff, und weil *Fouqué* sich dieses Urtheil von *Brentano* ins Angesicht nicht geradezu gefallen lassen, hieß er ihn dumm und der den Spaß nicht verstehe. Am unerträglichsten sey es ihm, daß jener den *Protector* jüngerer Dichter mache und überhaupt *Centralgouvernemens* in der Poesie wie in der Politik angelegt werden. Arnim, sein Schwager, habe mehr Geist und Poesie im kleinen Finger, als Tieck im ganzen, geschwollenen Leib. Wie er den letztern als Jenenser Student das erstemal gesehen, hätte er vor *Respect* geweint, und wenn die beiden *Schlegel,* Tiecken in der Mitte, über die Straße gegangen, wär' es ihm vorgekommen, als ob Gott der Vater, von Gott dem Sohn und Gott dem h. Geist spatzierengeführt würde. Jetzt denke er anders. Sein höchstes *Ideal* sey Hölderlin.

53 HÖLDERLIN AN JOHANNA CHRISTIANA GOK

[vermutl. 3. oder 4. Quartal 1815]

Verehrungswürdigste Mutter!

Ich danke Ihnen recht sehr für das Überschikte. Was Sie mir geschrieben haben, hat mich recht sehr gefreut. Die Menschen müssen sich im Guten erhalten durch Ermahnung, wie es Ihnen obliegt, und durch die Art, sich zu empfehlen, wie es mir geziemt.

Ich wiederhohle das, was ich geäußert habe, und nenne mich

Ihren
gehorsamsten Sohn
Hölderlin.

54 HÖLDERLIN AN JOHANNA CHRISTIANA GOK

[vermutl. 4. Quartal 1815 oder 1. Quartal 1816]

Verehrungswürdigste Mutter!

Ich schike mich schon wieder an, Ihnen einen Brief zu schreiben. Was ich Ihnen gewöhnlich geschrieben habe, ist Ihnen erinnerlich, und ich habe Ihnen fast wiederhohlte Äußerungen geschrieben. Ich wünsche, daß Sie sich immer recht wohl befinden mögen. Ich empfehle mich gehorsamst und nenne mich

Ihren
gehorsamen Sohn
Hölderlin.

55 ARNIM AN SAVIGNY

Wiepersdorf d 28 Jan 1816

Arm ist des Volkes Mund sagt Hölderlin, aber wenn man auch den Mund voll hat, so hat man doch wenig mitzutheilen.

56 HÖLDERLIN AN JOHANNA CHRISTIANA GOK

[vermutl. 1. oder 1. Quartal 1816]

Theuerste Mutter!

Ich mache mir eine Freude daraus, Ihnen wiederhohlter malen noch einen Brief zu schreiben. Ich wiederhohle die Gesinnungen, und die Bezeugung von diesen, die ich sonst gemacht habe. Ich wünsche Ihnen recht vieles Gute für immer. Ihre Gesundheit, die mir so schäzbar, wird, meiner Hoffnung und meinen Wünschen gemäß, immer vollkommener und für Sie angemessener seyn. Bleiben Sie mir gewogen, theuerste Mutter, und gönnen Sie mir die Fortdauer Ihrer Güte und Ihres Wohlwollens. Ich empfehle mich Ihnen gehorsamst, und nenne mich

Ihren
gehorsamen Sohn
Hölderlin.

57 HÖLDERLIN AN JOHANNA CHRISTIANA GOK

[vermutl. 2. oder 3. Quartal 1816]

Verehrungswürdigste Mutter!

Daß ich eine Gelegenheit benüzen darf, an Sie zu schreiben, ist mir gar nicht unangenehm. Es sind immerhin Empfehlungen meines von Ihnen abhängigen Wesens und Versuche, mein ergebenes Gemüth Ihrer fortdaurenden Güte zu äußern, was ich für den Inhalt dieser gewiß nicht ohne Ergebenheit geschriebenen Briefe Ihnen versichern möchte. Nehmen Sie es doch nicht übel, daß ich schon abbreche. Ich bin

Ihr
gehorsamster Sohn
Hölderlin.

58 HÖLDERLIN AN JOHANNA CHRISTIANA GOK

[vermutl. 3. oder 4. Quartal 1816]

Verehrungswürdigste Mutter!

Ich habe die Ehre, Ihnen schon wieder einen Brief zu schreiben. Die mannigfaltigen Gütigkeiten, die Sie mir im Leben erwiesen haben, veranlassen mich zum Danke, und jede Art der Höflichkeit, die ich Ihnen erweisen kann, kann einigermaßen als ein Bezeugniß desselbigen dienen. Leben Sie wohl, es war mir eine Ehre, Ihnen schon wieder schreiben zu können. Ich nenne mich

Ihren
gehorsamsten Sohn
Hölderlin.

59 HÖLDERLIN AN JOHANNA CHRISTIANA GOK

[vermutl. 4. Quartal 1816 oder 1. Quartal 1817]

Verehrungswürdigste Frau Mutter!

Ich mache Ihnen meinen gehorsamsten Dank für die Briefe, die ich von Ihnen erhalten habe, und versichere Sie, daß es mir eine Ehre ist, Ihnen zuweilen die Versicherung meiner Ergebenheit zu machen. Bringen Sie die Zeit vergnügt zu, wie es mein Wunsch ist. Ich empfehle mich Ihnen gehorsamst und nenne mich

Ihren
gehorsamen Sohn
Hölderlin.

60 AUS EINEM TAGEBUCHBRIEF BRENTANOS FÜR LUISE HENSEL

[Berlin, im Dezember 1816]

Ich habe schon viel geopfert, aber mehr verloren! Ich wollte sie scheiden lassen aus meiner Seele, wie eine Sonne, von der ich geträumt; denn es ist Nacht in mir, und ich harre des Engels, der die Geburt des Heilands in mir verkündige. Hier fällt mir das liebste Gedicht ein, das ich kenne; es ist das Einzige dieses Dichters, das eine magische Gewalt über mich hat; es gibt mir Frieden und spannt einen Himmel über mich aus, unter dem ich liege, wie ein Kind im Schooße der Mutter unter ihrem Herzen, mit keinem Schmerz, als dem des Lebens überhaupt. Dies Gedicht könnte mich trösten, wenn sie mir sagte: Rede nicht mehr mit mir! Schaue in dich, sieh mich nicht mehr, ich will für dich beten! Gewiß, gewiß, und von ganzem Herzen!

Ich armer Mensch stelle mir das jetzt so vor, und sie ist mir doch eine schuldlose Freude! Geschwind will ich das herrliche Lied nieder schreiben; vielleicht wird es mir anders dabei. Aber statt des Liedes, das mir hier eingefallen, fielen mir andere Lieder zu, nämlich die Augenlieder; auch dies wird helfen, und morgen wird Alles Friede sein. – – – – –

Jetzt aber will ich ihr jenes Gedicht hinschreiben, das ich oben versprochen, und in mir die Nacht erweitern mit Betrachtung der heiligen Nacht, die morgen anbricht, und wo ich nach langer Zeit in die Christmette gehen und auch für sie beten will.

Die Nacht. [Brod und Wein v. 1-18.] Hölderlin.

Ich wünsche, daß sie die wunderbare Gewalt dieses einfachen Gedichtes so fühlen könne, wie ich, der es viel hundertmal seit zwölf Jahren gelesen und in mancherlei Zuständen Frieden und Erhebung drin gefunden, ja, es nie ohne tiefe Bewegung und ohne neue Bewunderung empfunden hat. Es ist dieses eine von den wenigen Dichtungen, an welchen mir das Wesen eines Kunstwerks durchaus klar geworden. Es ist so einfach, daß es Alles sagt: das ganze Leben, der Mensch, seine Sehnsucht nach einer verlorenen Vollkommenheit und die bewußtlose Herrlichkeit der Natur ist darin. Ist das Alles? Wo ist denn die Erbarmung und die Erlösung? fragt sie vielleicht, und ich sage: sie lese es als ein Ebenbild aller Geschichte, und sie wird auch Erbarmung und Erlösung darin finden. Sind die ersten sechs Verse nicht das weltliche Treiben ins Reale bis zur Ermüdung, die folgenden sechs nicht die Sehnsucht der Zeit und das Gefühl der Verlorenheit. Tritt im siebenten Vers nicht der Rückblick zur verlorenen Unschuld ein, und sprechen die immer quillenden Brunnen nicht von dem ewigen Quell der Verheißung, an dem die Gerechten sich laben? Mahnt diese die Glocke nicht durch die den Klang verhüllende Welt zu harren und zu beten, und rufet der Wächter nicht die Erfüllung der Zeit aus? Ist der dreizehnte Vers nicht der Vorläufer des Heils, die Stimme des Predigers in der Wüste, der dem Herrn seinen Weg bereitet und seine Stege richtig macht? Und tritt mit dem vierzehnten Vers nicht der Herr auf: »Sieh', er kommt mit den Wolken und es werden ihn sehen alle Augen.« Im sechzehnten Vers aber steht: »Und das Licht scheinet in die Finsterniß, und die Finsternisse haben's nicht begriffen.«

Es wäre wohl eine schöne Aufgabe, dieses Lied nochmals zu dichten, und es ganz auf die Christnacht zu beziehen, es wäre sehr leicht. Ich wünsche, sie versuchte es, oder vielmehr sie fände sich dazu gerührt.

61 HÖLDERLIN AN JOHANNA CHRISTIANA GOK

[vermutl. 1. oder 2. Quartal 1817]

Meine verehrungswürdigste Mutter!

Ich nehme mir die Freiheit, mit diesem Schreiben Ihnen die Anzeige meiner fortdauernden Erkentlichkeit zu machen. Sind Sie von der Ergebenheit meiner Gesinnungen überzeugt. Die Fortdauer innerer Überzeugung, die zur Tugend beiträgt ist keine geringe Beobachtung. Übrigens bin ich in meinen Verpflichtungen und Überzeugungen nicht veränderlich. Ich nenne mich mit Ergebenheit

Ihren
gehorsamen Sohn
Hölderlin.

62 HÖLDERLIN AN JOHANNA CHRISTIANA GOK

[vermutl. 2. oder 3. Quartal 1817]

Verehrungswürdige Frau Mutter!

Ich bitte Sie, daß Sie es nicht ungütig nehmen, daß ich Ihnen immer mit Briefen beschwerlich falle, die sehr kurz sind. Die Bezeugung von dem, wie man gesinnt sei, und wie man Antheil nehme an andern die man verehrt, und wie das Leben den Menschen hingehe, diese Art, sich mitzutheilen hat eine Beschaffenheit, wo man sich auf diese Art entschuldigen muß. Ich beendige den Brief schon wieder, und nenne mich

Ihren
gehorsamsten Sohn
Hölderlin.

63 HÖLDERLIN AN JOHANNA CHRISTIANA GOK

[vermutl. 3. oder 4. Quartal 1817]

Meine theuerste Mutter!

Weil HE. Zimmern gütig mir erlaubt, auch zu schreiben, bin ich so frei. Ich empfehle mich Ihrer Güte. Sie werden mich wohl nicht verlassen. Ich hoffe, Sie bald zu sehen. Ich bin von Herzen

Ihr
gehorsamer Sohn
Hölderlin.

64 HÖLDERLIN AN JOHANNA CHRISTIANA GOK

[vermutl. 4. Quartal 1817 oder 1. Quartal 1818]

Verehrungswürdige Mutter!

Ich nehme mir die Freiheit, einen Brief an Sie zu schreiben, wie es fast eine Gewohnheit geworden ist. Es soll mich recht sehr freuen, wenn Sie gesund sind. Ich mache mir eine Freude daraus, von den Gesinnungen zu schreiben, von denen ich sonst geschrieben habe. Ich empfehle mich Ihnen gehorsamst und nenne mich

Ihren
gehorsamen Sohn
Hölderlin.

65 HÖLDERLIN AN JOHANNA CHRISTIANA GOK

[vermutl. 1. oder 2. Quartal 1818]

Verehrungswürdige Mutter!

Ich schreibe Ihnen schon wieder. Das Wiederhohlen von dem, was man geschrieben hat, ist nicht immer eine unnöthige Beschaffenheit. Es ist in dem, wovon die Rede ist, gegründet, daß, wenn man sich zum Guten ermahnt, und sich etwas Ernstliches sagt, es nicht sehr übel genommen wird, wenn man eben dasselbe sagt, und nicht immer etwas vorbringt, das nicht gewöhnlich ist. Ich will es bei diesem bewenden lassen. Ich empfehle mich Ihnen gehorsamst, und nenne mich

Ihren
gehorsamen Sohn
Hölderlin.

66 HÖLDERLIN AN JOHANNA CHRISTIANA GOK

[vermutl. 2. oder 3. Quartal 1818]

Verehrungswürdigste Frau Mutter!

Ich mache mir ein Vergnügen daraus, Ihre gütige Erlaubniß zu benuzen, und das Briefschreiben an Sie so ferne fortzusezen. Wenn Sie sich wohlbefinden, freuet es mich erstaunlich. Ich werde aber wieder schnell abbrechen müssen. Ich muß es bei dem bewenden lassen, Ihnen von meinem Wohlbefinden Nachricht gegeben zu haben. Ich empfehle mich Ihrer Güte und Gewogenheit und nenne mich

Ihren
ergebenst gehorsamsten Sohn
Hölderlin.

67 HÖLDERLIN AN JOHANNA CHRISTIANA GOK

[vermutl. 3. oder 4. Quartal 1818]

Theuerste Mutter!

Ich mache Ihnen meinen gehorsamsten Dank für das Überschikte. Nehmen Sie es nicht ungütig, daß ich Ihnen immer noch, wie Sie mich überzeugt haben, auf diese Art lästig bin. Ist es irgend zu sagen möglich, so möchte ich Ihnen bezeugen, wie ich wünsche, Ihnen Ihre viele Sorge um mich und Güte vergelten zu können. Ich wünsche Ihnen überdiß gute Gesundheit, theuerste Mutter, und ruhiges Leben und nenne mich

Ihren
gehorsamsten Sohn
Hölderlin.

68 HÖLDERLIN AN JOHANNA CHRISTIANA GOK

[vermutl. 4. Quartal 1818 oder 1. Quartal 1819]

Verehrungswürdigste Mutter!

Ich nehme mir die Freiheit, Ihnen wiederhohltmals zu schreiben. Was ich Ihnen sonst gesagt habe, wiederhohle ich mit den Gesinnungen, die Sie von mir wissen. Ich wünsche Ihnen alles Gute. Ich breche schon wieder ab, wie ich Sie um Verzeihung bitte.

Ich empfehle mich Ihnen gehorsamst, und nenne mich

Ihren
gehorsamen Sohn
Hölderlin.

69 HÖLDERLIN AN JOHANNA CHRISTIANA GOK

[vermutl. 1. oder 2. Quartal 1819]

Verehrungswürdigste Frau Mutter!

Die vortreffliche Frau Zimmerin ermahnt mich, daß ich möchte es nicht vernachlässigen, Ihnen mit einem Schreiben aufmerksam zu seyn, und so die Fortdauer meiner Ergebenheit Ihnen zu bezeugen. Die Pflichten, die Menschen sich schuldig sind, zeigen sich vorzüglich auch in einer solchen Ergebenheit eines Sohnes gegen seine Mutter. Die Verhältnisse der Menschen zu einander haben solche Regeln, und die Befolgung dieser Regeln und mehrere Übung in denselben macht, daß die Regeln so ferne weniger hart, und mehr dem Herzen angemessen scheinen. Nehmen Sie vorlieb mit diesem Zeichen meiner beständigen Ergebenheit. Ich nenne mich

Ihren
gehorsamen Sohn
Hölderlin.

70 HÖLDERLIN AN JOHANNA CHRISTIANA GOK

[vermutl. 2. oder 3. Quartal 1819]

Verehrungswürdigste Mutter!

Ich schreibe Ihnen, so gut ich im Stande bin, Ihnen etwas zu sagen, das Ihnen nicht unangenehm ist. Ihr Wohlbefinden und die Beschaffenheit Ihres Gemüths ist mir unveränderlich angelegen. Wenn Sie mit diesem zufrieden seyn können, so thun Sie mir einen Gefallen, ich bin Ihnen bekannt, wie ich mit meinen Bitten bin und Ihnen beschwerlich falle. Ich bin

Ihr
gehorsamer Sohn
Hölderlin.

71 HÖLDERLIN AN JOHANNA CHRISTIANA GOK

[vermutl. 3. oder 4. Quartal 1819]

Theuerste Mutter!

Ich bin versichert, daß die Bemühung, Ihre Zufriedenheit zu verdienen, macht, daß die Gütigkeit, mit der Sie immer gegen mich gesinnt gewesen sind, nicht aufhört. Ich muß schon schließen. Seyn Sie versichert, daß ich mit nicht endigender Ehrerbietigkeit mich nenne

Ihren
gehorsamen Sohn
Hölderlin.

72 HÖLDERLIN AN JOHANNA CHRISTIANA GOK

[vermutl. 4. Quartal 1819 oder 1. Quartal 1820]

Verehrungswürdigste Mutter!

Ich will Ihnen diesen Brief noch schreiben. Die Nachrichten, die ich von Ihnen erhalte, freuen mich. Ich kann Ihnen sagen, es giebt für mich keine bessere Nachrichten, als die, die mir sagen, daß Ihnen es gut geht. Ich muß abbrechen. Ich bin

Ihr
gehorsamster Sohn
Hölderlin.

73 HÖLDERLIN AN JOHANNA CHRISTIANA GOK

[vermutl. 1. oder 2. Quartal 1820]

Verehrungswürdige Mutter!

Ich schreibe Ihnen diesen Brief zum Zeichen meiner gewöhnlichen in solchen Verhältnissen sich benehmenden Gestimmtheit. Es soll mich sehr freuen, wenn ich das mir immer sagen kann, was meine bezeugte und Ihnen bekannte Art, den Menschen, die mich angehen, verständlich zu seyn, Ihnen sich erinnerlich gemacht hat. Ich bin

Ihr
gehorsamer Sohn
Hölderlin.

74 KERNER AN KARL MAYER

[Weinsberg, 10. Mai 1820]

Ich wollte schon längst den Uhland betreiben: daß er es bey Haug, *Conz cc.* dahinbringt: daß die Gedichte von Hölderlin, zur Ehre des Vaterlandes gesammelt werden, da ich ihm aber nicht mehr schreiben kann, so kann ich es nicht, und bitte dich, es zu tun und auch mit Schwab darüber zu sprechen. Es ist wahrhaft sündlich, diesen, besonders als *Elegi*ker in Würtemberg einzigen Dichter, – so in Vergessenheit kommen und unter den Hobelspänen des Tübingschen Schreiners vergraben zu lassen. Ich kann es nicht thun, da mir nicht die Almanache, Journale u.s.w. zu Gebothe stehen in denen Hölderlins Gedichte stehen. Am füglichsten könnten Haug und Neuffer es thun und es wäre mehr Verdienst als wenn diese was – anderes thäten. Rede mit Schwab, dieser könnte es auch thun oder betreiben.

75 HÖLDERLIN AN JOHANNA CHRISTIANA GOK

[vermutl. 2. oder 3. Quartal 1820]

Verehrungswürdige Mutter!

Ich danke Ihnen für den erhaltnen Brief. Wie Sie mir geschrieben haben, kann ich mich versichern, daß es mit Ihrer Gesundheit gut geht, und daß Sie zufrieden und vergnügt leben. Haben Sie mir sagen gewollt, wie ich mich gegen Sie verhalten soll, so antwort' ich Ihnen, daß ich trachte, unveränderlich in gutem Vernehmen mit Ihnen zu bleiben.

Ich nenne mich
Ihren
gehorsamsten Sohn
Hölderlin.

76 HÖLDERLIN AN JOHANNA CHRISTIANA GOK

[vermutl. 3. oder 4. Quartal 1820]

Verehrungswürdigste Mutter!

Ich mag es nicht versäumen, einen Brief an Sie zu schreiben. So erfreulich die Gegenwart, so ist doch das Zeichen der Seele, das nicht lebendige, eine Wohlthat für die Menschen. So wenig sich eine Vorzüglichkeit der Seele, wie Güte, oder herzliche Mittheilung, oder tugendhafte Ermahnung oft scheint vergelten zu lassen, so ist auch Äußerung der Empfänglichkeit doch etwas in das Leben und seine Erscheinung. Nicht nur die gleich starke Mittheilung, auch Äußerung und Empfindung ist eine Gestalt des Moralischen, ein Theil der Geistes- und Erscheinungswelt. Wie Leib und Seele ist, so ist auch die Seele und ihre Äußerung. Nemlich der Mensch soll sich äußern, aus Verdienst etwas Gutes thun, gute Handlungen ausüben, aber der Mensch soll nicht nur auf die Wirklichkeit, er soll auch auf die Seele wirken. Die moralische Welt, die das Abstracte mit sich führt, scheint dieses zu erklären. Nehmen Sie mit diesen Äußerungen vorlieb und beglüken Sie ferner mit Ihrer Gewogenheit, verehrungswürdigste Mutter

Ihren
gehorsamen Sohn
Hölderlin.

77 LEUTNANT HEINRICH VON DIEST AN JOHANN FRIEDRICH VON COTTENDORF

Mittelbar durch den verstorbenen Geheimen Rath *Sainclair* befinde ich mich im Besitze der Abschrift eines Manusscripts von 6 Bogen Gedichte von *Friedrich Hoel-*

derlin Verfasser des *Hyperions,* einige derselben sind zwar in verschiedenen Taschenbüchern erschienen, doch so viel mir bekannt nicht alle. – Schon der verstorbene *Sainclair* hatte die Absicht diese Gedichte zum Besten seines unglücklichen Freundes heraus zu geben, und seit seinem Tode habe auch ich immer diese Absicht gehabt, der Krieg und so manches Andere, besonderst aber meine gänzliche Unbekanntschaft mit der Lage und den Verhältnissen des Verfassers, haben mich bis jetzt davon abgehalten. Ich weis nicht ob derselbe noch lebt und ob noch in dem früheren traurigen Zustande in Tübingen, ob derselbe vielleicht noch nähere Angehörige hat, die im etwaigen Besitze seiner Papiere die kleine eben erwähnte Sammlung noch vermehren u: die Herausgabe selbst besorgen könnten. – Daher wende ich mich an Ew: Hochwohl mit dem ergebenen Vorschlage, dieses Werkchen in Verlag zu nehmen, der unglückliche hohe Geist der in jedem Worte was *Hoelderlin* schrieb unverkennbar wohnt, wird es ihm sicher an Abnehmer nicht fehlen lassen. Auch sein Hyperion ist längst vergriffen u: sehr oft schon bin ich um Exemplare desselben von manchen Seiten angegangen worden, vielleicht daß Ew: Hochwohl. es dienlich fänden, als der Quelle so nahe, eine Sammlung und neue Auflage seiner sämtlichen Schriften, zum Besten des, für die Litteratur viel zu frühe armen Zerstörten zu veranstalten, im welchen Falle Ew: Hochwohl über das oben erwähnte kleine Manusscript zu disponieren haben, es enthält folgende Gedichte. 1) Pathmos. 2) Der Rhein, 3) Andenken. 4) Chiron. 5) Thränen. 6) An die Hoffnung 7) Vulkan. 8) Blödigkeit. 9) Ganymed. 10) Hälfte des Lebens. 11) Lebensalter. 12) Der Winkel von Hahrdt. 13) Die HerbstFeyer, an Siegfried Schmidt. 14) Die Wanderung 15) Diotima, 16) Sonnen Untergang. 17) Menschenbeifall. 18) Stimme des Volks. 19) Das Unverzeihliche. 20) Die Liebenden. 21) Ihre Genesung. 22) An ihren Genius. 23) Abbitte. 24) Der gute Glaube. 25) Die Heimath. 26) Ehemals u: Jetzt. 27) An die Deutschen. 28) An die jungen Dichter 29) Lebenslauf. 30) Die Kürze. 31) An die Parzen. 32) Diotima (noch einmal) 33) Socrates u: Alcibiades. Ich selbst habe bei den Ew: Hochwohl. gemachten Mittheilungen kein anderes Intresse als das allgemeine, daß ein Geist wie *Hoelderlin* in unsrer Literatur nicht so schnell vergessen werde oder gar ganz verschwände, und das besondere welches in meiner hohen Verehrung für den Verfasser seinen Grund hat, dem ich durch seinen *Hyperion,* mit die glücklichsten Stunden meines Leben danke. – Sollten Ew: Hochwohlgeb. auf meinen Vorschlag in irgend einer Art eingehen, so würde, da ich nicht selbst Schriftsteller bin, der Geheime OberRegierungsRath Dr: Johannes Schulze (Herausgeber des Winkelmanns) als ein vertrauter Freund des verstorbenen *Sainclair* u: Theilnehmer der *Hoelderlin* allgemein gezollten Verehrung, das Werk oder Werkchen, gerne mit einer Vorrede begleiten, und ich würde mich bemühen die Erlaubniß Ihrer Kgl: Hoheit der Frau Prinzessin *Wilhelm* von Prßen, zu erhalten, ihr das Ganze weihen zu dürfen, *Hoelderlin* hat bekanntlich die hohe Frau sehr verehrt u: ihr seine Übersetzung der Antigone gewidmet, und nicht minder lebhaft ist, wie ich weis, die Theilnahme Ihrer Kgl: Hoheit an den Schriften wie dem Schicksale des Unglücklichen. Indem ich Ew: Hochwohlg. geneigter Antwort über das Obige entgegensehe, füge ich die ergebene Bitte hinzu, mir so weit Ew: Hochwohl können, die gegenwärtige Lage *Hoelderlins* mitzutheilen, und unterzeichne hochachtungsvoll

Ew: Hochwohlgeb. ergebener Diener E. W. v. Diest

Lnt. 31. If: Rgt. Mein *Avs.* ist: Rosen Straße N.° 5

Berlin d. 29. *August* 1820. hinter Königs Pallais.

78 COTTA'SCHE BUCHHANDLUNG AN DIEST

[Stuttgart, 7. September 1820. Fragment]

Ew. Hochwohl. gütigen Antrag etliche von Hölderlins Arbeiten betreffend, bin ich bereit auszuführen, und es würde sich ein neues Abdrucken des Hyperions schicklich verbinden lassen. Ich erwarte daher nach Ihrer Bequemlichkeit die nöthigen Mittheilungen etwa durch H. Buchhändler Kummer in Leipzig. –

79 DIEST AN COTTA

[Stuttgart, 25. September 1820]

Noch ehe Ew: Hochwohlg. sehr geehrtes Schreiben vom 7. *h. M.* in meinen Händen war hatte ich schon erfahren daß sich noch weit mehr Arbeiten Hölderlins zerstreut u: zum Theile noch ungedruckt vorfinden, als ich besitze u: als ich Anfangs glaubte, ja es sind seitdem sogar wirklich einige mir bisjetzt unbekannte Neue in meine Hände gekommen. Ich habe daher sofort nach Empfang von Dero Geehrtem die Arbeit des Sammlers begonnen, nach Frankfurt u: Homburg geschrieben u: hoffe von meinen Bemühungen eine reiche Geist u: Herz erfreuende Ausbeute, besonderst da ich auch hier mehrere persönliche Freunde Hölderlins habe kennen lernen, die mir intressante Mittheilungen zu versprechen die Güte hatten, unter ihnen steht oben an, Ihre Kögl: Hoheit die Prinzes Wilhelm, welche die besondere Genade hatte sich lebhaft für das Unternehmen zu intressieren und mir persönlich zu versprechen geruthe, daß sie nicht nur selbst nachsehen wolle, ob sich etwa noch einzelne GelegenheitsGedichte von H: unter ihren Papieren vorfänden sondern auch deshalb an ihre durchleuchtige Frau Schwester schreiben will. – Sobald ich auf diese Weise im Besitze von dem Gesamt Nachlaß H: gekommen bin, werde ich mich bemühen, die einzelnen Sachen nach der Zeitfolge wie sie erschienen möglichst zu ordnen, zu welchem Ende Ew: Hochwohlg. mich jedoch sehr verbinden würden, wenn Sie mir die Bücher u: Zeitschriften angeben könnten, in welchen der größere Theil zerstreut erschienen ist. Habe ich das Ganze erst auf diese Weise geordnet so will der Geheime OberRegierungsRath *Schulze* die Güte haben, die genaue Corectur desselben sowohl als die Vorrede zu besorgen, wo ich Ew: Hochwohl. dann sofort das Manusscribt übersenden werde. Über den Tittel des Werckchens und ob dasselbe passend in einen Band mit Hyperion zu vereinigen sey, darüber wäre sich dann demnächst noch zu verständigen, wegen der Dedication an Ihre Kgl: Hoheit habe ich jedoch bei genauerer Überlegung gefunden, daß dieselbe während dem Leben des

Verfassers und dessen unglücklichem Zustande, sich nicht mit der Zartheit vertragen dürfte welche man dem letzteren schuldig ist, *Schulze* ist hierinn meiner Meinung u: ich zweifle nicht daß auch Ew: Hochwohl. dieselbe Ansicht theilen werden.

[Beilage Friedrich Haugs:]

Hyperion, ein Roman

Gedichte in Stäudlins Almanachen

Gedicht in den Horen, das verbessert in Matthissons Anthologie steht. Seine Freunde, z.B. Neuffer, Landauer, haben vielleicht noch Ungedrucktes.

80 PRINZESSIN MARIANNE VON PREUSSEN GEB. VON HOMBURG AN IHRE SCHWESTER AUGUSTE

[Schönhausen, 26. September 1820]

heut Abend will Lottum fort – hoffentlich treffen ihn diese Zeilen noch, weil ich neulich was wichtiges vergaß was mir aufgetragen war. Ein Officier nahmens Dietz ein Freund Hölderlins aus Frankfurt a/m; hier auf der Kriegsschule, bat mich, u durch mich Dich, ob du vielleicht ungedruckte Gedichte von H. noch besäßest, er u Ernst Schulz (der auch ein Freund von ihm u Sinclair ist) wollen sie zu seinem besten herausgeben, weil er in elendem Zustand immer noch sein soll, u blödsinnig der arme. Du wirst es gern thun, wenn du welche hast.

81 FRIEDRICH HAUG AN KERNER

[Stuttgart, 21. Oktober 1820]

Ich glaub', es müßte für Hölderlin ein schmerzliches Gefühl seyn, wenn Jemand, so lang' er lebt, seine Gedichte herausgäbe. Oder meinen Sie nicht?

82 HÖLDERLIN AN JOHANNA CHRISTIANA GOK

[vermutl. 4. Quartal 1820 oder 1. Quartal 1821]

Verehrungswürdigste Mutter!

Ich schreibe Ihnen schon wieder. Haben Sie die Güte, diesen Brief, wie meine sonstigen Briefe, aufzunehmen und mich in gutem Gedächtniß zu behalten. Ich empfehle Ihnen mein Inneres aus Ergebenheit und nenne mich

Ihren

gehorsamsten Sohn

Hölderlin.

83 HÖLDERLIN AN JOHANNA CHRISTIANA GOK

[vermutl. 1. oder 2. Quartal 1821]

Geehrteste Frau Mutter!

Ich schreibe Ihnen, wie ich glaube, daß es Ihre Vorschrift, und meine Gemäßheit nach dieser ist. Haben Sie Neuigkeiten, so können Sie dieselbige mir mittheilen.

Ich bin
Ihr
gehorsamster Sohn
Hölderlin.

84 DIEST AN KERNER

[Berlin, 10. März 1821]

Ew: Wohlgeb: wollen eine Bitte vergeben und erfüllen zu welcher H *v: Arnim* mich veranlaßte indem er mir beides von Ihnen zusicherte. – Ein Verwandter von mir der hiesige Geheime OberRegierungsRath *Johannes Schulze* (Herausgeber des *Winkelmanns)* hatte als Freund des verstorbenen Geheimen Raths *Sainclair* in Homburg, früher den Plan mit diesem vereint die hinterlassenen Gedichte *Friedrich Hoelderlins*, zu dessem Besten sowohl, als um der vaterländischen Litteratur Schätze wie diese zu erhalten, zu sammlen u: heraus zu geben. *S:* Tod, die Stürme der Zeit vereitelten ein Unternehmen zu dem so Manches schon vorbereitet u: gesammelt war, jetzt aber hat *Schulze* vereint mit mir diesen Plan wieder aufgenommen, u: zwar so daß er als Gelehrter den literarischen Theil der Arbeit, ich aber als bloßer Laie den des Sammlens und der nöthigen Corespondence, zu welcher ihm überhäufte Berufs Geschäfte ohnehin nicht Muse gönnen, übernommen hat. Durch die Genade der Frau Prinzeß *Wilhelm* Kgl: Hoheit wie ihrer erlauchten Schwestern, welche sich für unser Unternehmen interessieren, wie durch das was wir schon besaßen und durch die Güte vieler Freunde haben wir die Gedichte bereits gesammelt von welchen ich mir die Freiheit nehme Ihnen anliegend das Verzeichniß mit zu senden, u: es fragt sich jetzt nur noch ob sich nicht noch so manches uns Unbekannte vorfände welches zu dieser Sammlung gehört. Daher meine ergebene Bitte an Sie verehrter Herr Doctor wäre, Falls Sie noch Etwas von *Hoelderlins* Nachlaß besäßen es mir gütigst zu dem vorliegenden guten Zwecke mitzutheilen, oder uns doch nachzuweisen in welchen Taschenbüchern *H:* Gedichte zerstreut sind, welches uns wegen einiger Ordnung in der Zeitfolge sowohl, als des Vergleichens unsrer Abschriften mit den Originalen höchst nöthig wäre, und worüber wir bis jetzt nur sehr unvollkommene Nachrichten haben. *Cotta* will das Ganze zum Besten *H:* verlegen und zugleich einen nochmaligen Abdruck seines bereits lange schon vergriffenen *Hyperion* damit verbinden, so daß also auf diese Weise ein Zweck erreicht würde, der nicht anderst, sowohl für *H:* Persönlichkeit als die allgemeine deutsche Litteratur, als von dem größten Intresse seyn kann.

85 KERNER AN UHLAND

[Weinsberg, März 1821]

Kürzlich erhielt ich ein Schreiben von einem HE. Geheimerath Schulze von Berlin (Herausgeber der Werke Winkelmanns,) in welchem er mir schreibt: daß er mit *Sainclair* schon früher den Plan gefaßt, Hölderlins Schriften zu sammeln u. herauszugeben. *Sainclairs* Tod und die Kriege seyen dazwischen gekommen nun aber greife er den Plan wieder auf's Neue auf. *Cotta* verlege das Werk zu Gunsten Hölderlins, Preußische Prinzessinnen unterstützen die Sache (!!!!) u.s.w. Er sandte ein Verzeichniß der Lieder Hölderlins und ersucht mich: im Vaterlande nachzufragen, ob von Hölderlin nicht noch mehr existiere. Auch Hölderlins Roman soll mit erscheinen.

Ich schrieb nun zuerst an Hölderlins Stiefbruder Finanzrath Gock in Ludwigsb. und sandte ihm das Verzeichniß zur Ansicht. Später will ich an Neuffer in Ulm schreiben. Sehe Du doch auch in Stuttgardt nach. Hier ist das Verzeichniß!!-

Ich schrieb dem Schwab und Haug schon oft, daß sie Hölderlins Dichtungen sammeln sollen, – es that es nie einer ob sie gleich sonst – sammeln. Es ist eine Schande, daß nun Ausländer sich unsres unglücklichen Mitbürgers annehmen.- Doch freue ich mich, – daß es nur geschieht !!

86 FINANZRAT GOK AN KERNER

[Ludwigsburg, 25. März 1821]

[Erklärt auf Kerners Anfrage hin, er sei kein] Anverwandter des verstorbenen Dichters Hölderlin [und kenne auch seine Familie nicht, verweist aber auf den] Hof- und Finanzrath Gok in Stuttgardt.

87 KERNER AN KARL GOK

[Weinsberg, 26. März 1821]

Aus beygelegtem Briefe werden Sie, verehrungswürdigster Herr Finanzrath! ersehen: daß der Herausgeber der Werke Winkelmanns HE. RegierungsRath Schulze in Berlin, im Sinne hat, das zu thun, was wir Würtemberger schon längst hätten thun sollen, – nämlich eine Sammlung der herrlichen Werke Hölderlins zu veranstalten und zwar zu Gunsten des Verfassers und im Verlage *Cottas*. Es liegt dem Briefe ein Verzeichniß der Gedichte bey und die Unternehmer möchten wissen, ob es vollständig ist. Wer könnte hierüber wohl beßre Auskunft geben als Sie? Gewieß werden Sie Sich einer Sache die man dem Vaterlande und dem theuren Freunde schuldig ist, annehmen!! Vielleicht ist noch Mehreres im Besitze der Frau Mutter? Vielleicht könnte Neuffer in Ulm Auskunft geben?

Dieses und überhaupt Ihre ganze Ansicht von der Sache wünschte ich bald zu erfahren, bitte Sie aber in jedem Falle um Zurüksendung jenes Briefes.

88 CONZ AN KERNER

[Tübingen, 9. April 1821]

Was Sie mir von dem Plane, Hölderlins Gedichtausgabe betreffend, schreiben, ist mir neu. Wohl könnte die Sammlung der Poesien vermehrt werden, durch manche in den früheren Almanachen, die Stäudlin herausgab, eingerückte recht brave Gedichte. Wahrscheinlich sind nicht alle von diesen in die Anthologie, die Ihr Berliner Freund angelegt hat, aufgenommen. (Ich fand kein Verzeichniß, wie sie schreiben, beigelegt). Es sind gewiß bessere darunter, als seine späteren zum Theil sind, namentlich die aus der Periode, wo er schon über dem Wahnsinn brütete, deren (halbwahnsinnige!) mehrere in Frankfurter Almanachen gedrukt sind. Diese Almanache (schwäbische) hat alle Haug ordentlich gesammelt. Meine Fahrlässigkeit und das gutwillige Wegleihen brachte mich rein um alle.- Ueberhaupt es ist eine delikate Sache, diese Poësien zu sammeln. Ich selbst ging einst damit um und sprach mit Cotta davon, der aber einschränkend und nach gewohnten *Reservatis mentis Cottanianae* darauf antwortete. – Ich hatte aus den Papieren Hölderlins durch Mutter und Schwester – zum Theil freilich dämonisches Zeug aus dem siebenten Himmel der idealistischen Philosophie Manches an mich gebracht, (darunter aber einige recht herzliche Sachen –) Ein Theil davon schikte ich Mahlmann um für die elegante Zeit.[ung] davon mit Auswahl Gebrauch zu machen, und akkordirte ein Honorar zur Erleichterung des Unglüklichen! Es wurde bewilligt, aber nichts gedrukt und kein Geld geschikt; unterdessen dankte Mahlmann von der Red. der el. Z. ab, und was ich von *Msc.* noch hatte oder mit Mühe zurükerhielt (ein Fragment einer Tragödie Agis erhielt ich gar nicht mehr – Schade dafür!) sendete ich plözlich, auf eine ungelegene Weise so kompromittirt, der Familie nach ihren Wünschen zurük.

Seit einem Jahre fast habe ich H. nicht mehr gesehen. Er kam sonst des Sommers je und je in meinen Garten, sprach einige halbvernünftige Worte, verirrte sich aber dann bald in s. gewöhnlichen Galimathias – von halbfranzösischen, halbdeutschen Ausdrücken und Complimenten v. Ihr Gnaden, Ihr Durchlaucht, unter Begleitung der verschwebten Blicke und der Mien- und Mundverzerrungen, die Sie an ihm kennen. Er soll seit einiger Zeit ganz ruhig seyn, geht aber, wozu er ehmals Lust hatte, nicht mehr aus, außer in den Hof hinter seinem Erkerlogis. Vielleicht besuche ich ihn diesen Frühling einmal.–

89 KERNER AN KARL GOK

[Weinsberg, 18. April 1821]

Euer Wohlgebohrn

bin ich so frey, recht dringend zu ersuchen: mir doch auf meine Anfrage in Betreff der Hölderlinischen Gedichte eine gütige Antwort zu ertheilen.

In jedem Falle, wünschte ich wenigstens den Brief von Berlin und das jenem beygelegte Verzeichniß bald wieder zurükzuerhalten weil ich weder von der Addresse noch von jenem Verzeichnisse eine Abschrift nahm.

[Notiz Goks für Uhland am untern Rande, Stuttgart, 24. April:]
Dieser Brief veranlaßt mich, Euer Wohlgebohrn um gefällige Übersendung der Papiere gefl. zu bitten, die ich lezthin *Ihnen* selbst übergeben wollte. Ich werde Herrn *D.Kerner* um Zurüksendung des dabei befindlichen Manuscripts von Hölderlin ersuchen, und wenn Sie es wünschen, dasselbe *Ihnen* mit Vergnügen wieder zustellen. Vielleicht giebt der heutige Abend Zirkel mir die angenehme Veranlassung, mit *Ihnen* über die Sache zu sprechen?

90 KARL GOK AN KERNER

Stuttgart den 20. *Apr.* 1821.

Empfangen Sie, verehrtester Freund, meinen wärmsten Dank für Ihr gütiges Schreiben, worin Sie mir die Nachricht von der Absicht einiger achtungswerther Männer, die zerstreuten Gedichte meines unglüklichen Bruders zu sammeln und herauszugeben, mittheilten.

Nur der Wunsch Ihnen einige für diese Sammlung interessante Beiträge überliefern zu können, verzögerte bis jezt meine Antwort.

Wenige Tage nach dem Empfange Ihres Briefs reiste ich selbst nach *Nürtingen,* um zu sehen, ob nicht meine l. Mutter im Besiz einiger noch ungedrukter Gedichte Hölderlins wäre.

Eine mir schon früher bekannte kleine Sammlung der Erstlinge seiner frühe gewekten Liebe zur Poesie von seinem 17.- 19. Jahre war damals gerade in den Händen eines Verwandten, von dem ich solche beschrieb und erst nach einer Erinnerung erhielt. Mehrere der hierin enthaltenen Gedichte sind dem engern Familien Kreise, an dem der Gute mit ganzer Seele hieng, gewiedmet, aus den übrigen spricht sich sein reiner religiöser Sinn, und warmes Gefühl für das Erhabne, für Natur und Freiheit aus. Das Ganze scheint aber von ihm selbst mehr als Andenken für die Seinigen – als für öffentl. Bekanntmachung aufbewahrt worden zu seyn, und so werth daher diese Reliquie auch mir ist, so zweifl' ich doch, ob er selbst sie für reif genug gehalten hätte, neben seinen späthern Producten dem Urtheil der Kunstrichter ausgesezt zu werden.

Gleichwohl nehm' ich keinen Anstand, diese unvollendete Sammlung Ihnen zur Einsicht und Prüfung ihres Gehalts mit der Bitte mitzutheilen, mir das Manuscript, das in seiner wirklichen Gestalt ohnediß nicht benüzt werden könnte, wieder zuzusenden, und etwa diejenigen Gedichte gefl. zu bezeichnen, welche Ihnen zum Druk geeignet scheinen, worauf ich die Auszüge aus den selben gerne besorgen würde.

Außer dieser etwas zusammenhängenden Sammlung waren unter Hölderlins Papieren, die überhaupt das Gepräge seiner späthern unglüklichen Verirrung tragen –

nur Bruchstüke einzelner Gedichte, und Skizzen bereits gedrukter; da mein Aufenthalt in *Nürtingen* nur auf wenige Stunden beschränkt war, so bat ich meine Mutter mir das scheinbar Brauchbare nachzusenden; Ich erhielt diß erst heute und werde nun sehen, einigen Zusammenhang auszufinden, und das, was etwa vollständig ist, Ihnen nachsenden. Aus dem übrigen erhalte ich vielleicht noch einige Spuren zur Vervollständigung der Sammlung, die wie sie Ihnen nach den Titeln mitgetheilt wurde, bei weitem nicht alle bekannten Gedichte Hölderlins zu enthalten scheint. Ohne Zweifel würden aber auch die Jugendfreunde Höld: Conz Neuffer und Magenau noch manches zur Vervollständigung jener Sammlung beitragen können.

Zuvörderst erlaube ich mir aber noch eine Bitte um Ihren gütigen Rath, die mir die Sorge meiner durch den Kummer über das traurige Loos ihres Sohnes gebeugten alten Mutter abnöthigt.

Sosehr diese, wie ich, die Bemühung eines schäzbaren Gelehrten, dem durch eine traurige Verirrung seines Geistes in seiner glüklich begonnenen Bahn gestörten Dichter ein würdiges Denkmal zu stiften, hochschäzt, so befürchtet sie doch, daß ohne die gehörige Vorsicht, die Kunde von der Herausgabe seiner Gedichte, die er bei seiner jezt, Gott sey Dank, ziemlich ruhigen Stimmung leicht erfassen könnte, eine nachtheilige Wirkung auf seine GemüthsStimmung haben könnte.

Da Sie Hölderlin – und seinen GemüthsZustand ohne Zweifel selbst kennen, und als Arzt zu beurtheilen wissen, in wie weit die Besorgnisse meiner Mutter gegründet seyn könnten, so vertrau' ich in dieser Sache ganz Ihrem gütigen Rath, und bitte Sie, wenn Sie es für nöthig finden, deshalb etwa vornhin mit Herrn Professor Conz in Tübingen gefl. Rüksprache zu nehmen, und mir Ihr Urtheil gütigst mitzutheilen, damit ich meine besorgte Mutter hierüber beruhigen kann.

Ich besuchte den unglüklichen H. im vorigen Späthjahre bei einer Rükreise aus der Schweiz; Sie können denken, welche Empfindungen mich bei diesem Wiedersehn ergriffen. Ich fand ihn für sein Alter gut aussehend, und sehr freundlich und still; aber tief schmerzte es mich, daß seine GeistesAbwesenheit doch noch so gros war, daß er mich nicht mehr erkannte. Das einzige Beruhigende für uns ist, daß er unter der Pflege eines braven Mannes, HE. Zimmer in *Tübingen*, ist, der Hölderlins volles Vertrauen besizt, und dessen Sorge für ihn er mit einer wahrhaft kindlichen Liebe ehrt.

Nochmals bitte ich Sie wegen meiner ohne meine Schuld verzögerten Antwort um freundschaftl. Nachsicht, und ersuche Sie, wenn Sie den zurükfolgenden Brief beantworten, den edeln Gönnern Hölderlins auch den Dank seiner Verwandten für ihre Theilnahme an dem zu früh gestörten Streben seines Geistes zu sagen, und von mir die Versicherung meiner hohen Verehrung zu genehmigen, in der ich stets seyn werde

der Ihrige
Gok.

91 HÖLDERLIN AN JOHANNA CHRISTIANA GOK

[vermutl. 2. oder 3. Quartal 1821]

Verehrungswürdigste Mutter!

Ich schreibe Ihnen dißmal einen Brief, so gut ich kann. Ihre Gesundheit soll mich immer sehr angelegentlich angehen. Es soll mich immer freuen wenn Sie gesund sind und bleiben. Der Zusammenhang mit Ihnen wird mir immer theuer seyn. Gönnen Sie mir auch in Zukunft Ihre Gunst und Güte. Ich breche schon wieder ab. Ich empfehle mich Ihrer fortdauernden Liebe und nenne mich

Ihren
gehorsamsten Sohn
Hölderlin.

92 CONZ AN KERNER

Tübingen d. 10 ten May 1821.

Ich freue mich, lieber Kerner, Ihrer warmen Theilnahme an des unglücklichen Hölderlins Muse und dem, was die Berliner für ihre Erhaltung im deutschen Publikum thun wollen. Ich habe das Verzeichniß der Gedichte, das sie Ihnen übersandt durchlaufen, und finde auch oder glaube zu finden, daß manches noch fehlt, was der Aufbewahrung würdig wäre. Nur bringt mich weder mein eigner literarischer Vorrath noch mein literarisches Gedächtniß auf eine ganz sichere Spur. Daß in den Horen auch Gedichte von Hölderlin stehen, weiß ich bestimmt: Aber wie viel und wo? weiß ich nicht. Auch sind sie hier nicht zu haben. Eines Gedichtes die Eichbäume erinnere ich mich noch, das ich im Verzeichnisse nicht angemerkt finde. Ich sprach neulich auf dem Spaziergange mit Zimmer, der die *Hölderliniana* sonst zu sammeln pflegte: Er glaube, sagte er, er habe dieses abgeschrieben, aus den Horen, zu Hause und wolle es mir, wenn er es finde, mittheilen. Auch besize er mehrere *Neuffer*sche und einen *Stäudlin*schen Almanach, worinn Poesien v. H. kommen. Ich werde ihn vielleicht heute Abend noch besuchen, und dann die Resultate in der Fortsetzung dieses Briefes Ihnen kommuniziren.

Der Besuch ist gemacht. Ich sprach Zimmer zuerst in seiner eignen Stube und dann H. in seiner Zelle besonders.

Z. hat mir das Gedicht die Eichbäume, schon durch seinen Sohn für mich abgeschrieben mitgetheilt, und ich sende es Ihnen hier. Es gehört gewiß zu seinen besseren. es ist eine schöne poëtische Naturansicht darinn: Nur der Ausgang genügt mir nicht und scheint mir etwas unklar. Auch will es mich fast gemahnen, Z. habe etwas in der Abschrift weggelassen. Eine Vergleichung mit der Urschrift in den Horen wäre doch fast nöthig. Dazu kann *Cotta* am besten Rath schaffen, der muß gewiß eine vollständige Sammlung der Horen haben – auch auf dem *Museum* in *St.* müssen sie seyn – und zugleich könnte man auch das andere, oder die paar anderen, die noch dort zu finden sind, erhalten. Eines ist gewiß noch dort, und auch der kunstliebhabende Schreinermeister sprach von einem zweiten. Dies habe ihm nur nicht so gefallen, wie die Eichen, die ihn den Eichholzzimmerer als alte Bekannte wahrscheinlich auch mehr ansprachen, sonst hätte er es auch abgeschrieben [...] Seltsam, daß die Berliner der Horen sich nicht erinnerten!

Die vier Almanache, die mir der bidre Meister vorwies, sind 2 *Neuffer*sche: der Eine für 1799. Was in diesem unter den Nahmen Hillmar und Hölderlin steht, das ist alles schon in dem Berliner Verzeichniß der Reihe nach, wie ich solches mit der Klausel } bemerkt aufgenommen (außer dem lezten an *Diotima;* wenn nicht die Berliner es unter 15-16 rubriquirten) – der andere (*Neuffer*sche) für 1800. – die Beiträge daraus haben Sie angemerkt. Dann ein Schillerscher auf 99. Dieser enthält 2 Gedichte. Eines davon »Sokrates und Alcibiades« hat das Verzeichniß: aber ich vermisse ein 2tes: »An unsre Dichter« S. 99. – Es ist doch nicht dasselbe, was *Nr.*29 aus dem *Neuffer*schen Alm. »An die jungen Dichter«? – Endlich ein *Stäudlin*scher, wovon ich Ihnen früher schon schrieb, fürs Jahr 1792. Dieser enthält vier Gedichte:

1) Hymne an die Muse.
2) – – Freyheit.
3) – – Göttinn der Harmonie.
4) Meine Genesung an Lyda.

Wie diese in eine frühere Periode gehören, tragen sie einen andern Charakter, als die späteren, [einen] weniger selbständigen, aber sie verrathen sehr viel Gefühl und Harmonie der Sprache und des Rythmus, und sind würdig in die Sammlung aufgenommen zu werden, schon als die ersten reiferen Produktionen und als bezeichnend für die erste Stufe, im Verhältniß zum Uebergange in die andere. Es fragt sich: ob unter den von Gock Ihnen mitgetheilten diese Poësien nicht schon sind. Die meisten von diesen hatte ich ehmals selbst unter Händen und erinnere mich auch des Gedichtes, aus dem Sie die interessante Stelle Ihrem Briefe an mich einverleibten. – Sind sie etwa nicht darunter und Sie haben diesen *Stäudlin*schen Alm. nicht zur Hand; so kann ich Ihnen die Gedichte hier abschreiben lassen. Das empfundene trefliche Gedicht »Meiner Grosmutter« sollte nicht wegbleiben. Die von Matthisson in s. Anthologie aufgenommenen H... Gedichte hat wohl schon der Katalog? Auch diese Anthologie habe ich nicht. Haug könnte darüber die beste Auskunft geben. Noch ist zu bemerken, daß in der Flora und Amaliens Erholungsstunden sich ebenfalls Gedichte von Hölderlin finden. Ein großes in Hexametern z.B. an Griechenland (oder Archipelagus) benannt. Diese Flora besize ich zwar, aber sie liegt in einer großen Bücherkiste, die in einem fremden Hause hier liegt, weil ich in meinem Logis nicht Plaz genug habe, eingeschlossen. Ich möchte hier wieder rathen an Haug sich zu wenden.- Hölderlin selbst ist gegenwärtig ruhig, er hat sich ziemlich alt gemacht, seit ich ihn nicht mehr sah. Er sprach nichts Unvernünftiges, so lang ich ihn sprach, aber leider auch nichts Vernünftiges. Die gewöhnlichen Begrüßungen; Ihr Gnaden, Exzellenz etc. dauern leider noch fort. Ich berührte leise etwas von seinen Gedichten und einer Gedichtsammlung: »Wie Ihr Gnaden befehlen« war die Antwort. Mehrers ein andermal.

Ihr Fr. Conz.

12. M.

NS. Nur noch ein paar Zeilen, da dieser Brief einige Tage liegen blieb.– Unmaßgeblich würd ich die Berliner erinnern, sie möchten mit dem Vorhaben wenigstens nicht eilen. Inzwischen kann man Hölderlin, da der Mutter Besorgnisse doch alle Achtung verdienen, eher nach und nach vorbereiten, und die Sammlung selbst vervollständigen. Cotta wird am meisten hier an die Hand gehen können, mit den Horen und der Flora z.B. worinn manches kommt, was der Aufnahme werth ist. Auch wollte er früher schon, da H. noch ganz seine volle Besinnung hatte, eine Sammlung von ihm herausgeben, und hat glaube ich, schon damals ein Verzeichniß dessen, was sollte gedruckt werden erhalten.-

93 KERNER AN KARL GOK

[Weinsberg, 10. Mai 1821]

Für Ihre gütige Antwort und Mittheilung, bin ich Ihnen äuserst verbunden.

Das Manuscript aus Hölderlins Jugendjahren, das hier mit innigstem Danke zurükfolgt, wäre für einen Biographen desselben merkwürdig, seinen spätern Schöpfungen stehen aber diese Gedichte allerdings zu weit nach, und sind somit für eine Sammlung seiner Gedichte nicht zu benutzen.

Sehr ergrief mich das spätere Gedicht an die Großmutter. Diß möchte ich in einer Sammlung seiner Werke nicht entbehren. Es athmet ganz den ihm eigenthümlichen elegischen Geist, in dem er, meines Erachtens, alle andere Dichter übertrifft.

Unvorbereitet dürfte man allerdings ihm eine Sammlung seiner Werke nicht übergeben. Ich schrieb deßwegen an Conz um auch dessen Urtheil hierüber zu hören. Im übrigen äußerte er einst große Freude, als ich ihm im Seckendorfischen Almanache Lieder von ihm zeigte, die auch während seiner Geistes-Abwesenheit gedrukt worden waren. Das war aber vor 10.Jahren. Wie jezt seine Stimmung ist, – weiß ich nicht.

Conz schrieb mir unterm 9.t. *Apl.* Nachstehendes:

»Wohl könnte die Sammlung der Poesien Hölderlins vermehrt werden, durch manche in den frühern Almanachen die Stäudlin herausgab, eingerükte recht brave Gedichte. Es sind gewieß bessere darunter als seine spätern zum theil sind. Mehrere sind in Frankfurther Almanachen gedrukt, aber schon als er anfing im Geiste krank zu werden. Diese Almanache, (schwäbische) hat alle Haug ordentl. gesammelt. Es ist eine delikate Sache diese Poesien zu sammeln. Ich selbst gieng einst damit um und sprach mit *Cotta* davon, der aber einschränkend darauf antwortete. Ich hatte aus den Papieren Hölderlins durch Mutter und Schwester mehreres, (darunter einige recht herzige Sachen,) erhalten. Einen Theil davon schikte ich an Mahlmann für die elegante Zeitung und akkordirte ein Honorar für Hölderlin. Mahlmann aber kam von der Redaktion der eleg. Zeitung und ich erhielt nur mit Mühe wieder die Manuscripte zurük. Ein Fragment einer Tragödie, Agis erhielt ich gar nicht mehr, Schade dafür!!- Heut ein Jahr fast hab' ich Hölderlin gar nicht mehr gesehen. Er kam sonst des Sommers je und je in meinen Garten. Er soll seit einiger Zeit ganz ruhig seyn, geht aber, wozu er ehmals Lust hatte, nicht mehr aus, außer in den Hof hinter seinem Erkerlogies. Ich werde ihn nun bald besuchen.«-

Ich schrieb nun an die Berliner: daß sie wohl auf keine andere Art eine vollständige Sammlung der Werke Hölderlins zusammenbringen werden, als dadurch, daß sie nach Vollendung ihrer Arbeit das Manuscript durch *Cotta* an Sie, Haug, Conz, Neuffer und Magenau senden um durch diese das noch Fehlende ergänzen zu lassen. Auf diese Art sieht man alsdann doch auch die Arbeit noch vor dem Drucke und kann ihnen das Nöthige entgegen halten. Überhaupt gehören diese Gedichte Hölderlin und seiner Familie an, und Sie sollten sie nie, ohne vorherige Durchsicht des Manuscriptes, in Druk geben lassen. Zu einer solchen Durchsicht würde sich hauptsächlich Uhland eignen. Wollten Sie nicht inzwischen auch gelegenheitl. mit *Cotta* über diese Sache reden, da ja der Berliner schreibt: *Cotta* habe den Verlag bereits übernommen?

Vielleicht schreiben Sie mir gütigst bald wieder.

94 DIEST AN KERNER

[Berlin, 11. Mai 1821]

Ihr Schreiben vom 3ten May verehrter Herr Doctor hat *Schulz* u: mich mit der lebhaftesten Freude dem innigsten Danke erfüllt, es enthält beinahe die einzigen genügenden Nachrichten die ich bis jetzt habe erhalten können, indem mir auf so manche Anfrage u: Bitte gar keine Antwort wurde, das ist nun so in dieser Zeit so arm an aller Theilnahme für Alles was nicht direct das liebe Ich selber angeht. Sobald ich Seckendorfs u: das Taschenbuch für Frauenzimmer werde aufgetrieben haben, verleibe ich die darin enthaltenen Gedichte unsrer Sammlung ein, u: rectificiere das Manuscribt derer die ich schon besitze (unter welchen sich Diotima »Leuchtest du *etc:* » schon befindet) auch in Schillers früheren Allmanachen soll sich noch manches finden wie H: Professor Haegel mich versichert, u: sehe dann Ihrer gütigen weiteren Mittheilung entgegen, besonderst wegen der Abschrift des uns von Ihnen verheißenen Gelegenheits Gedichts was Sie von H. F: R: *Gock* erhalten haben. Sollte es Ihnen nicht möglich seyn von Haug eine Abschrift derjenigen Gedichte welche sich für die Sammlungen eigneten und welche in den von H: Pf: *Conz* erwähnten schwäbischen Allmanachen enthalten seyn sollen, zu erhalten? – ich würde die KobialKosten so gerne tragen, und hier wüßte ich jene Allmanache nicht aufzutreiben. Auch Schlosser in Frfrt: hat uns versprochen sich wegen einiger Beiträge zu bemühen, sobald ich dann alles dieses zusammen, das Ganze corigiert u: möglichst nach der Zeitfolge des Erscheinens geordnet haben werde, nehme ich mir die Freiheit das

Manuscript nicht sowohl *Cotta* als Ihnen verehrter Herr Doctor zu übersenden um mir wegen des noch fehlenden oder zu viel aufgenommenen Ihren gütigen Rath zu erbitten, da wohl Niemand dies besser beurtheilen kann als Sie der Sie Hölderlin so genau kennen u: ihm eine so freundliche Theilnahme bezeigen. Die Vorrede des Ganzen will wie ich Ihnen schon früher zu bemerken die Ehre hatte, *Schulz* übernehmen u: eine Würdigung des Dichters muß sie natürlich enthalten, doch bleibt dieses immer der schwierigste u: zarteste Theil des Unternehmens, da H: noch lebt, aus welchem Grunde auch eine Biographie des Dichters wohl nicht statt finden kann, wir haben aus eben dieser Ursache die anfängliche Idee, das Buch Ihr: Kgl: Hoheit der Frau Prinzes *Wilhelm* zuzueignen, aufgegeben. Warum *Cotta* H: Prf: *Conz* über die Herausgabe von H: Werken früher ausweichend geantwortet, kann ich mir nicht erklären, er antwortete mir auf meinen ersten Antrag wörtlich: »Ew. Hochwohlg: gütigen Antrag etliche von Hölderlins Arbeiten betreffend, bin ich bereit auszuführen, und es würde sich ein neues Abdrucken des Hyperions schicklich verbinden lassen. Ich erwarte daher nach Ihrer Bequemlichkeit die nöthigen Mittheilungen, etwa durch H: Buchhändler *Kummer* in *Leipzig etc:*« Ein zweiter Brief von mir worinn ich um einige Nachweisung der Taschenbücher bat in welchen H: Gedichte zerstreut sind blieb unbeantwortet. Übrigens haben Sie verehrter Herr Doctor auch hier mir einen großen Stein vom Herzen genommen, indem Sie mich mit H: H: u F: R: *Gock* bekannt machten, ich war nehmlich, da ich in meinem Leben mit Buchhändlern nichts zu thun gehabt, wegen der Unterhandlungen über das Honorar mit *Cotta* in Verlegenheit, jetzt aber werde ich ihn bei Übersendung des Manuscribts wegen diesen an H: *Gock* verweisen, wodurch wie mich deucht dieser Theil des Geschäfts am schicklichsten u: einfachsten abgemacht wird. Ihren Gruß an meinen lieben gütigen Freund *Fouqué* habe ich bestellt, er hat die Güte gehabt die Korektur des Hyperions zu einer neuen Ausgabe zu übernehmen, wie auch mehrerer Gedichte deren Originale wir noch nicht haben finden können. H: *v: Arnim* ist in diesem Augenblick nicht hier u: wird erst in 3 Wochen zurück erwartet, sobald er kommt werde [ich] ihm Ihr gütiges Schreiben zeigen. H. *Varenhagen* von der Ense u: H: *Chamisso* kenne ich nicht persönlich, doch sind beide wie ich erfahren gegenwärtig hier. Schließlich würden Sie bester Herr Doctor mich noch unendlich verbinden wenn ich Ihrer gütigen Antwort im Laufe nächsten Monaths entgegensehen dürfte, da [im July die] Exercier Zeit mich auf 3 Monathe von hier nach Pommern zum Regimente ruft (doch finden mich unter der früheren *Ad:* Ihre etwaigen gütigen Mittheilungen auch dort) ich könnte dann vor diesem Zeitpunkt Alles so viel möglich noch ordnen, und im Herbste wo *Fouqué* wieder hierher kommt ihm das Ganze zur Durchsicht vorlegen (denn auf *Schulz* darf ich wegen seiner zu überhäuften Berufs Geschäfte fast gar nicht rechnen) so daß im Anfang nächsten Winters das Manuscribt dann hoffentlich in Ihre Hände käme.

[Nachschrift nach Grußformel und Datum:]

Auch mit *Mahlmann* will ich wegen des *Agis* einen Versuch machen sobald ich nur jemand gefunden haben werde dessen desfallsige Bitte mehr Gewicht hat, wie die eines in der gelehrten Welt so unbekannten u: unberühmten Menschen wie ich bin.–

95 KERNER AN KARL GOK

Verehrungswürdigster Freund!

Ich bin so frey, Ihnen hier die weitern Correspondenzen in Hinsicht der von den Berlinern projektirten Herausgabe der Gedichte des trefflichen Hölderlins mitzutheilen, unter der Bitte, mir doch die Briefe bald wieder zukommen zu lassen. Es freut mich an die Berliner, daß sie den *Cotta* in Hinsicht des Honorars für die Sammlung ganz an Sie verweisen wollen, weil sie dadurch ihr bloses Intresse für die Sache ohne alle Nebenrüksichten kund thun.– Ich sende Ihnen nun eine Abschrift des Verzeichnisses derjenigen Gedichte Hölderlins die man biß jezt zusammen brachte und bitte Sie herzlich, in dieser Angelegenheit auch an Haug und Neuffer in Ulm zu gehen und das Verzeichniß von diesen vervollständigen zu lassen.

Haug soll die Frankfurther Almanache besitzen in welchen vieles von Hölderlin sich finde. Haben Sie doch die Güte, ihn dahinzubringen daß er es abschreiben läßt. Von Haug oder von *Cotta*, könnten auch die Gedichte in der Flora, in Amaliens Erholungs Stunden und in Matthissons Anthologie erhalten werden.

Sie werden mir gewieß bald antworten; denn meinen Brief durch Mayer werden Sie erhalten haben.

Mit innigster Verehrung

Ihr *Dr. Kerner*

Weinsp. d. 29t. Mj. 21

Es ist insofern wieder gut daß Berliner sich der Herausgabe annehmen, da dadurch das Werk in Nord- wie in Süddeutschland, gleich bekannt wird. Im übrigen werden Sie sehen, wie sehr das Werk Abgang finden wird. Ich weiß von Freunden, daß der Hyperion, der schon lange nicht mehr im Buchhandel zu haben ist, in vielen Gegenden Deutschlands abgeschrieben wird. Daher darf *Cotta* der Familie gar wohl ein ansehnliches Honorar bezahlen.

In Schillers Horen suchte ich schon nach. Es finden sich in ihnen nur zwey Gedichte von H. 1) »Der Wanderer« und 2) »Die Eichbäume«.

96 HAUG AN KARL GOK

P.P.

Meinen herzlichen Dank für die gütige Mittheilung des Zurückgehenden.

Hier sogleich fünf Gedichte von Hölderlins eigner Hand. Ich fand sie unter Vater Schubarts Papieren.

Dann zwey sehr schöne Gedichte, welche ich der Güte des HE Repetenten Stang verdanke.

Was ich sonst in's Verzeichniß der Poësien eintrug (14 bis 16 Gedichte) kann jeden Augenblick auf Verlangen abgeschrieben werden.

Die Flora besitz' ich ganz, müßte aber wissen, welches Nahmens sich Hölderlin bediente, um nicht zu irren.

Noch besitz' ich einige Gedichte von seiner Hand. Er schenkte sie mir in seiner traurigen Epoche zu Tübingen. Die Worte sind zur Noth lesbar, aber das Ganze gewährt leider! keinen Sinn.

Sollte es meinem fortdauernden Nachforschen gelingen, noch mehr aufzuspüren, so werd' ich es nachsenden.

Mit vollkommenster Hochachtung

Ihr Friedrich Haug.

St. den 20. *Jun.* 21.

P.S. In der Flora 1801. fand ich indessen

a) Der Wanderer

Im Jahrgang 1802. IV.

b) Heimkunft an die Verwandten,

c) Die Wanderung,

d) Dichterberuf,

e) Stimme des Volks

unter Hölderlin's Nahmen; ob nun die Gedichte *a) c)* und *e)* die nähmlichen sind, die im Verzeichnisse stehen, müßte erst Vergleichung entscheiden.- Früher u. später als 1801. u. 1802. fand ich keine mit Hölderlin unterzeichnete Gedichte, u: keine, die seine Manier hätten.

97 DIEST AN KERNER

[Berlin, 4. Juli 1821]

Lange schon verehrter Herr Doctor hätte ich Ihr gütiges und Inhaltreiches Schreiben vom 19:*May* beantwortet, wenn meine Versetzung in ein andres Regiment, das Examen unsrer Militair Academie und ein Heer von Privat Geschäften meine Zeit nicht so in Anspruch genommen hätte, daß ich für unsern Zweck fast nichts thun konnte, u: Etwas wenigstens mußte ich Ihnen als gethan anführen können wenn ich nicht erröthen sollte indem ich die Feder ergriff an Sie zu schreiben. Beiläufig übrigens gesagt haben Sie bester Herr Doctor keinen Begriff davon was es heißt hier in *B:* Etwas zusammen zu bringen das zerstreut ist, ich wenigstens hatte ihn früher nicht, u: Sie werden ihn sich machen können wenn ich Ihnen sage daß es mir trotz alles Laufens u: Rennens bis jetzt nur gelungen ist einige Jahrgänge der Thalia u: Schillers M:A von 96, 97, 98 u 99 aufzutreiben. Die erstern hat mir H *v: V*[arnhagen] besorgt dessen Bekanntschaft ich bei dieser Gelegenheit gemacht habe, er hat mir das einliegende Schreiben an Sie übersendet, was ich hiermit treulichst überliefre. Unser Geschäft betreffend so habe ich zuvörderst ein Exemplar des Hyperion mit eingetragner Corectur an Cotta übersendet mit der Bitte ihn einstweilen abdrucken zu lassen u: dem Versprechen das Manuskribt der Gedichte im Herbste folgen zu lassen, ferner habe ich an *Schlosser* in *F.* wegen der Gedichte in dem Frft: Alm: geschrieben u hoffe daß die befriedigende Antwort bis im Octbr: wo ich hierher zurück kehre (den 15. d. Ms. reiße ich von hier zum Regt. ab) eingetroffen seyn wird. In *S:* M: A: habe ich in dem von 96 »Der Gott der Jugend« u: in dem von 99 das Gedicht »an unsre Dichter« gefunden, beide sind sehr schön. Reichhaltiger noch war meine Ernte im Jahrgange von 93 der Thalia, hier findet sich zuvörderst im 1ten Stück ein Gedicht »Die griechische Tonkunst« mit dem Buchstaben *H*: unterzeichnet von welchem H: v: *V*: glaubt daß es von Hölderlin sey, u: ich habe es auch obgleich mir es zweifelhaft ist, eingetragen, Ihrer Entscheidung überlasse ich es demnächst ob es mit aufgenommen werden soll oder nicht, der erste Vers lautet:

Wer hebt auf des Entzückens Schwingen
So mächtig zum Olympus mich empor?
Hör' ich nicht ferne Harmonien klingen?
Wie wird mir?- Nie gehörte Töne dringen
Von jenen Höhen her in mein erstauntes Ohr

ferner findet sich im 5ten Stück desselben Jahrgangs ein Fragment von Hyperion, Plan sowohl als Ausführung sind hier ganz anderst als in dem wirklichen u: ich glaube daß beide bei weitem unter diesem zurückbleiben, doch wäre es vielleicht interessant den Aufsaz der Vergleichung wegen mit aufzunehmen, was ich natürlich gleichfalls lediglich Ihrer Entscheidung bester Herr Doctor überlasse, doch scheint es mir daß alsdann nothwendig eine erläuternde Note hinzugefügt werden müßte, und diese zu verfassen scheint mir wieder nicht hinlänglich beide gelesen zu haben, sondern ich meine man müsse hierzu *H*: u: sein Wesen u: Dichten in früheren Jahren persönlich gekannt haben, und wollten darum Sie lieber Herr Doctor nicht vielleicht diese Arbeit übernehmen?- Ueberhaupt ist über *Hyperion* so viel zu sagen, ich erinnere mich sehr deutlich daß der verstorbene *Sainclair* einmal äußerte, *H*: Plan mit dem Buche sey gewesen, in einem noch ungeschriebenen dritten Theile zu zeigen, wie das Christenthum am Ende aller irdischen Leiden u: Freuden uns mit der Welt versöhnt u: einigt, *H*: habe aber, ich weis nicht warum, diesen Plan späterhin nicht durchgeführt, derlei Aeußerungen nun ließen sich gewiß schicklich in einer solchen Note erwähnen u: erläutern. Ferner findet sich in demselben Stücke das Gedicht Das Schicksal, u: im 6ten Stück desselben Jahrgangs die Gedichte: Griechenland u: Dem Genius der Kühnheit, das erstere ist wohl nicht das was Sie mir als Griechenland od: der Archipelagus in der Flora oder Amaliens Erholungsstunden (welche beide ich mich vergebens bemüht habe hier aufzutreiben) anführen, es scheint so wie alle genannten aus *H*: früherer Periode, u: gefällt wenigstens mir im Vergleich seiner spätheren Sachen nur sehr wenig. In Matthissons Anthologie die ich durchgesehen habe, findet sich gar nichts, auch meint H: v: *V*: daß wenn sich auch wirklich etwas vorgefunden hätte, dieses für unsren Zweck deshalb nicht brauchbar sey, weil M:

alle Gedichte auf das willkührlichste abgeändert u: verstümmelt habe. Um das was sich etwa noch in den Schillerschen Allmanachen u: der Thalia finden sollte, bitte ich Sie sich nicht zu bemühen, da ich diese bei meiner Rückkehr ohnfehlbar hier auftreiben muß, lieb wäre es mir aber wenn Sie bester Herr Doctor ausmittlen könnten wie viele Jahrgänge u: von welchen Jahren sie herausgekommen sind, damit mir nicht etwa einer entschlüpft. Und nun mein verehrter Freund empfehle ich mich Ihnen in der freundlichen Hoffnung daß mit Ihrer gütigen Hilfe im Herbste unser Unternehmen sein Ziel erreichen wird.

[Nachschrift:]

Wegen dem *Agis* habe ich noch keinen Protector bei Mahlmann gefunden.

98 KARL GOK AN KERNER

Stuttgart den 12. *Julii,* 1821.

Was werden Sie, verehrtester Freund, von mir denken, daß ich auch die Antwort auf Ihre leztren Schreiben in Betreff der Herausgabe der Gedichte *Hölderlins* so sehr verzögerte.

Zu einiger Entschuldigung erlaube ich mir neben einer Menge von BerufsGeschäften, und einer AmtsReise von mehreren Tagen, hauptsächlich den Umstand anzuführen, daß ich dreimal bei *Haug* war, biß ich ihn antraf, und erst bei meiner Zurükkunft das anliegende Schreiben, das er mir, wie er sagte, selbst mit einigen andern Gedichten, die er noch zu erhalten hoffte, überbringen wollte, bei ihm vor einigen Tagen abholen konnte. *Haug* ist, wie Sie sich selbst überzeugen werden, indessen nicht unthätig für die Sache gewesen, und hat mir auch mündlich jede fernere Unterstüzung zugesagt.

Die Gedichte, die er unter Schubarts Nachlaß fand, stehen in dem Manuscript, das ich Ihnen früher mittheilte, und sind mithin für Sie nicht neu! Ohne Zweifel sind Ihnen auch die beiden andern, die er von Repet. Stang erhielt, schon bekannt, ich erinnere mich wenigstens bestimmt, sie irgendwo in einem Almanach gelesen zu haben, aber sie sind gewiß werth, in die Sammlung aufgenommen zu werden. Besonders das erstere; Griechenland an Stäudlin – muß, so wie sein Hyperion – jedes freisinnige Gemüth ansprechen, das sich für die Wiedergeburt Griechenlands, und die Hoffnungen der jüngsten Zeit interessirt. Aber ebendeßwegen ist auch der Zweifel entschuldbar, ob die preußische Censur der Herausgabe dieser Producte eines Dichters günstig seyn werde, dessen reines Gefühl für Wahrheit und Freiheit in einer bessern Zeit als die jezige, wo der *Obscurantismus* an allen Gränzen spukt, sich so unumwunden ausspricht. Um gewiß zu seyn, daß in dieser Beziehung vielleicht die besten seiner Gedichte nicht ungedrukt bleiben, würden Sie, verehrungswürdigster Freund, mich und die Freunde Hölderlins sehr verbinden, wenn Sie die Mitherausgabe seines Nachlasses gütigst übernehmen wollten. Die Berliner können und werden nach den Äußerungen Ihr Herrn Correspondenten nichts dagegen einwenden, und mir würde es zur eigentlichen Beruhigung gereichen, wenn ein geachteter vaterländischer Dichter neben dem ausländischen Gelehrten das Unternehmen leitete.

Indessen werde ich mir alle Mühe geben, um die Sammlung der Gedichte immer mehr zu vervollständigen, und ich hoffe auch durch Neuffer diejenige auffinden zu können, die unter geborgtem Nahmen hie u. da gedrukt sind.

Eine Scizze seines Lebens, dessen Abend so traurig endete, als schön es begann, würde ohne Zweifel dem Werke vielseitiges Interesse geben, und ich würde gerne die Materialien dazu sammeln, wenn solche ein geübter Meister, wie Sie, zur Bearbeitung übernehmen wollte.

Cotta habe ich bis jezt nicht sprechen können – Ich gestehe aufrichtig, daß ich mich nicht überwinden kann, ohne besondere Veranlassung wegen der Herausgabe der Schriften Hölderlins in Unterhandlungen mit ihm zu treten, da er selbst den Beruf und die Pflicht erkennen sollte, etwas mehr in der Sache zu thun, als er früher gethan hat. Denn Sie werden staunen, wenn ich Ihnen sage, daß er, wie mich meine Mutter versicherte, für das Manuscript von *H.* Hyperion nicht mehr als 33 f. Honorar bezalte, was sehr viel zur nachherigen unglüklichen Stimmung *H.* beigetragen haben solle. Nun wird zwar der Unglükliche in seiner trostlosen Lage von meiner Mutter unterstüzt, aber bei einem Alter von 72 Jahren, in dem diese steht, ist mir der traurige Gedanke, daß *H.* fremder Unterstüzung bedürfen könnte, zu gegenwärtig, als daß ich nicht mir zur heiligen Pflicht machen sollte, für Ihn auf jede mögliche Weise zu sorgen. Vertrauensvoll lege ich daher auch die pecuniäre Angelegenheit – fern von jedem eigenen Interesse – in Ihre Hände, und lieber übernehme ich, so ferne der Verlag bei *Cotta* Anstand finden sollte, das Risico desselben auf mich, als daß ich solchen der Indiscretion eines andern Buchhändlers aussezen möchte.

Herr Assesor *Maier* sagte mir kürzlich, daß Sie vielleicht nächstens hieher kommen werden. Sehr schäzbar würde mir es seyn, wenn ich das Vergnügen haben könnte, Sie in *H.* Angelegenheit zu sprechen, und Ihnen den innigsten Dank zu sagen, für die Unterstüzung einer Sache, die so vielseitiges Interesse für mich und meinen unglüklichen Bruder hat. Indessen bitte ich Sie, die Versicherung der Hochschäzung zu genehmigen, in der ich stets seyn werde

der Ihrige

Gok.

99 KERNER AN KARL MAYER

[Weinsberg, 14. Juli 1821]

Ich bitte diesen Brief nachdem du ihn gelesen an Gock zu befördern. Uhland sagte mir, er würde Hölderlins Gedichte mit aller Freude herausgeben. Gock aber habe sich noch nie deßwegen gegen ihn geäußert.

100 HÖLDERLIN AN JOHANNA CHRISTIANA GOK

[vermutl. 3. oder 4. Quartal 1821]

Verehrungswürdigste Mutter!

Immer muß ich Ihnen versichern, wie Ihre Güte und Ihre innere gute Beschaffenheit mich zum Dank auffordert und zur Bemühung, Ihnen in der Tugend nachzufolgen. Wer andere ermuntern kann zur Tugend und darinn weiter bringen, ist auch glüklich, weil er sieht, wie sein Beispiel Gutes befördert, und solches wirkt in andern Gemüthern. Die Glüklichkeit ist für sich selbst glüklich, sie ist es aber auch durch Betrachtung, sie ist es auch durch die Hoffnung, sich im Guten durch andere unterstüzt zu finden. Nehmen Sie mit diesen wenigen Worten vorlieb. Ich bin

Ihr
gehorsamster Sohn
Hölderlin.

101 KERNER AN KARL GOK

[Weinsberg, 17. Juli 1821]

Den innigsten Dank für die mir so gütig mitgetheilte intressante Schrift! Möchte diese Saat nicht ganz auf dürren Boden fallen!- Es folgt hier wieder ein Brief aus Berlin den ich mir wieder gefälligst erbitte. Ihre Wünsche, daß ein vaterländischer Gelehrter das Unternehmen der Herausgabe der Werke H. leiten möchte, theile ich auch. Heute war Uhland bey mir und ich weiß bestimmt, daß er sich dieser Arbeit mit Vergnügen unterziehen würde, ebenso würde sich Schwab gewieß dazu bereit finden.

Den Berliner dürfte man aber allerdings dabey nicht gänzlich zurüksetzen, da er es nun einmal ist, der den Sporn zum Unternehmen gab. Man müßte das von ihm Gesammelte mit Dank anerkennen. Diß könnten Sie als Haupt der Familie thun. Sie müßten ihn um seine Sammlung bitten, weil die Familie nun im Sinne habe, das noch Fehlende im Vaterlande durch Freunde die mit Hölderlin lebten, ersetzen zu lassen. Auch in der Vorrede könnte man ja den Antheil den die Berliner an der Sache nahmen, mit Dank anerkennen. Das Ganze würden Sie dann dem Uhland zur Vervollständigung übergeben und zur Besorgung des öffentl: Erscheinens.

Von Haug lassen Sie gütigst folgende Gedichte abschreiben:

An die Muse, Hymne.
Menons Klagen um Diotima, in Vermehrens Musenalmanach.

Elegie Unter den Alpen gesungen	} in Vermehrens Ms. Almanach.
Hymne an die Menschheit – – – Schönheit. – – den Genius der Jugend – – die Freundschaft. Canton Schweiz Hymne an die Freyheit Liebe.	} In Stäudlins Almanach vom J. 1793.

Die mit H. Handschrift gesandten sind nicht zu benutzen.–

Es stünden alsdann auf dem Verzeichnisse das aus denjenigen Gedichten besteht die der Berliner sammelte und die ich ihm auftrieb und sandte, (die ich aber selbst jezt nicht mehr habe,) 72. Gedichte.

Wollten Sie nicht den Neuffer fragen: ob das Gedicht: »Die griechische Tonkunst« im Jahrgang der Thalia 93., von dem der Berliner schreibt, von H. ist?-

Uhland sagte mir: daß in Matthissons Anthologie allerdings Gedichte von Hölderlin seyen.- Der Herr v.V. von dem der Berliner schreibt, ist mein Freund Varnhagen von Ense, ehmals Gesandter von Preußen zu Carlsruh. Er schrieb mir auch mit vieler Theilnahme an dem projectirten Unternehmen.

Ich werde nun nicht mehr nach Berlin schreiben, biß ich Ihre gütige Entschließung weiß. Da der Hyperion an *Cotta* abgeschikt seyn soll, so möchte es doch Noth thun, daß Sie mit ihm über die Sache sogleich ernstlich sprächen.

102 KERNER AN KARL MAYER

[Weinsberg, 29.Juli 1821]

Ich bitte diesen Brief nachdem Du ihn gelesen an ~~Gock~~ zu befördern. Uhland sagte mir, er würde Hölderlins Gedichte mit aller Freude herausgeben, ~~Gock~~ aber habe sich noch nie deßwegen gegen ihn geäußert.

103 COTTA'SCHE BUCHHANDLUNG AN KARL GOK

[Stuttgart, 14. August 1821]

Euer Wohlgebohrn

haben wir die Ehre anzuzeigen, daß wir willens sind von Hölderlin Hyperion, durch die Vermittlung Herrn *Lieutenant von Diest* in *Berlin,* eine neue Auflage erscheinen zu lassen, nun schreibt dieser Herr:

»Ich bitte Euer Hochw. sich rücksichtlich des Honorars mit dem Stiefbruder *Hoelderlins,* Herr Hof- und Finanzrath *Gock* zu verständigen, wodurch wie uns deucht diese Angelegenheit am einfachsten und schiklichsten abgemacht wird.«

Es würde uns nun sehr angenehm seyn, wenn Euer Wohlgebohrn uns Ihre dißfalssige Erklärung gefälligst wollten zukommen lassen.

104 KARL GOK AN COTTA

[Stuttgart, 1. September 1821]

Von der Absicht Herrn *Lieutenants von Diest* in *Berlin,* die Schriften meines Bruders *M. Hölderlin* zu sammeln, und zu seinem Besten in Ihrem Verlage herauszugeben, hat mich Herr *D. Kerner* in *Weinsberg* schon früher in Kenntniß gesezt, und ich wollte daher Herrn Geheimen-Hofrath *von Cottendorf* wegen dieser Angelegenheit vor einigen Wochen meine persönliche Aufwartung machen, hatte aber nicht das Glük, Dieselben zu sprechen.

Durch Ihre verehrliche Zuschrift vom 14. v. M. sehe ich mich nun veranlaßt, mich schriftlich hierüber zu äußern.

Das Interesse, das jener unbekannte Freund meines Bruders an den Producten seines früher so schön entwikelten – leider zu früh für ihn und die Zeitgenossen verlorenen Talents nimmt, verdient, so wie die Achtung des litterarischen Eigenthums des unglüklichen Dichters, die sich aus der mir mitgetheilten Erklärung über die beabsichtete zweite Auflage seines Hyperion ausspricht, den aufrichtigsten Dank, und ich behalte mir vor, denselben im Nahmen der Meinigen Herrn *v. Diest* noch besonders abzustatten.

Da ich voraussezen darf, daß die Herausgabe von Hölderlins Gedichten, demselben einen Beitrag zu seiner Unterstüzung verschaffen werde, die *H.* im Fall der Fortdauer seiner traurigen Gemüthsstimmung in der Folge noch sehr bedürfen wird, so glaub ich demjenigen, was *Dieselben* etwa für die zweite Auflage seines Hyperion aussezen wollen, und was ich ganz Ihrer *Discretion* überlasse, eine Bestimmung geben zu dörfen, welcher Hölderlin selbst, wenn er noch seiner Urtheilskraft fähig wäre, seinen vollen Beifall gewiß nicht versagt haben würde.

Ich halte es nehmlich der Pflicht der Dankbarkeit gemäs, Herrn *von Diest* zu ersuchen, für seine Bemühungen und Auslagen, die er bißher mit der Sammlung der Materialien zur Herausgabe der Schriften *Hölderlins* hatte, wenigstens die Hälfte des Honorars für jene 2t. Auflage anzunehmen, und wünschte sodann, das Weitere, im Nahmen des Verfassers, dem schönen Verein zu bestimmen, der sich kürzlich hier zur Unterstüzung für die Befreiung des unglüklichen Griechenlands, des geistigen Vaterlandes meines Bruders, gebildet hat.

Indem ich *Dieselbe* nun um Ihre gefl. Erklärung hierüber geziemend bitte, um solche auch meinen Verwandten, von deren Beistimmung ich übrigens zum voraus überzeugt bin, mittheilen zu können, überlasse ich übrigens Denenselben, ob sie bei der Herausgabe der 2. Auflage v. Hyperion jener Bestimmung für einen wohlthätigen Zwek Erwähnung thun – auch ob Sie das Publikum zugleich auf die bevorstehende Herausgabe seiner Gedichte vorbereiten wollten.

Jeden Falls möchte übrigens die Beschleunigung der Herausgabe Hyperions in mehr als einer Beziehung zwekmäsig seyn.

Herr *D. Kerner* hat mir auch ein Verzeichniß der von Herrn *v. Diest* gesammelten Gedichte Hölderlins übersandt, allein dasselbe ist weit nicht vollständig und durch den Besiz von seinen Manuscripten, so wie durch Nachforschung bei den Freunden Hölderlins, besonders durch die Güte Herrn Hofraths Haug bin ich bereits in den Stand gesezt, die Sammlung, welche nach jenem mir mitgetheilten Verzeichnisse nur 43. Gedichte enthielte, um mehr als die Hälfte zu vermehren, und ich hoffe, durch fortgesezte Bemühungen noch mehrere aufzufinden.

Sollte daher Herr v. Diest Denenselben bereits auch Anträge wegen des Verlags von *H.* Gedichten gemacht haben, so muß ich für diesen Fall, damit nicht etwas Unvollständiges erscheint, *Dieselbe* ersuchen, Herrn *v. Diest* zu veranlassen, daß er zuvörderst seine Sammlung mir zur Vervollständigung zusendet, wobei ich auch unter der Unterstüzung eines vaterländischen Dichters dafür sorgen würde, daß ein angemessenes Vorwort, das Interessanteste über Hölderlins Leben mit der möglichst zarten Berührung seines unglüklichen Schiksaals liefert.

Ich bitte nun auch über diesen weitern Gegenstand mir Ihre gefl. Ansicht in gefl. Bälde mitzutheilen.

105 COTTA'SCHE BUCHHANDLUNG AN KARL GOK

[Stuttgart, 15. September 1821]

Euer Wohlgebohrn

Verehrtes v. 1. d. Monats haben wir Herrn Geheimen Hofrath *von Cotta* mitgetheilt, er läßt sich bei Ihnen höflichst entschuldigen, daß Sie ihn nicht hätten sprechen können, es werde dieß wahrscheinlich wegen dem Todtenbette seiner l. Gattin gewesen seyn.

Ihre Wünsche und Ansichten haben wir Herrn *von Diest* mitgetheilt, und erwarten dessen Antwort.

Was das Honorar betrift, so können wir dieses nicht selbst bestimmen, und bitten daher höflichst uns Ihren Wunsch zu äußern, damit wir unsern Entschluß darnach faßen können.

106 DIEST AN KARL GOK

[Berlin, 10. Oktober 1821]

Ew: Hochwohlgb. entschuldigen wenn ein bei meiner Rückkehr von den Herbst Manövers hier vorgefundenes Schreiben der von *Cotta*ischen Buchhandlung, in welchem mir dieselbe das von Ew: Hochwohlg. an sie, abschriftlich mittheilt, mich zu einer directen Erwiederung an Ew: Hochw. veranlaßt. Zuvörderst, obwohl Ew: Hochwohlg. gütige Gesinnung in Anbietung des halben Honorars dankbar erkennend, muß ich jedoch dasselbe eben so ergeben als bestimmt sowohl für mich als meinen Freund den Geheimen Ober Regierungs Rath *Schulze* und Mitherausgeber ablehnen, theils weil ein solcher Gewinn uns bei dem Unternehmen durchaus ferne lag und liegt u: die Annahme von uns also unverantwortlich wäre, theils auch weil wir dasselbe unter Mitwirkung Ihrer königl. Hoheit der Frau Prinzeß *Wilhelm* von Preußen begonnen, und Dieselben natürlich ihre Hand nur zu dem reinsten Zwecke, Hölderlins persönlicher Unterstützung bieten konnten, und aus eben diesem Grunde glaube ich auch Ew: Hochwohlg. ergebenst bitten zu müssen das Honorar lediglich auf diese Weise zu verwenden, da überdem die griechischen Angelegenheiten eine Wendung genommen haben welche hoffentlich eine so kleine Mitwirkung unnöthig machen [wird], und leider die Erfahrung lehrt daß ähnliche Unterstützungen zu großen schönen Zwecken, sich entweder noch ehe sie ihre Bestimmung erreichen unnütz zersplittern oder angelangt, in der Regel dem Unwürdigen oder Unbedürftigen zu Theil werden.- Das Einzige worum ich bitte und um welches ich auch bereits der von *Cotta*ischen Buchhandlung geschrieben habe, ist, außer einigen Pracht Exemplaren für die Glieder der Fürstlich Homburgischen Famielie, welche sich Hölderlin hoffentlich auch verzinsen werden, noch einige gewöhnliche für mich zur Austheilung an literärische Freunde, deren gütiger Mitwirkung ich theils Rath und Quellen, theils Beiträge verdanke.– Was nun die Herausgabe der Gedichte selbst wie Hyperions betrifft, so beehre ich mich Denselben anzuzeichen, daß ich selbst dabei kein anderes Verdienst als das der Corespondence habe, und daß nächst *Schulz,* HE *Dr: Koerner* und mein Freund der Major von *Fouqué* den literärischen Theil der Arbeit übernommen haben, sobald ich demnach die Sammlung möglichst vervollständigt haben und nach der Zeitfolge ihres Erscheinens geordnet haben werde, wird *Schulz* dessen Name als philologischer wie ästhetischer Schriftsteller bereits rühmlich bekannt ist, eine Vorrede zu dem Ganzen schreiben, ich sende demnächst das Manuscribt an Herrn *Dr: Koerner* zu nochmaliger genauer Revision und dieser wird die Güte haben, es dann sofort H. *v: Cotta* einzuhändigen. Außer den ersten 43 Gedichten von welchen Ew: Hochwohl. bereits das Verzeichniß besitzen habe ich auf mancherlei Wegen bis jetzt noch zusammen gebracht 1) Die Nacht 2) Seiner Grosmutter, 3) Die Eichbäume 4) Die scheinheiligen Dichter, 5) Die Launischen, 6) Der Zeitgeist, 7) Der Tod für's Vaterland, 8) Emilie an ihrem Brauttag, 9) Der Wanderer, 10) Der Gott der Jugend, 11) An unsre Dichter, 12) Die griechische Tonkunst, 13) Das Schicksal, 14) Griechenland, 15) Dem Genius der Kühnheit, 16) An eine Rose, 17) Freundes Wunsch an Rosine St: u 18) Lebensgenuß an Neuffer. So daß sich das Gesamtverzeichniß in diesem Augenblick auf 61 beläuft, sobald ich nun die Thalia (in welcher sich noch einige mir unbekannte befinden sollen) hier werde aufgetrieben haben, werde ich an Herrn *Dr: Koerner* schreiben, welcher mir ebenfalls noch mehrere Beiträge versprochen hat, und wollten dann auch Ew: Hochwohl. die Güte haben mir die Ihrigen bald möglichst zu übersenden, wobei Dieselben jedoch die Gewogenheit haben würden, wenigstens die ohngefähre Periode ihres Erscheinens hinzu zu fügen, so würde ich die Sammlung als geschlossen ansehen, da ich durchaus keine Quelle mehr auffinden kann, deren Spur ich nicht so weit als irgend möglich verfolgt hätte.

N:S: So eben ersehe ich aus dem Ende von Ew: Hochwohlg. Schreiben an die v: *Cotta*sche Buchhandlung daß Dieselben selbst wünschten einen kurtzen Abriß von *H:* Leben in einer Vorrede dem Werke voran zu schicken, da sich jedoch *Schulz,* von welchem die eigentliche Idee der Sammlung ausgegangen ist, früher freiwillig dazu erboten, so fürchte ich ihn zu beleidigen wenn ich ihm jetzt diese Arbeit abnehmen wollte, daher ich Ew: Hochwohl. ergebenst ersuchen würde, sie ihm zu überlassen, mir aber zu diesem Behuf, das was von des armen *H:* Leben darinn aufgenommen zu werden verdient, gütigst mit den eben erbetenen Beiträgen zu übersenden.- –

107 COTTA'SCHE BUCHHANDLUNG AN KARL GOK

[Stuttgart 22. November 1821]

Euer Wohlgebohrn
haben wir die Ehre auf Ihre mündliche Anfrage, das Honorar für die neue Aufla-

ge von Hölderlins Hyperion betreffend, zu erwiedern: daß wir darüber mit Herrn *von Cotta* Rüksprache genommen haben. Er äußerte: daß bei der ersten Auflage f 100. bezahlt wurden und daß die gleiche Summe für die neue Auflage billig seyn würde. Hinsichtlich der Gedichte war Ein Carolin für den gedrukten Bogen ausgemacht, und wenn innerhalb vier Jahren 500 Exemplare verkauft würden, alsdann abermal Ein Carolin für den Bogen; diese Bedingungen würden also auch jezt der Billigkeit gemäß seyn. Wir erwarten nun hierüber Ihre gefällige Rükäußerung.

108 HÖLDERLIN AN JOHANNA CHRISTIANA GOK

[vermutl. 4. Quartal 1821 oder 1. Quartal 1822]

Theuerste Mutter!

Ich habe das Vergnügen gehabt, mehrere Briefe von Ihnen zu erhalten. Ihre Güte, etwas von Ihnen wissen zu lassen, überzeugt mich, daß man, so gut man kann, dazu seyn muß, dieses Mittel, im verhältnißmäßigen Andenken zu bleiben, schäzen muß. Ich habe Ihr Schreiben mit dieser Gesinnung beantworten wollen. Ich mache Ihnen für das Geschikte meine gehorsamste Danksagung. Ich bin

Ihr
gehorsamster Sohn
Hölderlin.

109 KARL GOK AN COTTA

[Stuttgart, 1. Dezember 1821]

Auf das verehrliche Schreiben vom 22. v. M. nehme ich nach vorheriger Rüksprache mit einigen Freunden Hölderlins im Nahmen meines Bruders das angebotene Honorar für die zweite Auflage seines Hyperion von -.100. f. mit dem verbindlichsten Danke, und der Versicherung an, daß solches dem Wunsche des Herrn *Lieutenant v. Diest* in *Berlin* gemäs zu der Unterstüzung Hölderlins, die er in seiner jezigen Lage sehr bedarf, ausschlieslich verwendet werden wird.

In Rüksicht auf diese Bestimmung werden Sie aber auch die weitere Voraussezung nicht unbillig finden, daß neben jenem Honorar

1.) Herrn *Lt. v. Diest* die von ihm verlangte Anzahl von FreiExemplarien, deren er in seinem leztern Schreiben an mich erwähnte, und wegen welcher er sich ohne Zweifel auch gegen Sie erklärt haben wird, übersandt – und

2) mir 15. weitere FreiExemplare von der besten Ausgabe übergeben werden um solche *Hölderlins* nächsten Verwandten und denjenigen vaterländischen Freunden, welche sich für die Sammlung seiner Gedichte interessierten, mittheilen zu können, auch muß ich

3) auß besondern Gründen die Bitte hiemit verbinden, daß der Druk der neuen Auflage so bald als möglich beginnen – und die Herausgabe noch in diesem Monath angekündigt werden möchte.

Für den Fall, daß die Gewährung eines oder des andern dieser Wünsche Anstand finden sollte, bin ich so frei, um baldige gefl. Erklärung zu bitten, um Herrn *v. Diest* auf sein lezteres Schreiben antworten zu können.

So viel das gefl. Anerbieten wegen der Herausgabe der Gedichte Hölderlins betrifft, so sind mir diese Producte seiner so schön betretenen Laufbahn als Dichter zu theuer, um solche ohne möglichste Vervollständigung und sorgfältige Sichtung dem Druke übergeben zu lassen.

Bereits habe ich, außer den von Herrn *Lt. v. Diest* bezeichneten Gedichten, aus Hölderlins Papieren, und durch Unterstüzung anderer Freunde noch eine grösere Anzahl gesammelt, welche den gleichen poëtischen Werth wie jene haben. Nach der mit einigen vaterländischen Dichtern getroffenen Verabredung kann daher die Herausgabe dieser Gedichte erst dann statt finden, wenn die begonnene Sammlung so sehr als möglich vervollständigt ist, und da die zweite Auflage Hyperions ohne Zweifel ganz unabhängig von der Herausgabe jener Gedichte wird veranstaltet werden können; so werden *Dieselben* mir, der ich hier nur als Vormund und Bruder des unglüklichen *H.* handle, es nicht mißdeuten, wenn ich meine Erklärung auf das desfalls gemachte Anerbieten mir noch vorbehalte.

110 COTTA'SCHE BUCHHANDLUNG AN KARL GOK

[Stuttgart, 6. Dezember 1821]

Euer Wohlgebohrn

haben wir die Ehre auf Ihr Verehrtes v. 1. d. M zu erwiedern, daß unsere Verabredung mit Herrn *von Diest* dahin gieng, die sämtliche Werke von Hölderlin herauszugeben, und nicht den Hyperion besonders, von dessen 2t. Theil wir ja noch Exemplare besitzen – Unser Antrag ist daher kein getheilter und beruht was die Gedichte betrift auf einer längst bestehenden *Convention.*

111 DIEST AN KARL GOK

[Berlin, 21. Dezember 1821]

Ein vor wenig Tagen von H: *Dr: Kerner* erhaltenes Schreiben veranlaßt mich Ihnen verehrter Herr Hofrath wiederholt mit einem Schreiben beschweerlich zu fallen. Ich begreife nicht wie *Cotta* der wie ich höre sonst in dieser Hinsicht liberal ist, so schlechte Bedingungen machen kann, wem ich sie hier nur mitgetheilt ist darüber einverstanden daß sie völlig unannehmbar sind. Ich bin daher gestern und heute in den ersten Buchhandlungen hier gewesen u: habe gehorcht ob man das Werckchen hier nicht vortheilhafter unterbringen könne, da es doch recht Schade wäre wenn es getrennt würde, u: ich überdies zweifle daß jemanden die Gedichte allein verlegen wird. Bei dieser Recognoscierung nun habe ich von mehreren Seiten Bereitwilligkeit zur – Annahme gefunden und namentlich bei *Nicolai, Mittler* u: *Maurer*, von denen besonders der jetzige Cheff der letzteren Buchhandlung mit Vorliebe auf meinen Vorschlag einging, ja mir auch vorläufig 80 bis 100 f Prß: *Cant* für den *Hyperion* bot, das Manuscribt der Gedichte aber, welches grade in der Abschrift ist, wünschten sie erst noch zu sehen um auch hier mir Etwas bestimmtes sagen zu können, eine Haubtbedingung bei Allen war jedoch daß *Cotta* sein Recht auf die zweite Auflage des Hyperion erst förmlich abtretten müsse. Wäre es Ihnen demnach möglich verehrter Herr Hofrath *Cotta* hierzu zu disponieren so glaube ich daß wir für den guten armen *H*: hier weit bessere Bedingungen finden u: außerdem den Vortheil haben würden daß das Ganze zusammen bliebe u: vereint herauskäme. Das Manuscribt endlich, gedenke ich in späthstens 14 Tagen an H: *Dr: Kerner* zur nochmaligen Durchsicht u: Hinzufügung dessen was sich etwa noch in Ihren Händen befindet, abzusenden, und Sie hätten daher wohl die Güte ihm sofort die noch vorhandenen Materialien zu übersenden, zugleich füge ich in *Schulzens* wie meinem Namen an H: *Dr: Kerner* die Bitte hinzu, daß er als Landsmann u: Jugendfreund *H*:, da er überdies ebenfalls als Schriftsteller bekannt ist, die Vorrede besorge u: das Werkchen unter seinem Namen heraus gebe, indem Schulzens zu überhäufte Berufs Geschäfte es ihm durchaus ohnmöglich machen, seiner anfänglichen Absicht getreu, beides zu besorgen, und es überdem auch H: *Dr: Kerner* weit ehr gelingen wird bei der persönlichen Bekanntschaft mit *H*: u: seinem früheren Leben u: Wirken, hinsichtlich der Vorrede Etwas Gnügendes zu liefern, als Schulzen welcher *H*: bloß aus seinen Werken kannte.

Ich darf verehrter Herr Hofrath, wohl nicht hinzu fügen daß Alles dieses nur meine unmaßgeblichen Vorschläge sind, und ich mich Ihrem Ermessen u: Ihren Verfügungen in dieser Sache, natürlich gänzlich unterwerfe. Im Engegensehen einer geneigten recht baldigen Antwort, da ich so sehr wünschte daß das Werkchen nun endlich erscheine [...]

N: S: Falls Sie mit *Cotta* sich vereinigen könnten u: die Herausgabe hiesigen Orts annehmbar fänden, würde ich Sie bitten, mir das an *Cotta* gesendete Exemplar des Hyperion, worinn dessen Correctur, sogleich wieder mit zurück zu senden, damit dessen Abdruk hier sofort beginnen könnte. Da ich selbst übrigens ein Laie in Buchhändler Geschäften bin, so würde *Fouqué*, den ich jeden Tag erwarte, die vortheilhafte Abschließung eines Contracts für *H:* übernehmen, wodurch ich der gerechten Besorgnuß vorbeuge, selber, von den Herren in dieser Hinsicht etwa hinters Licht geführt zu werden.-

112 DIEST AN KERNER

[Berlin, 22. Dezember 1821]

Ich beantworte bester Herr Doctor Ihr Geehrtes vom 2ten d. Ms. umgehend, weil ich nichts Angelegentlicheres habe u: kenne als die baldmöglichste Vollendung unsres begonnenen Werkes. Das Manuskript ist in Abschrift und späthstens in 8 Tagen hoffe ich es an Sie absenden zu können, ich habe über jedes Gedicht, von dem ich es habe erfahren können, das Buch aus welchem es gezogen nebst dessen Jahr, oben mit rother Tinte beischreiben lassen, wenn nun noch durch Sie das Eine oder Andere hinzu u: dazwischen kömmt, so darf man nur ein Verzeichniß anfertigen wie sie folgen sollen, dieses dem Setzer geben und er setzt sie ohne Mühe nach der bestimmten Ordnung. Jetzt aber mein verehrter Freund habe ich eine Bitte, die ich Ihnen schon nach Ihrem ersten gütigen Schreiben vorgelegt haben würde wenn es damals in meiner Macht gestanden hätte. Schulz hatte nehmlich wie Sie wissen die Absicht das Werkchen unter seinem Namen und mit einer Vorrede von ihm versehen heraus zu geben. Von dem Augenblick an da ich Ihre werthe Bekanntschaft, wenn auch nur aus weiter Ferne machte, schien es mir aber in jeder Rücksicht, zweckdienlicher, passender, schicklicher kurtz in jeder Beziehung besser, daß sie an Schulzens Stelle träten. Sie sind H: Landsmann u: Jugendfreund, kennen also weit besser sein ganzes früheres Leben und Seyn, als Schulz oder ich, die wir ihn nur aus seinen Werken kennen u: verehren, wie leicht könnte S: in einer Vorrede hier fehlgreifen, wie leicht Saiten berühren, deren Klang verletzen könnte, und dann war mir bei S: wirklich zu überhäuften BerufsGeschäften auch immer bange daß ihm die nöthige Muße zu einer solchen Arbeit fehlen würde. Das Alles aber konnte ich ihm nicht wohl vorstellen, und um so größer war meine Freude als er kürzlich von selbst darauf fiel Sie mein würdiger Freund mit mir zu bitten, an seine Stelle zu tretten, die Vorrede zu machen u: dem Werckchen einen höheren Werth dadurch zu geben daß Sie ihm Ihren Namen vorsetzen, ohnehin hätten wir es ja nie ohne Ihre gütige Mitwirkung zu Stande gebracht; beinahe ⅔ der Gedichte verdanken wir bloß Ihnen, und so lassen Sie mich auch gewiß keine Fehlbitte thun und übernehmen um des armen Freundes willen ein Geschäft zu dem wie Sie selbst gestehen müssen, Niemand geeigneter ist als gerade Sie.- Ich fürchte endlich nicht mein verehrter Freund, von Ihnen mißverstanden zu werden, wenn ich der obigen Bitte noch diejenige hinzufüge, meines Namens bei dieser Gelegenheit nicht zu erwähnen, sie begründet sich auf äußere und StandesVerhältnisse deren Herr ich nicht bin, denen ich mich aber auch hier, wie schon so oft, wenn auch nicht freiwillig, doch fügen muß. In einem gleichzeitig mit diesem abgegangenen Brief an H: Hofrat *G:* habe ich ihn von meiner obigen Bitte an Sie in Kenntniß gesetzt, und ihn ersucht Alles was etwa noch von Materialien in seinen Händen sey, Ihnen sofort zu übersenden, damit das Manuskript nun recht bald geschlossen u: etwa in 4 Wochen zum Drucke befördert werden könne. Zugleich habe ich ihm den Vorschlag gethan das Werckchen hier in Verlag zu geben, ich habe drei Buchhandlungen gefunden welche sich zur Annahme geneigt zeigen, nehmlich *Nicolai, Mittler* u: *Maurer* u: namentlich die letztere hat mir vorläufig für *Hyperion* 80 bis 100 f Pr*Cur.* geboten, es wäre wie es mir scheint dies doppelt wünschenswerth, weil es doch so Schade wäre wenn das Werckchen getrennt würde, ja ich glaube nicht einmal daß sich zu den Gedichten allein u: abgesondert ein Verleger finden würde, doch bleibt bei diesem Vorschlag Hauptbedingung daß *Cotta* sein NäherRecht auf den *Hyperion* förmlich abtrete, ohne welches die hiesigen Buchhandlungen sich nicht damit befassen wollen, dieß müßte also H: Hofrath *G*: wie ich ihm geschrieben, noch mit *Cotta* abzumachen suchen. Sollten Sie u: H: *G*: auf diesen Vorschlag eingehen so würde ich *Fouqué* den ich täglich erwarte, alsdann bitten, einen für *H*: möglichst vortheilhaften Contract abzuschließen, da ich selber Laie in solchen Geschäften bin.- Die Rheinisch[en] Taschenbücher von 97-1800 habe ich hier nirgends auftreiben können, aber erfahren daß sie bei Herrn *F. Heyer* in *Darmstadt* oder *Giesen* (er hat an beiden Orten Buchhandlg: u: am ersteren Orte ist wie ich vermuthe H. Buchhändler *Leske* Cheff der Handlg) herauskommen, wo man also leicht Cobien erhalten könnte, ich würde sogleich geschrieben haben, wenn die Antwort das Manuskribt hier noch getroffen hätte, so aber sende ich die *Ad:* Ihnen, u: bei der Nähe von *Darmstadt* wird es Ihnen ein leichtes seyn das Gewünschte von dort zu erhalten. Die Gedichte aus dem *Lang*schen Taschenbuch finden Sie bereits im Manuskribt: was wie gesagt späthstens in 14 Tagen in Ihren Händen ist, ich habe keine Ruhe ehe ich es gedruckt sehe, von allen Seiten werde ich hier gemahnt u: gedrängt, auch die erlauchte Fürstin Fr: Prz: *Wilhelm* hat schon wieder bei mir anfragen lassen.

113 KERNER AN KARL GOK

[Weinsberg, 29. Dezember 1821]

Verehrungswürdigster Freund!

Nach beygelegtem Brief von *v. Diest* haben Sie von demselben zu gleicher Zeit auch ein Schreiben, wahrscheinl. gleichen Inhalts, erhalten.-

Dieser Brief freut mich sehr, insofern, als Sie nun mit den Gedichten Hölderlins beym Abtritt des HE. Schulzes, freye Hände haben. Ich kann, wie *Diest* meint, nicht der Herausgeber seyn: denn diß könnte den Gedichten eher schaden als nützen, allein den Uhland wollen wir nun dazu antreiben, und er wird es auch gewieß thun. Sollte er es aber nicht wollen, so hätte man ja im Ganzen auch keinen Herausgeber nöthig, man giebt sie eben unter dem Namen Gedichte von Hölderlin, der ja ohnediß noch lebt, damit wäre auch vermieden: daß es den Hölderlin afficiren könnte seine Gedichte von einem Andern herausgegeben zu sehen. Ich bin versichert, daß die Gedichte eine zweyte Auflage erleben und dann ist vielleicht Hölderlin todt, oder wäre es überhaupt dann erst Zeit, daß man in einer Vorrede von dem Verfasser und s. Leben spräche.

Im übrigen besprechen Sie die Sache mit Uhland. Es ist mir jezt nur lieb, daß man die höchstachtungswürdige Berliner ohne sie beleidigt zu haben, weg hat.- Dieser Diest freut mich ungemein: denn es ist doch äuserst schön, wie sich dieser Mann mit so vieler Wärme und in der That auch mit Aufopferung! dieser Sache annahm. Nun sollen es auch Würtemberger thun.-

Den Hyperion betreffend, so glaube ich, daß es schwer seyn wird denselben von Cotta herauszuerhalten und man müßte die Gedichte eben alsdann allein geben.

Noch einmal aber sollten Sie dem *Cotta* den Antrag machen: das Ganze etwa unter dem Titel: Sämtliche Dichtungen von F. Hölderlin.« (aber unter bessern Bediengungen als er Ihnen anbieten ließ,) zu übernehmen.

Ich will nun das Manuscript der Gedichte erwarten und durchsehen, alsdann sollen Sie es sogleich für Uhland zu gleichem Zweke erhalten. Wir müssen alsdann ein Verzeichniß der Gedichte machen und dasselbe an Neuffer und Magenau senden, damit diese noch das etwa Fehlende ergänzen.

Dem Uhland sandte ich kürzl. einen Brief von Denzel in Eslingen nach welchem in den rheinischen Taschenbüchern von 97-1800 Gedichte von Hölderlin stehen sollen. Hat diese nicht Haug oder sonst Einer in Stuttgardt?.- Finden Sie sie in Stuttg. nicht, so schreibe ich nach Darmstadt.

Ich bitte Sie, in dieser Angelegenheit recht vorwärts zu arbeiten. Die erlauchte Frau Prinzessin Wilhelm, (!!!) die gegenwärtig schwanger ist, verlangt ja so sehr nach dem Werke!!- Es fällt mir bey: daß Hölderlin, *ni fallor,* als auch von einer Prinzeß Wilhelm sprach. Lernte er sie nicht in Homburg kennen? vielleicht ist sie eine Princeß von Homburg. Wäre sie eine Bekannte von Hölderlin, sollte man ihr die Gedichte zueignen. Immer ist es recht brav, daß sie solche Sehnsucht darnach trägt. HE. Helfer Gundert allhier versichert mich diese Princeß seye von Homburg. Damit man die Sammlung nicht für blose Buchhändlersspeculation hält, sollte allerdings ein Herausgeber auf dem Titel stehen.

114 BERNHARD GOTTLIEB DENZEL AN KERNER

[Gegen Ende 1821]

Lieber Vetter,

Deine beeden Briefe habe ich erhalten. Was den Inhalt des erstern betrifft, so weiß ich keine bedeutende Auskunft darüber zu geben. Von Hölderlins Gedichten findet sich das Beste in den Almanachen der 90ger Jahrgänge. Einige seiner besten stehen in dem Rheinischen Taschenbuch der Jahre 1797-1800. Der Redakteur dieses Almanachs war ein Heidelberger Geistlicher oder Professor, dessen Name mir im Augenblick nicht beifallen will, der aber mit R anfängt. Von diesem Zeitpunkt an hat Hölderlin wenig mehr in der lyrischen Poesie gethan. In Homburg an der Höhe, wo er sich nach seinem Abgang von Frankfurt aufhielt, schrieb er an seinem Sophokles (dessen Übersetzung aber bereits Spuren der Geistesverwirrung des Verfassers trägt). Wenigstens habe ich von dieser Zeit an nichts mehr von ihm gelesen.- In Langs Taschenbuch von 1797 sind einige Gedichte von ihm: 1.) an eine Rose; 2.) Freundes-Wunsch; 3.) Lebensgenuß; in den späteren Jahrgängen finde ich keine mehr. Die früheren kenne ich nicht. HE. Stadtpf. Neuffer in Ulm wird wohl die besten Zugaben geben können, da er, so viel ich weiß, mit Hölderlin in Briefwechsel stand.

115 KARL GOK AN COTTA

[Stuttgart, 17.Januar 1822. Entwurf]

Auf das leztere verehrliche Schreiben in Betreff der Herausgabe der Schriften meines Bruders *Hölderlin* würde ich schon früher geantwortet haben, wenn ich nicht theils die weitere Nachricht von H. *Lt. v. Diest* in *Berlin*, theils die Äußerung meiner Verwandten in einer Sache hätte abwarten wollen, in welcher nicht meine eigene Ansicht sondern die Pflicht für das Interesse eines Mannes, der in seiner jezigen unglüklichen Lage jeder Unterstüzung so sehr bedarf, so viel möglich zu sorgen leiten darf.

In der Hoffnung, daß auch Hochdieselben meine neuere Erklärung hienach gefälliger beurtheilen werden, erlaube ich mir die Bemerkung, daß zwar, wenn gleich nach der Versicherung H. *v. Diest* für die neue Herausgabe Hyperions, ein weit bedeutenderes Honorar von Berliner Buchhandlungen angeboten worden ist, mir es doch sehr angenehm seyn wird, wenn Hochdieselben mit jener neuen Auflage unter den bereits berührten Bedingungen auch die Herausgabe von *H.* Gedichten verbinden wollen, ich hingegen vorausseze daß eine längst bestehende, mir übrigens nicht näher bekannte Convention, deren in der leztern Zuschrift vom 6.v. M. gedacht wurde, auf die Bestimmung des Honorars, welches für die erst jezt zu veranstaltende Sammlung und Herausgabe der Gedichte Hölderlins ausgesezt werden soll, nicht wohl bezogen werden könnte.

Herr *v. Diest* hat nun selbst Herrn *D. Kerner* in *Weinsberg* ersucht, die von ihm bereits zum Theil gesammelte Gedichte *H.*, in Verbindung mit andern vaterländischen Freunden, möglichst zu vervollständigen, und sowohl *Kerner* als Herr *D. Uhland* haben mir ihre Mitwirkung in der sorgfältigen Ausleese der zum Druk sich eignenden Gedichte freundschaftlich zugesichert, überdiß habe ich in der gleichen Angelegenheit meinen u. H. alten Freund, StadtPfarrer Neuffer in Ulm um seine Theilnahme in der Sache ersucht.

Durch diese Theilnahme beliebter vaterländischer Dichter wird die theils aus bereits gedrukten früheren Schriften theils aus Hölderlins Papieren mühsam gebildete Sammlung eine Vollständigkeit und Sichtung erhalten, die zwar den innern Werth derselben erhöhen, aber auch die Bogen Zahl um so mehr vermindern wird, als alle nicht zum Druk ganz geeignete weniger vorzügliche Produkte welche entweder nur als erste Versuche *H.* zu betrachten sind, oder Spuren seiner späteren unglüklichen Gemüths Stimmung tragen, ausgeschlossen bleiben.

In dieser Rüksicht, werden Hochdieselben es selbst für billig finden, daß wenigstens für eine solche sorgfältig ausgewählte Sammlung von vorzüglichen Gedichten ein etwas verhältnißmäßigeres Honorar als das gefl. angebotene bezalt wird, und ich ersuche Dieselben daher gehorsamst mir Ihre weitere Entschließung so bald als möglich gefl. mittheilen zu wollen, um H. *v. Diest* u. H. *D. Kerner* auf ihre neuen Schreiben an mich die verlangte Nachrichten geben zu können.

116 COTTA'SCHE BUCHHANDLUNG AN KARL GOK

[Stuttgart, 20. Januar 1822]

Euer Wohlgebohrn
haben wir die Ehre auf das Verehrte v. 17. d. M. zu erwiedern, daß wir damit einverstanden sind, für die Gedichte ein etwas höheres Honorar zu bezahlen, nur bitten wir höflichst, Sie wollen Sich darüber bestimmt aussprechen, damit wir unsern definitiven Entschluß fassen können.

117 UHLAND AN KERNER

[Stuttgart, 23. Januar 1822]

Es soll mich sehr freuen, wenn die Herausgabe von Hölderlins Gedichten zu Stande kommt. Gerne werde ich an meinem Theil dazu behülflich seyn, wie ich auch Gock erklärt habe. Neuerlich las ich wieder den Archipelagus. Ein herrliches Gedicht!

118 DIEST AN KERNER

[Berlin, 24. Januar 1822]

Endlich mein würdiger Freund bin ich im Stande Ihnen das in so weit vollendete Manuscript von *H:* Gedichten was ich in diesem Augenblick vom Copisten erst zurück erhalte zu übersenden, mögte es Ihnen möglich werden mir es recht bald zurück zu senden. Noch bemerke ich Ihnen wegen desselben das Folgende: In so weit es mir bekannt, habe ich zu Ihrer Notitz mit rother Tinte oben bei jedes einzelne Gedicht die Quelle schreiben lassen aus welcher ich es erhalten so wie das Jahr in dem es erschien, doch reichen diese Nachrichten nur bis zu *N°* 40 *inclus.*, die Übrigen sind ohne alle Ordnung, es wird also von Ihnen abhangen denselben, so wie auch den früheren, Falls Sie es nöthig fänden, eine beliebige dadurch zu geben, daß Sie sämtliche Gedichte mit besonderen rothen *N°* versehen, nach denen sie dann der Setzer leicht beim Setzen selber noch ordnen kann. Wegen des Gedichtes »Eduard« habe ich indessen noch folgende besondere Bitte, ich verdanke dasselbe so wie »Das Ahnenbild«, den »gefesselten Strom«, »Dichtermuth«, »Natur und Kunst« und »den blinden Sänger« der Genade der Frau Fürstin von Rudolstadt, welche mir eine eigenhändige Abschrift derselben durch ihre erlauchte Schwester Fr: Prinzeß: *Wilhelm* einhändigen ließ, jedoch mit dem Bemerken »daß sie wegen verschiedenen ihr in jenem ersten Gedichte (Eduard) aufgefallenen Stellen, es nicht mit abgedruckt wünsche«. Nun aber konnte weder ich noch *Fouqué* noch irgend Jemand anderst das geringste Verfängliche oder Politisch Gefährliche darin auffinden, gleichwohl durften wir es unter diesen Umständen nicht mit aufnehmen. Ich bequemte mich also um das Gedicht zu retten zu einer Nothlüge die mir sauer genug bei der hohen Frau angekommen ist, ich stellte nehmlich Fr: Prz: *Wilhelm* vor, »daß jenes Gedicht sich auch unter denjenigen befinde, welche noch in den Händen von *H:* Famielie seyen, und daß ich deshalb in die größte Verlegenheit geriethe, um den Wunsch oder Befehl ihrer erlauchten Schwester und das Recht der Famielie jenes Gedicht drucken zu lassen, zu vereinigen« Worauf sie mir die Erlaubniß ihrer Schwester verbürgte, und ich es mit abschreiben ließ. Träte nun, der doch mögliche Fall ein, daß wirklich irgend ein wahnsinniger Recensent Gott weis welche gefährliche Stellen in demselben entdeckte, und daß die Sache deshalb zur Sprache käme, so müßte ich H. *Gokke* bitten die desfallsige Verantwortung auf sich zu nehmen und mich durch eine Verleugnung nicht in die übelste Lage zu versetzen in der ich je gesteckt. Da ich vor etwa 4 Wochen erfahren daß H. *Engelmann* in Frankfurt a. M. vielleicht noch Einiges von *H:* besitze so habe ich einen seiner Freunde H: Professor *Ritter* hieselbst ersucht deshalb an ihn zu schreiben u: ihn zu ersuchen das sich Vorfindende direct aber recht bald an Sie zu senden, damit Sie es sofort noch mit aufnehmen könnten, und da *Ritter* meine Bitte auch sogleich erfüllt hat, so müssen, wenn Sie bei Empfang dieses noch keine Nachricht deshalb haben, Sie doch in kurtzem welche erhalten. Wegen der Herausgabe hat die Maurerische Buchhandlung hieselbst, sich bestimmt erklärt das Ganze annehmen zu wollen, wenn *Cotta* entsagt habe, das Honorar hat sie noch nicht bestimmen wollen »weil sie erst die Kosten der Herausgabe berechnen müsse, da sie Willens sey es in eine gefällige äußere Form zu kleiden« doch hat sie bestimmt ein höheres Honorar als das von *Cotta* angebotene verheißen. Da *Fouqué* wegen dem plözlichen Tode seines Schwiegervaters dieses Jahr nicht hieher kommen wird, so werde ich H: Professor *Haegel*, einen früheren vertrauten Freund *H:* wegen der Abschließung des Contracts bemühen, Falls es Ihnen und H. Gocke genehm ist, daß es hier herauskomme, was mir deshalb sehr passend erscheint, weil dann das Ganze nicht getrennt würde u: es sogleich in einer der günstigsten Perioden die das Werkchen nur treffen kann, heraus käme. Auffallend ist mir übrigens einigermaßen daß ich bis jetzt von H: Gocke mich auf zwei meiner Brief noch ohne Antwort befinde, da ich ihn doch so dringend um eine recht baldige gebeten. Ich verlasse mich daher mein bester Herr Doctor jetzt ganz auf Sie, und bitte Sie nochmals recht dringend mir, Falls *Cotta* resigniert hat, doch ja so bald als nur irgend möglich das ihm gesendete Exemplar des *Hyperions* (worin dessen Corectur) wieder zu verschaffen, damit mit seinem Abdrucke einstweilen angefangen werden kann, wozu die Maurersche Buchhandlung sich ebenfalls bereits bereitwillig erklärt hat. Meines Bleibens in *Berlin* ist nicht mehr lange, und bin ich erst weg, so sehe ich voraus welche Schwierigkeiten die Beendigung des ganzen Unternehmens hier, dann haben dürfte. Sie werden mein verehrter Freund mir mein dringendes Bitten gewiß vergeben, aber es liegt mir gar zu viel daran, so nahe dem Ziele, es nun auch recht bald zu erreichen, und so werden Sie mich auch gewiß nicht lange, auf eine gütige wenn auch kurtze Antwort warten lassen, auf daß ich wenigstens erfahre wie es mit unsrem Pflegkinde stehe, und der hiesigen Buchhandlung eine desfallsige Antwort geben kann.

119 KARL GOK AN CHRISTIAN LUDWIG NEUFFER

[Stuttgart, 27. Januar 1822. Entwurf]

Verehrungswürdigster alter Freund!

So wie alte Bekannte, wenn sie nach Jahre langer Trennung durch Einen schönen Zwek geleitet auf derselben Bahn sich wieder begegnen, auf der sie sich einst fanden, willkommen sind, so läßt mich auch das alte Interesse das Du, mein schäzbarster Freund an meinem unglüklichen Bruder *Höld.* in den bessern Tagen seiner u. unsrer Jugend Zeit genommen hast, hoffen, daß ich Dir jezt nicht ganz als Fremdling erscheine, wenn gleich sonderbarer Weise Zeit und Verhältnisse uns bißher eigentlich entfremdet haben.

Mein sehnlicher Wunsch Hölderlins Gedichte gesammelt und herausgegeben zu sehen, soll nun in Erfüllung gehen.

Ein gewisser *Lieut. v. Dietz* in *Berlin*, der aus reinem Eifer Hölderlins Geistes Produkte der Vergessenheit zu entreißen seit geraumer Zeit sich mit der Sammlung seiner in den älteren Almanachen pp. zerstreuten poetischen Produkte grose Mühe gegeben hat, wandte sich vor einigen Monathen an *Kerner* in *Weinsberg* um die von ihm angelegte Sammlung zu vervollständigen, und ich bin bereits mit *Cotta*, welcher auch *H.* Hyperion neu auflegen will, wegen des Verlags in Unterhandlungen getreten, da *H. v. Diez* ohne allen Vorbehalt erklärt hat, daß die Heraußgabe ganz zum besten des Unglüklichen *H.* geschehen soll. Mit *H. v. Cotta*, welcher nach seiner Weise nie zu viel geben [will], und für den gedrukten Bogen der Gedichte nicht mehr als einen *Louisdor* angeboten hat, bin ich noch nicht im Reinen, aber davon kann die Herausgabe der Werke *H.* nicht abhängig gemacht werden, die ich um so mehr so sehr wie möglich beschleunigen möchte, als auch *H.* die jeweilige Unterstüzung, die er in seinem unglüklichen Los hiedurch erhält, sehr bedarf.

H. v. Dietz will nun seine Sammlung an *Kerner* welcher schon vieles für die Ergänzung gethan hat schiken, und dieser in Verbindung mit Uhland, welcher mir bereits freundschaftlich seine Mitwirkung zugesichert hat, jene soviel möglich vervollständigen, damit so das Ganze unter *Hölderlins* Nahmen zur Herausgabe vorbereitet werden kann.

In der Hoffnung, daß auch Du, noch manches Interessante von *H.* besizen dürftest, bin ich so frei, Dir in der Beilage ein Verzeichniß der biß jezt bekannten Gedichte von Hölderlin, wovon aber die von Nr. 80. an nur in Manuscripten, zum Theil blos in Fragmenten sich biß jezt vorgefunden haben, mit der Bitte zu übersenden, mir so bald als es Deine Geschäfte erlauben, diejenigen, die Du etwa selbst von *H.* [im] Manuscript, oder in gedrukten Schriften in Händen hast, gütigst mit[zu]theilen, oder auch mir diejenigen Almanache zu bezeichnen, worin noch weitere Gedichte als die bereits [bekannten] vorkommen, und woraus vielleicht die Fragmente vervollständigt ausgeschrieben werden können. Beides die Originale oder Drukschriften werde ich so wie ich Abschriften davon genommen habe, Dir wieder zusenden, da ich voraussezen darf, daß besonders erstere als Andenken des alten unglüklichen Freundes [Dir] heilig seyn werden.

Überzeugt, daß für Dich die Herausgabe der Gedichte Hölderlins eine ebenso erfreuliche Erscheinung als für mich seyn werde, glaub ich zum Vorauß Dich meines innigen Dankes für die freundschaftliche Unterstüzung eines dahingehenden Unternehmens versichern zu dürfen, das ohne die Theilnahme alter Freunde Hölderlins nicht zu Stande kommen könnte, da leider die Umstände des Unglüklichen sich immer noch gleich sind.

Im vorigen Spätjahr habe ich nach einer Rükreise aus der Schweiz den Guten bei seinen achtungswerthen Hausfreunden, Schreinermeister Zimmer in Tübingen besucht. Leider kennt er mich nicht mehr, und [mit] unbeschreiblicher Wehmuth schied ich von dem Unglüklichen, der uns beiden so theuer war – und dessen Körper nun ohne den kranken Geist, der ihn belebte, hieniden in unthätiger Ruhe pflegebedürftig fort lebt. Doch wollen wir uns freuen, so lang er wenigstens dieser noch genießt und unter der vortrefflichen Pflege Zimmers, sich nicht selbst unglüklich fühlt.

Herzlich sollte es mich freuen wenn Du einmal nach solanger Zeit mich hier in meinem häuslichen Zirkel, in dem ich stets glüklich lebe, besuchen, und den alten Freundschafts Bund erneuern wolltest, der mir gewiß immer noch so theuer wie vormals ist. Leider bin ich indessen immer von einem geschäftlichen Verhältniß in das andere geworfen worden, das mir nie so viel Muße gab, all meine alten Freunde wieder zu besuchen.

120 KARL GOK AN COTTA

[Stuttgart, 27. Januar 1822. Entwurf]

Für das in dem verehrlichen Schreiben v. 20. diss. gemachte gefl. Anerbieten, für *H.* Gedichte ein etwas höheres Honorar bezahlen zu wollen, bezeige ich im Nahmen meines Bruders den verbindlichsten Dank und erlaube mir sodann die Äußerung, daß im Verhältniß mit dem was für Gedichte von gleichem Werth sonst bezahlt wird, ein Honorar von drey Dukaten für den gedrukten Bogen unter der schon in dem früheren Schreiben v. 22. *Novbr.* v.J. angebotenen Bestimmung wegen der künftigen zweiten Auflage billig seyn werde – wobei ich noch für Hölderlins Freunde und H. *v. Diest* die gleiche Anzahl von Frei*Exemplaren*, wie bei der 2t. Auflage von Hyperion erbitte.

Ich bin nun so frei mir die baldige gefl. Mittheilung der gefl. Entschließung sowohl in Beziehung auf die zweite Ausgabe Hyperions als der Gedichte gehorsamst zu erbitten.

121 VARNHAGEN VON ENSE AN UHLAND

[Berlin, 28. Januar 1822]

Grüße mir tausendmal den lieben Justinus! Wenn doch die Sammlung der Hölderlin'schen Werke endlich erschiene! Diese Griechenzeit geht noch vorüber, und nachher ist die schönste Gelegenheit verloren. So geht es immer mit unsren deutschen weitläuftigen Bemühungen! Welche Aufnahme war dem Hyperion in der allgemeinen Stimmung bereitet!

122 COTTA'SCHE BUCHHANDLUNG AN KARL GOK

[Stuttgart, 31. Januar 1822]

Euer Wohlgebohrn

haben wir die Ehre auf Ihr Verehrtes v. 27. d. M. zu erwiedern, daß wir mit Ihren Vorschlägen in Betreff des Honorars von Hölderlins Gedichten einverstanden sind. Wir ersuchen Sie daher höflichst diesem gemäß, nun einen Contract aufzusetzen, den wir dann nach vorangegangener Prüfung unterschreiben werden.

123 FRIEDRICH NOTTER AN KERNER

[Tübingen, 4. Februar 1822]

Hölderlins Werke sind wohl noch nicht im Druck erschienen, wenigstens habe ich noch nirgends eine Anzeige davon gesehen. Wir hofften letzten Herbst es werde nicht erst des Hyperions brauchen, um zum Kampf gegen die Unterdrücker Griechenlands aufzumuntern; aber man könnte bei gegenwärtigem Stand der Dinge an der Erwartung sterben.

124 HÖLDERLIN AN JOHANNA CHRISTIANA GOK

[vermutl. 1. oder 2. Quartal 1822]

Verehrungswürdigste Frau Mutter!

Ich nehme mir die Freiheit, Ihnen zu wiederhohlten malen einen Brief zu schreiben. Die wenige Zeilen, mit denen ich meine Ehrfurcht zu sagen mich bestrebe, werden Ihnen, wie ich hoffe, nicht unangenehm seyn, da ich von Ihrer fortdauernden Güte versichert bin. Haben Sie die Güte, mich in fortdauerndem gutem Andenken zu behalten. Ich nehme mir die Freiheit, den Brief zu beschließen. Ich empfehle mich Ihnen, und nenne mich

Ihren
gehorsamen Sohn
Hölderlin.

125 KARL GOK AN KERNER

[Stuttgart 6. Februar 1822]

Schäzbarster Freund!

Endlich bin ich, wie Sie aus dem mitfolgenden Schreiben ersehen, mit *Cotta* im Reinen.

Sowie er von seiner Reise nach Genf zurük war, knüpfte ich die Unterhandlung mit ihm wieder an, weil es für die Sache selbst nicht räthlich war, diese abzubrechen, und ich von meiner Mutter, welche H. Interesse zunächst berührt, ermächtigt war, sogar auf *Cottas* erstes Anerbieten einzugehen.

Ich forderte daher nur für die Gedichte statt eines *Louisdors*, was anfänglich geboten war, 3. *Ducaten* und lies es bei dem Honorar von 100. f. für die zweite Auflage Hyperions, unter der Bestimmung daß wenn binnen 4. Jahren 500. Exemplare von beiden Werken verkauft würden, alsdann das gleiche Honorar bezalt, und für Herrn *v. Diest* die FreiExemplare, die er verlangen würde abgegeben werden müsten; und dieser Forderung hat nun *Cotta* entsprochen, und so ist jedes Hinderniß beseitigt, das der neuen Auflage Hyperions im Wege stund; und ich werde dieser Tage selbst zu Cotta gehen, um diese zu beschleunigen.

Für die Sammlung seiner Gedichte hab' ich indessen noch alles gethan, was möglich war, und durch sorgfältiges Nachsuchen in seinen Papieren, ist es mir gelungen, außer den bereits bekannten, noch mehrere aufzufinden die ich in dem angeschlossenen Verzeichniß von 81.-100. bezeichnet habe. Einige sind freilich nicht vollständig, ich hoffe sie aber noch ergänzen zu können, da sie ohne Zweifel auch irgendwo gedrukt sind.

Von den grösern und mehr vollständigen theile ich Ihnen die Nr. 91. 92. 97. 84. 85. mit, wovon Ihnen besonders ›Der Archipelagus‹ willkommen seyn wird, da sich H. Liebe für Griechenland hier mit einer wahren Divinations Gabe ausspricht. Ich bitte Sie mir diese Gedichte, wenn Sie solche gelesen haben, wieder mit dem Verzeichniß gefl. zurükzusenden, weil ich keine Zeit hatte, lezteres abzuschreiben.

Auch schließe ich einige Briefe v. H. an mich bei, die vielleicht einiges Interesse an sich – insbesondere aber in der Beziehung für Sie haben, als sie einigen Aufschluß über einige noch nicht bekannte Producte H. geben. Von dem Trauerspiele ›Empedokles‹ wovon er in seinem Brief v. 14. *Junii* 1799. schreibt, konnt' ich indessen keine Spur auffinden, und doch scheint es aller Wahrscheinlichkeit nach ausgearbeitet worden zu seyn. Ewalds Urania, in der nach seinem Briefe v. 1794. Gedichte von H. stehen sollen, werd' ich mir – so wie die rheinischen Taschenbücher von 1797.– 1800. der Sie in Ihrem letzten Briefe erwähnten, noch zu verschaffen suchen, da sie weder *Uhland* noch Haug besizt. *Neuffer* in *Ulm*, ein alter Freund auch von mir, hoff' ich soll mir bald seinen Beitrag liefern, um den ich ihn sehr gebeten habe; und so soll denn unter der Unterstüzung biederer vaterländischer Dichter, wie ich hoffe, die Sammlung der Gedichte *H.*, wozu H. *v. Diest* mit wahrhaft edler Theilnahme den Grund legte, so vollständig als möglich werden.

Uhland hat mir seine freundschaftl. Mitwirkung hiebei gütig zugesichert, und wenn gleich Sie, mein verehrtester Freund, aus edler Bescheidenheit, die Herausgabe nach H. *v. Diests* Antrag nicht unter Ihrem Nahmen wünschen, so werden Sie doch meinen innigsten Dank für Ihre Unterstüzung nicht verschmähen, mit der Sie das gute Werk bißher gefördert haben, und noch fördern wollen. Herrn *v. Diest* hab' ich heute zugleich geschrieben und ihn von der Lage der Sache, mit der Bitte in Kenntniß gesetzt, nun das Manuscript der Gedichte Ihnen mitzutheilen. Sowie ich solches von Ihnen erhalte, werd' ich es dann mit den Manuscripten, die ich biß dahin noch gesammelt haben werde, vergleichen, die gedrukten, die ich noch auffinden – oder von Ihnen bezeichnet erhalten werde, abschreiben lassen, und sodann die vervollständigte Sammlung an *Uhland* übergeben, um solche gemeinschaftl. mit Ihnen zur Herausgabe vorzubereiten, worauf wir uns noch späther über den Titel *p.p.* vereinigen könnten, da auch H. *v. Diest* das Verdienst der Sammlung aus achtungswerthen Beweggründen nicht für sich behalten will.

Unter *H.* Papieren fand sich zufällig die beiliegende »Todtenfeier« einiger Brüder der Frankfurter FreimaurerLoge, unter denen ein *J.H. Diest* genannt ist; Sollte diß vielleicht ein Verwandter von H. *Diest* in *Berlin* und Hölderlins Freund gewesen seyn? Sehr wahrscheinlich ist die schöne Übersezung von Hölderlin.

Die Frau Prinzessin Wilhelm, die sich für *H.* Gedichte interessirt, ist ohne Zweifel dieselbe Pr. *Auguste von Homburg*, welcher H. die Uebersezung von *Sophokles* Trauerspielen dedicirt hat, wovon ich Ihnen für den Fall, daß Sie solche vielleicht nicht selbst schon gelesen haben das Exemplar das ich besize, beilege. Diese kamen im Verlage Willmanns in Frankfurt heraus, und werden daher, wenn sie einer neuen Auflage werth wären, ohne Rüksprache mit diesem wakern Buchhändler mit dem *H.* auch sonst im Verkehr stand, nicht neuaufgelegt werden können. Auch trägt diese Übersezung wie mir scheint, bereits das Gepräge von *H.* unglüklicher Überspannung. Das Taschenbuch, das Willmans in einem Briefe an *H.* erwähnt, ist ohne Zweifel das obengedachte rheinische – falls solches bis zum Jahr 1804. fortgesezt worden seyn sollte, im andern Falle wäre es von Interesse, sich nach den an Willmans in diesem Jahre eingesandten Gedichten zu erkundigen.

126 KERNER AN KARL GOK

[Weinsberg, 12. Februar 1822]

Soeben erhielt ich Ihre Sendung und mit ihr zugleich (in gleichem Augenblik,) das Manuscript von *Berlin* mit beyliegendem Schreiben Diests.

Nota bene! Sie senden mir die Briefe Diests nie wieder zurük! Den letzten erhielt ich nicht mehr und bitte Sie sehr um ihn, so wie um diesen hier wieder. Die Sammlung werde ich Ihnen mit Allem recht bald übermachen. Alsdann betreiben Sie nur die Sache: denn wenn *Cotta* an diesen Gedichten so lange als an meiner Giftschrift drucken läßt, so sehen wir sie erst in der Ewigkeit.-

Diests Angst wegen des unverfängl. Gedichts »an Eduard.« das ja noch überdiß gedrukt ist, ist possierlich! Ach! wie sind diese Berliner abgeschrekt!! – Die geschriebenen Gedichte, (außer das: »Archipelagus,«) habe ich selbst dem Diest gesandt, ich fand sie gedrukt, namentl. auch die poetisch: Episteln. Sie kommen nun auch in dem Diestischen Manuscripte das äuserst schön geschrieben ist.

Sonst kommen aber in Ihrem Verzeichnisse noch mehrere die Diests Manuscript nicht hat. Das ist nun Alles leicht vollends zu ordnen.

Diest giebt Ihnen den Namen Gocke, was sonderbar lautet. Es ist aber ein herrlicher Mensch und werden wir wohl derley *Lieutenants* wenig aufzuweisen haben.–

Grüßen Sie alle Freunde, besonders Uhland, von mir herzlich.

127 KARL GOK AN DIEST

[Stuttgart, Mitte Februar 1822. Entwurf]

Empfangen Sie, lieber Freund meines unglüklichen Bruders, meinen innigsten Dank für das Interesse das Sie für die Sammlung der Schriften Hölderlins bißher nahmen, und für vielerlei Bemühungen die Sie edelmüthig zum Besten eines Dichters verwandten, der leider zu früh in seiner so schön betretenen Laufbahn durch ein unglükseliges Geschik unterbrochen wurde.

Vergeben Sie aber auch mir, wenn theils eine überlegene Menge von BerufsGeschäften, hauptsächlich aber der Wunsch Ihnen das endliche Resultat der Unterhandlungen mit *Cotta* zugleich mittheilen zu können meine Antwort auf Ihre verehrlichen Schreiben biß jezt verzögerte.

Endlich bin ich nach der Zurükkunft *H. v. Cottendorf* von einer Reise nach *Genf* mit der *Cotta*schen Buchhandlung im Reinen. Ungerne würde ich ganz mit derselben abgeschlossen haben, weil ich besorgte, daß nicht nur die Wiederherausgabe des Manuscripts von Hyperion Schwierigkeiten finden, sondern auch die Veranstaltung des Verlags in *Berlin* die grose Mühe, die Sie bißher hatten, durch die Besorgung der Correctur und Vervollständigung der Sammlung der Gedichte noch vermehren würde, die ich hier unter der von *Kerner* und *Uhland* mir gütig zugesicherten gemeinschaftlichen Unterstüzung mit Vergnügen besorgen werde. Daher wollte ich nach dem Wunsche meiner und Hölderlins Mutter, der verwittweten KammerRäthin *Gok*, welche noch Hölderlins Vermögen verwaltet, das angebotene Honorar von 100. f. nicht steigern, und ich forderte daher nur statt des gebotenen *Louisdor* [urspr.: der gebotenen 11. f.] – 3. *Ducaten* für den Bogen der Gedichte und soviel FreiExemplare für Sie von der besten Ausgabe, als Sie sowohl für Hyperion und die Gedichte selbst bestimmen würden; da diese Bedingungen endlich die Cottaische Buchhandlung in einem Schreiben vom 31. v. Monaths bewilligt hat, so stehen nun der Herausgabe *Hyperions* ganz keine Hindernisse im Wege, und ich bitte Sie nun, die Cottasche Buchhandlung selbst gefl. zu benachrichtigen, wie viele FreiExemplare Sie zu erhalten wünschen.

H. D. Kerner habe ich sogleich von dem Stand der Sache in Kenntniß gesezt, und von ihm gestern die Nachricht erhalten, daß Sie ihm das Manuscript der Gedichte bereits zugesendet und hiebei einige Bedenklichkeiten wegen des Druks einiger der in Ihrem Schreiben bezeichneten Gedichte geäußert hätten. Ich erlaube mir nun in dieser Beziehung zu bemerken, daß sich die meisten der in Ihrer Sammlung enthaltenen Gedichte in den Papieren Hölderlins, die ich mit aller Sorgfalt ausgesucht habe, wirklich vorfanden, und ich um so weniger Anstand nehme, alle Verantwortlichkeit für die Herausgabe derselben zu übernehmen, als sie überdiß biß auf wenige schon in früheren Allmanachen p.p. gedrukt sind, und ich überall keine Spur einer Tendenz finden kann, die zu einer Misdeutung begründete Veranlassung geben könnte. So viele Resignation es mich kostet, den edeln Freund dem das Werk doch allein seine Existenz zu danken haben wird, nicht dankbar nennen zu dörfen, wie Sie es nach einer früheren Äußerung zu *H. D. Kerner* verlangen, so darf ich Sie doch versichern daß mir zwar jeder Wunsch von Ihnen in dieser Beziehung heilig ist, daß aber unter H. Verwandten und verehrten vaterländischen Freunden desto lebhafter die Achtung für die schöne Theilnahme [sich] ausspricht die *H.* an Ihnen, und den hohen Gönnern gefunden hat, deren Sie in Ihrem Schreiben gedachten.

Aus H. eigenen frühren Briefen an mich, welche ich so wie einige vollständige ungedrukte Gedichte kürzlich *H. D. Kerner* mitgetheilt habe, fand ich noch einige andere Zeitschriften bezeichnet, worin noch Beiträge von ihm stehen sollen, auch habe ich noch *H.* alten Freund und Dichter StadtPf. *Neuffer* in *Ulm* um Mittheilung von Gedichten *H.*, wenn er solche besizen sollte gebeten. So wie ich nun die an *Kerner* geschikte Sammlung und Nachricht von *Neuffer* erhalte, werde ich die im Manuscript vorgelegten Gedichte mit jenen vergleichen,

128 KERNER AN THERESE HUBER

[Weinsberg, 24. Februar 1822]

Hölderlins Gedichte habe ich nun mit einem Berliner so ziemlich vollständig zusammengebracht. Cotta übernahm deren Verlag zu Gunsten Hölderlins und vielleicht giebt Uhland seinen Namen zur Herausgabe.

129 DIEST AN KERNER

[Berlin, 27. Februar 1822]

Lange mein verehrter Freund haben mir Briefe nicht solche Freude gemacht als der Ihrige und der von *H. Gock* welche beide seit einigen Tagen in meinen Händen sind. Endlich nahen sich denn meine Wünsche ihrer Erfüllung und ich habe die Hoffnung meinen lieben lieben *H:* recht bald wieder zu besitzen, ach wenn nur recht bald! und daß nicht neue Hinderniße die Vollendung verzögern, ich habe darum auch gleich *H. Gock* über Alles was er von mir noch wünscht umgehend geantwortet, es würde mich unaussprechlich freuen wenn ich die Herausgabe noch hier erlebte (im *July* od. *August* verlasse ich *Berlin* auf immer um nach meiner Garnison dem Städtchen *Soldin* in der Neumark zurück zu kehren) weil ich dann die Hoffnung hätte bei einer persönlichen Übergabe eines Exemplars an Ihr: Kgl: Hoheit: Fr:

Prz: *Wilhelm*, gewiß durch ihre Fürsprache noch mehr als ein Pracht Exemplar an die übrige Glieder unsres Kgl: Hauses abzusetzen und diese würden sich gewiß für den armen so gut intressieren. Ich komme nun leider auf eine Bitte an Sie mein bester Herr Doctor die mir schweer eingeht und mit der ich mich gleichwohl an Sie wenden muß im festen Vertrauen daß, obgleich persönlich Ihnen unbekannt, ich doch nicht von Ihnen mißverstanden, oder besser mißkannt zu werden fürchten darf. *H: Gock* schreibt mir nehmlich unter mehreren zu gütigen und unverdienten Lobsprüchen u: Danksagungen

»Der Himmel, der alles Gute auch im Stillen lohnt, segne Sie und die hohen Gönner, der Sie in Ihrem Schreiben gedachten, für dies edle Werk, da Sie mir nicht gestattet haben, Ihnen meinen Dank für Ihre Bemühungen wenigstens auch nur im Verhältniß mit Ihren Auslagen werkthätig bezeigen zu dürfen.«

Nun haben zwar natürlich sowohl Schulz als ich jenes Anerbieten *H: G:* wegen einem Theil des Honorars ausschlagen müssen, da ich in meinem Leben außer von meinem Allergnädigsten König, noch von Niemanden Geld oder Lohn weder erhalten noch genommen habe, wie ich mir denn auch ein solches Verhältniß in Bezug auf meine Persönlichkeit gradezu nicht denken kann, der Auslagen aber habe ich dabei nicht erwähnt, oder ich müßte mich im höchsten Gerade ungeschickt ausgedrückt haben, denn ich selbst habe sie nicht gemacht da ich sie leider nicht machen konnte, indem wie bei den alten Templern außer dem Silber an meinem Degen und meiner Schärpe selten Etwas dergleichen in meinem Vermögen ist, *Schulz* hat also das Geld für Porto u: Copialien in diesen beiden Jahren vorschießen müssen und seine Rechnung beläuft sich auf 16 f. 12 gr. Prß. Court. mein Verhältniß zu ihm erlaubt mir aber nicht ihm dieses Mißverständniß mitzutheilen, da er der Meinung war und auch ich so dachte, diese Auslagen von dem Verleger zu entnehmen, ich stehe also wie Sie sehen mein würdiger Freund um des Elendesten willen was es in der Welt geben kann, um Geld, in der aller peinlichsten Lage vor Ihnen. An *H: Gock* selbst über diese so unendlich zarte Sache zu schreiben ist mir durchaus ohnmöglich u: ich würde es zehnmal ehr bei Juden u: Christen für *S:* zusammenborgen als mit einem von beiden sowohl *H. G:* als *S:* auch nur ein Wort darüber wechslen, ich wende mich also an Sie als Mittelsperson, ist es Ihnen möglich mit der größten Zartheit und Schonung meines Caracters mir jene Auslagen zu verschaffen so würde ich Ihnen dafür recht sehr dankbar seyn, hat es aber auch nur die geringste Schwierigkeit oder könnte *H: Gock* (dessen Persönlichkeit nicht ich wohl aber Sie mein würdiger Freund kennen) auch nur entfernt mich deshalb mißkennen, so bitte ich Sie auf das dringenste u: erwarte es von Ihrer gütigen Gesinnung für mich, daß Sie diese Zeilen als nicht geschrieben ansehen, ich werde dann am Ende auch noch Mittel finden das verwünschte Geld zusammen zu schaffen. Wegen den mir von *H: Gock* angebotenen FreiExemplaren habe ich selbst an ihn geschrieben, ich muß mir davon 6 auf gewöhnlichem Papier erbitten, und zwar 1 für *Fouqué* wegen seiner Mühe die er bei der Corectur des Hyperions gehabt, 1 für *Schulz*, 1 für den Eigenthümer des Exemplars was ich mit der Correctur an *Cotta* geschickt u: einem Justitz Comisair hier abgenommen habe mit dem Versprechen des Ersatzes, weil *Hyperion* bekanntlich lange schon im Buchhandel nicht mehr zu haben war, 2 für noch zwei literärische Freunde deren Bemühungen ich Beiträge verdanke und endlich 1 für mich selbst, was ich dankbar von *H: Gock* u: meines guten *H:* Famielie zum Angedenken annehmen werde, ich kann zwar nicht läugnen daß ich mir lieber eins kaufte, fühle aber sehr wohl wie undankbar u: beleidigend es gegen *H: Gockens* gütigen Gesinnungen für mich wäre, wenn ich hochmüthiger Weise ein so wohl gemeintes freundliches Geschenk zurückwiese.

Nun aber mein edler Freund bin ich Ihnen noch einen so großen Dank schuldig wegen der Erwähnung jener Todenfeyer, sie ist die meines edlen früh verstorbenen Vaters.

[Im Folgenden spricht Diest über seinen Vater, einen westfälischen Adligen, der als Kaufmann in Frankfurt lebte und sich bei der Pflege der aus der Champagne zurückflutenden preußischen Truppen, unter denen eine Epidemie ausgebrochen war, den Tod holte.]

Wie innig bitte ich Sie mein verehrter Freund deshalb um jene Todenfeyer, mein Bruder und ich werden Ihnen ewig dankbar dafür seyn, und wenn Sie oder *H: Gock* sie ihres dichterischen Werthes halber würdig halten mit aufgenommen zu werden in die Zahl von unsres guten *H:* Gedichte so macht dies öffentliche Lob meines lieben seelgen Vaters mich stolzer, als wenn ich zugeben hätte können, daß Sie meiner geringen Bemühungen bei der Herausgabe gedacht hätten.

130 DIEST AN KARL GOK

[Berlin, 4. März 1822]

Ihr so wohlwollendes Schreiben verehrter Herr Hofrath habe ich vor einigen Tagen erhalten, es hat mich mit der lebhaftesten Freude erfüllt, da es wohl allerdings am besten war daß *Cotta* das Ganze übernahm, es ist einfacher und so auch besser, und obwohl ich so gerne mich auch noch der kleinen Mühe der Corectur unterzogen hätte, so ist es doch gewiß daß sie jetzt in besseren Händen ist, ich bin nur ein Laie und hätte daher doch, besonderst bei dem oft so schweeren PeriodenBau in den Gedichten, zu Männern vom Fache meine Zuflucht nehmen müssen. Aus eben diesem Grunde danke ich Ihnen herzlich für das gütige Anerbieten mir das Manuscribt noch einmal zuzusenden, ich würde daran nichts änderen können, da es wohl die eitelste aller eitelen Anmaßungen wäre, wenn ich noch die Hand an Etwas legen wollte was Männer wie *Uhland, Kerner* und *Neuffer* für vollendet halten. Wegen *Empedokles* habe ich mit Profess: *Haegel* einem alten vieljährigen Freunde *H:* gesprochen, und er sagte mir, daß *H:* zwar mehrere Jahre lang oft mit ihm über den Plan dieses Trauerspiels gesprochen, daß er aber durchaus nichts Schriftliches darüber besitze und auch nicht aufzufinden wisse, wegen der Übersetzung des *Sophokles* indessen, war sowohl er als *Schulz* (ich muß bitten verehrter H. Hofrath mich hier gänzlich als Organ zu betrachten, da ich selbst jene Übersetzung weder gelesen habe noch beurtheilen kann indem ich kein Wort Griechisch verstehe) der Meinung daß es nicht gerathen sey sie nochmals abdrucken zu lassen, indem sie schon häufige Spuren einer inneren Geisteszerrütung an sich trüge. Wegen der Dedication an Frau. Prz: *Wilhelm* Kgl: Hoheit hat *Kerner* mir noch nichts geschrieben, doch zweifle ich nicht daß sie Ihre desfallsige Bitte genädig aufnehmen würde, nur wünschte ich in diesem Fall daß Sie bester Herr Hofrath die Gewogenheit hätten, die gleiche Bitte an die erlauchte Schwester von Fr: P: *W:* die Fürstin von *Rudolstadt* zu richten, da namentlich sie die Genade gehabt hat mir eine eigenhändige Abschrift von 5 Gedichten zukommen zu lassen, und es also wie mir scheint undankbar wäre, wenn wir diese Genade durch jenes Gesuch nicht gleichmäßig anerkennten, mit diesen beiden fürstlichen Personen habe ich selbst wegen des Werkchens in Verbindung gestanden, und ich stelle es daher Ihrem Gutdünken anheim sich in dieser Beziehung auf mich zu berufen. Noch sagte mir Schulz der mit den Gliedern des Homburgischen Hauses früher in naher Berührung gestanden hat, daß besonderst auch die Frau Erbgroßherzogin von Mecklenburg einen innigen Antheil an *H:* genommen, ja ihm schon in seinem unglücklichen Zustande ein Klavier geschenkt habe, es wäre also die Frage ob sich die Dedication nicht auch auf sie oder vielleicht alle Glieder des Homburgischen Hauses erstrecken ließe in finanzieller Hinsicht würde es dem Armen gewiß sehr zu Gute kommen, doch stelle ich dies natürlich gänzlich Ihrer besseren Einsicht anheim, und wiederhole nur verehrter Freund, die obige Bitte, daß Ihre Durchlcht. die Fr: Fürstin von Rudolstadt nicht übergangen werde, wenn Sie sich an Frau Przes *Wilhelm* Kgl: Hoheit: mit der erwähnten Bitte wenden sollten. Endlich bester Herr Hofrath hat mich Ihr Dank auf das innigste gerührt, allein ich verdiene ihn nicht, weil ich bloß eine alte heilige Schuld abzutragen [habe]. In meinem 14.Jahre kam mir zum erstenmal *Hyperion* zu Gesichte, er ergriff mich mit wunderbarer Gewalt, wie nie ein Buch außer der Biebel mich vor und nachher wieder ergriffen hat, und ich darf sagen, daß wenn ich einige wahrhaft innere Bildung besitze, ich sie lediglich ihm danke, einmal habe ich ihn ganz abgeschrieben und kann ihn fast wörtlich von Anfang bis zu Ende auswendig, allein wenn noch jetzt in so manchen Augenblicken die Prosa des Lebens mich hart bedrängt, so ergreife ich meinen Talismann und suche und finde Ruhe und Trost in seinen wunderbaren Klängen, so daß also meine Dankbarkeit für diesen David nie zu groß seyn kann. Ihr gütiges Anerbieten wegen einiger Exemplare nehme ich mit dem innigsten Danke an und zwar erbitte ich mir von Ihrer Güte sechs von Hyperion und den Gedichten von der gewöhnlichen Ausgabe, und zwar 1 für *Fouqué* der den größten Theil der Corectur *Hyperions* besorgt hat, 1 für *Schulz*, 1 für den Eigenthümer des Exemplars mit der Corectur von *Hyperion* was ich H: *v. Cotta* gesendet, im Buchhandel war er nicht mehr zu haben und mein eigenes Exemplar ist durch eine Menge beigeschriebner Bemerkungen so verunstaltet daß ich es nicht mehr zur Corectur gebrauchen konnte, daher ich jenes eben erwähnte Exemplar einem von *Schulzens* Freunden mit dem Versprechen des Ersatzes wegnehmen mußte, 2 ferner für noch zwei literärische Freunde deren gütigen Bemühungen ich viele Nachweisungen und Beiträge verdanke, und 1 endlich werde ich mit dem herzlichsten Dank als ein schätzbares Andenken an Ihre gütige Gesinnungen für mich, mir von Ihnen verehrter Herr Hofrath für mich selbst erbitten. Mit der größten Sehnsucht sehe ich nun der Vollendung unsrer Arbeit entgegen und es würde mich unaussprechlich freuen wenn ich sie noch hier (im *July* verlasse ich *B.* auf immer um nach meiner Garnison dem Städtchen *Soldin* in der Neumark zurück zu kehren) erleben könnte, ich hätte dann auch die Hoffnung vielleicht noch so manches Exemplar bei den übrigen Gliedern unsres hohen Königshauses zu höherem Preiße als gewöhnlich abzusetzen, was mich um des guten *H:* willen so innig freuen sollte.

N: S: Dürfte es nicht gerathen seyn in einigen ästhetischen Flugschriften auf die Erscheinung des Werkes aufmerksam zu machen?- Wenn es Ihr Wille ist und ich den Zeitpunkt des Herauskommens erst kenne, so würde ich *Haegel* oder sonst einige literärische Freunde bitten, diese kleine Mühe in einigen Journalen hiesiger Gegend zu übernehmen.

131 NEUFFER AN KARL GOK

[Ulm, 10. März 1822]

Höchst angenehm hat mich Dein werthes Schreiben in Betreff einer Sammlung von Gedichten des unglücklichen Hölderlin überrascht, schätzbarster und geliebtester Freund! und mir so manche Scene früherer und besserer Jahre, die nicht mehr sind, ins Gedächtniß zurückgerufen. Welchen Antheil ich an dem Schicksal Deines guten Bruders genommen und wie sehr ich sein unverdientes Unglück bedauert habe, das wirst Du mir wohl glauben, denn Du weißt, wie sehr wir Freunde gewesen. Wahrlich, an ihm hat Deutschland viel verloren! Indessen ist es der Mühe werth, auch die Trümmer seiner Geistesverlassenschaft zu sammeln. Sie sind zwar meistens Jugendprodukte, allein sie zeigen der Welt, was aus dem Manne geworden wäre, der schon als Jüngling so viel war. Ich selbst habe von Hölderlin noch einige Gedichte, allein sie stecken noch unter unausgepackten Papieren, welche zu sondern ich seit Empfang Deines Briefs noch keine Zeit hatte, da ich von vielseitigen Amtsgeschäften oft niedergedrückt bin, und seit 3 Wochen in der Furcht lebte, ein geliebtes Kind durch eine gefährliche Krankheit zu verlieren. Diß wird auch die Verzögerung meiner Antwort entschuldigen. Ich habe auch noch merkwürdige Briefe von Hölderlin in Händen. Sollten auch deren etliche gedruckt werden wollen, so werde ich sie gerne mittheilen.

132 KARL GOK AN KERNER

[Stuttgart, 18. März 1822]

Verehrtester Freund!

Empfangen Sie nochmals meinen innigsten Dank für Ihre gütige Theilnahme an der Unterstüzung, durch welche die von Herrn *v. Diest* besorgte Sammlung von *Hölderlins* Gedichten diejenige Vollständigkeit erhalten hat, die ihr nur durch das warme Interesse biederer Freunde des unglüklichen Dichters werden konnte, und vergeben Sie mir, wenn häusliche und amtliche Sorgen, die mich seit dem Eintritt dieses Jahres sehr beschäftigten, mich hinderten, Ihnen den Empfang des Manuscripts früher anzuzeigen.

Ich habe dieses nun sorgfältig mit den zum Theil nur fragmentarischen Manuscripten Höld: verglichen, von leztern diejenigen, welche noch nicht in der Sammlung stehen, ausgehoben, und das Ganze unserm würdigen Freunde *Uhland* nach unserer frühern Verabredung zugestellt. Dieser äußerte heute seine herzliche Freude über diese Sammlung, aus der auch in der That der poetische Geist *H.* mehr erkannt werden kann, als es bei den bißher so sehr zerstreut gewesenen einzelnen Producten möglich war.

Er ist mit mir damit einverstanden, daß, um die auch von Ihnen gerügte Schreibfehler des Manuscripts zu verbessern, und dem Ganzen noch die möglichste Vollständigkeit und Reinheit zu geben, noch eine Vergleichung der Abschriften mit den gedrukten Schriften, woraus diese ausgehoben sind, nicht zu umgehen sey, und er hat sich freundschaftl. erboten dieses mühsame Geschäft in Gemeinschaft mit H. Professor *Schwab* zu übernehmen.

Ich habe mir zu dem Ende bereits, aber vergeblich Mühe gegeben, alle die hiezu nothwendigen Allmanache von den hiesigen Antiquaren zu erhalten, hoffe aber doch die meisten von Haug oder andern Freunden noch zu erhalten. Sollten Sie, werthester Herr Doctor einige derselben, insbesondere Vermehrens Allmanach von 1799. den Brittischen Damen Calender und Taschenbuch v. 1800. und Ewalds Urania besizen, so wäre es mir sehr angenehm, wenn Sie solche mir auf einige Wochen zu jenem Zwek gütigst mittheilen wollten, da ich gerade diese schwerlich hier auffinden werde, in lezterem, der Urania, sollen wie ich in einem Briefe Hölderlins von 1794 fand, auch Beiträge von ihm stehen.

Mit Cotta bin ich nun ganz im Reinen, und erst vor einigen Tagen hat er mir den schriftl. Contract geschikt, wonach er auch die Beschleunigung des Druks v. Hyperion zugesichert hat. Ich habe mir für die Freunde Hölderlins einige schöne Exemplare sowohl von dieser zweiten Auflage als den Gedichten bedungen, und Sie werden daher erlauben, daß ich auch Sie unter diese zähle, da Sie so viel zu ihrer Erscheinung beigetragen haben.

Das neuerlich von *Diest* erhaltene Schreiben bin ich so frei, Ihnen nebst seinen frühern an Sie, so wie den Brief *Neuffers* zu übersenden, von welchem ich schwerlich viel zur Vervollständigung der Gedichte brauchbares erwarten darf.

Uhland theilt mit Ihnen die Ansicht, daß man bei der Herausgabe der Gedichte selbst aus Achtung für den unglüklichen Dichter jede Spur einer fremden Mitwirkung vermeiden, und sie blos unter seinem Nahmen herausgeben, hingegen durch eine Anzeige im Morgenblatt das Publikum auf die Erscheinung von Hölderlins Schriften aufmerksam machen sollte; weshalb er ohne Zweifel über diesen Gegenstand das Weitere selbst schreiben wird.

Sollten Sie es für angemessen finden, daß außerdem auch in einer auswärtigen periodischen Schrift von einem andern literärischen Freunde – nach H. *v. Diest* Anerbieten – das gleiche geschähe, so haben Sie vielleicht die Güte, lezterem die nähere Anleitung hiezu zu geben.

Bei der Ansicht *Uhlands* wird aber die *Dedication* der Gedichte an die Glieder des Hessen-Homburgschen Hauses, wovon ich auf Ihre frühere Aeußerung *Diest* schrieb, wohl unterbleiben müssen, und es möchte genügen, wenn ich im Nahmen Hölderlins ein Pracht Exemplar an die hohe Personen ohne gedruckte Zueignung übersende.

Darf ich mir auch Ihre Ansicht hierüber – so wie den Brief v. *Diest* zurükerbitten, um diesem vortrefflichen Manne wieder antworten zu können.

Sehr würd' es mich freuen, wenn Ihre neuere litterarische Producte, denen man mit Verlangen entgegen sieht, Sie bald wieder in unsere Mitte führen würden, um Ihnen meine Dankbarkeit und Hochschäzung wiederholt bezeugen, und bei einem Glase vaterländischen DichterWein mit *Uhland* und *Schwab* das Andenken an die Wiedergeburt der GeistesProducte *Hölderlins* feiern zu können.

133 KERNER AN KARL GOK

[Weinsberg, 22. März 1822]

Ihre gütige Sendungen erhielt ich.

Inzwischen kam von Diest beygelegter Brief an. Ganz natürlich muß man auf die in diesem Briefe geäußerten bescheidenen Wünsche Rüksicht nehmen. Ich will ihm darüber nicht antworten, sondern die Antwort Ihnen, Herzlieber! überlassen. Es ist offenbar ein recht lieber Mensch, und wollte Gott, wir hätten derley Lieutenants viele unter unserer Armata!! Senden Sie ihm doch auch die Todenfeyer von der Hölderlin offenbar nicht nur die Übersetzung, sondern auch bestimmt den griechischen Text, verfaßte.

Die Journale die Sie bezeichnen hab ich nicht. Vermehrens Almanach hat Conz. Dem Diest sandte ich, aus Almanachen und Journalen herausgeschnitten, sehr viele Gedichte. Sie werden doch, wohl zu korrigirende Drukfehler abgerechnet, gut kopirt seyn! Ich habe sie nun nicht mehr.- Neuffer soll mir senden was er hat, hat er auch weniges.

Die Zueignung war nur so ein Gedanke und unterbleibt füglich, besonders wenn man noch darum anhalten soll!!!!- Das taugt nicht mehr in die Zeit!!- Neuffers Brief ist etwas zu wenig theilnehmend, auch soll er bedenken: daß die Sammlung der Hölderlinischen Gedichte etwas ganz anderes ist, als seine Gedichtesammlung, so brav die auch immer seyn mag!!

134 KARL ZILLER AN KARL GOK

[a. Steinheim am Albuch, 18. April 1822]

Euer Wohlgeborn!

Habe ich die Ehre ein von Hölderlin wiedergefundenes Gedicht zu übersenden. Dasselbe war ursprünglich bestimmt in eine Sammlung von Gedichten eingerükt zu werden, u wurde deshalb von Hölderlin selbst an Herrn Mäken in Reutlingen überschikt, (wahrscheinlich als er noch in Tübingen studirte). Wegen unleserlicher Handschrift aber unterblieb es, wie mir HE Mäken treuherzig *offerirte*.

Auf meiner Reise nach Steinheim am Albuch kam ich über Reutlingen, u dort wurde es mir von *Md.* Mäken eingehändigt. *Mad.* Mäken sagte mir als ihre *sujektive* Meinung sie halte es für ein Würdiges Seitenstük zu Schillers Götter Griechenlands. Ich schreibe es hier ab damit sie einer Mühe überhoben sein mögen, besonders da es, im nicht ganz reinlichen Pulte der *Mad.* Mäken sehr übel mit gelehrten Zeichen übertüncht ist:

Griechenland von Hölderlin

[Es folgt die Abschrift des Gedichtes.]

[b. Tübingen, 18. Juni 1822]

Euer Wohlgeborn!

Erhalten hier alles was ich von dichterischen Producten unter den Schriften Hölderlins gefunden habe. Manches zum Theil sehr schöne; wohl würdig unter die Sammlung der Gedichte aufgenommen zu werden.

Manche Gedichte sind doppelt vorhanden, und mit Fleis habe ich sie auch beigelegt; da oft das eine *brouillon* u das andere schon vollendetere Abschrift, jedoch zimmlich unleserlich ist; u so kan das eine dem anderen zur Verständlichkeit helfen, wie es namentlich mir nüzte. Sehr bedauert habe ich es auch dß gar zu viele Bruchstüke von Gedichten nur vorhanden waren. villeicht haben Sie die andern schon u dann läßt sich ergänzen!!

Ich möchte wißen ob *Vomers* Landgut, wovon hier auch ein Bruchstük folgt, unter seinen übrigen Schriften ist. ein sehr intereßantes Werk mußte dieß an und für sich liefern; in dem Bruchstük fand ich ganz den der Idylle eigenthümlichen Ton, und die glüklichste Nachahmung des Griechischen Epos, beides mit hohem dichterischen Schwung dennoch ausgeführt.

Leid thut mir es daß ich nicht mehr leisten kann, können Sie mich sonst noch bei der Herausgabe oder zur Samlung von Gedichten brauchen, so rechne ich mirs zur hohen Ehre etwas beitragen zu könen zu dem Ruhm ds von mir hochgeschäzten Hölderlins.

Auf meiner Durchreise durch Reutlingen, als ich in Nürtingen war, gieng ich auch in die Mäkensche Buchhandlung, u sprach mit Mäken über die Herausgabe von Hölderlins Werken. Ich sondirte bei ihm ob er sich nicht beßer behandeln ließe als *Cotta.* von dem ich aus Ihrem Briefe ersah, daß er ein *Bagatell* zahlen will. Kann ich in Reutlingen etwas richten oder überhaupt sonst etwas thun, so wünschte ich nicht daß Sie mich übersehen würden.

Schon das Format würde allem Anschein nach in Reutlingen zierlicher, u *Cottas* arge Habsucht doch gestraft.-

Heute schrieb mir Bräunlin dß ich ihm die ausgelesenen Schriften nach *Neuenbürg* schiken solle. Es sind meistens Übersetzungen aus *Sophocles* u Bruchstüke nachgeschriebener *Collegien*. Auch einige Briefe von *Siegfried Schmid, Willmanz, v. Kalb* pp.

Wollten Sie dieselbe noch selbst durch gehen so müßen Sie sich an HE. Bräunlin wenden.

In der angenehmen Hoffnung noch mehreres in Hölderlins Angelegenheiten besorgen zu können verbleibe ich Dero

gehorsamster Diener

Karl Ziller stud. theol.

135 VERTRAG ZWISCHEN DER COTTA'SCHEN BUCHHANDLUNG UND KARL GOK

Verlags *Contract.*

Der Herr Hof-Domainen Rath *Gok* in *Stuttgart* hat im Nahmen seines Bruders, der Bibliothekars *M. Hoelderlins* mit der J. G. Cotta'schen Buchhandlung dahier, wegen der zweiten Auflage des früher in ihrem Verlag herausgekommenen *»Hyperion«* und der Herausgabe einer vollständigen Sammlung der Gedichte *Hoelderlins* folgende Übereinkunft abgeschloßen:

1) Für die neue Ausgabe von *Hoelderlins »Hyperion«* welche, da das *M.* durch Herrn *Lieutenant von Diest* in *Berlin* bereits eingesandt worden ist, in einigen Wochen dem Druk übergeben werden wird, zahlt die Cotta'sche Buchhandlung dasselbe Honorar von *Einhundert Gulden,* welches der Verfaßer für die erste Auflage bezog.

2) Für die erste Ausgabe sämtlicher Gedichte *Hoelderlins,* wovon das *M.S.* sogleich nach der Vervollständigung und Durchsicht durch die Herrn *Dr Kerner* und *D. Uhland* übergeben werden wird, ist das Honorar auf *Drey* Dukaten oder deren Werth für den gedrukten Bogen bestimmt.

3) Das gleiche Honorar für die Gedichte, nämlich *Drey* Dukaten für den gedrukten Bogen, wird von der VerlagsHandlung zugesichert, wenn von dem 1. *May* 1822 an, in *Vier* Jahren *Fünfhundert* Exemplare verkauft werden.

4) Herr Hof Domainen Rath *Gok* macht sich verbindlich, das *ad* 1 u. 2 bestimmte Honorar, als ausschließliches Eigenthum *Hoelderlins* einzig zu seiner Unterstützung in seiner gegenwärtigen Lage zu verwenden.

5) Außerdem werden *Dreyßig* Freyexemplare von der schönsten Ausgabe an den Herrn Hof Domainen Rath *Gok* – sowohl von Hyperion als den Gedichten – abgegeben, um solche *Hoelderlins* Freunden im Innlande, und Herrn *Lieutenant von Diest* in *Berlin,* so wie an die Fürstl. *Heßen-Homburg*sche Familie, übersenden zu können.

Stuttgart 14 *May* 1822.

Hof Domainen Rath *JGCottasche* Buchhdlg.
Gok J.J. Wagner.

136 KERNER AN GUSTAV SCHWAB

[Weinsberg, 27. Juli 1822]

ihr seyd in Allem verzweifelt langsam *ex. gratia* mit Hölderlins Gedichten. Ich that in diesem Stük so rasch als möglich das Meinige, ihr aber treibt nicht. Daß ich doch immer zanken muß – mit euch!!

137 HÖLDERLIN AN JOHANNA CHRISTIANA GOK

[vermutl. 2. oder 3. Quartal 1822]

Verehrungswürdige Mutter!

Ich habe die Ehre, Ihnen schon wieder schreiben zu wollen. Die Briefe, die Sie mir geschrieben haben, haben mich immer sehr gefreut. Ich danke Ihnen für die Güte, die Sie mir darinn erwiesen. Ich muß schon wieder schließen. Ich versichere Ihnen meine Hochachtung und nenne mich

Ihren
gehorsamsten Sohn
Hölderlin.

138 HÖLDERLIN AN JOHANNA CHRISTIANA GOK

[vermutl. 3. oder 4. Quartal 1822]

Verehrungswürdigste Frau Mutter!

Ich habe die Ehre, Ihnen eben wieder einen Brief zu schreiben. Ihr Wohlbefinden ist mir immer eine Freude, und daß Sie sich meiner in Güte erinnern mögen, ist mir ein Anlaß wahrester Danksagung. Ihre Briefe sind mir ein Zeugniß von Güte und rechter Fortdauernheit in solchen Gemüthsbezeugungen gewesen, wie ich die meinigen Ihnen zu erkennen gebe. Ich empfehle mich Ihnen und nenne mich

Ihren
gehorsamsten Sohn
Hölderlin.

139 KERNER AN UHLAND

[Weinsberg, 11. Dezember 1822]

Warum erscheinen Hölderlins Werke so lange nicht? Das ist doch ein rasendes Gezauder.

140 HÖLDERLIN AN JOHANNA CHRISTIANA GOK

[vermutl. 4. Quartal 1822 oder 1. Quartal 1823]

Beste Mutter!

Ich bestrebe mich, Ihnen so wenig, wie möglich unangenehm zu werden, und schreibe deßwegen, so offt ich kann. Ich freue mich, wenn Sie gesund sind, und wenn ich mit Ihnen so mich empfinden kann, daß daraus meine Schuldigkeit gegen Sie und meine Überzeugtheit von Ihrem Werthe sichtbar ist. Ich wünsche, daß Sie sich immer so unveränderlich erkennen, wie Sie gut sind, und nenne mich

Ihren
gehorsamen Sohn
Hölderlin.

141 HÖLDERLIN AN JOHANNA CHRISTIANA GOK

[vermutl. 1. oder 2. Quartal 1823]

Theuerste Mutter!

Ich beantworte Ihnen den Brief, den Sie neulich geschrieben haben. Nehmen Sie vorlieb mit dem Wenigen, das ich Ihnen schreiben kann. Sie können versichert seyn, daß ich nicht aufhören werde, den Gesinnungen treu zu seyn, die ich zu Ihrer Ehre zu äußern versucht habe. Glauben Sie, die Dankbarkeit gegen das, was Sie mir im Leben Gutes erzeugt haben, ist nicht anders. Ich nenne mich

Ihren
gehorsamsten Sohn
Hölderlin.

142 GUSTAV SCHWAB AN KARL GOK

[Stuttgart, 8. Februar 1823]

Indem ich mir vorbehalte, Ihnen meinen gefühltesten Dank für das schöne Exemplar Hyperion's, mit dem Ihre Freundschaft mich beehrt, persönlich zu sagen, erlaube ich mir, Sie dringendst zu bitten, Alles Uebrige, womit Ihre Güte mich beschämen will, zurücknehmen zu wollen; indem ich diese Zurücknahme allein als das Zeichen ansehen kann, daß Sie mir die weitere angenehme Mitwirkung zu der Herausgabe der herrlichen Gedichte Ihres Herrn Bruders nicht verweigern; und eine Beschäftigung, die für sich selbst Freude und Lohn ist, nicht als einen Dienst betrachten.

143 AUS DEN TAGEBÜCHERN WILHELM WAIBLINGERS 1822 – 1824

[Am 30. Mai 1822]

Ich war bey Uhland [...] Er sprach viel von Hölterlen, den er mit Schwab herausgibt, vom Wesen des Drama's, vom Stoff und der Form, auch vom Theater!

[Am 3. Juli 1822]

Schon in Urach hatte ich bey dem OberamtsRichter ein Gedicht bekommen von jenem genialischen Hölderlin, den Uhland und Schwab nun herausgibt, und dessen schreckliche Schicksale mir längst schon durch Haugs Schilderungen merkwürdig geworden waren. Heut besucht' ich ihn mit Wurm. Wir stiegen enge Steintreppen zum Neckar hinab und trafen da einen beschränkten Straßenwinkel an, zu dem ein ordentlich-gebautes Haus den Hintergrund bildete. Die vor der Thüre aufgestellten Tischlergeräthschaften zeigten uns an, daß wir an unsrer Stelle seyen. Wir stiegen eine Treppe hinauf, als uns gleich ein wunderhübsches Mädchen entgegentrat. Ich weiß nicht ob mich ein großes lebendiges Auge, oder einige Züge, die sie von Philippine zu haben schien, oder der allerliebste, zarte Hals und der junge so liebliche Busen, oder das Verhältnißmäßige der kleinen Gestalt mehr entzückte, genug meine Blicke hiengen trunken auf ihr, als sie uns fragte, zu wem wir wollten. Die Antwort ward uns erspart, denn eine offene Thüre zeigte uns ein kleines, geweißnetes Amphitheatralisches Zimmer, ohne allen gewöhnlichen Schmuck, worin ein Mann stand, der seine Hände in den nur bis zu den Hüften reichenden Hosen stecken hatte und unaufhörlich vor uns Complimente machte. Das Mädchen flüsterte, der ists! Die schreckliche Gestalt brachte mich in Verwirrung, ich trat auf ihn zu, und richtete eine Empfehlung von Hofrath Haug und OberfinanzRath Weißer aus. Hölderlin lehnte seine rechte Hand auf einen an der Thüre stehenden Kasten, die linke ließ er in den Hosentaschen stecken, ein verschwitztes Hemd hieng ihm über den Leib und mit seinem geistvollen Auge sah er mich so mitleids- und jammerwürdig an, daß mirs eiskalt durch Mark und Bein lief. Er redete mich nun Eure Königliche Majestät an und seine übrigen Töne waren theils unartikulirt, theils unverständlich und mit Francösisch durchworfen. Ich stand da, wie ein Gerichteter, die Zunge starrte, der Blick dunkelte, und mein Inneres durchzuckte ein furchtbares Gefühl. O vor sich den genialischsten, geistreichsten Mann, die größeste reichste Natur in ihrem gräßlichsten Falle zu sehen – einen Geist, der vor zwanzig Jahren die Fülle seiner Gedanken so unaussprechlich zauberartig hinhauchte, und alles anfüllte mit der Tiefe seines dichterischen Strudels, und der jetzt keine einzige klare Vorstellung, auch nicht von den unbedeutendsten Dingen hat – o sollte man da nicht Gott anklagen? Wurm war gefaßter, als ich, und fragte ihn, ob er den Hofrath Haug kenne. Er war genau mit ihm bekannt. Hölderlin neigte sich und aus dem unvernehmlichen Tonmeer klangen die Worte: Eure Majestät – hier sprach er wieder französisch, sah einen an, und machte Complimente – Eure königliche Majestät – das kann, das darf ich ihnen nicht beantworten. Wir verstummten, das Mädchen rief uns zu, nur mit ihm zu sprechen, wir blieben unter der offenen Thüre stehen. Nun murmelte er wieder, ich bin eben im Begriff katholisch zu werden, Eure königliche Majestät. Wurm fragte, ob er sich an den griechischen Angelegenheiten erfreue – Hölderlin umfaßte einst die Welt der Griechen mit dem trunkensten Enthusiasmus – Er machte Komplimente und sagte unter einem Strohm von unverständlichen Worten: Eure königliche Majestät, das darf, das kann ich nicht beantworten. Das Einzig-Verständige, was er sprach, war eine Antwort auf Wurms Worte, er habe in seinem Zimmer eine gar angenehme Aussicht ins freye, worauf er antwortete, Ja, ja, Eure Majestät, schön, schön! Nun aber stellte er sich mitten in sein Zimmer und neigte sich unabläßlich fast bis zum Boden ohne etwas anderes zu sagen, das man hätte verstehen können, als: Eure königliche Majestät, die königlichen Herrschaften – Wir konnten nicht länger bleiben, und eilten nach einem Aufenthalt von 5 Minuten in die Stube des Tischlers. Da ließen wir uns nun von dem schönen, freundlichen Mädchen und ihrer Mutter seine ganze Geschichte, solang er bey ihnen ist, erzählen. Er ist schon gegen 16 Jahre wahnsinnig, und ist nun gegen 50 Jahre alt. Manchmal kommt er wohl wieder etwas zu Verstand, auch läßt er jetzt von seinem Schreyen und Toben nach, aber es ist doch nie etwas Rechtes. Seit 6 Jahren geht er den ganzen Tag in seinem Zimmer auf und ab und murmelt mit sich selbst, ohne irgend etwas zu treiben. Bey Nacht steht er oft auf und wandelt im Haus umher, geht auch oft zur Thüre hinaus; sonst machte er mit seinem Tischler Ausgänge oder schrieb alles Papier, das er zur Hand bekommen konnte, voll mit einem schaudervollen Unsinn, der aber dann und wann einen unendlich sonderbaren Scheinsinn hat. Ich bekam eine Rolle solcher Papiere und traf hier ganz metrisch-richtige Alcäen ohne allen Sinn an. Ich erbat mir auch einen solchen Bogen. Merkwürdig ist das nach Pindarischer Weise, oft wiederkehrende: nehmlich – er spricht immer von Leiden, wenn er verständlich ist, von Oedipus, von Griechenland. Wir schieden, wie wir die Treppe hinabgiengen, sahen wir ihn durch die offene Thüre noch einmal, wie er auf und ablief. Ein Grausen durchschauerte mich; mir fielen die Bestien ein, die in ihrem Käficht auf und ab rennen, wir liefen betäubt zum Haus hinaus.

Den ganzen Tag bracht' ich den schrecklichen Besuch von heute Früh nicht aus dem Gedächtniß. Ich phantasierte unaufhörlich von diesem Hölderlin. Auch das liebe Mädchen kam mir nicht aus dem Sinne, und es war mir ein gar süßer Gedanke, wenn ich mir dachte, wie ich sie wiedersehe, und dann recht oft meinen Besuch wiederhohle.

Den Mittag gieng ich nach Stuttgart ab in beständigen Fantasien an Hölderlin und das Mädchen. Sie begegnete mir, wie ich gieng, mit einem Krug in der Hand eine Staffel hinaufsteigend.

[Am 4. Juli 1822]

Ich bin unendlich begierig, Hölderlins Gedichte zu lesen.

[Am 6. August 1822]

Was Uhland spricht, ist gedacht [...] Es ist mir oft eine Verlegenheit, wenn ich so viel spreche, ich erschrek' dann und werde schüchterner, denn Uhland wirft die Worte nur selten und halb convulsivisch wie die Pythia auf dem Dreyfuß heraus. Er gab mir Hölterlins Hyperion mit.

[Am 7. August 1822]

Dieser Hölderlin regt mich auf. Gott, Gott! diese Gedanken, dieser kühne hohe reine Geist und dieser wahnsinnige Mensch! – Da bleib' ich stehen. Der Hyperion ist voll Gehalt, voll Geist. Eine brünstige volle glühende Seele schwellt alles an. Die Natur ist seine Gottheit. Er ist unendlich originell, er ist ganz genial.

Hölderlin ist mir so lieb als Hölty, lieber als Neuffer, Weißer, Haug, Schwab, als alle diese Poeten zusammen. Hölderlin ist ein wahrer ächter vom Himmel berufener Dichter.

Hölderlin schüttelt mich. Ich finde eine unendl. reiche Nahrung in ihm. Er schließt meinen ganzen Busen auf – ich fühle mich dießer großen, trunkenen Seele verwandt – o Hölderlin – Wahnsinn – – – –.

O Hölderlin – Himmel – mein ganzes Wesen spricht dieser Geist aus – diese schwellenden Gedanken, diese Anbetung der Natur, dieses Allumfassende der Welt und was drinn lebt und webt und dieses Streben nach dem Unendlichen – ach und das Bewußtseyn unsrer Schranken! Da fühl' ich all', all', wie er – und er ist wahnsinnig geworden. O es läuft durch die heitern, schönen Bilder des Hyperion, wie eine Wetterwolke, der Geist seines Wahnsinns! Ich kann nicht lange drin lesen, ich geh' unter in diesem Meer: es schwindelt mir. Ich werde durch und durch geschüttelt. Ich denke dann an Trenk und Sally und mein Gehirn brennt. O was ist größer, ein Geist wie Hölderlin, oder einer, wie Matthisson etc.

[Am 8. August 1822]

Nur einen Wahnsinnigen möcht' ich schildern, – ich kann nicht leben, wenn ich keinen Wahnsinnigen schildre. Ich bringe den Trenk und Sally und Lestoch den ganzen Tag nicht aus dem Kopfe – Hölderlin! Hölderlin!

Ich schrieb:

»Ich strecke die Finger über die Wolken und tauche sie in die goldne Fluth der Morgenröthe – nehme mir vor, ein weltberühmter Mann zu werden, und wirble die Funken meines zuckenden Geistes in den dürren Zunder der Formen, zünde damit die Tabackspfeife meines Lebens an, und treibe meine Tage wie Rauchwolken durch die Röhre – beschließe und schwöre, groß zu werden und ... schaudere vor Hölderlins Wahnsinn etc.

[Am 9. August 1822]

Der Hyperion verdient die Unsterblichkeit so gut als Werther, und besser als die Messiade. Es klingt dieser Gesang wie das Wellengewoge des unendlichen Ozeans, der unergründbar ist in seiner Tiefe. Hölderlin ist einer der trunkenen, gottbeseelten Menschen, wie wenig die Erde hervorbringt, der geweihte heilige Priester der heiligen Natur! – Hyperion ist Ein Guß der grösten reinsten Seele. – O Gott – dieser Hyperion ist … fürchterlich schön.

Es drängt mich furchtbar, einen Roman in Briefen zu schreiben und eine recht glühende Seele aus[zu]hauchen – ich schreibe den Trenk vorher. Vier Stunden lang brannte heut mein Gehirn und verlor sich schaudernd in dieser unendlichen Welt. Ich muß ihn bald schreiben, ich muß ihn bald schreiben.

Ich wollt' etwas herausschreiben aus diesem Hyperion, aber ich konnt' es nicht: Ach wer kann den heiligen Aether trennen?

Ich muß nun genaue Nachrichten von Wahnsinnigen haben. Der Uebergang ist das merkwürdigste. In Uhlbach war's eine Verwandte vor vielen Jahren. Zu ihrer Mutter will ich gehen.

[Am 10. August 1822]

Der Held meines Romans – ich will ihn nach Trenk schreiben – ist ein Hölderlin. – einer der da wahnsinnig wird aus Gotttrunkenheit, aus Liebe und aus Streben nach dem Göttlichen. Dabey wird der andere Roman in die Ferne geschoben.

[Am 11. August 1822]

Ich schreibe einen Roman! Ich hatte heute früh im Euripides angefangen, aber ich legt' ihn weg, und brachte den ganzen Morgen mit Nachdenken über seinen Stoff zu. Bis Mittag war ich im Reinen. Ich rang schrecklich. Aber er gewann den Sieg über den Trenk. Er wird in Briefen geschrieben. Sein Geist ist der Geist der Griechen, seine Elemente Kunst, Philosophie, Leben und Liebe. Die Griechen erhalten ihre Apotheose. Der Held ist ein Bildhauer. Der Ton ist tieffantastisch – nicht der weitläufige Werthersche – etwas Eigenes, ganz Eigenes – und Fantasien! Wenn ich nicht selbst ein Narr werde, wie mein Künstler, so erschaff ich etwas Großes. Hölderlins Geschichte benüz' ich am Ende.

Ich lese nun augenblicklich wieder den Plato, ohne Pha[i]dros und Symposion möcht' ich ihn nicht schreiben. Auch den Winkelmann les' ich.

[Am 25. August 1822]

Meine heutige Unterhaltung mit Weißer war sehr interessant. Er vertraute mir alles, erzählte mir, wie er zur Ausübung der Poesie gekommen, entwickelte seine außerordentlich strengen Grundsäze in Hinsicht auf Form, und brachte wieder fürchterlich-paradoxe Säze vor. z.B. Göthes Prosa sey garnichts [...] Hölderlin ist nichts, [...]

[Am 1. September 1822]

Ein Geist wie Hölderlin, der von der Himmelsunschuld durch eine fürchterliche Verirrung in die gräßlichste Befleckung gerieth ist mehr als die Schwächlinge, die ewig im Gleise blieben. Hölderlin ist ganz mein Mann. Sein Leben ist das große, furchtbare Räthsel der Menschheit. Dieser hohe Geist mußte untergehen oder er wäre – nicht so hoh gewesen. Was sind all' die Poeten: Bürger, Matthisson, Tiedge, Uz, Kramer, Kleist, Gleim, Kosegarten, Weißer, Neuffer, Haug etc. gegen ihn?

[Am 4. Oktober 1822]

Fortwährend dicht' ich an meinem Roman. Es bildet sich schon darin der Uebergang zum Wahnsinn.

[Am 24. Oktober 1822]

Ich war wieder bey Hölderlin. Ich richtete viele Fragen an ihn, die ersten Worte, die er dann sprach, waren vernünftig, die andern fürchterlicher Unsinn. Wie ich ging und zum Schreiner hinübertrat, sagte Hölderlin jenem Mädchen, er kenne mich noch, ich sey bey ihm gewesen, ich sey ein – ... artiger Mensch. Ich habe im Sinn, ihm zu schreiben.

Den ganzen Tag lief ich umher.

[Am 16. November 1822]

Pfizer hat meinen Ph. gelesen. Sein Urtheil gab er mir weitläuftig. Er glaubt die Fabel gar zu sehr vernachlässigt und hält den Wahnsinn Phaëthons nicht für motivirt genug. Ich möchte beydes ablehnen. Das erste wollt' ich selbst so, und das Zweyte ist vielleicht nicht wahr. Sein hellsichtiges Auge, sein tiefer Sinn, sein klarer Geist zeigte sich in vielen andern Bemerkungen. Im Grund hat er mich doch verstanden, wenn er das Streben nach Jugend darinn erkennt in einer gealterten Zeit. Eine immer unterhaltene Gluth erkennt er wohl darinn, wenn er gleich das Ganze in Rücksicht auf poetische Kraft dem Hyperion nachsetzt.

[Am 26. November 1822]

Ich unterhielt mich heut eine ganze Stunde mit Conz. Er erzählte mir von Schiller und Hölderlin.

Ohne Liebe kein Seyn und Leben! Ohne Liebe kein Geist, kein Gott, keine Natur! Meine Träume waren schön, sind schön, ach so ganz beseligend! o ich werde, ich werde noch glücklich werden, durch Liebe glücklich werden.

Verfehlte Plane des Ehrgeitzes, Ueberspanntes Streben, unglückliche Liebe machten den großen Hölderlin wahnsinnig. Könnten sie's mich nicht auch machen?

[Am 13. Februar 1823]

Weder mit Göthe noch Schiller noch irgendeinem andern kleinern oder grösern Dichter fühl' ich eine Verwandtschaft, blos mit ... Hölderlin.

[Am 22. Februar 1823]

Schaudernd stand ich wieder neben dem wahnsinnigen Hölderlin. Er spielte Klavier. Das kann er nun 8 Tage lang fortsetzen. Er ließ sich durch mich nicht stören.

[Am 23. Februar 1823]

Εν και παν! Das will ich aufhängen an der Wand meines Gartenhäuschens.

[Am 25. Februar 1823]

Der Nachahmungstrieb ist einer der Unverschämtesten und Gewaltsamsten. Unvermerkt, ohne es nur zu wollen, hat man gewisse Eigenthümlichkeiten, gewisse originelle Züge eines geschätzten Individuums angenommen. So geht mir's im Style mit Jacobischen Construkzionen, mit Hölderlin'schen Wortfügungen, wie mir's ehmals mit Göthes Werther und Wahrheit und Dichtung, mit Wieland begegnete.

[Am 22. April 1823]

Göthe ist in einigen Gedichten seines neuesten »Kunst und Alterthum« so originell-verworren, so manierirt-dunkel, daß man seine Sprache kaum versteht. Einzelnes ist so schwer zu construiren, als ein Chor des Aeschylos. Anderes gränzt an die absurde Abstumpfung Hölderlins.

[Am 8. Juni 1823]

Ich besuchte Hölderlin, lud ihn auf morgen zu einem Spaziergang ein. Er liegt seit einigen Tagen immer im Bett, und wandelt nur des Morgens im Zwinger auf und ab. Er liest viel in seinem Hyperion. Eine schreckliche Eigenheit an ihm ists auch, daß er, sobald er gegessen, das Geschirr vor die Thüre stellt. Er sprach lauter Wahnsinn an mich hin.

[Am 9. Juni 1823]

Hölderlin weigerte sich heute noch im Bett liegend, mit den schrecklichsten Entschuldigungen mit meiner königl. Majestet zu gehen. Der Tischler gab mir neue Nachrichten von seinem Leben.

Auch Onanie trug zu seiner Versunkenheit bey. Sein Leben aber ist unendlich reich. Hölderlin hätte können der erste deutsche Lyriker werden. Des Morgens lauft er in diesen Tagen von ½ 4 Uhr bis beynahe Mittag im Zwinger auf und ab. Der junge Zimmer bracht' ihn endlich zum Aufstehen. Ich folgte nach. Hölderlin kannte mich gleich, und entschuldigte sich in lauter Unsinn. Es ist schrecklich, wie sich dieser einst so große Geist nun in leeren Wortformeln umdreht. Man hört ewig nur: Eure Majestät, Eure Heiligkeit, Euer Gnaden, Euer Excellenz, der Herr Pater! Sehr gnädig, bezeuge meine Unterthänigkeit! Ich bracht' ihn dazu, daß er in mein Pantheon gieng. Die Aussicht, der herrliche Frühlingsmorgen, schienen doch auf ihn zu wirken. Ich fragt' ihn tausenderley bekam meistens unverständliche oder unsinnige Antworten. Als ich ihn fragte: wie alt sind sie, Herr Bibliothekar? antwortete er unter einem Schwall französischer Worte: bin mir nicht mehr bewußt, Euer Gnaden. Ich erinnert' ihn vergeblich an vieles. Zimmer wunderte sich schon, daß er das Häuschen betrat, aber unbegreiflich sey's ihm, als Hölderlin gar eine Pfeife rauchte, die ich ihm füllte und anzündete, und die ihm recht zu schmecken schien: Und vollends – Auf mein Vorbringen setzt' er sich an meinen Pult, fieng an ein Gedicht zu schreiben: der Frühling, schrieb aber nur 5 gereimte Zeilen und übergab sie mir mit einer tiefen Verbeugung. Vorher hatt' er nie aufgehört, mit sich zu sprechen und immer: Schon recht: Nun Nein! Wahrheit! Bin Euer Gnaden sehr ergeben, bezeuge tief meine Unterthänigkeit für Ihre Gnaden – ja, ja, mehr als ich reden kann – Euer Gnaden sind allzu gnädig – Als ich ihm sagte, auch ich habe das Bestreben eines Dichters, und ihm mein Manuscript zeigte, sah' er's starr an und neigte sich und sagte: So! So? Euer Majestät schreiben? Schon recht – Mit wirklicher Theilname rief er, als ich ihm von Haugs Unglücksfällen erzählte – O! Er fragte mich auch, wie alt ich sey? Aber sobald er von dem Schreiben aufstand, ward er stiller, sah viel zum Fenster hinaus, sagte nicht mehr, wie vorher: Erstaunlich schön, was Euer Gnaden da haben – senkte dann wieder das Auge gedankenvoll in sich hinein, schwieg, bewegte nur äußerst selten den Mund zu einem krampfhaften Laut – nahm endlich den Hut, ohne jene Complimente, gieng mit uns fort, still, ohne zu sprechen, ohne den Leuten ein Compliment zu machen – ohne hinter uns zu gehen – was er immer aus Höflichkeit thut – bewegte sogar eine Melodie im Munde und machte mir endlich beym Abschied ein ziemlich verständiges Compliment. Es ist schwerlich möglich, daß er ganz zum Verstand kommt. Das ließe schon seine physische Schwäche nicht zu: aber lindern, etwas aufhellen, beruhigen könnte man ihn doch vielleicht, und wenn auch nur für einige Stunden, und ich glaube, ich wär' es im Stande. Er scheint ein großes Zutrauen zu mir zu haben; sein heutiges Betragen zeugt davon. Ich will ihn öfter auf meinen Berg nehmen, und auf alle Weise ihm beyzukommen suchen.

[Zwischen 15. Juni und 1. Juli 1823]

Hölderlin war in meinem Gartenhaus, las mir vor aus seinem Hyperion O auch ich bin noch ein Kind in der Freude. Hölderlin ist mein liebster Freund! Er ist ja nur wahnsinnig. O ich möchte sie küssen, diese abgehärmten, zuckenden Lippen.

[Am 1. Juli 1823]

Hölderlin ist viel bey mir -

[Am 3. August 1823]

Für meine Poesie ist eine bestimmte Richtung gewonnen. Alle die Schwab's und Haug's, die soviele Aehnlichkeit zwischen Phaethon und Hyperion finden, verstehen weder diesen noch jenen. Ich könnte beweisen, daß ich nicht Etwas mit Hölderlin gemein habe, nämlich in jenem Jugendwerke. Dort episch-dramatisch, malerisch-anschaulich, Hoffnung, Heiterkeit, Freyheit, hier durchaus lyrisch, schwüle erdrückende Atmosphäre, ganz unanschaulich, Wahnsinn, Dumpfheit, Nothwendigkeit.

[Am 27. Juni 1824]

Byrons Giaur. ♃ Hölderlin

[Am 1. Juli 1824]

Hölderlins Klavierspiel und Gesang –

[Am 24. August 1824]

Ardinghello – Hölderlin – Unmuthsvolle Rauschwirbel -

[Am 31. Dezember 1824]

P.c. wie ein Narr! Hölderlin nach komischen Declamationen –

Wer ist noch mein? Die ich liebte, sind verloren – die ich habe, sind mir zu klein – nur Mörike was könnt' ich an diesem haben, er ist mir nicht wie ein Freund, ist mir wie ein Traumgesicht wie der Glaube an eine schöne Fabelwelt – er kann mit mir genießen, aber nicht mit mir kämpfen und streben und leiden!

144 HÖLDERLIN AN KARL GOK

[vermutl. 1822 oder 23]

Theuerster Bruder!

Du wirst es gut aufnehmen, daß ich Dir einen Brief schreibe. Ich bin überzeugt, daß Du es glaubst, daß es ein wahres Vergnügen für mich ist, wenn ich weiß, daß es Dir gut geht und daß Du gesund bist. Wenn ich Dir nur sehr wenig schreibe, so nehme den Brief als ein Zeichen der Aufmerksamkeit von mir an. Ich merke, daß ich schließen muß. Ich empfehle mich Deinem wohlwollenden Angedenken und nenne mich

Deinen

Dich schäzenden Bruder

Hölderlin.

145 GUSTAV SCHLESIER ÜBER HÖLDERLIN IM FRÜHJAHR 1823

In den Papieren aus spätrer Zeit findet sich noch ein kurzes Briefchen Hölderlin's an den Bruder, vom März 1823. Diesen sendete *Ernst Zimmer*, in dessen Hause *H.* lebte, an die Kammerräthin *Gock* nach Nürtingen, u. schrieb dazu (23. März): seit Kurzem scheine *H.* wie aus einem langen Traum erwacht. Er sei den ganzen Tag bei ihnen. Als man ihm sagte, daß sein Bruder in Stuttgart Hofrath wäre, rief er: Was Hofrath? Hofrath? ich habe ihn, so lange ich hier bin, nicht mehr gesehen, ich muß an ihn schreiben. Er schrieb auch nachher wirklich an ihn. Diesen Brief legt Z. der Mutter H.'s bei, damit sie ihn nach Stuttgart befördere. Dann sagt er: »Er lies't jetzt auch die Zeitung u. fragte mich, ob denn Würtemberg ein Königreich sei. Er staunte ebenso, als ich es bejahte. An den Griechen nimmt er Antheil u. lies't mit Aufmerksamkeit ihre Siege. Letzhin sagte ich ihm, daß der ganze Peloponesus von den Türken befreit sei. Das ist erstaunlich, rief er, es freut mich! Mit meinem Christian spricht er französisch, u. er spricht es noch ziemlich gut. Er sagte meinem Christian letzthin auf französisch: wenn das Wetter gut sei, so wolle er öfters auf den Österberg spazieren gehen. Den Hyperion kann ich Ihnen nicht mehr zurückschicken. Er liest täglich darin, auch Übersetzungen aus griechischen Dichtern von Conz lies't er. Öfters holt er auch von meinem Christian alte Klassiker u. lies't darin.«

Im Briefchen an den Bruder sagt Höld. nach kurzer Anrede: »Ich merke, daß ich schließen muß.«

146 WAIBLINGER AN UHLAND

[Tübingen, 7. Juli 1823]

Ich habe hier nur zwey Menschen, die ein Licht in meine Seele werfen – einen feurigen Jüngling voll Geist und Leben, der dasselbe Streben mit mir theilt, Baur von Orendelsal, und Hölderlin. Dieser Wahnsinnige, wie er in meinem Gartenhaus am Fenster sitzt, ist mir oft mehr, ist mir oft näher, als Tausende, die bey Verstande sind.

147 HÖLDERLIN AN JOHANNA CHRISTIANA GOK

[vermutl. 2. oder 3. Quartal 1823]

Verehrungswürdigste Mutter!

Ich nehme mir schon wieder die Freiheit, Ihnen mit einem Schreiben beschwerlich zu fallen. Es freuet mich recht sehr, wenn es Ihnen immer wohl geht, und wenn Sie sich wohl befinden. Die Nachrichten, die ich von Ihnen erhalte, sind mir deßwegen angenehm und erfreulich. Ich empfehle mich Ihnen gehorsamst, und nenne mich mit wahrer Hochachtung

Ihren
gehorsamen Sohn
Hölderlin.

148 WAIBLINGER AN FRIEDRICH ESER

[Tübingen, 9. Juli 1823]

Hölderlin ist viel in meinem Gartenhause, hat ein unbegreiflich Zutrauen zu mir, tausend sonderbare Auftritte mit ihm. Er liest in meinem Phaethon, prophezeite mir: Sie werden ein großer Herr werden, Eure Heiligkeit! Schreibt Gedichte bey mir -

149 WAIBLINGER: SCHLUSS DES »PHAETHON«

[1823]

Phathons Raserey gieng in einen stillen Wahnsinn über.

Caton that alles, was er konnte. Es half nichts.

Von allen seinen Freunden und Bekannten, von seinem ganzen vorigen Leben, selbst von Atalanta sprach er nie ein Wort. Alles, was er über die Lippen brachte, waren Worte aus einer Menge fremder Sprachen unter einander gemischt und tausend sonderbare Sätze voll Unsinn und Halbsinn.

Nur einmal lief er davon und gieng in das Dorf, wo er einst gewohnt. Er wußte noch Johannes Haus, öffnete die Thüre. Der Gute saß am Fenster, sah die schreckliche Gestalt zur Thüre hereinkommen, kannte sie nicht, erschrack. Phaethon legte sich über einen Tisch herein, blickt' ihm starr ins Gesicht, sagte mit fürchterlicher Stimme, durch den Bart murmelnd: Phaethon! und lief wieder zur Thüre hinaus. Er gieng dann wieder dem Schlosse zu. Von da an besucht' ihn Johannes fast alle Tage. Der Wahnsinnige schien sich aber an nichts zu erinnern.

Wenn er Caton oder Cäcilie beleidigt hatte, kam er immer wieder zu ihnen, bat sie in lauter Worten ohne Sinn um Vergebung.

Er spielte viel auf dem Klavier, aber lauter verwirrte Fantasieen. Schrecklich war's, den Wahnsinnigen spielen zu hören.

Des Nachts stand er meistens auf und wandelte durch den Garten oder durch die Gänge des Schlosses. Wenn er ein Kind sah, winkt' er ihm freundlich, wollt' es zu sich locken, aber die Kinder flohen ihn.

Alles, was er bekommen konnte von Papier, überschrieb er in dieser Zeit. Hier sind einige Blätter aus seinen Papieren, die zugleich einen tiefen Blick in den schrecklichen Zustand seines verwirrten Gemüthes geben. Im Original sind sie abgetheilt, wie Verse, nach Pindarischer Weise. [Es folgen die Prosastücke: »In lieblicher Bläue« und: »Giebt es auf Erden ein Maaß?« sowie: »Wenn einer in den Spiegel siehet«]

Solche Papiere verwahrte er sorgfältig. Wenn er zeichnete, waren's lauter Figuren, die keinen Sinn hatten.

Plötzlich starb Cäcilie. Von Atalanta's Tod an war sie nicht mehr gesund. Catons Schmerz war unermeßlich. Der wahnsinnige Phaethon schmückt' ihre Leiche auch mit Blumen.

Noch ein Jahr blieb Caton auf dem Schlosse. Dann gab er den unglücklichen Freund einem wackern Tischler in sein Haus, der im Dorfe wohnte.

Caton verschwand an einem Morgen vom Schlosse. Die drey Särge seiner Geliebten hatte er mit sich genommen. Er hatte das Schloß verkauft. Man glaubte, er sey nach Griechenland gegangen.

Phaethons Zustand ward immer elender. Er spielte nicht mehr Klavier, schrieb kein Wort mehr, den ganzen Tag lief er in seinem Zimmer auf und ab.

Im Sommer klagt' er immer über Unruhe und Beklemmung. Er wandelte dann gewöhnlich bey Nacht im Hause umher.

Der Tischler nahm ihn oft mit sich auf's Feld. Er mußte ihn aber hüten.

Ein alter Freund Phaethons schrieb nach vielen Jahren an einen andern Freund.

Ich kam durch's Dorf T... Hier besucht' ich den wahnsinnigen Phaethon, der in der ganzen Umgegend bekannt ist.

Wir waren einst Jugendfreunde. Sein hoher strebender Geist, sein edler kräftiger Sinn, sein heißes Herz, selbst seine körperliche Schönheit macht' ihm alle Herzen gewogen. Geliebt, geachtet ward er, wohin er kam.

Uns allen war er ein Räthsel. Er galt für einen Schwärmer. Immer klagt' er über tausenderley Dinge, wollte alles in größerm Maaße, als wir begreifen, als wir geben konnten. Mit unserer Freundschaft war er nie zufrieden. Das wolle nichts heißen; wir sollten ihn viel glühender lieben.

O denke dir den schönen wunderbaren Jüngling mit den blauen Augen, dem blassen lieben Angesicht, den langen braunen Locken! Denke dir ihn zurück!

Seine Geschichte ist dir bekannt. Laß dir erzählen und schaud're, wie ich ihn traf.

Ich stieg eine enge steinerne Treppe hinab, die von einem kleinen Bergabhang zu einem einsamen Tischlerhause führte. Da sollt' er wohnen! Ich trat die schmale Stiege hinauf. Ein freundliches junges Mädchen trat mir entgegen. Ich fragte das hübsche Kind nach Phaethon. Sie öffnete eine Thüre! [...] In einem kleinen engen Stübchen stand ein Mann mit langem wildem Barte, nur halb angekleidet, mit großen, unbeschnitt'nen Nägeln, die Hände auf dem Rücken zusammenschließend, sich unaufhörlich gegen mich verneigend. Er ist's, sagte das Mädchen. Ich stand da, wie ein Gerichteter. Die Worte starben mir auf der Zunge. Das Mädchen sprach mir Muth ein. Ich gieng endlich auf ihn zu und gab mich ihm zu erkennen. Er verneigte sich noch tiefer, schüttelte den Kopf, und lispelte: Eure königliche Majestät kenn' ich nicht! nein! nein! kenn' ich nicht! nein! Ich schauderte.

Er stand an der Thüre, die Hand auf einen Stuhl gestützt und die Füße über einander legend. Unaufhörlich sprach er mit sich selbst in einer Mischung fremder Sprachen und selbsterfundener Worte. Ich sah ihn starr an. Nur noch matte Spuren seiner alten Schönheit hatte die furchtbare Krankheit zurückgelassen: in seinem großen Aug' allein war noch Geist, ein unaussprechlich sonderbarer Blick, der mir durch Mark und Bein schauerte.

Ich fragt' ihn noch Einiges. Er antwortete aber auf alles mit unverständlichen Worten und versicherte mich, das könne, das dürfe er nicht beantworten.

Auf einmal verneigt' er sich wieder und noch tiefer als vorher. Ich glaubte, er wolle, daß ich ihn verlasse, und trat hinaus. Außen blieb ich noch eine Zeitlang ste-

Abb. 3 Friedrich Hölderlin. Bleistiftzeichnung von Johann Georg Schreiner und Rudolf Lohbauer, 27. Juli 1823 (Marbach, Deutsches Literaturarchiv)

hen und sah, wie er im Zimmer auf und abgieng. Ich dachte an die wilden Thiere, die so in ihrem Käfig wandeln, und rannte schaudernd die Treppen hinunter.

Wird der verwegen aus den Schranken getretene, sich mit Gott zu messen erkühnende, in seinem Riesenschmerz in und durch sich selbst zermalmte Geist anderswo Licht, Maaß und Wahrheit finden, und wie?

Reizet ihn nicht, den höchsten Geist! Lernt ihn erkennen durch … Ruhe! Dann liebet! dann betet an! Nur wer bey Fülle Maaß hält, ist ihm ähnlich, dem Maaße selbst!

150 FRIEDRICH HAUG AN WAIBLINGER

[Stuttgart, 20. Juli 1823]

Ihren Roman [Phaeton] las ich zweymal. Das erstemal riß mich die blühende Diction und die glühende Phantasie hin; allein das zweytemal, da ich kälter war, und inzwischen auch den Hyperion gelesen hatte, wollte das zu Überspannte, und das Nicht-genug-Motivirte des Wahnsinnes mir den frühern Genuß nicht mehr zulassen. Das Ganze schien mir beynahe eine Version des Hölderschen Productes mit Reminiscenzen aus Goethe vermengt. Ihre Eigenheit scheint mir mehr in Ihren Griechenliedern hervorzuleuchten.

151 HÖLDERLIN AN JOHANNA CHRISTIANA GOK

[vermutl. 3. oder 4. Quartal 1823]

Verehrungswürdigste Mutter!

Ich danke Ihnen recht sehr für Ihren gütigen Brief.

Es ist mir eine zweifache Freude, Sie so nahe zu sehen und von Ihren Händen ein Zeichen erhalten zu haben.

Sie werden sich indessen recht wohl befunden haben. Die Schwester befindet sich doch wohl. Meinen lieben Friz empfehle ich auf das beste. Die Heinrike.

Ich hoffe, recht bald recht viele Freude um Sie zu finden, empfehle mich Ihnen und der Schwester, und habe die Ehre, mich zu nennen

Ihren
getreuen Sohn
Hölderlin.

Für die Beinkleider danke ich gehorsamst.

152 HÖLDERLIN AN JOHANNA CHRISTIANA GOK

[vermutl. 4. Quartal 1823 oder 1. Quartal 1824]

Theuerste Mutter!

Ich bin vieleicht so frei, Ihnen meine Aufwartung zu machen und Sie zu besuchen. Sollte besonders mein Aufenthalt von längerer Dauer seyn, so wollte ich bitten, mich nicht gerade als Gast zu nehmen, sondern mit dem vorlieb zu nehmen, was die Art und Weise wäre, wo ich mich sonst aufhielte. Ich nenne mich mit wahrer Achtung

Ihren
gehorsamsten Sohn
Hölderlin.

153 HÖLDERLIN AN JOHANNA CHRISTIANA GOK

[vermutl. 1. oder 2. Quartal 1824]

Verehrungswürdige Mutter!

Ich will Ihnen immer gerne schreiben, wie Sie wissen werden, wenn ich in den gewöhnlichen Empfindungen meiner Ihnen bekannten Gewordenheit mich so befinde, daß meine nothwendige Beschaffenheit, mich verständlich zu machen so ist, wie sie seyn muß. Schreiben Sie mir immer recht vieles, das ich Ihnen mit schuldiger Höflichkeit beantworten muß. Ich bin

Ihr
gehorsamer Sohn
Hölderlin.

154 HÖLDERLIN AN JOHANNA CHRISTIANA GOK

[vermutl. 2. oder 3. Quartal 1824]

Verehrungswürdige Mutter!

Ich habe Ihnen schon lange nicht mehr geschrieben. Es hat mich gefreut, daß Sie in Ihrem lezten gütigen Schreiben mir von Ihrer Zufriedenheit, zu leben, die Sie eher Ursache hätten zu loben, schreiben wollten. Ich mache Ihnen meine Danksagung für die gütige Nachricht, die Sie mir von Ihrem Wohlbefinden und von Ihrer Ruhe geben wollten und nenne mich

Ihren
gehorsamsten Sohn
Hölderlin.

155 HÖLDERLIN AN JOHANNA CHRISTIANA GOK

[vermutl. 3. oder 4. Quartal 1824]

Theuerste Mutter!

Ich muß Sie bitten, daß Sie das, was ich Ihnen sagen mußte, auf sich nehmen, und sich darüber befragen. Ich habe Ihnen einiges in der von Ihnen befohlenen Erklärbarkeit sagen müssen, das Sie mir zustellen wollten. Ich muß Ihnen sagen, daß es nicht möglich ist, die Empfindung über sich zu nehmen, die das, was Sie verstehen, erfordert. Ich bin

Ihr
gehorsamster Sohn
Hölderlin.

WENN AUS DEM HIMMEL...

Wenn aus dem Himmel hellere Wonne sich
  Herabgießt, eine Freude den Menschen kommt,
    Daß sie sich wundern über manches
      Sichtbares, Höheres, Angenehmes :

Wie tönet lieblich heilger Gesang dazu!
  Wie lacht das Herz in Liedern die Wahrheit an,
    Daß Freudigkeit an einem Bildniß -
      Über dem Stege beginnen Schaafe

Den Zug, der fast in dämmernde Wälder geht.
  Die Wiesen aber, welche mit lautrem Grün
    Bedekt sind, sind wie jene Haide,
      Welche gewöhnlicher Weise nah ist

Dem dunkeln Walde. Da, auf den Wiesen auch
  Verweilen diese Schaafe. Die Gipfel, die
    Umher sind, nakte Höhen sind mit
      Eichen bedeket und seltnen Tannen.

Da, wo des Stromes regsame Wellen sind,
  Daß einer, der vorüber des Weges kommt,
    Froh hinschaut, da erhebt der Berge
      Sanfte Gestalt und der Weinberg hoch sich.

Zwar gehn die Treppen unter den Reben hoch
  Herunter, wo der Obstbaum blühend darüber steht
    Und Duft an wilden Heken weilet,
      Wo die verborgenen Veilchen sprossen;

Gewässer aber rieseln herab, und sanft
  Ist hörbar dort ein Rauschen den ganzen Tag;
    Die Orte aber in der Gegend
      Ruhen und schweigen den Nachmittag durch.

AN ZIMMERN

Von einem Menschen sag ich, wenn der ist gut
  Und weise, was bedarf er? Ist irgend eins
    Das einer Seele gnüget? ist ein Halm, ist
      Eine gereifteste Reb' auf Erden

Gewachsen, die ihn nähre? Der Sinn ist deß
  Also. Ein Freund ist oft die Geliebte, viel
    Die Kunst. O Theurer, dir sag ich die Wahrheit.
      Dädalus Geist und des Walds ist deiner.

156 HÖLDERLIN AN JOHANNA CHRISTIANA GOK

[vermutl. 4. Quartal 1824 oder 1. Quartal 1825]

Theuerste Mutter!

Wenn Sie es nicht ungütig nehmen, schreibe ich wieder an Sie einen Brief. Ich befleißige mich, es an Bezeugung meiner Ihnen gebürigen Ergebenheit nicht fehlen zu lassen. Ich muß schon wieder abbrechen. Ich bin mit Bezeugung meiner gehörigen Empfindung

Ihr
gehorsamster Sohn
Hölderlin.

157 LUDWIG BAUER AN WAIBLINGER

[13. Dezember 1824]

Da traten denn [bei Dir] oft Augenblicke ein, wo das müdgejagte Gefühl sich verzerrt und keuchend niederlegte,..: da wühlte Dein unersättlicher Jäger im Gehirn umher, ließ Dich unverständliche Worte murmeln, Dich jedem nur halb gesunden Menschen zum Eckel werden, und Dir nichts zum Troste übrig, als dies könnte noch einen Wahnsinn abgeben, wie Hölderlins, oder daß Du glaubtest, die Leute fürchteten sich vor Dir, aber es war blos Eckel und Abscheu.

158 HÖLDERLIN AN JOHANNA CHRISTIANA GOK

[vermutl. 1. oder 2. Quartal 1825]

Verehrungswürdigste Mutter!

Mein Briefschreiben wird Ihnen nicht immer viel seyn können, da ich das, was ich sage, so sehr, wie möglich, mit wenigen Worten sagen muß, und da ich jezt keine andere Art zu sagen habe. Ich nehme mir die Freiheit, Sie zu bitten, daß Sie sich meiner, wie gewöhnlich, mit Ihrer Gütigkeit annehmen, und die guten Gesinnungen, die ich Ihnen schuldig bin, nicht in Zweifel ziehn. Ich nenne mich

Ihren
gehorsamen Sohn
Hölderlin.

159 NOTIZ IM »GESELLSCHAFTER«

[1825]

Vor einiger Zeit bemühte sich ein junger Offizier und Literatus Diest mit sorgfältiger Sammlung der Werke Hölderlins, eines nicht minder musengeweihten Geistes als Lenz, dem er leider auch in dem traurigen Ausgang seiner Gemüthsentwicklung ähnlich geworden. Manche der lyrischen Gedichte und sein Hyperion dürfen gerade jetzt der Aufmerksamkeit wieder mit Recht empfohlen sein. Was mag, bei dem frühen Tode des Lieutenants Diest aus den schon gesammelten Papieren und überhaupt aus der ganzen Sache geworden sein?

160 HÖLDERLIN AN JOHANNA CHRISTIANA GOK

[vermutl. 2. oder 3. Quartal 1825]

Verehrungswürdigste Mutter!

Verzeihen Sie, wenn mein Ihnen ergebenes Gemüth Worte sucht, um damit Gründlichkeit und Ergebenheit erweisen zu wollen. Ich glaube nicht, daß meine Begriffe von Ihnen sehr irren in Rüksicht Ihrer Tugendhafftigkeit und Güte. Ich möchte aber wissen, wie das beschaffen wäre, daß ich mich befleißen muß, jener Güte, jener Tugendhafftigkeit würdig zu seyn. Da mich die Vorsehung hat so weit kommen lassen, so hoffe ich, daß ich mein Leben vielleicht ohne Gefahren und gänzliche

Zweifel fortseze. Ich bin
Ihr
gehorsamster Sohn
Hölderlin.

161 UHLAND AN KARL GOK

[Stuttgart, 13. Mai 1825]

Euer Hochwohlgeboren

empfangen hiebei die Sammlung von Hölderlins Gedichten, wie sich dieselbe nunmehr nach Schwabs und meinem Erachten gestalten würde. Wenn wir Einiges im Hefte durchstreichen zu müssen glaubten, so wird dieses durch das in den Beilagen Hinzugekommene, worunter Mehreres, wie die schönen Fragmente des Empedokles, noch ganz unbekannt war, reichlich aufgewogen werden. Wir giengen davon aus, daß Alles wegzulassen sey, was aus einer Periode stammt, in der des Dichters ausgezeichnete Eigenthümlichkeit sich noch gar nicht entwickelt hatte, wie dieses z.B. mit den Hymnen in den Stäudlin[schen] Almanachen der Fall ist, welche noch offenbare Nachahmung von Schiller sind; sodann daß auch dasjenige wegbleiben müsse, worin die Klarheit des Geistes schon bedeutend getrübt erscheint. In letzterer Beziehung mag die Grenzlinie schwerer zu ziehen seyn; aber Stücke wie Pathmos, Chiron *p.* konnten nicht wohl aufgenommen werden, wenn daran gelegen ist, daß Hölderlins Poesie, beim ersten Erscheinen seiner gesammelten Gedichte, in ihrer vollen und gesunden Kraft sich darstelle. Eher könnte vielleicht bei einer künftigen Auflage aus Brot und Wein, Heimkunft p. noch Einiges beigefügt werden, daher auch die Handschriften aufzubewahren seyn werden.

Wenn der Sinn für eine großartige Poesie in Deutschland nicht erstorben ist, so muß diese Sammlung Aufsehen machen; es dürfte darum auch räthlich seyn, mit der Verlagshandlung nur auf eine Auflage von bestimmter Anzahl Exemplare abzuschliessen.

Mehrere schon anderswo abgedruckte Gedichte bedauerten wir nicht mit dem Drucke collationiren zu können, da uns jene Zeitschriften und Almanache nicht alle zu Gebot standen. An der Anordnung der Stücke wäre vielleicht auch noch Einiges zu verbessern, wir wollten aber die Sache nicht länger aufhalten, da deren Erledigung gewünscht wird und wir ohnehin den langen Verzug theils mit der schwierigen Entzifferung der Handschriften, theils mit andern Hindernissen, welche in dieser Zeit eintraten, zu entschuldigen haben. Ohne Zweifel werden, wenn die Sammlung erst bekannt geworden ist, auch noch von mancher Seite Ergänzungen sich ergeben.

Indem ich sämmtliche mitgetheilte Papiere zurückstelle, verharre ich hochachtungsvoll

Uhland.

Sollte nicht HE. Landauer, an den ein nur fragmentarisch vorhandenes Gedicht gerichtet ist, etwa noch Einiges von Hölderlin besitzen?

162 HÖLDERLIN AN JOHANNA CHRISTIANA GOK

[November 1825]

Verehrungswürdigste Mutter!

Es kommt mir schon sehr lange vor, als hätte ich Ihnen nicht mehr geschrieben. Ich rechne in meiner Beruhigtheit auf Ihr Wohlbefinden, und freue mich, daß Sie mich manchmal mit so vieler Güte mit Nachrichten von Ihrem Wohlbefinden erfreut haben. Meine liebe Schwester befindet sich doch auch wohl? Sie darf von eben diesen Wünschen, die ich Ihnen geäußert, versichert seyn. Ich schließe den Brief schon wieder, und nenne mich

Ihren
gehorsamsten Sohn
Hölderlin.

Abb. 4 Friedrich Hölderlin. Kohlezeichnung von Johann Georg Schreiner. 1825/26
(Frankfurt, Freies Deutsches Hochstift/Goethemuseum)

163 WAIBLINGER AN ADOLPH MÜLLNER

[Tübingen, 23. Februar 1826]

Was das bey[liegende] Gedicht an Hölderlin betrifft, so würd' es vielleicht höchst interessant seyn, vom Zustand dieses eines größern Namens wahrhaft würdigen, nun seit zwanzig Jahren im Wahnsinn schmachtenden, durch und durch mit Poesie gefüllten Menschen einiges bekannt zu machen. Ich bin seit 4 Jahren mit ihm bekannt, und kenne ihn ganz genau. Uhland sagte mir unlängst, daß er seine Gedichte sammle, aber er kennt Hölderlin auch nur als Dichter, der geschrieben, nicht der gelebt hat. Da der Unglückliche gleichsam jetzt schon todt ist, so würde auch das Zartgefühl und das Gebot der Schonung nichts gegen eine solche Darstellung seines Wahnsinns einwenden. Ich warte aber zuvor noch auf ein Wort von Ihnen, eh' ich ihn schildre, denn eine solche Schilderung dürfte nicht blos oberflächlich seyn.

[Randvermerk Müllners als Antwort, 30. März 1826:]
Ich kann nie ein Wort zuvor geben. H.'s Geschichte mag interessant sein für liebende Herzen, und eine Schilderung des noch lebenden Unglücklichen kann es insofern auch werden, als der Schildernde diese Geschichte durchblicken läßt.

164 HÖLDERLIN AN JOHANNA CHRISTIANA GOK

[vermutl. 1826]

Liebste Mutter!
Ich muß Ihnen wahrscheinlich diese Tage als in Gnaden so ferne des Pabsts gar noch eine Visite machen. Daß diese Besuche nicht getrübt werden, berühr' ich schriftlich einen glaublicheren oder unglaublicheren Gegenstand; die so ferne wiederhohlt scheinenden Reden vom Vermögen.
Haben Sie doch die Güte, dieses zusammenzubringen.
Ihr
wahrhaft gehorsamer Sohn
Hölderlin.

165 UHLAND AN COTTA

[Tübingen, 19. März 1826]

Mit Vergnügen würde ich auch, wenn Hölderlins Gedichte gedruckt werden, deren Anordnung ich in Gemeinschaft mit Schwab besorgt habe, die Revision übernehmen, da mir an einem möglich fehlerfreien Erscheinen dieser trefflichen Poesien sehr gelegen ist.

166 KARL GOK AN HÖLDERLIN

Theuerster Bruder!

Ich halte es für meine brüderliche Pflicht, Dir ein Exemplar *Deiner* im Verlage *Cotta's* kürzlich herausgekommenen vortrefflichen Gedichte zu übersenden. Schon hoffte [ich] von einem Tage zum andern, Dir solche selbst übergeben zu können, aber leider hielten mich einige dringende Berufs Geschäfte biß jezt ab, und ich bedaure, daß dadurch die Mittheilung etwas verzögert worden ist. Innig soll es mich freuen, wenn es Dir angenehm ist, daß diese Sammlung in Deinem Nahmen durch die Mitwirkung Deiner Verehrer u. Freunde, mit sorgsamer Auswahl endlich zu Stande gekommen ist.

Ein achtungswerther preußischer Officier Herr *v. Diest* in *Berlin,* dessen Vater in Frankfurt lebte, und wahrscheinlich ein Freund von Dir war, gab die erste Veranlassung dazu, auch glaubte ich es Dir, mein lieber Bruder schuldig zu seyn, die Dichter *Kerner Schwab* und *Uhland* um ihre Unterstüzung bei der Herausgabe zu bitten, die sich wirklich des schönen Werks mit Liebe annahmen.

So sind nun die Früchte Deiner trefflichen Dichtung der Welt erhalten, und Dein Angedenken wird in diesen von jedem tief fühlenden gebildeten Menschen stets verehrt werden.

Was ich dazu beitragen konnte, ist wenig, und kaum des Dankes werth, den ich Dir für die brüderliche Liebe, die Du mir in früheren Tagen erzeigtest, schuldig bin.

Das Honorar, das *Cotta* für die Gedichte u. die 2t. Auflage *Deines* Hyperions bezalt, ist als Dein Eigenthum der l. Mutter in *Nürtingen* zugestellt worden, welche solches ganz nach *Deiner* Disposition verwenden wird.

Schon einigemal habe ich Dich, lieber Bruder, bei Deinem lieben Hausherrn, Herrn Zimmer besucht, Du wirst Dich aber vielleicht dessen nicht mehr genau erinnern.

Ich hoffe Dich diesen Sommer noch, so wie meine vielen DienstVerhältnisse es erlauben, zu besuchen. Vielleicht ist es möglich, daß auch meine l. Gattin, und meine beiden Kinder *Carl* u. *Ida,* die schon lange ihren l. *Oncle* zu sehen wünschen, mich begleiten können.

Indessen bitte ich Dich die Versicherung meiner unveränderlichen Liebe u. Achtung zu genehmigen, mit der ich stets bin

Dein
treuer Bruder
Carl.
Stuttgart d. 25. *Julii* 1826.

167 ANMERKUNG WAIBLINGERS ZU SEINEM GEDICHT »AN HÖLDERLIN«

[2. August 1826]

Ich habe schon vor mehr als drei Jahren von Uhland und Schwab gehört, daß sie an einer Sammlung von Hölderlin's lyrischen Gedichten arbeiten, die in verschiedenen Blättern zerstreut, und selbst von Schiller eines hohen Beifalls gewürdigt worden sind. Zu meiner größten Verwunderung haben diese ehrwürdigen Männer bisher meine Hoffnung nicht nur nicht erfüllt, sondern es hat auch die vor zwei Jahren erschienene neue Auflage des Hyperion nicht die seiner würdige Aufnahme gefunden, und die großen Funken des in der reinsten Lyrik hervortretenden Talents sind beinahe eben so sehr im Innern des wahnsinnigen Dichters, als vor den Augen des Publikums erloschen. Eine Darstellung seines gegenwärtigen Lebens, im Zusammenhang mit der Blüthe seines früheren, würde gewiß zum Interessantesten gehören, was wir über ein titanisches Streben im Kampf mit einem tragischen Verhängniß sagen können. Da ich diesen außerordentlichen Menschen seit langen Jahren kenne, und in dieser Zeit durch steten Umgang Gelegenheit gehabt habe, Blicke in sein Inneres zu werfen, die einem flüchtigen Beobachter entgehen müssen und bisher entgangen sind, so könnt' es möglich seyn, daß ich in diesen Blättern bald eine umständlichere Darstellung von Hölderlin's jetzigem Zustande folgen ließe. Zur Erklärung dieses Gedichts diene nur, daß der wahnsinnige Dichter des Hyperion mich ohne Unterlaß einen Sommer lang auf jenem ehemals von Wieland bewohnten Gartenhause besuchte, von dem man eine reizende Aussicht auf eine dem Unglückseeligen selbst und dem Dichter des Liedes an ihn durch die süßesten und traurigsten Erinnerungen heilig gewordene Gegend genießt, und hier seiner Gewohnheit gemäß ihm den Hyperion vorgelesen, ja selbst Gedichte, freilich in einem fürchterlichen Styl geschrieben.

168 WAIBLINGER: »AN HÖLDERLIN«

Komm herauf,
Jammerheiliger!
Blick auf
Mit deinem irren Auge,
Deiner Jugendschöne,
Deines Kinderherzens
Offnem Nebelgrab.
Komm herauf,
Schwanke hinan den Fußpfad,
Ueber Herbstgesträuch-Abhang,
Mein Gartenhäuschen,
Jammerheiliger,
Komm, es wartet dein!

Kennst mich? blickst auf,
Lächelst einmal wieder
Und neigest Deine Stirne,
Die schöne, wahnsinnschwere,
Blickst Lieb' und Freude,
Wie wir's fühlen können!

Steige hinan die Treppe,
Oeffn' es wieder,
Das windgebrochene Fenster!
Deine Stadt liegt unten,
Und die treuen Weiden
Sind noch grün im Herbst,
Und der Himmel ist noch blau,
Und die lieben Wellen,
Wie einst,
Als du noch heiter warest.

Du deutest, Stummer?
Freut dich der Vogel,
Der vom Laub sich schwingt,
Freut dich der Wind,
Der lebensmuthige,
Kennst sie noch,
Deine Natur,
Die immergleiche,
Im freudelosen Lebenswahne?

O sie ereilt uns,
All' uns,
Die starke Nothwendigkeit,
Kinder, die am Grasufer
Mit Kieselchen spielen,
Lallend,
Dem Wandeln nachblickend
Des allbeweglichen Stromes,
Kinder ereilt sie,
Die starke Nothwendigkeit.

Drückst das Fenster zu,
Blickst in's Buch hinein
Dieser verlornen Jugend,
Gedankenlos,

Hast's in der Hand noch,
Was deine Wiege war
Und dein Grab.

O, Gotteswonn' ist's,
So heiss und allumarmend,
So kindisch fordernd,
Zu hangen an ihr,
Der Unerschöpflichen,
Zu lieben, zu lieben,
Und zu vergeh'n in Liebe,
In dieser Schöne
Seeligen Vorgefühls
Zu versinken all!

Stammelst, wirfst's weg
Das Buch,
Es hat dich verdorben!
Ob der Gewißheit schaudr' ich
Deines heißen
Weissagenden Grams,
Im Sonnenbrand
Ist der zarte Lebenshalm
Vergangen,
O so mußt' es werden!
Wärst sonst der schöne Liebling
Der ihr klar in's Auge sah,
Wärst er nicht gewesen!

FÜR WILHELM WAIBLINGER

Wenn Menschen fröhlich sind, wie ist es eine Frage?
Die, ob sie auch gut sei'n, ob sie der Tugend leben;
Dann ist die Seele leicht, und seltner ist die Klage
Und Glauben ist demselben zugegeben.

Dero
unterthänigster
Hölderlin.

SINNSPRÜCHE FÜR FÜNF BESUCHER

Herrn von Sillaer.
Omnes homines sunt praecipue boni.

Herrn von Martizaer.
Homines sunt eis praecipue non infensi.

Herrn von Sommineer.
Quomodo homines sunt, ita eis est participatum.

Herrn von Paristeer.
Homines sunt tales, quomodo illi praecipue sunt inter se.

Herrn von Zirwizaer.
Homines sunt praecipue tales, quomodo illi sunt inter se boni.

169 BROCKHAUS AN GUSTAV SCHWAB

[Leipzig, 4. Oktober 1826]

Auch die Bl. f. lit. Unterh. empfele ich auf's Neue Ihrer gütigen ferneren Theilnahme u. rechne namentlich auf einen Aufs. über Hölderlin.

170 JOHANNES FLORELLO AN COTTA

[Greifswald, 30. November 1826]

Dürfte ich wohl aber auch ebenfalls ergebenst bitten, dass Sie zugleich die Gefälligkeit hätten, dem Baron v. H[erder] zu melden, ob Fr. Hölderlin, der Verfasser Hyperions und der Gedichte, deren Erscheinung wir auch Ihrer Ofizin zu verdanken haben, noch im Leben ist, und wo, und in welchen Umständen? Vor Jahren sagte ein Gerücht: »er sey im höchsten Grade gemüthskrank«, und vor kurzem: »er sey in diesem traurigen Zustande entschlafen«. Es interessirt mir so sehr, zu erfahren, was aus diesem höchst seltenen geistreichen Manne geworden ist. Schade, (wenn ich es bemerken darf,) dass die zweyte Ausgabe des Hyperions nicht zugleich mit den Gedichten zusammen, etwa unter dem Titel: Schriften von Hölderlin, herausgegeben werden konnten; dann hätte der erstere sich nicht so leicht in der ungeheuren Flut der Romane verlieren können –

AN CHRISTOPH THEODOR SCHWAB
IN DIE AUSGABE DER GEDICHTE VON 1826

Es ist eine Behauptung der Menschen, daß Vortrefflichkeit
des innern Menschen eine interessante Behauptung wäre.
Es ist der Überzeugung gemäß, daß Geistigkeit menschlicher
Innerheit der Einrichtung der Welt tauglich wäre.
Scartanelli.

Überzeugung.
Als wie der Tag die Menschen hell umscheinet,
Und mit dem Lichte, das den Höh'n entspringet,
Die dämmernden Erscheinungen vereinet,
Ist Wissen, welches tief der Geistigkeit gelinget.

171 VARNHAGEN VON ENSE AN UHLAND

[Berlin, 26. Dezember 1826]

Für heute bloß einige geschäftliche Zeilen! Wir haben hier eine neue Litteraturzeitung gegründet, ihre Einrichtung, Art und Absicht, werden dir aus der bereits in öffentlichen Blättern erschienenen Ankündigung und bald auch aus den Anfangsblättern der Zeitschrift selbst hinlänglich einleuchten. Das Ganze ist gesellschaftlich angeordnet, die Richtung aus der Wissenschaft nach Welt und Leben hervorgewendet. Kannst und willst du daran Theil nehmen, so sollst du uns willkommen sein. Ich trage dir gleich eine Arbeit an, die dir genehm sein dürfte; eine Recension von Hölderlins Gedichten, worin du in der Kürze von diesem merkwürdigen, leider solangeher gestörten Geiste und seinen eigenthümlichen Erzeugnissen gediegenen Bericht geben könntest.

172 UHLAND AN VARNHAGEN VON ENSE

[Stuttgart, 24. Januar 1827]

Was Hölderlins Gedichte insbesondere betrifft, so ist Dir vielleicht nicht unbekannt, daß die in Berlin veranstaltete, dann durch Kerners Hand gegangene Sammlung von Prof. Schwab und mir aus Druckschriften und aus den uns von den Verwandten des unglücklichen Dichters zugestellten Papieren, deren Durchforschung mit mancher Schwierigkeit verbunden war, nach Kräften ergänzt worden ist.

Aus der Lava dieser Hinterlassenschaft haben wir namentlich die Bruchstücke des Empedokles aufgegraben. Ein andres dramatisches Gedicht, Agis, ist vor Jahren an die Redaktion der Zeitung für die elegante Welt eingeschickt und trauriger Weise kein Duplikat zurückbehalten worden. Gedruckt erschien es nicht, vielleicht weil es nicht elegant war, und alle Nachfragen bei der jetzigen Redaktion waren vergeblich. Möglich, daß es sich doch wieder vorfindet, wenn die Aufmerksamkeit von Neuem auf Hölderlin gerichtet wird. So mag auch noch Andres, was in vergeßnen Tagblättern verschollen ist, zu Tage kommen.

An dem unkorrekten Drucke sind wir unschuldig, wir hatten uns zur Revision erboten, nachdem aber die Handschrift lange liegen geblieben, kam uns plötzlich der größere Theil des Buches, zu Augsburg gedruckt, vor Augen. Nur durch ein langes Verzeichniß der Druckfehler, das einige Cartons veranlaßte, suchte ich, soweit es ohne Vergleichung des Manuskripts noch möglich war, nachzuhelfen.

Bei jener Beschäftigung mit den herrlichen Gedichten kam zwischen uns Manches über den eigenthümlichen Geist und Werth derselben zur Sprache. Ich denke, daß die Ansichten, in denen wir zusammenstimmten, bereits in einem Aufsatz ausgesprochen seyn werden, den Schwab für das litterar. Conversationsblatt eingeschickt hat, obgleich ich diesen Aufsatz nicht vorher gelesen habe.

173 FÜNF BRIEFE HÖLDERLINS AN HEINRIKE BREUNLIN

[1. vermutl. 4. Quartal 1826 oder 1. Quartal 1827]

Meine verehrungswürdige Schwester!

Ich danke Dir herzlich, daß Du auch, wie unsre gütige Mutter, so viel Antheil nehmen wolltest an mir, und mich mit einem so vortrefflichen Schreiben erfreuen. Du bist allein zu Hauße; Du hast um so mehr Gelegenheit, der Ruhe Deines Gemüths, die ein Vorzug von Dir ist, nachzuhängen, und die Zurükkunft unsrer lieben verehrungswürdigen Mutter bringt Dich zu dem Angedenken von allem, was Dir lieb ist an ihr. Es sollte mich recht freuen, Dich auch einmal in Nürtingen wieder zu sehen; es freuet mich recht herzlich, daß Du in dem angenehmen Aufenthalte Dich befindest, und für Deine mir so theure Gesundheit sorgen kannst, und für die Heiterkeit Deines Gemüthes. Willst Du die gütige Mühe, Briefe an mich zu adressiren, noch künftig auf Dich nehmen, so will ich mich der Dankbarkeit so ferne befleißigen, und erkentlich seyn. Herrn Zimmers unterrichtender Umgang und aufmunternde Güte gegen mich ist mir ein großer Vortheil. Ich empfehle mich in Deine schwesterliche Liebe und nenne mich

Deinen
gehorsamst ergebenen Bruder
Hölderlin.

[2. undatierbar]

Theuerste Schwester!

Ich gebe mir, wenn ich schon kein Schreiben von Dir erhalten habe, die Ehre, an Dich zu schreiben. Es ist mir immer eine Freude, von Deinem Wohlbefinden mich erkundigt, und von meiner Ergebenheit die Bezeugungen gemacht zu haben. Ich habe die Ehre, Dir von meiner fortdauernden Ehrerbietung die Versicherung zu machen und nenne mich

Deinen

ergebensten Bruder

Hölderlin.

[3. undatierbar]

Theuerste Schwester!

Ich bezeuge Dir mit dieser Zuschrifft meine Erkentlichkeit, daß Du Dich immer mit Briefen nach mir erkundigen willst, und mir die Fortdauer Deiner Güte und Deines schwesterlichen Wohlwollens behaupten. Dein Wohlbefinden ist mir eine Veranlassung meiner Theilnahme, und Deine Behauptungen von Gutem bestrebe ich mich mit wahrem Danke anzuerkennen. Ich muß schließen. Ich nenne mich mit wahrhafftiger Ergebenheit

Deinen

gehorsamsten Bruder

Hölderlin.

[4. undatierbar]

Theuerste Schwester!

Ich mache Dir meine ergebenste Danksagung, daß Du mir schon wieder schreiben wolltest, und mit den Versicherungen Deiner Güte mich zu der schuldigen wahren Ehrerbietung aufgefordert hast. Die Nachrichten, die Du mir von Deinem Wohlbefinden giebst, sind mir angenehm und erfreulich.

Habe die Güte, mich ferner mit Deinem Wohlwollen zu beehren und sei versichert, daß ich mich mit wahrer Ehrfurcht nenne

Deinen ergebensten

Bruder

Hölderlin.

[5. undatierbar]

Theuerste Schwester!

Es ist mir eine rechte Ehre Dir auch einmal zu schreiben. Ich habe die Briefe, die ich unserer Mutter geschrieben habe, immer mit dem Wunsche geschrieben, Dir sagen zu können, wie sehr ich Dich wahrhaft schäzze, und wie ich nicht unterlasse, mich zu bestreben, Deiner würdig zu bleiben. Ich will den Brif schließen, mit der Versicherung, daß ich mit wahrhafter Hochachtung mich nenne, der ich bin

Dein

getreuer Bruder

Hölderlin.

174 HÖLDERLIN AN JOHANNA CHRISTIANA GOK

[vermutl. 1827]

Verehrungswürdigste Mutter!

Das Zeichen Ihrer Gewogenheit und Güte hat mich zu wahrer Dankbarkeit, wie ich hoffe, veranlaßt. Ihre Wohlthätigkeit wird auch in keinem Theile wohl unbelohnt bleiben, wenn ich bedenke, daß jede Tugend gerne ins Ganze sich rechnet, und die Tugend überhaupt nicht immer der Harmonie entgegenstehet. Ich werde mich, so lange mir Gott das Leben gönnet, immer mehr befleißen, Ihre Güte und Hülfe nicht zu sehr zu meinem Vortheile aufzurufen, und desto dankbarer zu werden dadurch, daß ich Ihre Billigung zu verdienen suche, und mit Empfindungen Ihnen nicht fehle.

Daß Sie, wie ich vermuthen darf, vergnügte Tage zugebracht haben, ist mir selbst eine Freude. Ich empfehle mich Ihnen und allen, die Ihnen angehörig, und bin

Ihr
gehorsamster Sohn
Hölderlin.

175 UHLAND AN KERNER

[Stuttgart, 20. März 1827]

Hat Dir Gock ein Exemplar von Hölderlins Gedichten geschickt? Sie machen doch Aufsehen!

DER FRÜHLING

Wenn auf Gefilden neues Entzüken keimt
  Und sich die Ansicht wieder verschönt und sich
    An Bergen, wo die Bäume grünen,
      Hellere Lüfte, Gewölke zeigen,

O! welche Freude haben die Menschen! froh
  Gehn an Gestaden Einsame, Ruh und Lust
    Und Wonne der Gesundheit blühet,
      Freundliches Lachen ist auch nicht ferne.

DER MENSCH

Wer Gutes ehrt, er macht sich keinen Schaden,
Er hält sich hoch, er lebt den Menschen nicht vergebens,
Er kennt den Werth, den Nuzzen solchen Lebens,
Er traut dem Bessern sich, er geht auf Seegenspfaden.

Hölderlin.

DAS GUTE

Wenn Inneres sich bewährt, ist Gutes zu erkennen,
Es ist zu würdigen, von Menschen zu benennen,
Ist anwendbar, wie sehr die Menschen widerstreben,
Es ist zu achten, nüzzt und ist nöthig in dem Leben.

Hölderlin

DAS FRÖHLICHE LEBEN

Wenn ich auf die Wiese komme,
Wenn ich auf dem Felde jezt,
Bin ich noch der Zahme, Fromme
Wie von Dornen unverlezt.
Mein Gewand in Winden wehet,
Wie der Geist mir lustig fragt,
Worinn Inneres bestehet,
Bis Auflösung diesem tagt.

O vor diesem sanften Bilde,
Wo die grünen Bäume stehn,
Wie vor einer Schenke Schilde
Kann ich kaum vorübergehn.
Denn die Ruh an stillen Tagen
Dünkt entschieden treflich mir,
Dieses mußt du gar nicht fragen,
Wenn ich soll antworten dir.

Aber zu dem schönen Bache
Such' ich einen Lustweg wohl,
Der, als wie in dem Gemache,
Schleicht durch's Ufer wild und hohl,
Wo der Steg darüber gehet,
Geht's den schönen Wald hinauf,
Wo der Wind den Steg umwehet,
Sieht das Auge fröhlich auf.

Droben auf des Hügels Gipfel
Siz' ich manchen Nachmittag,
Wenn der Wind umsaust die Wipfel,
Bei des Thurmes Glokenschlag,
Und Betrachtung giebt dem Herzen
Frieden, wie das Bild auch ist,
Und Beruhigung den Schmerzen,
Welche reimt Verstand und List.

Holde Landschaft! wo die Straße
Mitten durch sehr eben geht,
Wo der Mond aufsteigt, der blasse,
Wenn der Abendwind entsteht,
Wo die Natur sehr einfältig,
Wo die Berg' erhaben stehn,
Geh' ich heim zulezt, haushältig,
Dort nach goldnem Wein zu sehn.

DER SPAZIERGANG

Ihr Wälder schön an der Seite,
Am grünen Abhang gemahlt,
Wo ich umher mich leite,
Durch süße Ruhe bezahlt
Für jeden Stachel im Herzen,
Wenn dunkel mir ist der Sinn,
Den Kunst und Sinnen hat Schmerzen
Gekostet von Anbeginn.
Ihr lieblichen Bilder im Thale,
Zum Beispiel Gärten und Baum,

Und dann der Steg der schmale,
Der Bach zu sehen kaum,
Wie schön aus heiterer Ferne
Glänzt Einem das herrliche Bild
Der Landschaft, die ich gerne
Besuch' in Witterung mild.
Die Gottheit freundlich geleitet
Uns erstlich mit Blau,
Hernach mit Wolken bereitet,
Gebildet wölbig und grau,
Mit sengenden Blizen und Rollen
Des Donners, mit Reiz des Gefilds,
Mit Schönheit, die gequollen
Vom Quell ursprünglichen Bilds.

DER KIRCHHOF

Du stiller Ort, der grünt mit jungem Grase,
Da liegen Mann und Frau, und Kreuze stehn,
Wohin hinaus geleitet Freunde gehn,
Wo Fenster sind glänzend mit hellem Glase.

Wenn glänzt an dir des Himmels hohe Leuchte
Des Mittags, wann der Frühling dort oft weilt,
Wenn geistige Wolke dort, die graue, feuchte
Wenn sanft der Tag vorbei mit Schönheit eilt!

Wie still ist's nicht an jener grauen Mauer,
Wo drüber her ein Baum mit Früchten hängt;
Mit schwarzen thauigen, und Laub voll Trauer,
Die Früchte aber sind sehr schön gedrängt.

Dort in der Kirch' ist eine dunkle Stille
Und der Altar ist auch in dieser Nacht geringe,
Noch sind darin einige schöne Dinge,
Im Sommer aber singt auf Feldern manche Grille.

Wenn Einer dort Reden des Pfarrherrn hört,
Indeß die Schaar der Freunde steht daneben,

Die mit dem Todten sind, welch eignes Leben
Und welcher Geist, und fromm seyn ungestört.

DIE ZUFRIEDENHEIT

Wenn aus dem Leben kann ein Mensch sich finden,
Und das begreifen, wie das Leben sich empfindet,
So ist es gut; wer aus Gefahr sich windet,
Ist wie ein Mensch, der kommt aus Sturm' und Winden.

Doch besser ists, die Schönheit auch zu kennen,
Einrichtung, die Erhabenheit des ganzen Lebens,
Wenn Freude kommt aus Mühe des Bestrebens,
Und wie die Güter all' in dieser Zeit sich nennen.

Der Baum, der grünt, die Gipfel von Gezweigen,
Die Blumen, die des Stammes Rind' umgeben,
Sind aus der göttlichen Natur, sie sind ein Leben,
Weil über dieses sich des Himmels Lüfte neigen.

Wenn aber mich neugier'ge Menschen fragen,
Was dieses sei, sich für Empfindung wagen,
Was die Bestimmung sei, das Höchste, das Gewinnen,
So sag' ich, das ist es, das Leben, wie das Sinnen.

Wen die Natur gewöhnlich, ruhig machet,
Er mahnet mich, den Menschen froh zu leben,
Warum? die Klarheit ist's, vor der auch Weise beben,
Die Freudigkeit ist schön, wenn alles scherzt und lachet.

Der Männer Ernst, der Sieg und die Gefahren,
Sie kommen aus Gebildetheit, und aus Gewahren,
Es geb' ein Ziel; das Hohe von den Besten
Erkennt sich an dem Seyn, und schönen Überresten.

Sie selber aber sind, wie Auserwählte,
Von ihnen ist das Neue, das Erzählte,
Die Wirklichkeit der Thaten geht nicht unter,
Wie Sterne glänzen, giebts ein Leben groß und munter.

Das Leben ist aus Thaten und verwegen,
Ein hohes Ziel, gehaltener's Bewegen,
Der Gang und Schritt, doch Seeligkeit aus Tugend
Und großer Ernst, und dennoch lautre Jugend.

Die Reu, und die Vergangenheit in diesem Leben
Sind ein verschiednes Seyn, die Eine glüket
Zu Ruhm und Ruh', und allem, was entrüket,
Zu hohen Regionen, die gegeben;

Die Andre führt zu Quaal, und bittern Schmerzen
Wenn Menschen untergehn, die mit dem Leben scherzen,
Und das Gebild' und Antliz sich verwandelt
Von Einem, der nicht gut und schön gehandelt.

Die Sichtbarkeit lebendiger Gestalt, das Währen
In dieser Zeit, wie Menschen sich ernähren,
Ist fast ein Zwist, der lebet der Empfindung,
Der andre strebt nach Mühen und Erfindung.

176 HÖLDERLIN AN JOHANNA CHRISTIANA GOK

[vermutl. 1827]

Verehrungswürdigste Frau Mutter!

Ich schreibe Ihnen schon wieder einen Brief. Ich habe Ihnen immer vieles Gute zu wünschen. Die Empfindungen, mit denen ich dieses wünsche, sollen diesem gemäß seyn. Das Gute und das Wohlbefinden sind wichtige Gegenstände, die man nicht gern entbehrt, wenn man auf das sieht, was den Menschen das beste ist. Ich nehme mir die Freiheit, schon wieder abzubrechen. Ich nenne mich

Ihren
gehorsamsten Sohn
Hölderlin.

177 HÖLDERLIN AN JOHANNA CHRISTIANA GOK

[vermutl. 1827/ 28]

Verehrungswürdigste Frau Mutter!

Ich mache Ihnen meinen gehorsamsten Dank für das Überschikte, fahre fort, mich Ihnen mitzutheilen, und Ihnen meines Herzens Ergebenheit zu bezeugen. Ich bitte, daß Sie mich nie ganz vergessen, verehrungswürdigste Mutter, da Sie so gütig gegen mich sich äußern und immer in der Regel Ihres vortrefflichen Lebens Güte haben gegen mich äußern wollen. Sie werden mir durch die Achtung, die ich Ihnen schuldig bin, unvergeßlich werden. Mit aufrichtigster Erklärung meiner Ergebenheit und Verehrung nenne ich mich

Ihren
gehorsamsten Sohn
Hölderlin.

178 HÖLDERLIN AN JOHANNA CHRISTIANA GOK

[vermutl. 1827/ 28]

Ich bin so frei, mich auf Erlaubniß des gütigsten Herrn Zimmers gehorsamst zu empfehlen, und nenne mich

Ihren
gehorsamsten Sohn
Hölderlin.

179 HÖLDERLIN AN JOHANNA CHRISTIANA GOK

[vermutl. 1827/ 28]

Ich habe ebenfalls die Ehre, mich gehorsamst zu empfehlen, und bin

Ihr
gehorsamster Sohn
Hölderlin.

180 HÖLDERLIN AN JOHANNA CHRISTIANA GOK

[vermutl. 1827/ 28]

Verzeihen Sie, liebste Mutter! wenn ich mich Ihnen nicht für Sie sollte ganz verständlich machen können.

Ich wiederhohle Ihnen mit Höflichkeit was ich zu sagen die Ehre haben konnte. Ich bitte den guten Gott, daß er, wie ich als Gelehrter spreche, Ihnen helfe in allem und mir.

Nehmen Sie sich meiner an. Die Zeit ist buchstabengenau und allbarmherzig.

Indessen
Ihr
gehorsamster Sohn
Friederich Hölderlin.

181 WAIBLINGER: »FRIEDRICH HÖLDERLINS LEBEN, DICHTUNG UND WAHNSINN«

[1827/ 28]

Es ist schon lange Zeit her, daß ich mir vorgenommen, der Welt etwas von Hölderlins Vergangenheit, seinem jetzigen Leben, oder vielmehr Halb- und Schattenleben, und besonders von dem furchtbaren Zusammenhange mit jener mitzutheilen, und ich wurde von mehr als Einer Seite durch Freunde seiner Muse dazu aufgefordert. Denn ein langer fünfjähriger Umgang mit dem Unglücklichen hat mich mehr als jeden andern in Stand gesetzt, ihn zu beobachten, ihn kennen zu lernen, seinem so wunderlichen Ideengange, und selbst den ersten Ursprüngen und Ursachen seines Wahnsinns nachzuspüren. Ich gab mir mehr als andere Mühe, seine Launen zu ertragen, und während die wenigen seiner vormaligen Freunde, die ihn in seiner nun mehr als zwanzigjährigen Einsamkeit besuchten, nur ein paar Augenblicke verweilen mochten, sey es, daß ihr Mitleid zu rege wurde, daß sie von der Erscheinung eines so beklagenswerthen geistigen Zerfalls sich zu tief erschüttert fühlten, oder daß sie schnell damit fertig waren, indem sie vermeinten, man könne nun eben einmal kein vernünftiges Wort mehr mit ihm reden, und es verlohne sich der Mühe nicht, dem psychischen Zustand des Verwirrten einige Aufmerksamkeit zu schenken, so hielt ich keine Stunde für verloren, die ich ihm widmete, besuchte ihn ununterbrochen viele Jahre lang, sah ihn oft bey mir, nahm ihn auf einsame Spaziergänge, in Gärten und Weinberge mit mir, gab ihm zuweilen Papier zum Schreiben, durchsuchte seine noch übrigen Schriften, brachte ihm Bücher, ließ mir vorlesen, und bewegte ihn unzähligemal, Klavier zu spielen und zu singen. So wurde ich nach und nach an ihn gewöhnt und legte das Grauen ab, das wir in der Nähe solcher unseligen Geister fühlen, so wie er seinerseits sich an mich gewöhnte, und die Scheu ablegte, die ihn von jedem, ihm nicht ganz bekannten Menschen trennt. Ich hatte nun wohl im Sinne zu versuchen, ob es mir nicht gelänge, seinen jetzigen Geisteszustand zu zergliedern, und die Entstehung dieser bedauernswürdigen Verwirrung seines Innern in einer strengern wissenschaftlichern Form von den ersten Anlässen und Motiven herzuleiten und bis auf den Punkt hin zu verfolgen, wo das Gleichgewicht entschieden verloren gieng, allein es wurde mit hundert andern flüchtigen Entwürfen im Drängen und Treiben eines allzu unruhigen Lebens vergessen. Nun, da mir der wunderbare schwermüthige Freund so ferne gerückt ist, und das traurige Bild des Einsamen mir eben unter süßem südlichem Lichthimmel untergegangen war, ist es eine seltsame Anregung, die ich vom Vaterlande aus erfahre, wie ich aufgemuntert werde, meinen alten Vorsatz doch endlich einmal auszuführen. Ich widerstehe denn nicht länger, wiewohl ich mir nicht vornehme, eine philosophische Zergliederung von Hölderlins Innerm zu wagen, sondern mich blos anheischig mache, die Beobachtungen und Bemerkungen schlechtweg mitzutheilen, welche sich mir im Umgang mit ihm aufdrängten; freylich werden uns diese zuweilen nöthigen, ein wenig zu spekuliren, allein wir werden uns immer innerhalb der Gränzen einfacher Beobachtung halten, keine psychologische Untersuchung, sondern eine schlichte Charakterschilderung entwerfen, und somit hoffen wir, den Vielen, die für Hölderlin interessirt sind, die seine Muse schätzen und gerne Genaueres über ihn selbst hörten, einen nicht unangenehmen Dienst zu thun, wenn wir etwas von ihm erzählen, und zeigen, wie sich dieser Geist verirrte, und wie er sich nun in und zu sich selbst, so wie zu seiner Vergangenheit und zur Außenwelt verhält. Dabey müssen wir natürlich auch einige Worte über seine Poesie sagen, deren schönste und reifste Blüthen und Früchte endlich die so ehrenwerthen Dichterfreunde, Ludwig Uhland und Gustav Schwab, gesammelt, gereinigt und ans Licht der Welt gestellt haben. Da wir in der That nicht wissen, ob er nur noch bey Leben ist, indem wir schon seit Jahresfrist durch weite Strecken von ihm getrennt sind, und da er bey einer nun wenigstens vier und zwanzigjährigen Abgeschlossenheit von aller und jeder Berührung mit Welt und Menschen fast nicht mehr wie ein Lebendiger zu betrachten ist, so wird es kein Verstoß gegen Gefühl und Schicklichkeit seyn, wenn wir seinen Zustand öffentlich schildern. Denn wie seine Dichtung, gehört auch sein Leben unserer Zeit, unserm Vaterland, unserer Kenntniß an, genug, daß wir uns hüten, dem Unglücklichen zu nahe zu treten, und daß uns die scheue düstere Ehrfurcht vor der unbekannten Macht, mit der er sein Lebenlang gerungen, deren despotische grauenweckende Kraft uns in seinen hinterlassenen Werken so oft als Gegenstand seiner Klagen und seines Kampfes entgegentritt, daß sie uns abhalte, mit ungebührlicher, ja frevelhafter Übereilung ein allgemeines Urtheil über eine geistige Erscheinung zu wagen, die für uns am Ende doch ein Räthsel ist, wir mögen uns mit unserer Weisheit gebärden, wie wir wollen, um sie in ihrem Wesen, in ihren Ursachen und Folgen zu zergliedern und zu beschreiben.

Wir theilen zuerst einiges über sein früheres äußeres Leben mit, und hängen dann sogleich unsere Bemerkungen an, sobald wir etwas finden, was auf sein späteres Schicksal bezogen werden muß. Denn die Keime, die ersten Gründe und Ursachen desselben sind in den frühesten Entwicklungsjahren seines Lebens, ja gewissermaßen einzig und allein in der unselig feinen geistigen Organisazion zu suchen, die bey allzuvielen Täuschungen, harten Ereignissen und traurigen Combinazionen äußerer Umstände sich endlich in sich selbst zerstörte.

Fridrich Hölderlin ist im Jahr 1770 zu Nürtingen in Schwaben geboren. Seine erste Erziehung scheint äußerst gut, zart, liebevoll und fein gewesen zu seyn. Hölderlin behielt immer eine große Liebe zu seinem Geburtsort und zu seiner Mutter, welche noch bey Leben war, als ich Deutschland verließ. Die unendliche Zartheit, mit welcher der junge Geist organisirt war, die edle, feine, tieffühlende, aber allzu empfindliche Natur, eine kecke verwegene Fantasie, die sich von frühesten Knabenjahren schon in dichterischen Träumen wiegte, und nach und nach eine Welt aufbaute, die der reifere Jüngling zu seinem bittersten Schmerze nur als Geschöpf seines Innern, und als schweren schroffen Gegensatz zur wirklichen erkannte, ein äußerst lebendiger Sinn für Musik und Dichtkunst, das waren Dinge, welche sich bald in dem Knaben zeigen mußten, und welche, wie es scheint, durch eine zarte Behandlung der Eltern geweckt, genährt und erhalten wurden. Schon die äußere Bildung Fridrichs war liebenswürdig über die Maaßen; ein tiefes glühendes schönes Auge, eine hohe Stirne, ein bescheidener, geistreicher, unwiderstehlich einnehmender Ausdruck gewann sich aller Herzen. Die Herzensgüte, der angeborene Adel, die warme lebhafte Denk- und Empfindungsweise und eine natürliche Grazie machten ihn so angenehm, als seine Fassungskraft und seine hervorleuchtenden Talente Lehrer und alle Umgebung mit den besten Hoffnungen erfüllten. Ein reiner Sinn und ein unbeflecktes durchaus jungfräuliches Gemüth erwarben ihm Achtung und Liebe, so wie er's denn auch noch in seinen spätern Jahren beybehielt, als er anfieng, aus dem lautern Quell seines Innern zu schöpfen, als er sich entschieden der Poesie widmete, ja noch da, als schon ein harter Schicksalsschlag um den andern an der Zerstörung seines Geistes arbeitete. Hölderlin mußte rein und ohne Flecken in seiner fast weiblich sanften Seele bleiben, wenn er nicht untergehen sollte: für ihn konnten die wilden Vergnügungen, der taumelnde Rausch der Sinne nur Verderben und Tod seyn. Der Erfolg lehrte es.

Talentvoll, von dem besten Herzen, von den einnehmendsten Manieren, von der ausdrucksvollsten und gefälligsten Gesichtsbildung, konnte der junge Hölderlin nur gefallen und Alt und Jung an sich fesseln. Hätte man jetzt nach dieser glücklich gelebten Jugend den aufstrebenden Jüngling in eine Richtung gebracht, die seinen Neigungen und Wünschen, seinen Träumen und Talenten angemessener gewesen wäre, so wäre wohl sein Geist ewig klar geblieben. Allein es sollte anders werden. Hölderlins böses Geschick führte ihn in ein Seminarium, worin junge Leute für das Studium der Theologie vorbereitet und erzogen werden. Er wurde, wie er selbst in seinen spätern Jahren, ja noch zur Zeit seines Irrens sagte, von außen bestimmt, und gezwungen, sich der Theologie zu widmen. Diß widersprach gänzlich seiner Neigung. Er hätte sich gerne dem Studium der alten Litteratur, den schönen Künsten, vorzüglich der Poesie, und auch der Philosophie und Aesthetik ausschließlich überlassen mögen. Nun mag es wohl auch die Art, wie man Wissenschaft und Sprachen treibt und lehrt, gewesen seyn, was unserm ungeduldigern besserbegabten Jünglinge harte Fesseln anlegte. Man mag über dererley Erziehungsanstalten sagen, was man will, so bleibt immerhin wahr, daß dem einzelnen Lehrer zuviel Gewalt überlassen ist. Sieht man, wie oft ein solcher von äußerst beschränktem Geiste, wenn auch von vielem Wissen ist, wie unklar, zwecklos, mit welchen Umwegen zum Ziele gearbeitet wird, wie man alles erschwert, wie selten die Lehrer Männer von hellem Kopf und Urtheil sind, wie wenig sie die Mittel verstehen, um die Jugend zu leiten, wie wenig sie Talent und Kraft haben, um aufkeimende Fähigkeiten zu wecken, zu nähren, auf guten Weg zu bringen, wie gänzlich solche Stubenmenschen mit dem Leben unbekannt sind, wie wenig sie den Menschen kennen, so kann man begreifen, wie es möglich ist, daß oft Talente von Bedeutung gänzlich irre geleitet und in Gefahr gebracht werden, nie mehr durch eigene Selbsterziehung verbessern zu können, was in frühern Jahren durch die Engbrüstigkeit und Unfähigkeit der Lehrer an ihn[en] verdorben wurde. Statt daß dieser im Stande seyn sollte, jede Eigenthümlichkeit der Schüler herauszufinden, und je nach der Beschaffenheit des Individuums so oder anders auf seine Rezeptivität zu wirken, macht man keinen Unterschied, sondern treibt sie mechanisch auf Eine Art zu Einer Arbeit an, als wenn sie nichts als gleich gebaute Uhren wären, deren Stahlfeder der Lehrer nach Belieben aufzöge. Diese traurige Erfahrung mag auch auf das ohnediß so verletzbare und empfindliche Wesen unsers jungen Dichters gewirkt haben. Jedoch studirte er mit Eifer die alten Sprachen, gehörte zu den Besten, und war besonders für das Griechische eingenommen.

Der Zufall fügte es, daß ich von einem artigen Geschichtchen hörte, das Hölderlin in dieser Zeit vielfach bewegte. Die Mutter eines Freundes von mir erzählte diesem einmal eine Neigung, die der junge schöne liebenswürdige Hölderlin zu ihr gehabt, als sie noch halb Kind gewesen. Wiewohl im Kloster, nährte das reitzbare Gemüth des sechzehnjährigen Jünglings eine zarte Flamme für das Mädchen: es war ihm wieder gut, und sie kamen oft in einem hübschen Garten zusammen. Dieses geheime Verhältniß beschäftigte seine Fantasie aufs lebendigste, und nährte und erfüllte ihn mit jenen süßen Empfindungen, welche uns die Jugend so reitzend verzaubern und verschönern. Hölderlins Empfindungsweise, seine Natur, sein ganzes Wesen wurde dadurch nur noch gefährlicher verfeinert und verzärtelt. Seine Poesie aber erhielt Nahrung und Leben.

Jedoch waren seine Gedichte nur Nachahmungen, und uneigenthümliche Hervorbringungen: es scheint daß er Schiller und Klopstock vor sich hatte.

Die Erzeugnisse während seiner Universitätsjahre haben schon einen eigenthümlichern Charakter. Die Begeisterung für das griechische Alterthum, das Studium der alten hellenischen Meisterwerke gaben ihnen einen gewissen Ton, den selbst seine spätern und vollkommnern [nicht immer] haben. Seine ganze Seele hieng an Griechenland, er saugte mit unbefriedigter Begier an jenen Quellen reiner Schönheit, an jenen Producken der gesundesten Natur, der einfachsten Denkweise, des großartigsten Ehrgeitzes. Hölderlin selbst war nicht wenig erfüllt von Ruhmbegierde, und trug den Kopf voll Entwürfe, seinen Namen bekannt und unsterblich zu machen, und sich zunächst aus diesem beengenden Wirkungskreis, aus diesen für ihn so widrigen und spannenden Verhältnissen zu befreyen. Der Umgang mit talentvollen Männern, mit strebenden Jünglingen befeuerte seine Ungeduld. Er faßte den Gedanken zu seinem Hyperion, schrieb auch etwas daran, was jedoch später gänzlich verändert wurde. Das Stück, welches in Schillers Horen abgedruckt ist, hat auch nicht einige Zeilen von dem spätern Hyperion. Man sieht daraus, wie lang er dieses Gedicht in sich herumtrug, und es ist hier am Ort, zu bemerken, daß er nicht schnell arbeitete, daß er nicht ohne Noth sich von seiner Geburt losrang, daß er seinen Gedanken oft mehrmals, und immer in anderer Wendung und Form zu Papier brachte, bis er glaubte, daß er nun am reinsten und vollkommensten ausgedrückt sey. Diß erhellt aus seinen Papieren, wo man dasselbe Gedicht ein halb Dutzendmal und immer verbessert finden kann.

Seine Universitätsgenossen schätzten ihn sehr, wiewohl sie ihn wunderbar und zuweilen allzu zart und melancholisch fanden. Hölderlin war übrigens nicht ungesellig, wenn er auch sich wenig unter die wilde Schaar der Studenten einmischte. Manchmal, wurde mir erzählt, konnte er sich Wochenlange zurückziehen, und er unterhielt sich alsdann fast einzig mit seiner Mandoline, zu der er sang. Er klagte viel und schmerzlich, und Leiden einer allzu zärtlichen sentimentalen Liebe, Eifer und ungestümmer Drang nach Ruhm und Ehre, die Gehässigkeit seiner Lage, die Abneigung gegen sein Facultätsstudium, das konnte wohl das Einzige seyn, was ihn bis jetzt zu Klagen nöthigen konnte, wenn es nicht mehr als alles diß seine allzu kindliche, schwächliche, gereitzte, weichnervige Natur war, die ihn zu offen für jeden Eindruck, zu nachgiebig gegen rauhe und trübe Ereignisse machte. Er gewöhnte sich nach und nach an, mit dem gesammten Zustand aller menschlichen Dinge, wie sie heut zu Tage sind, unzufrieden zu werden, und schöpfte außer der Bildung, die er aus dem Studium der Alten gewann, auch eine für ihn nur zu gefährliche unnatürliche Verachtung der Mitwelt aus der Quelle, aus der so manchem Gesundheit und frischer ewig heller Sinn hervorgegangen. Diese ausschließliche Verehrung der Griechen hatte sofort auch Unzufriedenheit mit dem Lande zur Folge, wo er geboren ward, und brachte endlich jene Ausfälle gegen das Vaterland hervor, die wir im Hyperion finden, und die für mein Gefühl so empörend sind.

Wir sehen in diesem allmählich immer feindseligern Verhältniß, in das er sich zur Welt stellte, und das ihm gar nichts weniger als natürlich war, schon die ersten Anlässe zu dem traurigen Zustande, der sich auf diese Weise, schon in der Blüte seines Lebens, unter Verhältnissen, die allerdings für seine Fantasie, für seinen Stolz, seinen Ehrgeitz, seine Traumwelt nichts Reitzendes hatten, die aber keineswegs unglücklich und unerträglich waren, ehe nur etwas Erhebliches gethan und geleistet worden, trotz einer Zukunft voll weiter und schöner Hoffnungen allmählich vorbereitete. Hätte er einen Reichthum von Humor, hätte er Witz und jene glückliche Gabe gehabt, sich und Welt und Menschen zu parodiren, so würde er ein Gleichgewicht für die Seite gehabt haben, die ihn unabwendbar dem Verderben entgegenführte: aber seine Natur war nicht damit ausgestattet, seine Muse konnte nur klagen und weinen, ehren und preisen oder verachten, aber nicht in heiterm Scherze spielen und stechen. Indessen dachte in dieser Zeit noch keine Seele daran, daß dem schönen herrlichen Jüngling ein solches Alter voll Jammer bevorstehe, und Fridrich von Matthisson sagte oft, daß er nicht wohl einen angenehmern und einnehmendern jungen Menschen gesehen, als Hölderlin etwa um diese Zeit war.

Wie weit sein Hyperion schon auf der Universität gedieh, konnt' ich nie gewiß erfahren. Sicher ist nur, daß der Gedanke, der Entwurf, und einzelne Stücke dieser Epoche seines Lebens angehören. Manche lyrische Gedichte, die am Ende zu Stande kamen, zeigen schon ganz die volle reine schöne Seele seiner vollendetern, jene eigenthümlichen so tiefen und rührenden Bilder, jene flammende frische Liebe zur Natur und ihren ewigen heiligen Freuden, sind aber schon erfüllt von Schicksalsideen, und erregen düstere Besorgnisse durch die gesteigerte oft überspannte Empfindungsweise, in die ihn sein reitzbares wunderliches Wesen hineinzog, trotz dem, daß es immer die Natur war, die er verehrte und anbetete.

Nach Vollendung seiner Studien verließ er Wirtemberg und ward Hofmeister in einem angesehenen Hause in Frankfurth. Ein junger Mann, der Ansprüche aller Art machen konnte, von einem unermüdet strebenden Geist, den empfehlendsten körperlichen Eigenschaften, Dichter und Musiker, so konnte es nicht fehlen, er mußte sein Glück machen. Die Mutter seiner Zöglinge, ein junges Weib, wie es scheint, von schwärmerischer Seele und feurigem lebendigem Gemüth, fühlte die Macht der Liebenswürdigkeit in dem leidenschaftlichen jungen Manne nur allzusehr und es währte nicht lange, so hatte Hölderlins Flöte, Klavierspiel und Mandoline, sein zärtliches Lied, seine Sentimentalität im Umgang, seine artige feine Person, sein schönes Auge, seine Jugend, sein ungewöhnlicher Geist und sein ausgezeichnetes Talent das fantasiereiche für alle diese Vorzüge gleich empfängliche Weib bis auf den höchsten Grad entzündet. Hölderlin liebte gleich stark, gleich schwärmerisch, sein ganzes Gemüth gerieth in Brand und Gluth. Noch zu Zeiten seines Wahnsinns, wohl nach mehr als zwanzig Jahren, wurden Briefe bey ihm aufgefunden, die ihm seine geliebte Diotima geschrieben, und die er bis jetzt verborgen gehalten. Der junge Enthusiast spannte seine Kräfte bis zur überschwänglichsten Exaltazion: seine Tage verflossen in diesem Liebeswahnsinn. Die höchste Gedankenwelt Platons erfüllte ihn: er verließ die Wirklichkeit, schmachtete in einer träumerischen genußvollen Gegenwart und bereitete sich eine entsetzliche Zukunft.

Dieses Liebesverhältniß, von beyden Seiten mit gleicher Leidenschaft betrieben, konnte nicht lange währen, und Hölderlin mußte endlich auf eine höchst unangenehme Weise das Haus verlassen, da es der Gemahl seiner Diotima bemerkte. Hölderlins Schmerz war unsäglich; der verwöhnte, im süßen Sinnenrausch einer so sublimen Liebe verzärtelte Jüngling mußte ins rauhe Leben hinaus. Zwar wurde noch nicht alles unterbrochen, man unterhielt noch einen Briefwechsel, man verabredete, sich zu gewissen Zeiten in einem Stern zu finden, den man in demselben Augenblick ansah, und man kam sogar auf einem Gute Diotimas noch zusammen. Aber Hölderlin hatte doch einen Riß in seinem Innern, der immer gefährlicher wurde, sein Gemüthszustand war von nun an mehr als je exaltirt, seine Klage bitterer und reicher, je mehr sie wahren Gegenstand für ihren Schmerz hatte, und es war nun allein noch die Befriedigung seines auf den höchsten Gipfel gestiegenen Ehrgeitzes übrig, die ihn hätte retten können.

Sein Hyperion wurde vollendet, eine Dichtung, über die wir nichts sagen, weil sie jedem vorliegt. Nur sey es uns vergönnt, zu erinnern, daß in ihr ein dumpfer fürchterlicher Schmerz vorherrscht, und daß seine ganze poetische Welt von einem drückend schweren Nachthimmel überhangen ist. Es lassen sich auf jeder Seite beynahe einige Gedanken finden, die gleichsam Profezeiungen seines eigenen schrecklichen Schicksals sind. Jede Blume darin neigt ihr Haupt. Trotz der allebendig schönen Bilder und der glühenden Liebe zur Natur, zur Vorwelt und zu Griechenland ist der Geist dieses Romans oder vielmehr dieser Sammlung lyrischer Gedichte eine tiefe unheilbare Krankheit, die selbst aus der Schönheit einen tödtlichen Stoff zieht, ein unnatürliches Ankämpfen gegen das Verhängniß, eine wunde Sentimentalität, eine schwarze Melancholie und eine unselige Verkehrtheit, mit welcher der Dichter sich gewaltsam in den Wahnsinn hineinarbeitet.

Hölderlin kam nun nach Weimar und Jena, eben als sich der großen Männer so viele daselbst aufhielten. Er glühte von Ruhmbegier, von Drang, sich auszuzeichnen. Seine vollendetsten Gedichte fallen in diese Zeit. Ein so seltenes Talent, verbunden mit der Grazie seiner Erscheinung, konnte nicht anders als Eindruck machen. Jetzt kam alles darauf an, daß sein Ehrgeitz befriedigt wurde. Wund wie er war, gereitzt und verbittert, konnte ers nicht tragen, wenn ihm Hindernisse in den Weg traten. Man sagt, daß seine geliebte Diotima durch Verbindungen, die sie mit einigen ansehnlichen Männern hatte, für ihn wirkte. Der edle Schiller hatte ihn äußerst lieb gewonnen, achtete sein Streben ungemein und sagte, daß er weit der talentvollste von allen seinen Landsleuten sey. Er suchte ihm Gutes zu thun, und zu einer Professorsstelle zu verhelfen. Wäre das geschehen, so hätte Hölderlin einen bestimmten Wirkungskreis gehabt, er hätte sich beschränken lernen, wäre gesund geworden, wäre nach und nach erstarkt, seine geistige Überspannung hätte nachgelassen, er wäre nützlich geworden, und ein Weib zu seiner Seite hätte vollends jede unnatürliche Richtung seiner Gemüthskräfte zerstört und ihn gelehrt, wie man leben, arbeiten und sich behelfen müsse, wenn man mit Menschen menschlich leben wolle. Aber Hölderlins unglückliches Schicksal und die Mißgunst seiner Feinde lenkte es anders. Es wurde ihm ein anderer vorgezogen, und er sah sich hintangesetzt. Man sagt, daß ihm Göthe nicht gut gewesen. Diß scheint wahr zu seyn, denn so oft ich von Göthe mit ihm zu sprechen anfieng, wollte er ihn schlechterdings nicht kennen, was bey ihm immer der Ausdruck einer feindlichen Gesinnung ist. Schillers dagegen, und vieler anderer Männer erinnerte er sich oft.

Diß war ein entscheidender Schlag für Hölderlins ganzes Wesen. Er sah seine besten Hoffnungen vereitelt, fand seinen Stolz, sein lebhaftes Selbstgefühl beleidigt, sein Talent, seine Kenntnisse hintangesetzt, seine Ansprüche als unzulänglich erklärt, und fand sich abermals wieder aus dem Traum einer wirksamen thätigen glücklichen Zukunft als ein einsamer verlassener Pilgrim in ein Leben hinausgestoßen, für dessen Unglimpf er kein starkes Gegengift in sich hatte, dessen Unbill zu ertragen, er viel zu weichlich, viel zu zart eingerichtet war.

Er kam nun in die Schweiz, wo er Lavater, Zollikofer und andere kennen lernte, dichtete kräftige schöne Lieder und entwarf auch den Plan zu einer Tragödie. Sie auszuführen konnte ihm aber nie möglich werden: denn es ist wohl unbestreitbar, daß sein poetisches Talent kein dramatisches, sondern ein rein lyrisches war. Auch die Philosophie beschäftigte ihn, und die beginnende Schelling'sche Lehre scheint großen Eindruck auf ihn gemacht zu haben, wie er mir denn unter dem unverständlichsten Wortschwall später zuweilen von Kant und Schelling erzählte. Es hatte sich seiner aber schon eine tiefe Melancholie bemeistert, sodaß er die Menschen floh, sich einschloß, seiner Trauer überließ, und so gleichsam mit Fleiß und Absicht jenem Zustande entgegenschaffte, der nicht länger mehr ausbleiben konnte, wenn nur noch Eines hinzugekommen war. Ich meine, das verzweifelte Unternehmen, sich im Sinnentaumel, in wilden unordentlichen Genüssen, in betäubenden Ausschweifungen zu vergessen.

Das blieb nicht aus. Hölderlin ward abermals Hofmeister, und zwar in Frankreich. Er konnte unmöglich ein wüstes Leben ertragen. Er war für ein reines, geordnetes, thätiges Leben geboren, seine geistige und körperliche Natur mußte zu Grunde gehen, wenn er besinnungslos genug war, nun genießen zu wollen, ohne zu fühlen, wie er vorher fühlte, ohne zu genießen. Es währte kurze Zeit, so gerieth sein Geist durch die Schwächung eines so unordentlichen Verhaltens dermaßen aus den Fugen, daß er Anfälle von Wuth und Raserey bekam.

Auf eine unerklärbare Weise, plötzlich und unerwartet, ohne Geld und Habseligkeiten, erschien er in seinem Vaterlande. Herr von Matthisson erzählte mir einmal, daß er ruhig in seinem Zimmer gesessen, als sich die Thüre geöffnet, und ein Mann hereingetreten, den er nicht gekannt. Er war leichenbleich, abgemagert, von hohlem wildem Auge, langem Haar und Bart, und gekleidet wie ein Bettler. Erschrocken hebt sich Herr von Mathisson auf, das schreckliche Bild anstarrend, das eine Zeitlang verweilt, ohne zu sprechen, sich ihm sodann nähert, über den Tisch hinüberneigt, häßliche ungeschnittene Nägel an den Fingern zeigt, und mit dumpfer geisterhafter Stimme murmelt: Hölderlin. Und sogleich ist die Erscheinung fort, und der bestürzte Herr hat Noth, sich von dem Eindruck dieses Besuches zu erhohlen. In Nürtingen bey seiner Mutter angelangt, jagte er sie und sämmtliche Hausbewohner in der Raserey aus dem Hause.

Er hielt sich einige Zeit bey ihr auf, und hatte helle und gute Augenblicke, wiewohl er immer von der schwärzesten Melancholie geplagt war. Abermals, aber nun zum letztenmale, sollte sein für die Liebe so offenes unglückliches Herz entzündet werden. Allein man war genöthigt, ihm den Gegenstand seiner Neigung und Verehrung zu entreißen, und ein ihm sehr naher Blutsverwandter heurathete das Frauenzimmer. Diß fehlte noch, um Hölderlins Raserey zu vollenden. Nie mehr in seinem Leben wollte er diese Person kennen, wiewohl sie oftmals um ihn war. Hölderlin behauptete schlechterdings, daß er nicht die Ehre habe, Seine Majestät jemals gesehen zu haben.

Nun hörte ein wohlwollender gutgesinnter Prinz, der Hölderlin in Jena kennen gelernt hatte, von seiner unseligen Lage, und nahm sich vor, ihn durch eine angemessene Beschäftigung zu zerstreuen und wenn es möglich wäre, zu retten. Er wurde von ihm zur Stelle eines Bibliothekars berufen. Aber Hölderlin war verloren. Seine Anfälle von Raserey wurden ungestümmer und häufiger als je. Er beschäftigte sich mit einer Übersetzung von Sofocles, die des Wundersamen und Närrischen schon manches enthält. Genug, Hölderlin konnte nicht mehr beybehalten werden; unter dem Vorwand, daß er Bücher in Tübingen einkaufen müsse, wurde er dahin geschickt, dort aber in das Klinikum gebracht, wo man versuchen wollte, ihn medizinisch zu kuriren.

Zwey Jahre verweilte er hier, allein sein Geist ward nicht mehr hell, seine Denkkraft zerstört, seine Nerven unglaublich zerrüttet, und er sank endlich in den schrecklichen Zustand, in dem er sich nun befindet. Er wurde ins Haus eines Tischlers aufgenommen, wo er in einem kleinen Zimmerchen, ohne etwas anders, als ein Bett, und einige wenige Bücher, nun schon über zwanzig Jahre lebt.

Tritt man nun in das Haus des Unglücklichen, so denkt man freylich keinen Dichter darin zu treffen, der so gerne mit Platon am Ilyssus wandelte, aber es ist auch nicht häßlich, sondern die Wohnung eines wohlhabenden Tischlers, eines Mannes, der eine für seinen Stand ungewöhnliche Bildung hat, und sogar von Kant,

Fichte, Schelling, Novalis, Tieck und andern spricht. Man fragt nach dem Zimmer des Herrn Bibliothekars – so läßt er sich noch immer gerne tituliren – und kommt auf eine kleine Thüre zu. Schon hört man innen reden, man glaubt, daß Gesellschaft innen sey: Der brave Tischler sagt aber: er sey ganz allein, und rede Tag und Nacht mit sich selbst. Man besinnt sich, man zaudert, anzupochen, man fühlt sich innerlich beunruhigt. Zuletzt klopft man an, und ein heftiges lautes: Herein! wird gehört. Man öffnet die Thüre, und eine hagere Gestalt steht in der Mitte des Zimmers, welche sich aufs Tiefste verneigt, nicht aufhören will, Complimente zu machen, und dabey Manieren zeigt, die voll Grazie wären, wenn sie nicht etwas Krampfhaftes an sich hätten. Man bewundert das Profil, die hohe gedankenschwere Stirne, das freundliche freylich erloschene, aber noch nicht seelenlose liebe Auge; man sieht die verwüstenden Spuren der geistigen Krankheit in den Wangen, am Mund, an der Nase, über dem Auge, wo ein drückender schmerzlicher Zug liegt, und gewahrt mit Bedauren und Trauer die convulsivische Bewegung, die durch das ganze Gesicht sich zuweilen vorbereitet, die ihm die Schultern in die Höhe treibt, und besonders die Hände und Finger zucken macht. Er trägt ein einfaches Wams, in dessen Seitentaschen er gerne die Hände steckt. Man sagt einige einleitende Worte, die mit den verbindlichsten Verbeugungen und einem Schwall von Worten empfangen werden, die ohne allen Sinn sind, und den Fremden verwirren. Hölderlin fühlt jetzt, artig, wie er war und wie er der Form nach es noch ist, die Nothwendigkeit, dem Gaste etwas Freundliches zu sagen, eine Frage an ihn zu errichten. Er thut es; man vernimmt einige Worte, die verständlich sind, die aber meist unmöglich beantwortet werden können. Hölderlin selbst erwartet nicht im mindesten Antwort und verwirrt sich im Gegentheil aufs Äußerste, wenn der Fremde sich bemüht, einen Gedanken zu verfolgen. Darüber später, wenn wir an unsere eigenen Unterhaltungen mit ihm kommen. Für jetzt nur die flüchtige Erscheinung. Der Fremde sieht sich Eure Majestät, Eure Heiligkeit, gnädiger Herr Pater betitelt. Allein Hölderlin ist äußerst unruhig: er empfängt solche Besuche sehr ungern, und ist nachher immer verstöhrter als früher. Ich that es deßwegen jeder Zeit ungern, wenn mich jemand bat, ihn zu Hölderlin zu führen. Doch war mir diß noch lieber, als wenn man allein zu ihm gieng. Denn alsdann war die Erscheinung für den Einsamen, von allem Menschenumgang Abgeschlossenen zu neu, zu störend, und der Fremde wußte ihn nicht zu behandeln. Hölderlin selbst fieng auch bald an, für den Besuch zu danken, sich abermals zu verbeugen, und es war alsdann gut, wenn man nicht länger verweilte.

Länger hielt sich auch keiner bey ihm auf. Selbst seine früheren Bekannten fanden eine solche Unterhaltung zu unheimlich, zu drückend, zu langweilig, zu sinnlos. Denn eben gegen sie war der Bibliothekar am wunderbarsten. So war einmal Fridrich Haug, der Epigrammatiker bey ihm, der ihn von lange her kannte. Auch er wurde Königliche Majestät betitelt, und Herr Baron von Haug geheißen. Wiewohl der alte Freund versicherte, daß er nicht geadelt sey, so ließ Hölderlin dennoch schlechterdings nicht ab, ihm jene vornehmen Titel zu spenden. Gegen ganz Fremde kehrt er absolute Sinnlosigkeit vor. Aber wir wollten zuerst nur zeigen, wie er sich äußerlich darstellt und wir gehen nun ins Genauere ein, zuvörderst blos erzählend.

Anfänglich schrieb er viel, und füllte alle Papiere an, die man ihm in die Hand gab. Es waren Briefe in Prosa, oder in pindarischen freyen Versmaaßen, an die theure Diotima gerichtet, häufiger noch Oden in Alcäen. Er hatte einen durchaus sonderbaren Styl angenommen. Der Inhalt ist Erinnerung an die Vergangenheit, Kampf mit Gott, Feyer der Griechen. Über die Gedankenfolge für jetzt noch nichts.

In der ersten Zeit, da er bey dem Tischler war, hatte er noch sehr viele Anfälle von Raserey und Wuth, sodaß jener nöthig hatte, seine derbe Faust anzuwenden, und dem Wüthenden tüchtig mit Schlägen zu imponiren. Einmal jagte er ihm seine sämmtlichen Gesellen aus dem Hause und schloß die Thüre. In Zorn und Convulsionen gerieth er gleich, wenn er jemand aus dem Klinikum sah. Indem er oft frey herumgieng, so war er natürlich dem Spott heilloser Menschen ausgesetzt, deren es überall giebt, und deren Bestialität auch ein so furchtbarer, durch das Unglück geheiligter geistiger Zerfall ein Gegenstand des dummen Muthwillens ist. Das machte nun Hölderlin, wenn ers bemerkte, so wild, daß er mit Steinen und Koth nach ihnen warf, und dann wars ausgemacht, daß er noch einen Tag lang fortwüthete. Mit tiefem Bedauren haben wir bemerken müssen, daß selbst Studirende thierisch genug waren, ihn zuweilen zu reitzen und in Zorn zu jagen. Wir sagen nichts darüber, als daß von allen Bübereyen, welche auf Universitäten die Faulheit hervorbringt, diese wohl eine der nichtswürdigsten ist.

Oft nahm die Frau des Tischlers oder eine der Töchter und Söhne den Armen in die Güter und Weinberge hinaus, wo er sich alsdann auf einen Stein setzte und wartete, bis man wieder nach Hause gieng. Es ist zu bemerken, daß man ganz wie mit einem Kinde mit ihm verfahren mußte, wenn man ihn nicht störrisch machen wollte. Wenn er so ausgeht, so muß man ihn zuvor anmahnen, sich zu waschen und zu säubern, indem seine Hände gewöhnlich schmutzig sind, weil er sich halbe Tage lang damit beschäftigt, Gras auszureißen. Wenn er alsdann angekleidet ist, so will er durchaus nicht voraus gehen. Seinen Hut, den er tief aufs Auge hinabdrückt, lüpft er vor einem zweyjährigen Kinde, wenn er anders nicht zu sehr in sich versenkt ist. Es ist sehr lobens- und erwähnenswerth, daß die Leute in der Stadt, die ihn kennen, ihn nie verspotten, sondern ruhig seines Weges gehen lassen, indem sie oft zu sich sagen: ach wie gescheit und gelehrt war dieser Herr, und jetzt ist er so närrisch. Allein läßt man ihn aber nicht ausgehen, sondern nur in dem Zwinger vor dem Hause spazirenwandeln.

Am Anfang kam er manchmal zu dem kurzverstorbenen trefflichen Conz. Dieser fleißige und thätige Freund der alten Litteratur hatte einen Garten vor dem Hirschauerthore in Tübingen, wo er nach einer Gewohnheit von Jahrzehnten täglich eine Stunde vor Mittag seinen Gang hinrichtete. Ein VierteIJahrhundert hindurch sah man ihn um diese Zeit seinen schweren Körper hinaustragen, und sofort am Thore halten, wo ihm der Thorwart regelmäßig die Pfeife anzünden mußte. Alsdann gieng der Dichter ruhig und langsam weiter und hielt sich einige Stunden draußen im Freyen oder im Gartenhause auf. Als er den Aeschylos übersetzte, kam Hölderlin, der damals noch mehr Feuer und Kräfte hatte, oftmals zu ihm hinaus. Er unterhielt sich alsdann mit Blumenpflücken, und wenn er einen tüchtigen Strauß beysammen hatte, so zerriß er ihn und steckte ihn in die Tasche. Conz gab ihm auch zuweilen ein Buch hin. Einmal, erzählte er mir, bückte sich Hölderlin über ihn her und las einige Verse aus dem Aeschylos herunter. Sodann aber schrie er mit einem krampfigten Lachen: »Das versteh' ich nicht! Das ist Kamalattasprache«. Denn zu Hölderlins Eigenheiten gehört auch die Bildung neuer Wörter.

Diese Besuche hörten mit der Zeit auf, je schwächer und dumpfer er wurde. Ich hatte Noth, ihn zuweilen zu bewegen, daß er mit mir einen Spaziergang in den Conz'schen Garten machte. Er hatte allerley Ausreden; er sagte: »Ich habe keine Zeit, Eure Heiligkeit« – denn auch ich bekam alle Titel durchweg – »ich muß auf einen Besuch warten«; oder brauchte er eine ihm gewöhnliche höchst sonderbare Form, indem er sagte: »Sie befehlen, daß ich hier bleibe«. Manchmal aber wenn das Wetter schön und helle war, brachte ich ihn doch zum Anziehn, und wir giengen hinaus. Einmal an einem Frühlingstage war er höchlich erfreut über die reichen Blumenbüsche und die Fülle der Blüten. Er lobte die Schönheit des Gartens auf die artigste Weise. Sonst war er aber immer unvernünftiger, als wenn ich ihn allein bey mir hatte. Conz bemühte sich, ihn an Vergangenes zu erinnern, jedoch umsonst. Einmal sagte er: »Herr Hofrath Haug, dessen Sie sich noch gut erinnern werden, hat unlängst ein sehr schönes Gedicht gemacht«. Hölderlin, wie gewöhnlich ganz und gar unachtsam auf das, was man zu ihm spricht, versetzte: »Hat er eins gemacht?« So daß Conz herzlich drüber lachte. Wir giengen sodann nach Hause und Hölderlin küßte beym Abschied auf der Straße Herrn Conz die Hand aufs eleganteste.

Sein Tag ist äußerst einfach. Des Morgens, besonders zur Sommerszeit, wo er überhaupt viel unruhiger und gequälter ist, erhebt er sich vor oder mit der Sonne, und verläßt sogleich das Haus, um im Zwinger spazieren zu gehen. Dieser Spaziergang währt hie und da vier oder fünf Stunden, so daß er müde wird. Gerne unterhält er sich damit, daß er ein Schnupftuch in die Hand nimmt, und auf die Zaunpfähle damit zuschlägt, oder das Gras ausrauft. Was er findet, und sollt' es nur ein Stück Eisen oder ein Leder seyn, das steckt er ein und nimmt es mit. Dabey spricht er immer mit sich selbst, fragt sich und antwortet sich, bald mit Ja, bald mit Nein, häufig mit Beydem. Denn er verneint gerne.

Alsdann geht er ins Haus, und schreitet dort umher. Man bringt ihm sein Essen aufs Zimmer und er speist mit starkem Appetit, liebt auch den Wein, und würde so lange trinken, als man ihm gäbe. Ist er mit dem Essen zu Ende, so kann er keinen Augenblick länger das Geschirr in seinem Zimmer leiden und er stellts sogleich vor die Thürschwelle auf den Boden. Er will durchaus nur drin haben, was sein ist, alles andere wird auf der Stelle vor die Thüre gelegt. Der übrige Theil des Tages zerfließt in Selbstgesprächen und Auf- und Abgehen in seinem Zimmerchen.

Womit er sich Tagelang beschäftigen kann, das ist sein Hyperion. Hundertmal, wenn ich zu ihm kam, hört ich ihn schon außen mit lauter Stimme declamiren. Sein Pathos ist groß, und Hyperion liegt beynahe immer aufgeschlagen da. Er las mir oft daraus vor. Hatte er eine Stelle weg, so fieng er an mit heftigem Gebärdenspiel zu rufen: »O schön, schön! Eure Majestät!« – Dann las er wieder, dann konnte er plötzlich hinzusetzen: »Sehen Sie, gnädiger Herr, ein Komma!« Er las mir auch oft aus andern Büchern vor, die ich ihm in die Hand gab. Er verstand aber nichts, weil er zu zerstreut ist, und nicht einmal einen eigenen Gedanken, geschweige einen fremden verfolgen kann. Jedoch lobte er seiner gewöhnlichen Artigkeit zu Folge das Buch immer über die Maaßen.

Seine übrigen Bücher bestehen aus Klopfstocks Oden, Gleim, Kronegk, und dergleichen alten Poeten. Klopfstocks Oden liest er oft, und zeigt sie gleich vor.

Ich sagte ihm unzähligemal, daß sein Hyperion wieder neu gedruckt worden, und daß Uhland und Schwab seine Gedichte sammeln. Ich erhielt aber nie eine andere Antwort, als eine tiefe Verbeugung und die Worte: »Sie sind sehr gnädig, Herr von Waiblinger! Ich bin Ihnen sehr verbunden, Eure Heiligkeit«. Oft wollt' ich, wenn er eine Frage auf diese Weise kurzweg abschnitt, mit Gewalt auf eine vernünftige Antwort dringen, drehte meine Worte, ließ nicht ab, brachte immer wieder dasselbe in anderer Wendung vor, und hörte erst auf, als er in heftige Bewegung gerieth und einen fürchterlich kunterbunten sinnlosen Wortschwall hervorbrachte.

Der Tischler verwunderte sich bald, daß ich so viele Gewalt über ihn ausüben könnte, daß er mit mir gieng, sobald ich wollte, und daß er sich auch in meiner Abwesenheit so viel mit mir beschäftigte. Womit ich ihn am meisten vergnügte, das war ein hübsches Gartenhaus, das ich auf dem Österberg bewohnte, dasselbe, worin Wieland die Erstlinge seiner Muse niederschrieb. Hier hat man Aussicht über grüne freundliche Thäler, die am Schloßberg emporgelagerte Stadt, die Krümmung des Neckars, viele lachende Dörfer und die Kette der Alb. Es sind nun mehr als vier Jahre, daß ich hier einen angenehmen Sommer verlebte, mitten im Grün, bey so erquikkender Aussicht, beynahe ganz im Freyen. Leider lastete damals ein so gefährlicher Druck auf meinem Geist, daß selbst der Genuß dieser freundlichen Natur nicht im Stande war, mich innerlich zu erheitern und zu stärken, und ich hier einen Roman schrieb, den ich bald darauf für werth hielt, verbrannt zu werden, und in dem nur weniges enthalten war, dessen ich mich nicht eben schäme. Doch kam später noch der Gesang der Kalonasore hier zu Stande, der, als er drey Jahre darauf gedruckt wurde, wenigstens dem Verfasser den Beyfall der gerühmtesten Kenner und Freunde der Poesie erwarb. Hier also wars, wo ich Hölderlin jede Woche einmal hinaufführte. Oben angelangt, und ins Zimmer eintretend, verneigte sich Hölderlin jedesmal, indem er sich meiner Gunst und Gewogenheit aufs angelegentlichste empfahl. Höflichkeitsfloskeln bringt er allenthalben an, und es ist wirklich oft, als ob er damit geflissentlich jedermann recht ferne von sich halten wollte. Hat es einen Grund, so ists gewiß dieser: es ist aber vielleicht zuviel, allem und jedem eine tiefere Ursache zuschreiben zu wollen, als die blose Sonderbarkeit und Kuriosität.

Hölderlin öffnete sich das Fenster, setzte sich in seine Nähe und fieng an, in recht verständlichen Worten die Aussicht zu loben. Ich bemerkte es überhaupt, daß es besser mit ihm stand, wenn er im Freyen war. Er sprach weniger mit sich selbst, und diß ist mir ein vollkommener Beweis, daß er klarer wurde: denn ich habe mich überzeugt, daß jenes unablässige Selbstgespräch nichts anders als eine Folge der Unstätheit seines Denkens und der Unmacht ist, einen Gegenstand festzuhalten. Davon hernach. Ich versorgte Hölderlin mit Schnupf- und Rauchtaback, an welchem er eine große Freude hatte. Mit einer Prise konnte ich ihn ganz erheitern, und wenn ich ihm nun gar eine Pfeife füllte, und ihm Feuer machte, so lobte er den Taback und die Maschine aufs lebhafteste, und war vollkommen zufrieden. Er hörte auf zu sprechen, und wie er sich nun so am besten fühlte, und es nicht gut war, ihn zu stören, so ließ ich ihn, indem ich etwas las.

Womit er viel zu schaffen hatte, das war das pantheistische Ein und All, mit großen griechischen Charakteren über meinem Arbeitstisch an die Wand geschrieben. Er sprach oft lange mit sich selbst, immer das geheimnißvolle vielbedeutende Zeichen anschauend, und einmal sagte er: »Ich bin nun orthodox geworden, Eure Heiligkeit! Nein, nein! ich studire gegenwärtig den dritten Band von Herrn Kant, und beschäftige mich viel mit der neuern Philosophie«. Ich fragte ihn, ob er sich Schellings erinnere. Er sagte: »Ja; er hat mit mir zu gleicher Zeit studirt, Herr Baron!« – Ich sagte, daß er nun in Erlangen sey, und Hölderlin erwiederte: »Vorher ist er in München gewesen«. Er fragte ob ich ihn schon gesprochen, und ich sagte ja. -

Freylich auf die wunderbarste Weise von der Welt. In Stuttgart schon war mir einmal seine Bekanntschaft entgangen, indem ich sein Hierseyn eben erfuhr, als er im Begriff war abzureisen, und Herr Hofrath Haug, der mich zu ihm führen wollte, mir nur einige für mich sehr schmeichelhafte Worte von ihm sagte. Als ich später einmal nach Erlangen kam, wollt' ich ihn besuchen. In seinem Hause angekommen, fand ich niemand, der mich gemeldet hätte. Alles war todtenstill. Ich wußte weder Stock noch Thüre, und stand lange Zeit in einem Gang, indem ich über dieses sonderbare Warten lachen mußte. Nein, dacht' ich, ich gehe dem großen Philosophen nicht aus dem Hause, bis ich endlich einmal zu seiner Bekanntschaft gekommen bin, und einmal muß sich ja doch etwas Lebendiges hier regen, wo alles zu Hause ist, was sich im Himmel und auf Erden beweget. Plötzlich hört' ich husten. Das war Schelling! sagt ich mir, das war er! das muß er gewesen seyn, und nun keck und ohne Weiteres auf die Thüre zu, von wo der Schall herkam, und angepocht. Das geschah. In demselben Augenblicke fast stand auch schon eine Person vor der Thüre, deren Physiognomie durchaus mir den Philosophen zeigte. Schelling fragte mich heftig, ob ich ein Fremder sey, und bat mich in ungestümmer Schnelligkeit, ihn nach dem Essen zu besuchen, indem er jetzt gebunden sey. Ich schaute ihm ruhig ins Gesicht, empfahl mich und gieng. Nun, sagt ich zu mir selbst, hab' ihn gesehen und gesprochen, aber ich bin ihm doch recht zur Unzeit gekommen! Ich hatt' ihm nicht einmal meinen Namen gesagt. Ich weiß nicht, welche Stravaganz mich trieb, meinen Besuch nicht zu wiederhohlen, sondern augenblicklich abzureisen, zufrieden, den großen Philosophen nun doch gesprochen und eben in einem Moment gesehen zu haben, wo er vielleicht in der Begeisterung seiner Weltalter brannte.

Doch ich kehre zu Hölderlin zurück. Er erinnerte sich Matthissons, Schillers, Zollikofers, Lavaters, Heinses und vieler anderer, nur, wie ich schon bemerkt, Göthe's nicht. Sein Gedächtniß zeigte noch Kraft und Dauer. Ich fand es einmal befremdend, daß er das Porträt Fridrichs des Großen an der Wand hängen hatte und fragte ihn deßhalb. Er sagte mir: »Das haben Sie schon einmal bemerkt, Herr Baron«; und ich erinnerte mich nun selbst es wohl viele Monate vorher bemerkt zu haben. So erkennt er auch alle wieder, die er gesehen. Er vergaß nie, daß ich Dichter bin, und fragte mich unzähligemal, was ich gearbeitet hätte, und ob ich fleißig gewesen sey. Dann konnte er aber freylich sogleich hinzusetzen: »Ich, mein Herr, bin nicht mehr von demselben Namen, ich heiße nun Killalusimeno. Oui, Eure Majestät: Sie sagen so, Sie behaupten so! es geschieht mir nichts!«

Diß letztere überhaupt hört' ich häufig bey ihm. Es ist, als ob er sich dadurch vor sichern und beruhigen wollte, indem er sich immer den Gedanken vorhält, es geschieht mir nichts.

Ich gab ihm auch Papier zum Schreiben. Alsdann setzte er sich an den Schreibtisch und machte einige Verse, auch gereimte. Sie waren jedoch ohne Sinn, besonders die letztern, übrigens metrisch richtig. Er erhob sich sodann, und überreichte sie mir mit großen Complimenten. Einmal schrieb er drunter: »Dero unterthänigster Hölderlin«.

Einmal hatt' ich ihm gesagt, daß auf den Abend Conzert sey. Ich hatte daran gedacht, ob es nicht möglich wäre, ihm diesen Genuß zu verschaffen. Allein man konnt' es nicht wagen. Vielleicht hätte die Musik zu starken Eindruck auf ihn gemacht, oder war von der Ungezogenheit der Studenten zu befürchten. Genug, ich verließ mit ihm das Gartenhaus. Er war ganz in sich versunken, und sprach keine Sylbe. Als ich schon mit ihm in der Stadt war, sah er mich zumal an, als ob er aufwachte, und sagte: »Conzert«. Gewiß, daß er unterdessen daran gedacht.

Denn die Musik hat ihn noch nicht ganz verlassen. Er spielt noch richtig Klavier, aber höchst sonderbar. Wenn er dran kommt, so bleibt er Tage lange sitzen. Alsdann verfolgt er einen Gedanken, der kindisch simpel ist, und kann ihn viele hundertmal hindurchdrehn und dermaßen abspielen, daß mans nicht mehr aushalten kann. Zudem kommt noch ein schnelles Aufzucken von Krampf, das ihn nöthigt, manchmal blitzschnell über die Tasten wegzufahren, und das unangenehme Klappen seiner langgewachsenen Nägel. Diese nämlich läßt er sich höchst ungern schneiden, und es sind eine Menge Kunstgriffe nöthig, um ihn zu bewegen, wie man sie bey störrischen und eigensinnigen Kindern anwendet. Hat er eine Zeitlang gespielt, und ist seine Seele ganz weich geworden, so sinkt zumal sein Auge zu, sein Haupt richtet sich empor, er scheint vergehn und verschmachten zu wollen, und er beginnt zu singen. In welcher Sprache, das konnte ich nie erfahren, so oft ich es auch hörte, aber er thats mit überschwänglichem Pathos, und es schauderte einen in allen Nerven, ihn so zu sehen und zu hören. Schwermuth und Trauer war der Geist seines Gesanges: man erkannte einen ehmals guten Tenor.

Kinder liebt er sehr. Aber sie haben Angst vor ihm und fliehen ihn. Den Tod fürchtet er ausnehmend, wie er überhaupt sehr furchtsam ist. Bey seiner entsetzlichen Nervenschwäche ist er leicht zu erschrecken. Er fährt beym kleinsten Geräusch zusammen. Wenn er in Bewegung, in Zorn, oder nur in übler Laune ist, so zuckt sein ganzes Gesicht, seine Gebärden sind heftig, er dreht die Finger so krampfig zusammen, als ob keine Gelenke drin wären, und schreyt wohl auch laut, oder tobt er in ungestümmen Discursen mit sich selbst. In einem solchen Moment muß man ihn allein lassen, bis sich die Wallung gesetzt hat, sonst wird man am Arm hinausgeführt. Ist er ganz aufgebracht, so liegt er ins Bett und steht einige Tagelang nicht mehr auf.

Einmal kam es ihm plötzlich in Sinn, nach Frankfurth zu gehen. Man nahm ihm nun die Stiefel weg, und das erzürnte den Herrn Bibliothekar dergestalt, daß er fünf Tage im Bette blieb. Im Sommer plagt ihn die Unruhe aber oft so, daß er Nächtelang im Hause auf- und abgeht.

Ich wollte ihm andere Bücher geben, und dachte, den Homer, der ihm noch im Gedächtniß sey, werde er doch lesen. Ich bracht' ihm eine Übersetzung, aber er nahm sie nicht an. Ich ließ sie also beym Tischler, und sagte diesem, er solle behaupten, daß sie ihm gehöre. Dennoch nahm sie Hölderlin nicht an. Der Grund davon ist nicht Stolz, sondern Furcht, sich zu beunruhigen, indem er sich mit etwas Fremdem einläßt. Nur das Gewohnte konnte ihn in Ruhe lassen, Hyperion und seine bestäubten alten Poeten: Homer war ihm seit 20 Jahren fremd geworden, und alles Neue störte ihn.

Ich lud ihn auch ein, mit mir in einen Garten zu gehen, wo ein Weinschank war. Die Aussicht war hier sehr hübsch, und man war gänzlich unbeobachtet. Hölderlin trank männlich. Auch das Bier schmeckte ihm. Er vertrug mehr als man glauben sollte. Ich sorgte aber, daß nie die Gränze überschritten wurde. Er fühlte sich ganz behaglich, wenn er so eine Pfeife rauchte. Denn er sprach nicht mehr, und verhielt sich ruhig.

Seiner alten Mutter schrieb er, aber man mußte ihn immer mahnen. Diese Briefe waren nicht unvernünftig. Er gab sich Mühe, und sie wurden sogar klar. Aber nur so, auch dem Styl nach, wie ein Kind schreibt, das noch nicht fertig denken und schreiben kann. Einer war einmal in der That gut, endete aber so: »Ich sehe, daß ich aufhören muß«. Hier verwickelte er sich schon, fühlte es selbst, und schloß. Man kann diesen Zustand am besten mit der Störung im Denken vergleichen, die man bey Krankheiten, bey starkem Kopfweh, heftiger Schläfrigkeit, und des Morgens nach einem allzu unmäßigen Abend beym Weine in sich gewahrt.

Mein Gartenhaus war ihm so theuer geworden, daß er Jahre nachdem ich es nicht mehr bewohnte, sich noch darnach erkundigte, und wenn er mit der Tischlersfrau in einen in seiner Nähe gelegenen Weinberg gieng, mehreremale vor die Thüre des Häuschens hinaufstieg, und schlechterdings behauptete, daß hier Herr von Waiblinger wohne.

Die Natur, ein hübscher Spaziergang, der freye Himmel that ihm immer gut. Ein Glück für ihn ist es, daß er von seinem Zimmerchen aus eine wirklich recht lachende Aussicht auf den Neckar, der sein Haus bespült, und auf ein liebliches Stück Wiesen- und Berglandschaft genießt. Davon gehen noch eine Menge klarer und wahrer Bilder in die Gedichte über, die er schreibt, wenn ihm der Tischler Papier gibt.

Merkwürdig ist, daß er nicht auf Gegenstände zu sprechen gebracht werden konnte, die ihn ehedem in bessern Tagen sehr in Anspruch genommen. Von Frankfurth, Diotima, von Griechenland, seinen Poesien und dergleichen ihm einst so wichtigen Dingen redet er kein Wort, und wenn man auch geradezu fragt: »Sie waren wohl schon lange nicht mehr in Frankfurth«, so antwortet er blos mit einer Verbeugung: »Oui, Monsieur, Sie behaupten das«, und dann kommt eine Fluth von Halbfranzösisch.

Eine ungemeine Freude hat man ihm damit gemacht, daß man ihm endlich in den letzten Jahren ein kleines Sopha in sein Zimmerchen that. Das verkündet' er mir mit einem kindischen Entzücken, als ich zu ihm kam, indem er mir die Hand küßte, und sagte: »Ach sehen Sie, gnädiger Herr, nun hab' ich ein Sopha«. Ich mußt' auch gleich Platz nehmen, und Hölderlin traf ich eine Zeitlang nachher meist auf ihm an, wenn ich ihn besuchte.

Ich machte in der Zeit, da ich mit ihm umgieng, viele Reisen nach Italien, in die Schweitz und ins Tirol, und wenn ich zurückkam, so wußte er immer, wo ich gewesen, und äußerte sich besonders gerne über die Schweitz, wo er die schöne Gegend von Zürch und St. Gallen lobte, und von den Herren Lavater und Zollikofer sprach. Einmal sagte ich ihm, daß ich nun nach Rom gehen und sobald nicht mehr zurückkehren werde, und lud ihn scherzhaft ein, mein Reisegefährte zu seyn. Er lächelte so liebenswürdig verständig, als nur ein Weiser lächeln kann, und sagte: »Ich muß zu Hause bleiben und kann nicht mehr reisen, gnädiger Herr«.

Zuweilen gab er Antworten, worüber man fast durchaus lachen mußte, zumal da er sie mit einer Miene gab, als ob er wirklich spottete. So fragte ich ihn einmal, wie alt er nun sey, und er versetzte lächelnd: »Siebzehn, Herr Baron«. Diß ist aber keine Ironie, sondern gänzliche Zerstreuung. Nie gibt er Acht auf das, was man zu ihm spricht, weil er immer in sich selbst mit seinen unvollkommenen unklaren Gedanken kämpft, und will man ihn nun plötzlich mit einer Frage aus diesem dumpfen Brüten herausreißen, so muß man mit dem Nächsten zufrieden seyn, was ihm auf die Zunge kommt. So gieng ich einmal mit ihm über eine Wiese spazieren und ließ ihn lange in sich versenkt neben mir hergehen, als ich ihn schnell auf ein neugebautes Haus aufmerksam machte und sagte: »Sehen Sie, Herr Bibliothekar, dieses Gebäude haben Sie gewiß noch nicht bemerkt«. Hölderlin wachte plötzlich auf, und sagte mir mit einem Ausdruck, als hänge das Wohl der Welt davon ab: »Oui, Eure Majestät«.

Von seinen schriftlichen Sachen und dem Vielen, was er während seines traurigen Lebens geschrieben, besitz' ich eine Menge in Deutschland, und würde gerne davon etwas mittheilen, wenn es mir möglich wäre. Ich erinnere mich nur einer Ode in alcäischem Versmaaß, die mit folgenden rührendschönen Zeilen beginnt:

An Diotima.

Wenn aus der Ferne, da wir geschieden sind,
Ich dir noch kennbar bin, die Vergangenheit,
O du Theilhaber meiner Schmerzen,
Einiges Gute bezeichnen dir kann – –

In der letzten Zeile sieht man schon, wie er den Gedanken nicht mehr erfassen konnte, und wie es ihm gerade gieng, gleich einem angehenden oder schlechten Dichter, der sich nicht ins Klare darüber bringen kann, was er sagen will, und nicht Meister genug darüber ist, um es so stark auszudrücken, als er es empfindet.

In seinen Briefen ist durchgehends der Inhalt ein Kampf und ein Anringen gegen die Gottheit oder das Schicksal, wie er sie gerne nennt. Eine Stelle lautet folgendermaaßen: »Himmlische Gottheit, wie war es unter uns, da ich dir noch verschiedene Schlachten und einige nicht unbedeutende Siege abgewann!«

Ein schreckliches geheimnißvolles Wort fand ich einmal in seinen Papieren. Nach vielem Ruhmwürdigen, was er von griechischen Heroen und alter Götterschönheit sagt, beginnt er: »Nun versteh' ich den Menschen erst, da ich ferne von ihm und in der Einsamkeit lebe!«

Naturanschauungen sind ihm noch vollkommen klar. Es ist ein großer erhebender Gedanke, daß die heilige alllebendige Mutter Natur, die Hölderlin seiner gesundesten, schwungvollsten, frischesten Poesie feyerte, auch da, wo ihm die Welt des blosen Gedankens in einem unseligen Wirrwarr untergieng, und es ihm nicht mehr gegeben war, etwas rein Abgezogenes consequent zu verfolgen, noch von ihm verstanden wird. Das beweist sein Benehmen im Freyen, der Eindruck und die wohlthätige, beruhigende Wirkung, die sie auf ihn äußert, und besonders manche schöne Bilder, die er sich frischweg aus der Natur hohlte, indem er von seinem Fenster aus den Frühling kommen und gehen sah. So mahlte er in einem Verse auf eine homerisch anschauliche Weise, wie die Schaafe über einen Steeg wandern. Das sah er oft am Fenster. Er kam auf einen ganz sublimen Gedanken, indem er die silbernen Regentropfen von seinem Dache fallen sah.

Der Zusammenhang wird aber freylich vergebens gesucht, und bemüht er sich, etwas Abstracktes zu sagen, so verwirrt er sich, wird lahm, und hilft sich am Ende blos mit einer stravaganten Wortfügung.

Der gröste Irrthum, in den manche flüchtige Beobachter dieses verwirrten Seelenzustandes gefallen, ist der, daß sie glauben, Hölderlin habe die fixe Idee, mit nichts als Königen, Päbsten und vornehmen Herrn umzugehen, weil er jedermann, und auch dem Tischler jene hohen Titel gibt. Allein das ist ganz falsch. Hölderlin ist ohne eine durchgehends ihn beherrschende fixe Idee. Er ist mehr in einem Zustand der Schwäche, als der Narrheit, und alles, was er Sinnloses vorbringt, ist eine Folge jener geistigen und körperlichen Erschöpfung. Erklären wir uns deutlicher.

Hölderlin ist unfähig geworden, einen Gedanken festzuhalten, ihn klar zu machen, ihn zu verfolgen, einen andern ihm analogen anzuknüpfen, und so in regelmäßiger Reihenfolge durch Mittelglieder auch das Entfernte zu verbinden. Sein Leben ist, wie wir gesehen, ein ganz inneres, und diß ist gewiß eine der Hauptursachen, daß er in diesen Zustand der Abstumpfung versunken, aus dem sich herauszuarbeiten, schon seine physische Erschlaffung und die unglaubliche Schwäche seiner Nerven unmöglich macht. Es fällt ihm etwas ein, sey es eine Erinnerung, sey es vielleicht eine Bemerkung, die ihm ein Gegenstand der Außenwelt erweckt, er fängt an zu denken. Aber nun mangelt ihm alle Ruhe, alles Stäte und Feste, um zu erfassen, was nur wie in Dunst in ihm werden wollte. Er sollte ausbilden, und es fehlt die Kraft, auch nur einen Begriff in seine Merkmale zu zerlegen. Er will bejahen, aber wie es ihm nicht um die Wahrheit zu thun ist, denn diese kann nur das Produckt eines gesunden geordneten Denkens seyn, so verneint er im Augenblick, denn die gesammte Welt des Geistes ist ihm Schein und Nebel, und sein ganzes Wesen ist ein entschiedener freylich schrecklicher Idealismus geworden. Sagt er z. B. zu sich selbst: die Menschen sind glücklich, so mangelt es ihm an Halt und Klarheit, um sich zu fragen warum und wie, er fühlt eine dumpfe widerstrebende Empfindung in sich, er widerruft, und sagt: die Menschen sind unglücklich, ohne sich darum zu bekümmern, warum und wie sie es sind. Diesen unglückseligen Widerstreit, der seine Gedanken schon im Werden zernichtet, konnte ich unzähligemal bemerken, weil er gewöhnlich laut denkt. Gerieth er auch wirklich so weit mit dem Festhalten eines Begriffs oder einer Idee, so schwindelte ihm sogleich der Kopf, er verwirrte sich nur desto stärker, es zuckte eine convulsivische Bewegung durch seine Stirne, er schüttelte mit dem Haupt, und rief: Nein! nein! Und um sich aus diesem Schwindel, der ihn allzusehr beunruhigte, herauszumachen, verfiel er nun alsobald in ein Deliriren, er sagte Worte ohne Sinn und Bedeutung, gleichsam als ob sein Geist, allzusehr angestrengt durch jene zu lange Funktion des Denkens, sich erhohlen sollte, während der Mund Worte aussprach, bey denen jener nichts zu thun hatte. Diß wird ferner auch klar aus seinen Papieren. Es ist ihm noch gegeben, einen Satz hinzuschreiben, der etwa das Thema seyn soll, das er ausführen will. Dieser Satz ist klar und richtig, wiewohl er meist doch nur eine Erinnerung ist. Allein wenn er ihn durchführen, ausarbeiten, entwickeln soll, so daß es darauf ankommt zu zeigen, wie weit er im Stande sey, jene noch gebliebene Erinnerung durchzudenken, und den neu ergriffenen Gedanken gleichsam wieder zu erzeugen, so fehlt es ihm sogleich, statt Einem Faden, der das Vielfache verknüpfen sollte, gehen ihrer so viele durcheinander und verlieren sich dergestalt in einem wüsten Gespinnst, wie in einer Spinnwebe. Er wird sogleich matt, er kommt von Einem aufs andere, und spricht nun endlich mit derselben Mühseligkeit seine Worte aus, mit der ein im Denken und Schreiben noch ungeübtes Kind schriftlich zu erklären sich anstrengt. Nun aber sind ihm, wie wir oben sagten, noch eine Menge sublimer metafisischer Gedanken im Kopf, es ist ihm ferner noch ein gewisser Sinn für poetischen Anstand, für originellen Ausdruck geblieben, und er äußert sich sofort dunkel und höchst abentheuerlich, gleich unfähig, seine dunstigen aufgestiegenen Geistesblasen festzuhalten oder jenen Erinnerungen eine neue Wendung oder eine klare Consistenz zu geben, als auf der andern Seite bemüht, durch eine noch in seiner Macht gebliebene ungewöhnliche Form und Ausdrucksweise wie mit Absicht seine Verlegenheit zu verdecken.

Zu dieser Art Poesien gehören selbst schon einige Stücke, welche in der Sammlung seiner Gedichte stehen. Wiewohl sie des Schönen, Frischen und Klaren viel enthalten, ja sogar herrliche schwungvolle Stellen zeigen, so findet man doch hie und da Untiefen, welche wie schattige Flecken auf einer glatten sonnigen Wasserfläche aussehen. Hier hatte sich Hölderlins Geist, dessen Leiden eben zu jener Zeit begannen, wo er benannte Gedichte schrieb, schon verwickelt, und ist nicht mehr im Stande, den Stoff ganz zu bemeistern. Es wäre daher gut gewesen, wenn die Herausgeber, Uhland und Schwab, die sonst mit so vieler Sorgfalt und Mühe auswählten, diese Stücke entweder weggelassen, oder wenigstens für solche, die mit Hölderlins Zustande unbekannt sind, mit einer Bemerkung versehen hätten. Die zartfühlenden Herausgeber hielt wohl eine Rücksicht für den noch lebenden Dichter ab, der übrigens für die Erscheinung seiner Gedichte gar kein Interesse zeigte.

Auf diese Art ist er immer mit sich selbst beschäftigt, wenn er nicht etwa in einem Zustand vollkommener Stumpfheit ist. Kommt er nun mit einem Menschen zusammen, so erscheinen die verschiedensten Motive, die ihn so unzugänglich und unverständlich machen. Fürs Erste ist er gewöhnlich dergestalt in sich versenkt, daß er nicht die mindeste Aufmerksamkeit auf das hat, was außer ihm ist. Es ist eine unermeßliche Kluft zwischen ihm und der ganzen Menschheit. Er ist entschieden aus ihr hinausgetreten, wie ihm auch ihre Kräfte versagt haben. Es findet keine Verbindung mehr mit ihr statt, als etwa die der blosen Erinnerung, der blosen Angewöhnung, des Bedürfnisses, und des nie ganz zu ertödtenden Instinkts. Er erschrack z. B. einmal aufs Äußerste, als er ein Kind in einer gefährlichen Stellung am Fenster sah, lief schnelle hin und nahm es weg. Diese scheinbar menschliche Theilnahme an Menschlichem ist von seinem einst so tieffühlenden, so aufgeschlossenen warmen Gemüthe zurückgeblieben. Aber auch nichts anders als dieser instinktmäßige Trieb. Es wäre ihm gleichgültig, wenn man ihm sagte, die Griechen seyen bis auf den letzten Sprößling ausgerottet, oder sie hätten vollkommen obgesiegt und bestünden nun als selbständiger Staat, ja er würde es nicht einmal in sich aufnehmen, würde es nicht einmal denken: denn es liegt ihm zu fern, ist zu fremd, stört ihn zu sehr. So würde er, wenn man ihm gesagt hätte, ich sey gestorben, mit großem Affekt gesagt haben: Herr Jesus, ist er gestorben? – Aber er hätte im ersten Moment nichts gefühlt und nichts gedacht, jene scheinbar theilnehmenden Worte wären blose Form gewesen, die er immer beobachten möchte, und erst später, wenn es nach und nach Eingang in ihn gefunden hätte, so würde er von meinem Tod gesprochen haben. Weiter übrigens gewiß nichts: denn er kann sich anderer schlechterdings nicht mehr annehmen.

Schon diese unablässige Zerstreuung, diese Beschäftigung mit sich selbst, dieser totale Mangel an Theilnahme und Interesse für das, was außer ihm vorgeht, diese seine Abneigung und Unfähigkeit, eine andere Individualität zu erfassen, anzuerkennen, verstehen, gelten lassen zu wollen, schon diese Gründe machen eine genaue Communicazion mit ihm unmöglich. Nun ist nicht zu vergessen, daß noch eine starke Eitelkeit, und eine Art von Stolz und Selbstgefühl in ihm zurückgeblieben. In seiner zwanzigjährigen Einsamkeit fand es nur Nahrung: weil er von aller Welt abgeschieden lebte, so gewöhnte er sich daran, sie nicht mehr nöthig zu haben, weil keine Möglichkeit einer frohen Berührung mit ihr vorhanden war, so tröstete und beruhigte er sich selbst mit stolzen Vorspieglungen, und er hielt sich, wie früher in der offenen halb anerkennenden äußern Welt durch Thätigkeit und Wirken, so nun in seinem abgeschlossenen Leben, wo er sich selbst Ich und Nicht-Ich, Welt und Mensch, erste und zweyte Person war, für etwas Hohes oder Höchstes. Diese große

Meinung von sich ist aber durch die liebenswürdigste Grazie und die unverkennbare Güte seiner Natur verdeckt: Erziehung, angeborner, natürlicher Anstand, ein Sinn für Schicklichkeit, der jetzt nur hie und da durch Geistesabwesenheit und Zerstreuung unbemerkbar wird, Umgang mit trefflichen Männern aller Art, und selbst mit Leuten von hohem Stande, ließen sie nie hervortreten, und Hölderlin benahm sich sogar mit einer Bescheidenheit, mit der er sich viele Herzen gewann. Alle diese Formen der Höflichkeit und Artigkeit sind ihm so angewöhnt, daß er sie jetzt noch gegen jedermann beobachtet. Allein wie er bey so gestörtem geistigem Leben, bey so langer Abgeschiedenheit auf die absurdesten Dinge kommen muß, so übertreibt er auch jene Convenienzen und Ceremonien, und nennt die Leute bald Majestät, bald Heiligkeit, bald Baron und bald Pater. Es ist dabey nicht zu vergessen, daß er bey Hofe war, als seine Raserey gewaltsam und entschieden ausbrach, und daß wohl auch etwas Stolz und Eitelkeit, und selbst seine auffallende Neigung mitunter ihr Spiel haben kann, sich jedermann in einer unübersteigbaren Ferne zu halten. Aber daß er wirklich mit Königen umzugehen glaubt, daran ist nicht zu denken: denn, wie ich oben bemerkte, er ist kein Narr, hat keine fixe Idee, und sein Zustand ist nur der einer Geistesschwäche, welche durch ein zerstörtes Nervensystem zu einer unheilbaren Krankheit geworden ist.

Wie er alles meidet, was ihn plagt, was ihm die Denkfunkzion in noch größere Verwirrung bringt, so erinnert er sich auch weniger gern an die wichtigern Gegenstände seines früheren Lebens, die seine Krankheit veranlaßt haben. Kommt er aber darauf, so wird er entsetzlich unruhig, er tobt, er schreyt, er geht Nächtelang umher, er wird unsinniger, als gewöhnlich, und läßt nicht eher nach, bis seine allzu geschwächte physische Natur ihre Erhaltungsrechte eintreibt. Ist er erzürnt und gereitzt, wie z. B. damals als ihms in den Kopf kam, plötzlich nach Frankfurth zu gehen, so sucht er aus Bitterkeit sich sein Zimmerchen, auf das er die ganze weite Welt reduzirt hat, auf einen noch kleinern Raum zu reduziren, als wie wenn er dann sicherer, unangefochtener wäre, und den Schmerz besser aushalten könnte. Dann legt er sich zu Bett.

Das viele Sinnlose, was er zu sich selbst, und andern spricht, ist die Folge seiner Art, sich zu unterhalten. Er ist allein, er hat Langeweile, er muß sprechen. Er sagt etwas, das vernünftig ist, er kann es nicht weiter ausbilden, es kommt ihm etwas anderes in Sinn, und das wird Schlag auf Schlag von einem Dritten und Vierten verdrängt und zernichtet. Jetzt kommt eine schreckliche Confusion heraus, er fühlt sich übel darin, er redet Unsinn, plaudert Bedeutungsloses, während sein Geist wieder ausruht. Ist er mit andern zusammen, so glaubt er artig und gesellig seyn zu müssen, er fragt also, sagt etwas, aber ohne alles Interesse an dem Fremden, so wie ohne Interesse an dem, was er gegen ihn äußert. Er ist unterdessen so mit sich selbst verwickelt, daß er den Zweyten gleich annulirt, und mit sich selbst spricht. Trifft er sich nun in der Verlegenheit, antworten zu müssen, so mag er nicht denken, er versteht nicht, was man ihm sagt, weil er es nicht beachtet, und er fertigt demnach den Gesellschafter mit Unsinn ab.

Die unzähligen närrischen Kuriositäten sind gröstentheils eine leicht erklärbare Ausgeburt seines Einsiedlerlebens. Kommen ja sogenannt vernünftige Menschen, die viele Jahre lang sich zurückziehen, besonders wenn sie nichts arbeiten, auf Dinge, die kaum einem ausgemachten Narren anstehen würden, um wie viel mehr ein Unglücklicher, der nach einer Jugend voll Hoffnungen und Freuden, voll Schönheit und Reichthum, durch eine unglückselige Kombinazion der Umstände, und ein allzureitzbares geistiges Wesen, einen allzu straff gespannten Geist, ganze Jahrzehnte ferne von jeder Berührung mit der Welt lebt, und nichts mehr besitzt, um sich seine Zeit zu vertreiben, als das zerstörte Uhrwerk seines Denkvermögens.

Sollen wir nun unsere Antwort auf eine Frage geben, die sich uns so unwiderstehlich bey der Betrachtung des herzerschütternden Schicksals dieses einst so vielverheißenden Geistes aufdrängt, ob er nämlich noch genesen, ob er erwachen und zum vollkommenen Gebrauch seiner geistigen Kräfte gelangen werde, so müssen wir mit dem tiefsten Schmerz gestehen, daß uns eine solche Veränderung seines psychischen Lebens zwar wünschenswerth, aber nicht glaubwürdig ist. Hölderlins körperliche Verfassung ist dergestalt zerstört, daß er andere Nerven bekommen müßte, um den Geist von seinen Fesseln zu befreyen. Das aber, was wir hoffen, und selbst nach manchen Erfahrungen glauben, ist eine momentane Genesung, die dem Unglücklichen kurz vor der Auflösung der für ihn so schrecklich gewordenen Verbindung zwischen Leib und Seele vielleicht zu Theil werden wird. Aber gewiß könnte diß nur ein Augenblick seyn, und nur der letzte. Als ich Deutschland verließ, hatte Hölderlin schon bedeutend abgenommen, er war erschöpfter, als gewöhnlich, und auch stiller. Vor 6 Jahren hatte sein Auge noch Feuer und Kraft, und sein Gesicht noch Leben und Wärme. Es wurde aber zuletzt auch matter, und abgelebter. Es ist nun lange her, daß ich nichts mehr von ihm hörte. Er hat sein Leben nun auf sieben und fünfzig Jahre gebracht, von denen ihm nur die ersten drey Jahrzehnte nicht verloren gehen sollten. Keiner Seele ist der Abschied von einem Körper mehr zu wünschen, der ihre Thätigkeit, ihre schönsten Kräfte, ihren kühnsten Flug hemmt, als jener allzu fein und verletzbar gewebten, die der Sturm des Verhängnisses zerrissen! Hoffen wir darum, daß jener einzige und letzte Augenblick dem Edlen, nun aus unserer Gesellschaft getretenen Freunde werde, und daß ihm vor der Wanderung in ein anderes Leben das schwermüthige Räthsel des vergangenen noch klar und die Hoffnung des Zukünftigen neu lebendig werde!

182 AUS NEUFFERS TAGEBUCH 1827-1832

[Am 26. Juli 1827]

Sodann wandere ich zu Landauer [...] Von da [dem Mühlbachschen Haus] besuche ich den Prof. Schwab, und spreche eine Stunde lang mit ihm über den unglücklichen Hölderlin.

[Am 14. Juli 1828]

Ich schreibe an den Grafen von Salm und sende ihm eine Erato. Deßgleichen an Voß in Leipzig, mit einem Gedichte: Das Gewitter, an Hölderlin – umgearbeitet.

[Am 1. Februar 1829]

Briefe von der Mine und Sophie gehen ein – mit Musaeus Volksmärchen und Hölderlins Hyperion.

[Am 11.Juni 1829]

zu Schwab, mit welchem viel über Hölderlin geplaudert worden.

[Am 1.Juli 1829]

An Hölderlins Gedichten, die noch nicht in seiner Sammlung stehen, fing ich heute an abzuschreiben, um sie an Voß in Leipzig zu schicken.

[Am 29. Juli 1829]

Antwort auf die an Schwab gerichteten Fragen. Nun mache ich mich aufs neue daran, Hölderlins Nachtrag für Voß in Leipzig zu besorgen.

[Am 1. August 1829]

Ich schreibe heute den Nachtrag von Hölderlins Gedichten noch zusammen.

[Am 2. August 1829]

Ich schicke sie nach Leipzig an Voß.

[Am 27. August 1829]

Briefe von Leipzig, von Voß und Methus. Müller, mit Danksagungen, weil ich Hölderlins Gedichte hingeschickt, und mit dem Versprechen, meine Wünsche zu erfüllen.

[Am 18. Februar 1830]

Die letzten Stücke von Hölderlins Gedichten als Nachtrag in der Z[eitung]. f[ür]. d[ie]. e[legante]. W[elt].

[Am 6. Oktober 1832]

Brief an Leopold Voß mit einem Gedicht von Hölderlin.

183 TOD JOHANNA CHRISTIANA GOKS IN NÜRTINGEN

1828.

Frau *Johanne* *Christiane* *Gock* **geb.** *Heyn* Wittwe.	**Evang.**	⟨*Eltern:*⟩ **† Hr. Johann** **Andreas** *Heyn,* **Pfarrer in** **Kleebronn.** **† Fr. Johanne** **Rosine,** **geb.** *Sutor.*	**2ter Gatte:** **Hr.** *Johann* *Christoph* *Gock,* **Kam-** **merRath u:** **Burgermei-** **ster allhier.**	**geb. d.** **8.** *Jul.* **1748.**	⟨*Todes-* *ursa-* *che:*⟩ **Nach-** **laß der** **Natur**	⟨*gest.:*⟩ **17** *Febr.* **Ab.** **7½ Uhr**	⟨*beer-* *digt:*⟩ **19** *Febr.* **Nach-** **m. 2.**

184 ERBAUSEINANDERSETZUNG IN NÜRTINGEN NACH DEM TOD JOHANNA CHRISTIANA GOKS

[a. Obsignation]

[Am 20. Februar wurde] der Ordnung gemäs die *Obsignation* in Beysein der *interessenten* vorgenommen. [Hölderlin vertrat sein Pfleger, der Oberamtspfleger Burk.]

In dem Trühlen, worin das Geld und die *Capital* briefe waren fande sich

ein versiegeltes Pappir,

von der verstorbenen überschrieben

mein lezter Wille:

Diese etwaige *Disposition* zu eröffnen, und zu *publiciren* haben die *interessenten gebeten.*

[b. Eröffnung des Testaments]

[Sie geschah auf Bitten der Interessenten ebenfalls am 20. Februar.]

1.) Das mit den Worten

mein lezter Wille

überschriebene Pappier ist öffters gesiegelt, und wieder erbrochen und endlich wieder gesiegelt, und mit Spanisch Wachs verklebt, und theilweis kein Siegel aufgedrükt worden:

Deßhalb wurde die Siglung nicht erbrochen, sondern behutsam abgeschnitten.

[Es folgt eine Beschreibung der sechs Blätter.]

Der Innhalt kann der Weitläufigkeit, und der vielen Abänderungen wegen nicht zu *protokoll* genommen, es muß sich vielmehr auf den Inhalt der Papiere selbst bezogen werden; einzig wird noch bemerkt, daß in *nro* 1. eine Verordnung eines Vorauses für die Kinder der Tochter *a* 200. f. drey Linien enthaltend, durchstrichen sind:

2.) In dem in der *registratur* [des Rathauses] erhobenen versiegelten Pakete wurde nach dessen Entsiegelung gefunden,

a.) ein von dem verstorbenen Cammerrath *Gok* selbst geschriebenes *inventarium* seines Beybringens *d: d:* 12. *Oct.* 1774.

b.) Mütterl. *Disposition* über das Väterliche Vermögen des Sohns 2r Ehe; *d: d: 31. May* 1787:

Nach *publication* samtl: vorstehenden haben sich samtl: *interessenten* vorbehalten, den Innhalt und die Formen einer näheren Prüfung zu unterwerfen, und dann seiner Zeit ihre Erklärungen abzugeben.

[c. Erbstreit der Geschwister vor dem Waisengericht]

[Aus den umfangreichen Akten kann hier nur ausgehoben werden, was Hölderlin, das Wesen und Vermögen seiner Mutter und den Charakter seines Stiefbruders, wie er in dem Erbstreit wirkte, betrifft.

Das Aktiv-Vermögen betrug 18863 fl. 52 x 3 h.

Des Kern des Erbstreits schälte sich schon am 11. März heraus: die Frage, was jedes der drei Geschwister vorab – vor der Teilung des dann verbleibenden Restes in drei gleiche Teile – anzusprechen, was insbesondere Hölderlin:] an Vätterl. Baasen und Schwesterl. Vermögen, [d.h. am Erbe seines 1772 gestorbenen Vaters, seiner 1777 gestorbenen Tante von Lohenschiold und seiner schon 1771 gestorbenen Schwester Johanna Christiana Friderica zu fordern habe; ferner, damit eng verbunden, die Frage,] ob die vorliegende TestamentsAufsäze [der Mutter von ihren Kindern] als gültig und verbindend angenommen werden.

[Gok vertrat die Auffassung, daß Hölderlin gar nichts mehr vorab zu fordern, sondern vielmehr] über seine Forderung von 4365. f. 19. x noch weitere 382. f. 55. x erhalten habe. [Hölderlins Pfleger dagegen glaubte für ihn] nicht nur das CapitalVermögen [d.h. das ihm zustehende Drittel], sondern auch eine bedeutende Summe von 3863. f. ansprechen zu können. [Die Bemühung um] gütliche Übereinkunft [und Festsetzung einer] DurchschnittsSumme [gelang nicht. Das Anerbieten der Schwester und des Pflegers,] für den Hölderl. sich mit 2000. f. für seine Forderung zu begnügen, [wenn Gok] auf ErbschaftsAnsprüche an seinen Einthalbbruder abstehe, [lehnte dieser ab, worauf Schwester und Pfleger am 1. Mai ihr] Vergleichsanbott [zurückzogen und] nunmehro auf gesezliche Auseinandersezung der Verlaßenschaft [drangen].

[Am 1. Mai kam das Waisengericht zu folgendem Hauptergebnis:]

Dem Hölderlen kann von seinem anerstorbenen Vätterl. schwesterl. und Baasenguth, welches sich nach der Revision herausstellet, kein Abzug für Aufwand gemacht werden, weil

a.) die Schuldigkeit der Eltern, die Kinder ihrem Stande und Vermögen gemäß zu erziehen, nicht so wohl in der Nuzniesung der Eltern als vielmehr in der Natur der Sache und in denen Gesezen gegründet ist.

b.) weil die Intereßen durch die ganze Zeit der Nuznießung – mit Einrechnung des von der Mutter für den Sohn bezogenen Gratials den Aufwand nicht übersteigen, und

c.) weil die Mutter selbst nicht nur nicht arm – sondern reich ist [...] u. da Einwerfung von VorEmpfängen oder Abzug an Forderungen hier gleichbedeutend ist [...]

d.) weil die Mutter in dem Kostens Verzeichnüß

Ausgaben für den l: Friz

selbst sagt:

»welche aber – wen er im Gehorsam bleibt, nicht sollen abgezogen werden«

e.) weil sie dieses in ihrem ersten Testaments Aufsaz vom 10. *8br.* 1808. wiederhohlte, und

f.) in dem Randbeisaz vom 13. Febr. 1813 wörtlich auch nicht wiederrufte.

[Das Waisengericht erkannte daher an, daß Hölderlin vorab

von seinem Vater (samt dem Patengeld) rund	2287 fl.,
von seiner frühverstorbenen Schwester rund	746 fl.,
von seiner Tante von Lohenschiold rund	1429 fl.,
insgesamt	4462 fl.

zu erben, und daß er von dem nach Abzug dieser Summe (und einer Forderung der Schwester) verbleibenden Vermögen der Mutter wie seine beiden Geschwister ein Drittel,

nämlich rund	4724 fl.,
insgesamt also rund	9186 fl.

zu fordern habe.]

[Nach weiteren umständlichen Erklärungen und ergebnislosen Verhandlungen (am 20. August und 11. Oktober 1828), in denen Gok in der Hauptsache seinen ursprünglichen Standpunkt aufrechterhielt und daher auf] völlig gleiche Vertheilung der vorhandenen Masse in drei gleiche Theile [antrug, seinem Bruder also – nach Abzug des] Anticipats aufs Muttergut [(300 fl.) – 6061 fl. zugesprochen wissen wollte,] sich aber dabei mehrere Widersprüche zu Schulden kommen [ließ, schaltete sich am 11. Oktober das Kgl. Oberamtsgericht ein und übernahm die Federführung. Folgends wurde sogar das Kgl. Obertribunal in Stuttgart mit der Sache befaßt. Es sah sich am 29.September 1829 veranlaßt,] Vergleichs-Verhandlungen einzuleiten, [besonders,] weil dieser Rechtsstreit unter so nahe verbundenen Personen, zwischen welchen wenigstens früher das innigste Verhältniß bestanden zu seyn scheine, geführt werde, auch gewiß die Betheiligten dem Willen der Erblasserin, welcher für sie einen so großen Werth zu haben scheine, ganz entgegen handeln würden, wenn sie sich nicht selbst über die Streitpunkte ausgleichen sollten.

[In dem Vergleich wurden Gok und der] Professorin Bräunlin [je 5000 fl.,] dem Magister Hölderlin 8673 fl. 52 x 3 h. [zugesprochen. Am 4./ 9. Dezember 1829 wurde der Vergleich endgültig angenommen und der Zuwachs des Vermögens seit dem Tod der Mutter proportional verteilt; es fielen also zu]

1.) dem Hofrath Gok	5,230. f. 49 x.
2.) der Frau Profeßor Breunlin	5,230. f. 49 x.

und

3.) dem Magister Hölderlin 9,074. f. 8 x.

[Für die Zukunft waren noch zwei Punkte des Vergleiches wichtig:]

III.) Der Hofrath Gock nimmt an Allem eben so wohl, wie die Professorin Bräunlin Theil, was sich auf die Fürsorge für den *M.* Hölderlin und die Verwaltung des ihm zugetheilten Vermögens bezieht.

IV.) Sollte Hölderlin in seinem gegenwärtigen krankhaften Zustande sterben, so wird sein gesammter Nachlaß zu sieben Achttheilen der Professorin Bräunlin oder ihren Descendenten, zu ein Achttheil aber dem Hofrath Gock oder dessen Descendenten zugetheilt; ohne daß ein Unterschied zwischen dem Ursprung des Vermögens gemacht würde.

185 AUKTIONS-PROTOKOLL DER ANDACHTSBÜCHER JOHANNA CHRISTIANA GOKS

96. Arndt's wahres Christenthum mit Kupfern. 1700.
97. Werner's richtiger u. wahrer Himmelsweg eines Christen. 1727.
98. Das – mit Jesu gekreuzigte Herz mit Kupfern 1691.
99. Die brennende Lampe der Klugen mit Kupfern. 1701.
100. [fehlt]
101. Müller's geistliche Erquikungsstunden Tübingen 1740.
102. Wolffs vernünftige Gedanken von Gott, der Welt p. 1760.
103. Ehrenreichs Seelenschatz in verschiedenen Sprachen. 1746.
104. Burk's Rechtfertigung u: deren Versicherung im Herzen. 2. Bände 1764.
106. Seiler's Lehrgebäude der evangel: Glaubens u. SittenLehre. 1775.
107. Seiler's kurze Geschichte der geoffenbarten Religion. 1775.
108. Seiler's Religion der Unmündigen 1774.
109. Der Cöthnischen Lieder 2. Theil. 1760.
110. Beicht u: CommunionLieder.
111. Abt Zellers kurzer Unterricht von der brüderl: Bestrafung 1730.

186 RECHNUNG DES SCHNEIDERS PHILIPP FEUCHT

Nota über Schneiderarbeit für Herrn Biblidekar Helderlin

d 24 Feb 28 eine weste gemacht samt zugeher		36
v: 1 1/2 Ehl: Lanafas a 18x	27	
2 Hoss ausgebesert samt Knöpf		28
d 15 Apr: eine Hoss aufgeb:		16
		1f 47x

Tübingen d 15 Apr: 1828
T. Ph: Feucht. Schneider M:

187 ERNST ZIMMER AN OBERAMTSPFLEGER ISRAEL GOTTFRIED BURK

Tübingen d 16 Aprill 1828.

Hochzuverehrender Herr AmtsPfleger!

Frau Profeßor Bräunlin gab mir den Auftrag, die Virteljährige Rechnung Ihres unglükligen Bruders, Ihnen als Seinem Pfleger zuzuschüken, welche hir Folgt.

Vor Kost 81 Tag a 24x		
von Lichtmeß biß Georgi	28f	24x
Schnupftabak	1	21
Haußzins	5	30
dem Balbir	1	30
vor Wein	6	
Wasch	2	24
vor ein Schwarz halßthuch	1	52
Dem Schuhmacher	1	42
dem Kaufmann	1	18
dem Schneider	1	47
	51f	48x

Ich weiß nicht ob Sie den Lieben Unglüklichen Hölderlin können, und Antheil an Ihm nehmen, Er verdient es gewiß in jeder Rüksicht. Die neusten Tag Blätter nennen Ihn den ersten Elegischen Dichter Deutschlands, schade vor seinen herlichen, und großen Geist, der jezt in Feßlen liegt. Auch Sein Gemüth ist so reuch, so tief, und so edel, daß mann selten einen Sterblichen finden wird der Ihm gleicht. Da Seine Edle nun Volendete Muter, schon lange vor Ihrem Hingang, für Seine Bedürfniße hinlänglich gesorgt, wie Sie es mir auch mehrere mahl geschrieben hat, so ist es, Traurig das mann Ihm nicht einmahl daß was Seine Muter für Ihn angeordnet hat, zuerkennen will, und auch da Ihn noch daß Schiksal verfolgt. Was wird sein künftiger Biograf sagen, der wie ich hofe nicht ausbleiben wird, über diese Geschichte.

Ich bin mit Hochachtung Euer Wohlgebohren gehorsamer Dienner

Ernst Zimmer Schreiner Meister

N. S. Die Briefe habe ich bei der Frau Kammeräthe nicht Frankirt und will es bei Ihnen auch nicht thun. Auch ist bei der Frau Kammeräthe die Rechnung imer 8 Tage vor den Termin nach Ihren verlangen eingeschükt worden. Darf ich so frei sein und Ihnen bitten einliegenden Brief zu überschüken.

[Nachbemerkung Burks:] Den 19t April beantworttet und statt 51.f. 48 x wegen irriger Berechnung Baar überschikt 55. f. 48 x

Geschenk 1/2. Kronenthaler 1 f. 21.

188 ERNST ZIMMER AN HEINRIKE BREUNLIN

Tübingen d 19 Juli 1828.

Hochgeehrteste Frau Profeßorin.

In der Hofnung daß Sie gesund wieder zurük von Eslingen gekommen sind, schreibe ich an Ihnen: Ihr Herr Bruder befindet sich ganz Wohl, steht so wie der Tag graut auf, und spazirt den Öhrn auf, u. ab. biß Abens 7 Uhr, wo Er dann zu Nacht speißt, und gleich nach Tisch zu bette geht. Seine körperliche Kräften sind noch immer gut auch hat er noch imer einen starken Apedit, in seinem Gesicht Ältert Er etwas, weil Er die vodere Zähne verlohren hat, stehen die Lippen einwärz und daß Kenn hervor, jezt ist Er nicht mehr unklüklich, sein Gemüth ist ganz ruhig, auch im Umgang ist er sehr gefällig, und zuvor komment. Doch hat Er nicht gern, wenn Fremde mit ihm reden wollen, und Er in Seiner Gewohnheit gestöhrt wird. Von Ihrer u Seiner Theuren Verstorbennen Mutter, habe ich seit Er den Trauerbrief erhilt, nichts mehr dieser wegen mit Ihm gesprochen, aus Furcht Er möchte auf neue wieder beunruhigt werden. Und auch Er sagte in dieser Sache nichts mehr zu mir ... Die Rechnung von Georgi biß Jacobi

macht 93 Tag a 24x	37f 12x
Wasch	2. 36
Schnupftabak	1. 33
Wein	6.
Haußzins	5. 30
Lichter vor den ganzen Winter die an der lezten Rechnung vergeßen wurden.	1. 36
den Balbir	1. 30
dem Schuhmacher	1. 48
	57f 45x

[Nachbemerkung Heinrike Breunlins:]

Der Frau Zimmer Geschenk	1fl 21 x
Ihrer Famielie zusammen	2fl
dem Jungen	24 x
Vor den Nachmittags Cafee	2fl
	5.fl. 45x.

[Nachbemerkung Burks:]
Zusammen 63f 30x.
den 25. July. 1828. abgeschikt.

189 RECHNUNG DES SCHUHMACHERS GOTTLIEB ESSLINGER

d 24t May HE: Helderle ein Paar Hausschuhe verfertigt – 1f 48x
dankbar erhalten T. Gottlieb Eßlinger Schuhmacher Mstr:
Tübingen d 19t *Juli* 1828

190 ERNST ZIMMER AN HEINRIKE BREUNLIN

Tübingen d 1 Nov: 1828

Hochgeehreste Frau Profeßorin!

Ihr Herr Bruder u. wir alle befinden uns ganz wohl. Er hat diesen Sommer viele Besuche von Fremden und auch von hiesigen Studenten erhalten, unteren anderm hat Ihn auch ein Frauenzimmer, Rosine Stäudlin besucht Sie war schon Ältlich hatte aber ein lebhaftes glänzendes Auge und ein überaus munteres Weßen Auch ein alter Universidets Freund Nast, hat Ihn besucht, Hölderlin wolte Ihn aber nicht können Er spielte gerade auf dem Forto-Piano, Nast weinte wie ein Kind, von Liebe und Wehmut ergriefen fiel Er Hölderlin um den Halss mit dem Ausruf Lieber Hölderle kenst du mich den nicht mehr, Hölderlin war aber Seelig in Seinen Harmonien, und nikte Herr Nast auf seine Fragen nur mit dem Kopf. Mit den Studenten verträgt Er Sich gut, Sie begegnen Ihm auch mit aller Achtung Es geschieht zu weillen das Sie Ihn zu Ihrer Gesellschaft einladen wo Er dann Ihre Commers Lieder mitsingt wie ein Junger Bursch, es versteht sich aber nur im Hauße.

Durch daß Neue Bauweßen hat Er jezt einen Gang von 42 Schuh Länge bekommen, den Er auch alle Tage mit gewaltigen Schritten durch schreitet.

Hir schüke ich Ihnen die Rechnung von Jakobi biß Martini 109 Tag a 24x –

	43f	36
Schnupftabak	1	49
Haußzins	5	30
14 Nägelin Holz a 42x	9	48
Von Sägen u Spalten und Meßgeld [?]		
herauftragen	1	30
Wasch	2	36
Vor Wein	6	
Rasiren	1	30
	72f	19.

ich habe alles in Eile zusamen gerechnet haben Sie die güte zu sehen ob alles richtig ist. Hir folgen 4 Hemter 10 Paar Strümpfe 1 Bettzieche 1 Häifpelzieche Kamisol.

Ich habe jezt 7 Studenten Zimmer im Hauße, und beziehe aus 6 Zimmer Jährlich 300 f die Baukosten samt der Möbel einrichtung habn aber meine Kräften weit überstiegen die Möbel in den 3 neuen Zimmern kosten mich allein über 200 f ich habe auch schon von einem guten Freund 200 f entlehnt, wenn Sie würklich bei Geld wären so wolte ich Sie bitten mir 100 f zu leihen diese wolte ich Ihnen an Martini 1829. wieder zurükschüken mit 5 f zins biß dorthin kan ich sie recht gut wieder bezahlen. Ich habe noch allerlei Klein=Conto zu bezahlen.

Ihr gehorsamer Dienner E. Zimmer.

191 IMMANUEL NASTS BESUCH BEI HÖLDERLIN. NACH SCHLESIER

Nast besuchte ihn 25. Aug. 1828; Höld. erkannte ihn aber nicht. Er wäre vielleicht nicht zu ihm gegangen, wenn Hofr. Gock ihn nicht gebeten hätte, mit H. zu sprechen, wegen Mishelligkeiten, die über die mütterliche Verlassenschaft zum großen Leidwesen des Halbbruders zu entstehen drohen.

192 ERNST ZIMMER AN BURK

Tübingen d 29. Nov: 1828.

Hochgeehretster Herr Oberamts Pfleger!

Das mir zugeschüke Geld vor die Martini Rechnung des Herrn Hölderlins, und die 100 f die Sie die Güte hatten mir zuzuschüken, hahe ich alles richtig erhalten, und bin Ihnen vor Ihre große güte sehr dankbar. Der Schuldschein und die Rechnung folgen hir unterschrieben zurük. biß zu Ende der Herbst Vacanz werde ich Ihnen die 100 f dankbar wieder zurük schüken samt dem Zins. Ihr frommer Wunsch, den guten Herrn M: Hölderlin von Seiner Krankheit befreit zu sehen, ist auch schon oft in mir aufgestiegen, aber er scheind leider nicht in erfülung gehen zu wollen. Überigens ist Er in der That nicht unklüklich, Er hat eine Ungeheure Fandasie und findet imer mit Sich selbst beschäftigung genug, für Seine Fammilie ist freilich Sein Zustand ein großer Verlust. und um so schmerzhafter da der gute früher so hofnungsreich u. groß in der gelehrten Welt war.

Ich Empfehle mich Ihnen gehorsamst. und bin Ihr dankbarer. Ernst Zimmer

193 ERNST ZIMMER AN HEINRIKE BREUNLIN

Tübingen d 26 Janu 1829.

Hochgeehreste Frau Profeßorin!

Ihr Herr Bruder u. wir alle auser meiner Frau welche würklich Lungenenzündung hat, sind alle wohl. Die Rechnung macht von Martini biß Lichtmeß

83 Tag den Tag 24x	33 f	12
Schnupftabak	1	23
Wein	6	
Haußzins	5	30
Wasch	1	48
dem Balbir	1	30
	49 f	23x

Heute Nachmitag bekomme ich erst daß Oberamts Ärtzliche Zeigniß vor Ihren Sohn den Herrn Bräunle, wegen dem Hölderlin, dann will ich es sogleich nach Stuttgart schüken

Ihr gehorsamer Dienner Ernst Zimmer

in Eile

Ihr l. Bruder hat Ihnen einen sehr schönen Brief geschrieben, Herr D. Leube hat ihn auf einige Stunden zum Durchsehen mitgenohmmen ich werde ihn nachsinden.

194 HÖLDERLIN AN HEINRIKE BREUNLIN

[1829]

Theuerste Schwester!

Es ist mir eine rechte Ehre, dir zu schreiben, und Dich zu versichern, daß mich Deine gütige Zuschrifft gefreut hat. – Deine gütigen Äußerungen sind mir immer werth gewesen. Willst Du mir antworten, wenn es Dir gelegen ist, so wird mir diese Zuschrifft so werth seyn, als die gewesenen Zuschrifften. Ich habe die Ehre, Dich von meiner wahren Ergebenheit zu versichern, und nenne mich

Deinen

Dich verehrenden Bruder

Hölderlin.

195 BESTÄTIGUNG BURKS ALS PFLEGER HÖLDERLINS

[Nürtingen, 3. März 1829]

HE. Amtspfleeger Burg, welcher schon am 26. Febr: 1828. vor dem Waisengericht als Pfleeger des geisteskranken Hölderle bestättigt worden, wurde bey heutiger Verhandlung nachdem derselbe im allgemeinen wiederholt auf seine Pflichten aufmerksam gemacht worden, als solcher nun auch Stadträthlich bestättigt.

196 ERNST ZIMMER AN HEINRIKE BREUNLIN

Tübingen d 15 Aprill 1829.

Hochgeehrte Frau Profesorin!

Nach Ihren Wunsch folgt hir von HE Doctor Leibe der Brief Ihres HE Bruders. Wir befinden uns alle recht Wohl. Hölderlin ist oft recht Lustig, wenn einer meiner Haußherr einen Walzer spielt so fangt Er gleich zu Danzen an, auch witzig ist Er oft noch, besonders ruhig war Er auch dieses Frühjahr, jezt Komt wieder Seine Goldene zeit wo Er schon Morgens um 3 Uhr aufstehen und spaziren gehen kann für Ihn ein wahrer Festgenuß. Mein Bauwesen geht mir noch nach, es will noch nirgens recht bei mir langen ohne meine Arbeit hat es 600 f gekostet, und meine Arbeit mit Einschluß des Anstreichens und Möbelirung kostet 420 f ich nehme aber in 1 paar Tage schon 70 f davon ein.

Hir folgt die Rechnung. vor Kost 80 Tag von Lichtmeß biß Georgi a	24x	
	32 f	
Haußzins	5 f	30
Schnupftabak	1	20
Lichter vor den ganzen Winter	1	30
Wasch	2	30
Wein	6	
dem Balbir	1	30
3 Nägelen Holz	2	15
Sägen. u Spalten u herauf tragen		18
	52 f	53x

Ihr Gehorsammer Dienner, Ernst Zimmer.

197 DIE FORTZAHLUNG DES GRATIALS

[a. Die Staatscassenverwaltung an das Finanzministerium. Stuttgart, 10. März 1829]

Der verwittweten Kammerräthin Gok zu Nürtingen, ist durch Dekret vom 12. Octobr: 1806. zur Unterhaltung ihres gemüthskranken Stiefsohns *M:* Hölderlin zu Tübingen eine jährliche Unterstüzung von -.150.f. bis zu seiner Wiederherstellung gnädigst verwilligt worden.

Für die lezte am 16. Octobr: 1828. verfallene Zahlung, (das Gratial wurde bisher järl: auf Einmal abgereicht,) hat der Oberamtspfleger Burk in Nürtingen, unter Beischluß eines Zeugnißes von dem Oberamtsarzt *Dr:* Uhland in Tübingen, daß Hölderlin auch jezt noch geisteskrank sei, als Pfleger bescheinigt, weil die Mutter gestorben sei. Die Staatshauptkaße hat aber Anstand genommen, die dißfallsige Aufrechnung des Cameralamts Neuffen anzunehmen, weil bei ihr das Gratial auf den Namen der Mutter lauft, [...]

Den hierüber von dem Cameralamt Neuffen unterm 28. v: M: erstatteten Bericht nebst Beilagen übergibt nun die unterzeichnete Stelle [...] Sie bittet [...] ehrerbietig um höhere Entschließung, ob das Gratial nach dem Tode der Mutter in seinem ganzen Betrag fortzureichen, und mithin auf den gemüthskranken *M:* Hölderlin, welcher zu Tübingen in einem Kosthaus verpflegt werde, zu übertragen sei?

[Entscheid am Kopf des Schreibens, 20. Mai 1829:]

Der *p.* wird auf den Bericht v. 10. März d.J. das – – betrefd zu erkennen gegeben, daß dieses Gratial in dem bisherigen Betrage bis zu Wiederherstellung des Hölderlin fortzureichen ist *p.*

[b. Die Staatscassenverwaltung an die Staatshauptcasse. Stuttgart, 2. Juni 1829]

[Mitteilung, daß] das – der verwittweten KammerRäthin Gok zu Nürtingen durch Dekret vom 16. *Octbr:* 1806. zur Unterhaltung ihres gemüthskranken Stief-Sohnes *Mr:* Hölderlin zu Tübingen ausgesezte jährl: Gratial von

Einhundert Fünfzig Gulden

nach dem nun erfolgten Absterben der KammerRäthin Gok, in seinem ganzen Betrag fortzureichen, und mithin auf den immer noch gemüthskranken *Mr:* Hölderlin, welcher zu Tübingen in einem Kosthauß vepflegt werde, zu übertragen seye [...]

198 RECHNUNG DES SCHUHMACHERS ESSLINGER

Schuhmacher Eßlinger verfertigte vor Herrn Helderle folgende Arbeit!

1828.	f	xr.
d 19 Septbr: Ein Winterschuh durchaus gesohlt und einen vordergesohlt		50
1829		
d 27 Jan: Schuh gesohlt u: geflekt		54
d 31te Schuhe gesohlt	46	
	2 f	30x

Dankbar erhalten

T. Eßlinger

Tübingen d 18te *Juli* 1829.

199 AUS DEM DESIDERIENBUCH DES TÜBINGER STIFTS

1829.

56) Hölderlin's Uebersetzung des Sophocles 3 Bde, die schon häufig begehrt wurde u. viel Werth hat, aus einem Catalogen von Neubronner Falls sie genehmigt würde, könnte ich sie vor 12 Uhr durch den Ulmer Boten noch bestellen. *(nro* 1498)

nro. 55 u. 56 *pl*[acet].

200 ERNST ZIMMER AN HEINRIKE BREUNLIN

Tübingen d 18 Juli 1829.

Hochgeehrteste Frau Profeßorin!

Bei Gelegenheit der Jacobi Rechnung schreib ich Ihnen mit Vergnügen das Ihr Herr Bruder recht wohl ist. Diesen Sommer ist Er aber nicht mehr so früh wie sonst aufgestanden, gewöhnlich wird es H5. Uhr wo Er erst aufsteht, Er geht aber schon um halb 8 Uhr zu bette, auser der Essens zeit, und Nachmitags wenn er Kafe Trink, sizt Er gar nicht, sondern geht den ganzen Tag auf und ab, wärend Er wein Trenkt lauft Er herum, an heißen Tagen geht Er im Hauß Öhrn auf und ab, sonst gewöhnlich auser dem Hauße.

Er wird jezt beinahe 60 Jahr alt Sein, ist aber noch immer ein Kräftiger Mann, auch lebt Er jezt ruhig und vergnügt, höchst selten zeigt Er unzufriedenheit und diese komt nur wenn Er in Seiner Einbildung mit Gelehrten streittet.

Die rechnung macht von Georgi biß Jacobi

93 tag a 24 x	37 f	12x
Vor Wein	6	
Haußzins	5	30
Schnupftabak	1	33
Wasch	2	40
Balbir	1	30
[Nachbemerkung Burks:] Schumacher		
Eßlinger laut Rechnung	2 f.	30. .
	56.	55x

201 ERNST ZIMMER AN HEINRIKE BREUNLIN

Tübingen d 30ten October. 1829.

Hochgeehrteste Frau Profeßorin!

Daß geschükte vor den Lieben Hölderlin haben wir richtig erhalten. Wir wißen für würklich nichts nöthiges vor Ihn, neue Winterschuh muß er haben die sind aber schon beim Schuhmacher bestellt. Gegen winter Strümpfe hat Er immer einen wieder Willen, ich will es doch würklich ernstlich versuchen in dahin zu bringen, wollene Strümpfe zu tragen, und werde Ihnen von dem Erfolg wieder Nachricht geben. Thut Er sie tragen, so können Sie Ihm zum Cristgeschenk 1 Paar neue schüken. Sonst ist Er noch mit allem nöthigem versehen. Ich über schüke hir zugleich etwas früher vor den Herrn OberAmtsPfleger die Rechnung mit der Bitte, solche mir zum unterschreiben wieder hieher zu schüken. Daß Geld aber zurük zu behalten, ich werde Ihm dann das fehlende ergänzen biß die 100 u 5 f voll sind die ich schuldig bin.

Der Herbst ist hir so wie überal schlecht ausgefallen, doch haben wir dieses jahr zimlich Obst bekommen. Meine Zimmer im Hauße sind alle besezt und werden mir gut bezahlt. In 2 Jahre werde ich mit den Kosten, hofe ich, fertig sein.

Ihr Herr Bruder ist recht Wohl, und auch recht Brav, wir haben im geringsten nichts unannehnliches mehr von Ihm, auch gegen die überigen Haußbewohner ist Er sehr Artig und freundschaftlich, Er wird auch von allen Bedaurt und geachtet. Meine Fammilie ist auch recht wohl. Hir folgt die Rechnung

Von Jacobi biß Martini 109 tag a 24	43 f	46x
Haußzins	5	30
Wein	6	
Balbir	1	30
Wäsche	2	48
Schnupftabak	1	49
14 Nägelen Holz daß Nägele 56 x	13	4
Vor sägen u. Spalten und herauftragen	1	24
	75 f	51x

Daß Bränholz ist dieses Jahr sehr theuer, würklich kostet daß Nägele mittelholz 1 f
Ich empfehle mich Ihnen gehorsamst
Ihr gehorsamer Dienner Ernst Zimmer.

202 ERNST ZIMMER AN HEINRIKE BREUNLIN

Tübingen d 30 Januar 1830.

Hochgeehreste Frau Profesorin!

Bei überschükung der Rechnung freudt es mich Ihnen zu schreiben daß Ihr HE. Bruder recht wohl ist. Er hat schon 2 mahl versucht, im freien seine Gänge zu machen, kam aber jedes mahl bald wieder herauf weil es Ihm draußen zu kalt war. Es wohnt ein Herr Lebrett bei uns im Hauß der viel Antheil an Ihrem Herr Bruder nimt. Er hat mir gesagt Hölderlin sei in seines Vatters Schwester verliebt geweßen, er bedaure Hölderlin unendlich, daß Er so unglüklich geworden sei, Er sei früher ein Treflicher kopf geweßen. u.d.g.. überigens ist Ihrem HE Bruder zu seiner erheiterung noch vieles geblieben, Seine liebe zur Musik, Sein Sinn vor Nartur schönheiten, und Gefühl für Zeichnete Künste.

Hir folgt die Rechnung

Vor Kost 83 Tag a 24 x	33 f	12x
Haußzins	5	90
Vor Wein	6	
Vor Wasch	1	40
Vor gekaufte Winterschuh	1	4
Dem Schuhmacher	2	44
Dem Schneider	1	20
dem Balbir	1	30
vor Schnupftabak	1	27
	54 f	27x

Ihr gehorsamer Dienner Ernst Zimmer.

[Nachbemerkung Burks:]

zu Hinüb: gez		54. f. 27x
Kommt noch die Zulage wie alle Quartal mit		5. f. 45.
	Zusammen	60.f. 12x.

sodann	
das Legat	6f.
10f. für guten Wein	49 f.
und	
Für weitere Kleidungs Stuk mit 1. Schurz	
1 Halstuch 36	1 f. 30.
2 pr Strümpf	30.
Zusamen	2 f 36x.
	51.f 36
davon ab Waisenhaus Gebühr	31x
Rest	51.f. 5x.

203 RECHNUNG DES SCHNEIDERS FEUCHT

Durch Herrn Zimmer Schreiner M. hat unterzeichnender für SchneiderArbeit von Herrn Büblikarius Hälderle über Hossen auszubessern u eine Weste gewend samt Fuder

-: 1f 20x

mit Dank Erhalten

Tübingen d 8 Feber 1830

T. Philipp Feucht. Schneider M:

204 QUITTUNG ERNST ZIMMERS

Daß von der Verstorbenen Frau Kammerrath Gokin, meiner Frau in Ihrem Testament ausgeseztem Legat, von 51f 36x habe ich richtig erhalten, durch Herr OberAmtsPfleger Burck, in Nürtingen. wofür Dankbar bescheint.

Tübingen den 13 Feber: 1830.

Ernst Zimmer Schreiner Meister

205 ERNST ZIMMER AN BURK

Tübingen d 13 Feb: 1830

Hochgeehrtester Herr OberamtsPfleger,

Ich bezeuge Ihnen meinen verbindlichsten Dank vor Ihre Gütte, die Sie mir erwisen haben. Daß Legat nehmen wir mit villem Danck an. Vor den Empfang des Geldes überschüke ich Ihnen hir eine Quitung.

Wenn es Ihnen in der Rechnung leichter ist, so setzen Sie immer einen Akorts brief auf, und überschüken mir ihn zur Unterschrift. Ich bin ganz damit zufrieden es wird auch vor mich leichter sein. Sie können den Schnupftabak u. daß Rasiren dazu nehmen so komt es noch einfacher heraus, höstens kömme dann an Ihnen ein Schneider oder Schuhmacher Conto.

Die Verstorbene Frau Kannmeräthe hat mich wiederholt versichert daß Sie hinlänglich vor Ihren Bedaurungswürdigen Sohn gesorgt habe, und daß alles so bleiben müße, wie es bißher war, Ihr Sohn dürfe niemahls mangel leiden. Sie können 1 Jahr zusammen rechnen und in 4 Theil theilen, vor die heraus kommende Summe, will ich Ihnen dann alle Virteljahr eine Quitung vor daß Geld schüken.

Ich empfehle mich Ihnen gehorsam und bin mit aller hochachtung

Euer Wohlgebohren gehorsamer Dienner Ernst Zimmer.

Der Frau Profeßorin werde ich in ein Paar tage schreiben.

206 AKKORD BURKS MIT ERNST ZIMMER

Nürttingen.
Tübingen
Wartt- Kost Verpflegungs- HaußMieth-
Zinnses und dergl: Accord.
zwischen.
OberamtsPfleeger *Burk* alß Pfleeger deß
Gemüthskranken Mr: *Holderlens*
und deß
Herrn Ernst Zimmer Schreiner Meisters
in Tübingen, alß KostHerrn des ermelten
Gemüthskranken M: *Hölderlens.*

Von der verstorbenen Frau Kammrath Gokin allhier zu Nürttingen, ist der Sohn Mr: *Hölderlen,* alß er schon vor mehr alß etlich und zwanzig Jahren, mit einer heftigen Gemüths Krankheit befallen worden, zuförderist in das Klinische *Institut* auf der *Universität* Tübengen der Arztlichen Behandlung und Aufsicht übergeben worden, nachdeme aber die Gemüthskrankheit sich in etwas vermindert, und von dem Klinischen *Institut* dieser Kranke Sohn der Mutter zurukgeben wurde, so hat sich die

Mutter Frau Kammrat Gokin dahin entschloßen, diesen ihren Sohn, in Tübingen unter gute Aufsicht zu bringen, und auch wirklich dem Ernst Zimmer, SchreinerMeister in Kost und Logis, und sorgfältiger Wartt und Verpflegung zu übergeben, so daß beede Theile dahin miteinander gütlich übereingekommen, daß die Frau Muter Kammrath Gokin, für ihren unglüklichen Gemüthskranken Sohn, dem Ernst Zimmer in Tübingen *quartal*weiß zu bezahlen versprochen,

Für Kost und Wartt, trokenen Tisch, täglich		24.x.
Für Wein alle *Quartal*	6.fl.	– –
Für *Caffee* des Mittags	2.fl.	– –
HaußMiethZinnß *quartaliter*	5.fl.	30.

sodann

Noch besonder zu bezahlen, das erforderliche für Holz und Liecht. Wasch und dergl: nach besondern Anrechnungen zu bezahlen, eben so auch die erforderliche Kleidungs-Stük, nach vorlegenden Rechnungen von der Muter zu bezahlen schuldig und verbunden seyn solle, und somithin alle *Quartal* der KostHerr Zimmer vollkommen befriedigt werden solle. Nachdeme nun die Frau Kammrath Gokin, in Ansehung der Wartt und Verpflegung ihres Gemüthskranken Sohns Mr: Hölderlens, mit dessen KostHerrn Frau und ganzen Familie immerhin die gröste Zufriedenheit bezeugt, so daß Dieselbe zum Beweiß alle *Quartal* neben schuldigen Kost und Wartt-Gelt, noch der Frau Zimmer und deren Fa[mi]lie, auch dem Jungen, alß eine Erkanntlichkeit jedesmalen noch besonder -: 3.fl. 45 x. übersandt hat, und eben so hat die Frau Mutter Kammrath Gokin, in ihrer lezteren Verordnung, zu Bezeugung der Zufriedenheit und deß Dankes, der Frau Zimmer ein Legat an baaren Gelt, nebst ausgesezten KleidungsStük in Summa vermacht, -: 51. fl. 36.. mit der besondern Bemerkung, daß dem Herrn Zimmer sowie deßen Frau und Familie, wie zuvor das Kost und Warttgelt und was ihr Sohn bedürffen werde, alle *Quartal* ohne den mindesten Anstand ausbezahlt werden solte.

Nach vorangezaigten Umständen hat sich nun der Pfleeger des M: *Hölderlens* AmtsPfleeger *Burk* zu Nürttingen, zu Verhutung aller Weitläuffigkeiten veranlaßt gesehen, mit

Herrn Ernst Zimmer, Schreiner Meister in *Tübingen,*

nach denen Vorgängen einen jährlichen Accord abzuschließen, wornach für den Gemüthskranken M: *Hölderlen* auß der Pfleegschaft, im ganzen zu bezahlen,

a.) Kostgelt, für trokenen Tisch gerechnet, auf 365. Tag à 24	146.fl.
b.) HaußZinnß	22.fl.
c.) Vor Wein	24.fl.
d.) Vor Kaffee deß Nachmittags	8.fl.
e.) Vor Holz und Liechter	15.fl.
f.) Vor Wasch	8.fl.
g.) Vor Schnupp Tabacc	6.fl.
h.) Dem Baarbierer vors Rasieren	6.fl.

sodann

i.) Zulage nach der Kammrath Gok aigenen freywilligen Bestimmung, der Frau Zimmer nebst Familie und Jungen 15.fl.

Zusammen auf 1. Jahr 250.fl.

welche dann in 4. *Quartalien* an Herrn Zimmer in Tübingen, auß der Hölderlischen Pfleegschaft gegen Quittung Baar zu bezahlen, mit

62.fl. 30.x.

und zwar auf *Georgii* 1830. Erstmals.

Zu welchem Accord unter Vorbehalt der OberamtsGerichtl: Genehmigung sich beede Theile verstehen, mit der Bemerkung, daß der Kost-Herr außer vorangezaigtem Betrag, für die weitere Bedurfnuße und Auslagen an KleidungsStük und Arbeits-Verdienst noch jedesmalen besondere Conto und Quittungen beyzubringen, und der Hölderlischen Pfleegschaft, zur Ausbezahlung und Ausgäblichen Verrechnung zu übergeben hat.

Daß vorstehender Accord von beeden Theilen also abgeschloßen worden, bezeugen hiemit die aigenhändige Unterschriften.

Nürttingen und *Tübingen*

den 8. Merz 1830.

[Unterschriften Burks und Zimmer]

207 AUS DEM TAGEBUCH DER PRINZESSIN MARIANNE VON PREUSSEN

[6. März 1830]

Gestern aß der diesjährige *rector Magnificus* bey uns, der weltberühmte Professor Hegel – mir war das eigentlich fatal – und ich schämte mich fast, viel mit ihm zu reden, es machte mich auch verlegen, und ich wußte nicht was – da fiel mir Herr von Sinclair ein, daß er ihn als genannt in alter Zeit – ich fing von ihm an – da sprach er von ihm, von Bonamös, von seinen Wanderungen mit ihm auf unseren Bergen, nannte jeden bey Nahmen – da fing er von Hölderlin an, der für die Welt verschollen ist – von seinem Buch Hyperion – alles das hatte *époque* in meiner Kindheit mir gemacht wegen Schwester Auguste in Beziehung auf sie – und da empfand ich auf einnmal beim Klang dieser Nahmen eine wahre Freude – eine ganze Vergangenheit ging auf durch sie, und der Mann als Schall war mir in dem Moment wahrhaft lieb. Es war eine Art Erinnerung erweckt wie sonst als durch einen Geruch oder Melodie oder Ton. Ich sah auf einmal das Buch Hyperion, wie es grün eingebunden lag auf dem Fenster der Schwester Auguste, und die schönen Weinranken am Fenster, den Sonnenschein hindurch, den kühlen Schatten in den dunklen Kastanien allén vor dem Fenster, hörte die Vögel – kurz die ganze Vergangenheit ging mir auf in dem befreundeten Nahmen.

NICHT ALLE TAGE...

Nicht alle Tage nennet die schönsten der,
Der sich zurüksehnt unter die Freuden wo
lhn Freunde liebten wo die Menschen
Über dem Jüngling mit Gunst verweilten.

AUSSICHT

Wenn Menschen fröhlich sind, ist dieses vom Gemüthe,
Und aus dem Wohlergehn, doch aus dem Felde kommet,
Zu schaun der Bäume Wuchs, die angenehme Blüthe,
Da Frucht der Erndte noch den Menschen wächst und frommet.

Gebirg umgiebt das Feld, vom Himmel hoch entstehet
Die Dämmerung und Luft, der Ebnen sanfte Wege
Sind in den Feldern fern, und über Wasser gehet
Der Mensch zu Örtern dort die kühn erhöhten Stege.

Erinnerung ist auch dem Menschen in den Worten,
Und der Zusammenhang der Menschen gilt die Tage
Des Lebens durch zum Guten in den Orten,
Doch zu sich selber macht der Mensch des Wissens Frage.

Die Aussicht scheint Ermunterung, der Mensch erfreuet
Am Nuzen sich, mit Tagen dann erneuet
Sich sein Geschäft, und um das Gute waltet
Die Vorsicht gut, zu Dank, der nicht veraltet.

DEM GNÄDIGSTEN HERRN VON LEBRET

Sie, Edler! sind der Mensch, von dem das Beste sagen
Nicht fälschlich ist, da jeder Mensch es kennet,
Doch die Vollkommenheit enthält verschiedne Fragen,
Wenn schon der Mensch es leicht bezeuget nennet.

Sie aber haben diß in recht gewohntem Leben,
In der Gewogenheit, von der sich Menschen ehren,
Das ist den Würdigern als wie ein Gut gegeben,
Da viele sich in Noth und Gram verzehren.

So unverlierbar diß, so geht es, hoch zu gelten,
Aus der Gewogenheit; die Menschen leben nimmer
Allein und schlechterdings von ihrem Schein und Schimmer,
Der Mensch bezeuget diß und Weisheit geht in Welten.

208 QUITTUNG ERNST ZIMMERS

Von Herr OberAmtsPfleger Burk zu Nürtingen als Höllderlischer Pfleger für verpflegung des Herrn M: Hölderlins von Lichtmeß biß Georgi 1830. die Sume von 62 f 30x nach dem getrofenen Akort erhalte zu haben

T. Ernst Zimmer.

Tübingen den 16 Aprill 1830

209 QUITTUNG ERNST ZIMMERS

Die virteljährige Rechnung von Georgi biß Jacobi, mit 62f 30x, für Herr Magister Hölderlin vor Kost Wart und Pfleg durch Herr Ober Amts Pfleger Burck in Nürtingen erhalten zu haben

T. Ernst Zimmer.

Tübingen den 13 Juli 1830.

210 QUITTUNG ERNST ZIMMERS

Von Herr Oberamts Pfleger Burk. hat unterschriebener, vor daß Virteljahr von Jacobi biß Martini vor den in Wohnung, Kostu. Wart, befindlichen, Herrn Magister Hölderlin, nach dem getrofennen Acort 62 f 30x erhalten

Tübingen den 5 Nov: 1830.

T. Ernst Zimmer.

211 QUITTUNG ERNST ZIMMERS

Von Herr Oberamts Pfleger Burck von Martini 1830 biß Lichtmeß 1831 den Virteljährigen betrag mit 62 f 30x für Wohnung Kost wart u Pfleg des Herrn Magister Höl-

derlin erhalten zu haben.
Tübingen d 26ten Januar 1831.
T. Ernst Zimmer.

212 QUITTUNG ERNST ZIMMERS

Von Herr AmtsPfleger Burck 62f 30x für daß Virteljährige Kost Geld des Herr Magister Hölderlin von Lichtmeß biß Georgi 1831. erhalten zu haben
T. Ernst Zimmer
Tübingen den 22 Aprill 1831.

213 QUITTUNG ERNST ZIMMERS

Von Herr Oberamts Pfleger Burck.
Die richtige Bezahlung vor das VirtelJahr von Georgi biß Jacobi vor Kost Wohnung Wart u Pfleg, des Herrn Magister Hölderlin mit 62 f 30x erhalten zu haben.
T. Ernst Zimmer.
Tübingen d 19ten Juli 1831.

214 AUS PAUL PFIZERS »BRIEFWECHSEL ZWEIER DEUTSCHEN«

[1831]

Eine ähnliche Bewandtniß hat es mit der deutschen Literatur überhaupt: es fehlt ihr, wie dem deutschen Volk, der rechte Lebensmittelpunkt; sie ist lauter Peripherie ohne Centrum [...] Die deutsche poetische Literatur besteht aus lauter Arabesken und Verzierungen, und die ächte Poesie verstummt mehr und mehr, denn es fehlt ihr an einem Gegenstand, an dem sie sich aufrichten könnte, an der Anschauung eines großartigen und erfüllten Lebens; die bloß innerlichen Stoffe und Motive sind verbraucht [...]

Daher sind wir auch so reich an Producten, welche, wie Ernst Wagners Wilibald oder Hölderlins Dichtungen, bei einer Fülle von Talent und Geist kaum eine Ahnung von Natur und Realität enthalten, und nur in einer Periode künstlicher Verbildung wie die gegenwärtige Zeit verständlich, für andere Zeiten und Nationen aber zuverlässig ungenießbar sind. Unsre Poesie ist eine gelehrte für die gebildete Welt, und konnte bis jetzt auch nichts Andres seyn. Eben damit fehlt ihr aber jene Naturnothwendigkeit, durch welche die Poesie eines Volks sich zum organischen Ganzen gestaltet: nur der Volksdichter ist der wahre Dichter, weil er einen reellen und nothwendigen Stoff hat, den er nicht willkürlich ersinnt, sondern aus der Tiefe des Lebens schöpft, einen Stoff, den keine Macht des Genie's zu produciren im Stande ist, weil er nicht erfunden werden kann, sondern im Volke werden und wachsen muß.

215 QUITTUNG ERNST ZIMMERS

Unterzeichneter hat von Herr Ober Amts Pfleger Burck in Nürtingen, daß gewöhnliche Virteljahr Geld von Jacobi biß Martini, vor Kost Wart und Pfleg des Herrn Magister Hölderlins, mit 62f 30x richtig erhalten.

Tübingen den 7 Nov: 1831.

T. Ernst Zimmer

216 ERNST ZIMMER AN BURK

Tübingen d 21 Januar 1832.

Hochgeehrstеter Herr OberAmtsPfleger!

Es freudt mich Ihnen schreiben zu können das Ihr Herr Pflegsohn Sich recht wohl befindet, und auch sonst recht artig und höflich ist, die Winter Tage bringt Er meistens am Forte Piano zu, daß Ihm viele Unterhaltung gewährt, wobei Er meistens zu Seinem Spiel Singt, doch hat Sein Gesang, daß angenehme nicht mehr wie in früheren Tagen, den ganzen Tag wenn Er nicht am Forte piano sizt ist Er in unaufhöhrlicher Bewegung, und nur Abens vor dem Essen sezt Er Sich zuweillen ein wenig. Hir schüke ich Ihnen zugleich die Quitung vor die letze Virteljahres Rechnung. Der Frau Profeßorin Schreibe ich besonders wenn Sie würklich in Nürtingen ist.

Ihr gehorsammer Dienner Ernst Zimmer

217 QUITTUNG ERNST ZIMMERS

Von Herr Oberamts Pfleger Burck in Nürtingen hat unterzeichneter, vor Kost Wart und Pfleg des Herrn Magister Hölderlin, 62f 30x vor das Virteljahr von Martini biß Lichtmeß Dankbar erhalten

Tübingen den 21 Jan: 1832.

T. Ernst Zimmer.

218 ERINNERUNG MÖRIKES

1832. 7. April

Ich will bei Gelegenheit dem liebenswerthen, lange noch nicht genug erkannten Dichter, Fried. Hölderlin ein kleines Denkmal stiften u. über die Schönheiten wie die Fehler Hyperions etwas dabey sagen. – Ich besize von H.s eigener Hand, einige Blätter, welche etwa im J. 1823-24. in Tübingen geschrieben sind; zwei metrische Poesien und einige Briefe als Fortsetz: des Romans Hyp. Leztere sind nur durch den ungeheuern Contrast gegen jenes ursprüngl. Produkt merkwürdig u. rührend – die beiden Gedichte aber, Räthsel des Wahnsinns, lassen den schönsten Sinn theils errathen, theils haben sie ihn offenbar; ihr Charakter – (elegisch-didakt.) ist durchaus entschieden und springt auch nicht in Einer Zeile ab.

Rudolf Lohbauer und G. Schreiner (Lithograph) besuchten mich im Jul. 1823 in Tübingen; ich führte sie auch zu Hölderlin; nachher zeichneten sie, gleichsam wehmüthig spielend, das Profil des armen Manns miteinander auf einen Wisch Papier den ich noch verwahre. Jene poetisch. Stücke aber sind mir wahrhaft ein Heiligthum, und doppelt, ich habe sie, glaub ich, durch Waiblinger erhalten.

219 ERNST ZIMMER AN BURK

Tübingen d 16ten April 1832.

Hochgeehrtester Herr Ober Amts Pfleger!

Hir überschüke ich Euer Wohlgebohren die Quitung vom letzten Virtel Jahr, Ihr Pfleg Sohn ist recht wohl nur ein winig unruhig, ich hofe aber auf eine baldige besserung bei Ihm.

Ihr gehorsamer Dinner Ernst Zimmer

bitte inliegenden brief der Frau Profesorin zu über geben.

220 QUITTUNG ERNST ZIMMERS

Den richtigen Empfang von 62f 30x für Kost Wart und Pfleg des Herr Magister Hölderlin von Lichtmeß biß Georgi, durch Herr OberAmtsPfleger Burck Erhalten zu haben

Tübingen d 16 Aprill 1832.

T. Ernst Zimmer.

DER FRÜHLING

Wie seelig ists, zu sehn, wenn Stunden wieder tagen,
Wo sich vergnügt der Mensch umsieht in den Gefilden,
Wenn Menschen sich um das Befinden fragen,
Wenn Menschen sich zum frohen Leben bilden.

Wie sich der Himmel wölbt, und außeinander dehnet,
So ist die Freude dann an Ebnen und im Freien,
Wenn sich das Herz nach neuem Leben sehnet,
Die Vögel singen, zum Gesange schreien.

Der Mensch, der offt sein Inneres gefraget,
Spricht von dem Leben dann, aus dem die Rede gehet,
Wenn nicht der Gram an einer Seele naget,
Und froh der Mann vor seinen Gütern stehet.

Wenn eine Wohnung prangt, in hoher Luft gebauet,
So hat der Mensch das Feld geräumiger und Wege
Sind weit hinaus, daß Einer um sich schauet,
Und über einen Bach gehen wohlgebaute Stege.

221 MÖRIKE AN JOHANNES MÄHRLEN

[Ochsenwang, 21 Mai 1832]

Ach, Alter, neulich, d.h. vor drei Wochen, kam mich so ein hastig-süßes Frühlingsfieber, auf einem meiner Felsen, an; Erinnere Dich, wie wir einmal vor der Allee in Tübingen, unter Schlüsselblumen u. Maikäfern den Hyperion lasen? Ich sehnte mich wieder nach dem lang nicht gesehenen Buche und verschrieb mirs augenblicklich. O welch ein sinnbetäubender Dampf u. Blumengeruch der Vergangenheit stieg mir entgegen! Ich wollte gleich die Feder für Dich ergreifen, vermochts aber nicht; denn diese überschwellende Momente kehren zugleich auch die träge, resignirende Ohnmacht unseres Wesens heraus.

Lies doch gelegentlich den Hyp. wieder. Als ich ihn wieder vornahm, ward ich bei all seiner Herrlichkeit, nur um so mehr betrübt durch das unausweichliche Gefühl von Schiefheit im ganzen Süjet, in der Anlage, ja zum Theil in der Darstellung des Hauptcharakters, dem, an sich rein elegisch (wie Hölderlin ihn selbst prädicirt) ganz heterogene Bestrebungen von Größe aufgebürdet werden. Am Ende sieht das Ganze doch nur wie ein rührendes Zerrbild aus, lauter einzelne unvergleichlich wahre u. schöne Lyrika, ängstlich auf eine Handlung übergetragen. Der Eindruck des Lesers ist der peinlichst-glücklichst-complicirteste. Man fühlt sich ergriffen, wie mit Götterfingern plötzlich an der leisesten Seelfaser berührt, kräftig erhoben und dann wieder so krank, so pusillanim, hypochondrisch u. elend, daß von dem, was eigentlich Beruf aller, auch der tragischen Dichtung ist, jede Spur vertilgt wird. Hiezu kommt dann noch, wie gesagt, die eigene Verstimmung die ein halbes Kunstwerk, das, mit mehr Grundsaz u. Überlegung gedacht, so leicht hätte ein ganzes seyn können, auf unsere kritische Natur ausübt. -

222 QUITTUNG ERNST ZIMMERS

Von Herr Ober Amts Pfleger Bürk.
Für den in Wohn Kost u Pfleg habenden, Magister Hölderlin, den virteljährigen

Betrag von Georgi biß Jacobi mit 62f 30x erhalten zu haben.
Tübingen d 21 Juli 1832.
T. Ernst Zimmer.

223 RECHNUNG ERNST ZIMMERS

Meine Frau kaufte zu einem Kamisol für den Holderlin 4 Elen Zeiglen die Ehle zu 22x macht 1f 28x
Tübingen d 21 Juli 1832
obiges dankbar erhalten T. Ernst Zimmer

224 QUITTUNG ERNST ZIMMERS

Von Herr Ober Amts Pfleger Bürk, den Virteljährigen Betrag von Jacobi biß Martini mit 62f 30x für Seinen Pflegsohn Herr Magister Hölderlin, vor Kost Wart u Pfleg erhalten zu haben.
T. Ernst Zimmer.
Tübingen den 5 Nov: 1832.

225 RECHNUNG ERNST ZIMMERS

Vor Herr Biebliothekarius Hölderlin.

Ein Wollen Gestricktes Kamisol gekauft	3f	12x
Leinewand 3 Ehl: 1/4 die Ehl 20x	1f	5x
	4f	17x

Tübingen d 5ten Nov: 1832.
Die richtige Bezahlung T. Ernst Zimmer.

226 ERFASSUNG DER GEISTESKRANKEN IN OBERAMT UND STADT TÜBINGEN.

[Am 12. 11. 1832 ergeht vom Königlich Württembergischen Ministerium des Innern an die Regierung des Schwarzwaldkreises in Reutlingen (sowie des Neckar-, Jagst- und Donaukreises) der folgende Erlaß:] Um eine Uebersicht über den Stand der Geisteskranken im Königreich zu gewinnen, wie sie für administrative und wissenschaftliche Zwecke in verschiedener Beziehung von Wichtigkeit ist, wird die Kreisregierung beauftragt, die in ihrem Kreis befindlichen Geisteskranken nach folgenden näheren Bestimmungen aufnehmen zu lassen. [Dieser Erlaß wird am 19. 11. 32 von der Kgl. Kreisregierung in Reutlingen an die Oberamtsbezirke (heute Landratsämter), so auch nach Tübingen, weitergegeben. Erfaßt werden soll der Stand am] 1. Dec. 32 [von den] Oberamts-Aerzten unter Mitwirkung der Königlichen Oberämter.

Hinsichtlich der Quellen, welche zur Erlangung zuverläßiger und erschöpfender Notizen zu benützen wären, will man das Ermessen der aufnehmenden Beamten nicht beschränkten. Jedenfalls wird das Königliche Oberamt ermächtigt und angewiesen,] deßhalb die weltlichen und geistlichen Orts-Vorsteher und die praktizirenden Aerzte seines Bezirks zur Notizen-Mittheilung aufzufordern. [Die erhaltenen Listen des Oberamts Tübingen, auch die der 63 anderen sind erhalten, entsprechen in ihrem Aufbau genau den im Erlaß genannten Anforderungen. Sowohl diese Listen des Oberamts als auch ein erläuternder Beibericht für Tübingen stammen von dem Privatdozenten für Psychiatrie an der Universität Tübingen und dem praktischen Arzt Dr. W. Leube, dem Schwiegersohn des Oberamtsarztes Uhland, und werden am 6. Januar 1833 vom Königlichen Oberamt Tübingen] Mit 1 Tabelle nebst 12 Beylagen und 1 besonderen OberAmtsAerztl. Bericht [an die Königliche Kreisregierung weitergegeben.

Die Tabelle gliedert sich in die hier teilweise wiedergegebene Hauptgruppe] I. Eigentlich Geisteskranke [und die Gruppe] II. Angeboren Blödsinnige.

Allgemeine Übersicht der Geisteskranken des O.Amts Tübingen **Stand vom 1.Dec.1832**

I. Eigentlich Geisteskranke.

Ort	männlich	weiblich	Lebens-Alter	Krankheits-dauer	Krankheits-Charakter	Religions-bekenntniß	Stand	Nahrungs-stand	Aufenthalt	Behandel-barkeit	Bemerkungen
Stadt Tübingen	1.		62.	29.	verwirrt	ev.⟨*ange-lisch*⟩	Bibliothe-kar led.⟨*ig*⟩	Familienstif-tung	Tüb.⟨*ingen*⟩ priv.⟨*at*⟩	un-heilbar	Urs.⟨*achen*⟩ Schwächung, unglückl.⟨*iche*⟩ Liebe, Studien.

Nachträge

Tabellen:

Stand der Geisteskranken am 1.Dec.1832 in der Oberamtsstadt Tübingen

Tübingen 4.Jan.1833 für den O.Amtsarzt W.Leube

Name des Geisteskranken oder Anfangs-Buchstaben, wann er verschwiegen bleiben soll.	Aufenthalt desselb. ob im Orte oder in Zwiefalten oder im Ausland.	Lebens-Alter	Religion	Stand, Gewerbe und ob ledig oder verheirathet oder verwittwet	Zeit, seit wann die Geistes-Krankheit andauert.	Haupt-Charakter der Geistes-Krankheit; ob tobsüchtig, lärmend, wild oder verrükt, faselnd, lebhaft, oder trübsinnig, melancholisch, still oder blödsinnig, stumpfsinnig, gelähmt.	Nahrungsstand des Kranken ob arm; öffentlich zu unterhalten oder nothdürftig aus eignen Mitteln oder hinreichend aus eignen Mitteln oder sehr vermöglich.	Bemerkungen
1. M.Hölderlin	Tübing.⟨*en*⟩ priv.⟨*at*⟩	62 ⟨*Jahre*⟩	ev.⟨*an-gelisch*⟩	Bibliothekar, led.⟨*ig*⟩	29 J.⟨*ahre*⟩	verwirrt	Familienstif-tung	gutartig, Urs.⟨*achen*⟩ unglückliche Liebe, Erschöpfung, Studien.

Nachträge

227 KARL GOK UND HEINRIKE BREUNLIN AN BURK

[Stuttgart, 14. Dezember 1832]

Verehrtester Herr Amtspfleger!

Unser Bruder Hölderlin wird von dem Herrn Schreinermeister Zimmer so billig verpflegt, daß Lezterer im heurigen Frühjahre, wo die Lebensmittel auf einen außergewöhnlich hohen Preiß stiegen, in offenbaren Nachtheil gekommen ist.

Für jene theure Zeit ließ selbst der Staat hinsichtl: der – von öffentl: Cassen zu bestreitenden Kostgelder eine namhafte Erhöhung eintreten, um so mehr fühlen wir uns berufen, den wakern Verpfleger unseres Bruders auf eine delikate Weise möglichst zu entschädigen; wir glauben, daß hiefür ein Geschenk von 2. *Louisd'or* sehr mäßig seye, und bitten nun um Ihre gütige Einleitung, daß diese Summe aus der PflegschaftsCasse an Weihnachten oder NeuJahr Herrn Zimmer zugestellt werde.

228* ERNST ZIMMER AN BURK

Tübingen d 29 Januar 1833.

Hochverehrtester Herr Oberamts Pfleger!

Hir schüke ich Ihnen die Quitung von der lezten virteljahres Rechnung. Besonders danke ich Ihnen für daß großmüthige Geschenk von 22 f worüber wir nicht wenig überrast wurden. Und Hölderlin soll immer nach Ihrem schönnen Wunsch behandelt werden. Er ist immer recht wohl, und Heiter, und hat würklich auch zimlich ruhigen Schlaf, Auch Singt und Spielt Er oft halbe Tage fort.

Ich bin mit aller Hochachtung Euer Wohlgebohren gehorsamer Dinner Ernst Zimmer.

Conto habe ich diesmahl keine zu schüken

229* QUITTUNG ERNST ZIMMERS

Von Herr Oberamts Pfleger Burck! vor die verpflegung des Herrn Magister Hölderlin, von Martini 1832. biß Lichtmeß 1833. die Summe von 62 f 30 x richtig erhalten zu haben.

Tübingen d 29 Januar 1833

T. Ernst Zimmer.

230* RECHNUNG DES SCHUHMACHERS MÜLLER

HE Herderle
d 16 Febr Schuh gesolt geflek 52 x
d 8 Merz Schuh durchaus gesolt 48 x

1 f 40 x

den Empfang dankbar erhalten T. Friedrich Müller Schuhmacher
Tübingen d 15 April 1833
[Nachbemerkung Burks:] den richtigen nötigen Verbrauch der Arbeit bescheint T. Kost Herr. [eigenhändig:] Ernst Zimmer

231* ERNST ZIMMER AN BURK

[16. April 1833]

Hochgeehrtester Herr OberAmtsPfleger!
Hir überschüke ich Ihnen die Quitung vor diß letze Virteljahr und 1 Conto des Schuhmachers Ihr Pflegsohn ist wohl und auch wir.
Die Regirung hat daß Bauweßen an dem Anatomie Gebäude nider legen laßen warscheinlich um den Bürger ihre Unzufriedenheit zu zeigen da Sie einmahl unseren Repressentanten Pfizer nicht leiden kan. Es scheint beinah daß Sie ihren Zwek erreichen wird, den würklich erheben sich Stimmen gegen ihn. Es ist aber einer der Tüchtigsten Männer in unserer Ständeversamlung. mir würde es Leid sein wenn Er nicht wieder gewählt würde. Ihr gehorsamer Dienner Ernst Zimmer.

232* QUITTUNG ERNST ZIMMERS

Von Herrn Ober Amts Pfleger Burck die Summe von 62 f 30x für Kost Wart Wohnung und Pfleg des Herrn Magister Hölderlin von Lichtmeß biß Georgi 1833. erhalten zu haben.
T. Ernst Zimmer. Schreiner Ob Meister
Tübingen d. 16 Aprill 1833.

233* ERNST ZIMMER AN BURK

Tübingen d 17 Juli 1833.

Hochgeertester Herr!
Hir überschüke ich die Quitung vor daß lezte Viteljahr. Hölderlin befindet sich recht wohl, die 6 Himter von der Frau Profeßoin haben wir erhalten, Vor 2 Tagen kam ein Herr Abens 8 Uhr in unser Hauß, auf dem Kopf einen Ehlen langen Salat-

stengel Tragend, und wolte gerade ins Hölderlins Zimmer hinein, vorgebend Er komm von Nürtingen, habe von Hölderlin Schwester einen Auftrag an Hölderlin, da Hölderlin schon im Bett lag so wisen wir Ihn ab weil es sonst den grösten Spektakel geben hätte wenn er hinein gekomen wäre, und Hölderlin In warscheinlich hinaus geschmißen hätte, Er versprach morgen wieder zu kommen kamm aber nicht mehr, beim weggehen deklamirte Er Laut aus Aus Hölderlins Hipperion, woraus wir sahen daß es nicht recht richtig im Kopf bei Ihm war, Er gab vor Er sey aus Nürtingen und heiße Storr. hir folgt ein Conto vom Schuhmacher, weiter haben wir sonst nichts zu schüken

Ihr gehorsammer Dinner Ernst Zimmer.

234* QUITTUNG ERNST ZIMMERS

Von Herr Oberamts Pfleger Burck für daß Virteljahr von Georgi biß Jacobi 1833. für Kost Wart und Pfleg des Herrn Magister Hölderlin 62 f 30x erhalten zu haben. T. Ernst Zimmer.

Tübingen d 17 Juli 1833.

235* RECHNUNG DES SCHUMACHERS MÜLLER

HE Herderle

d 10 Juli Schuh gesolt geflek ausgebesset samt nägele		56 x
d 17 Juli Neue Panttoflen gemacht samt nägele	2 f	10
	3 f	6 x

den Empfang bescheint Dankbar T. Friedrich Müller Schuhmacher

Tübingen d 17 Juli 1833:

[Nachbemerkung Burks:] Den nötigen Gebrauch dieser Arbeit T. Kost Herr [eigenhändig:] Ernst Zimmer

236* RECHNUNG DES TUCHMACHERS FRIEDRICH LINDENMAIER

Rechnung fur Herr *Bibleodecar*, Hölderlin, von Friedrich Lindenmaier, Tuchmacher, für folgendes Tuch.

1833

	f. cr.
d. 5. *Nov.* 2 Ellen schwarzmelirt Tuch, die Elle 2 f 24cr	4. 48

Den Empfang bescheint mit Dank. T. Lindenmaier.

Tübingen *d.* 5. Nov 1833

[Randbemerkung Ernst Zimmers:] Daß obiges Thuch für Magister Hölderlin gekauft worden ist, bezeigt der Kostherr. Ernst Zimmer.

237* ERNST ZIMMER AN OBERAMTSPFLEGER BURK

Tübingen d 6ten Nov: 1833.

Hochverehrstester Herr Oberamts Pfleger!

Hir schüke ich Ihnen die Quutung vom lezt verfloßennem Virteljahr. Ihr Herr Pflegsohn braucht nothwindig 1 paar neue Beinkleider, worüber ich Ihnen vom Tuchmacher den Conto schüke, der Schneider hat die Hosen noch nicht gebracht sonst hätte ich Ihnen Seinen Conto auch mit geschükt. Hölderlin ist recht wohl und vergnügt. Er beschäftig Sich würklich mit Declamationen aus Klopstoks Oden, auch aus dem Homer liestt Er ganz begeistert Gesänge vor. Wenn die Frau Profeßorin wieder aus Stuttgart zurük ist will ich Ihr selbst schreiben. Ihr gehorsamer Dinner Ernst Zimmer.

Die schon bezahlten 2 Conto folgen auch zurük

238* QUITTUNG ERNST ZIMMERS

Von Herr Ober Amts Pfleger Burk. den Virteljährigen Betrag, von Jacobi biß Martini für Wohnung, Kost, Wart, und Pfleg, des Herrn Magisters Hölderlin, mit 62 f 30 x erhalten zu haben. T. Ernst Zimmer.

Tübingen den 6ten November 1833.

239* RECHNUNG DER NÄHERIN FRIEDERIKE MAIER

Herrn Magister Hölderlin.

2 paar wollene Strümpfe daran gestrikt

vor striken a – 8x	16x
vor Wolle Garn	30x
ferner mehrere paar Strümpfe geflikt	24x
	1 f 10x

Tübingen d 6ten Nov: 1833

Friederike Maierin

Den richtigen Empfang bescheint Friederike Maier

[Nachbemerkung Ernst Zimmers:] daß obige reparaturen für *M*: Hölderlin nothig waren bezeigt der Kostherrn Ernst Zimmer.

240* RECHNUNG DES SCHNEIDERS FEUCHT

Nota über Schneiderarbeit für Herrn Biblidekar Hölderle
1833
d 28 Nov: eine Tuch Hoss gemacht. samt zugeher 1 f
V: 3 1/4 Ehl: feine LeinWand a 18x 58x

1 f 58x

den Empfang bescheind Dankbar T, Philipp Feucht
Tübingen d 25 Jann 1834
[Nachbemerkung Ernst Zimmers:] Die richtigkeit des Contos bezeigt der Kostherr Ernst Zimmer.

241* ERNST ZIMMER AN BURK

Tübingen d 29 Janu- 1834.

Hochgeehrtester Herr!

Hir überschüke ich Ihnen die Virtteljährige Quitung. Ihr Pflegsohn ist recht wohl, und immer in einer heiteren Stimmung. Ich habe Ihnen weiter nichts zu schüken als den Schneider Conto vor die Hosen. sonst hat Hölderlin dismahl nichts gebraucht. Seit 8 Tagen Blühen hir, Seidelbast, SchneGloken, Hiazinten, Veilichen, und zim theil Pfirschen. An unserem Hause steht ein Birnbaum desen Knospen in einige Tagen zur Blüthe kommen werden.

Ich empfehle mich Ihnen gehorsam. Ernst Zimmer.

242* QUITTUNG ERNST ZIMMERS

Vor Herr Ober Amts Pfleger Burck, den Virteljährigen Betrag von Martini Biß Lichtmeß mit 62 f 30 für Wohnung Kost Wart u. Pfleg, des Herrn Magister Hölderlin. erhalten zu haben. T. Ernst Zimmer
Tübingen d 29. Januar 1834.

243* RECHNUNG DES SCHUHMACHERS FRIEDERICH MÜLLER

Vor HE Herderle
d 23 [?] Febr Winter Schuh durch aus gesolt samt nägele 48x
den Empfang Dankbar erhalten T Friederich Müller Schuhmacher
Tübingen d 14 Ap 1834:
[Nachbemerkung Burks:] Den nötigen Gebrauch und Ferttigung dieser Arbeit. T. KostHerr [eigenhändig:] Ernst Zimmer.

244* RECHNUNG DER NÄHERIN MAIER

Herrn Magister Hölderlin

an 6 paar Strümpfe daran gestrikt vor daß Garn	42x
vor daß Striken	36
Friederike Maierin	1 f 18x

Mit Dank erhalten Maierin
Tübingen d 15ten Aprill. 1834
[Nachbemerkung Burks:] Den richtigen Gebrauch und Empfang der Arbeit. T. KostHerr. [eigenhändig:] Ernst Zimmer.

245* ERNST ZIMMER AN BURK

Tübingen d 16 Aprill 1834.

Hochgeehrtester Herr Ober Amts Pfleger!
Hir überschüke ich Ihnen die Rechnung vom lezten Virteljahr, Ihr Herr Pflegsohn ist recht wohl, es fehlt Ihm nie etwas, auch ist Er heiter und zufrieden.
Ich empfehle mich Ihnen Gehorsamst Ernst Zimmer.

246* QUITTUNG ERNST ZIMMERS

Von Herr Ober Amts Pfleger Burk 62 f 30x erhalten zu haben vor daß lezte Virtel Jahr von Lichtmeß biß Georgi. Vor Wohnung Kost Wart u Pfleg, des Herrn Magister Hölderlin.
Tübingen d 16 Aprill 1834.
T. Ernst Zimmer.

247 NOTIZ IM STUTTGARTER BEOBACHTER 1834

[23. Mai 1834]

Schon im J. 1828 hat L. Achim von Arnim im Berliner Conversationsblatt in seinen »Ausflügen mit Hölderlin« auf die in der bei Cotta 1826 erschienenen Sammlung fehlenden Gedichte dieses Dichters hingewiesen. Es wäre wohl zu wünschen, daß diese noch ungedruckten Dichtungen dem an den Dichtergaben und dem unglücklichen Schicksale Hölderlin's theilnehmenden Publikum nicht länger vorenthalten würden und wir glauben daher im Sinne einer größeren Anzahl von Literaurfreunden zu handeln, wenn wir an die Männer, welche im Besitze jener Gedichte sind, die lebhafte Bitte ergehen lassen, diesem Wunsche recht bald zu entsprechen.
Mehrere Verehrer der Muse
Hölderlin's.

248 UHLANDS ENTWURF EINER ERWIDERUNG

[vermutl. Mai oder Juni 1834]

In Nr. 418. d. Bl. findet sich ein[e] Aufforderung zu nicht längerem Vorenthalten angeblich noch ungedruckter und namentlich in der Sammlung von 1826. fehlender Gedichte Hölderlins. Da wir Unterz[eichneten] an der Herausgabe dieser von andern Verehrern des Dichters zuerst angelegten Sammlung durch Auswahl, Anordnung und Vervollständigung ihres Inhalts Theil genommen haben, so sehen wir uns veranlaßt, auf den angeführten Artikel Einiges zu erwidern. Die Hinweisungen Arnim's im Berliner Conversationsblatte beziehen sich, soviel ich mich des Aufsatzes erinnre, nicht auf wirklich ungedruckte Gedichte, sondern auf solche, die bereits in den Seckendorf'schen Musenalmanachen für 1807. und 1808. mitgetheilt waren. Arnim hat daraus gleich in der von ihm 1808. herausgegebenen Zeitung für Einsiedler einige Stellen (unter die Denksprüche) aufgenommen. Die in jenen Almanachen aus einem ohne Zweifel sehr übel beschaffenen Manuscript mitgetheilten Gedichte wurden der Sammlung allerdings nur soweit einverleibt, als es uns möglich war nach sorgfältiger Vergleichung mit den vorliegenden Handschriften des Dichters einen ächten und verständlichen Text herzustellen. Für Diejenigen, welche die Texte der Almanache vorziehen sollten, ist dieser unverloren und dasselbe ist der Fall mit mehreren der frühsten in obigem Artikel nicht berührten Gedichte Hölderlins, welche in Städlins schwäbischen Musenalmanachen erschienen sind.

Unsre Absicht war, daß der treffliche Dichter in dieser ersten Sammlung sr. Poesien in gereifter und ungeschwächter Eigenthümlichkeit hervortrete. Wir ließen hier bei Seite, was erst, wenn ihm die verdiente allgemeinere Anerkennung geworden, als Beitrag zu seiner innern Geschichte von Interesse seyn konnte. Wer die Mühe nicht scheut, die von uns benutzten Mspte bei den Angehörigen des Dichters genauer einzusehen, wird sich überzeugen, daß wir nichts versäumt haben auch die sehr schwierig zu entziffernden Entwürfe, wie Empedokles, der Mensch etc. wenigstens bruchstückweise zu erhalten. / Nach einer Tragödie: Agis, welche schon vor langer Zeit der Redaktion eines belletristischen Blattes zur Einrückung von Proben daraus, zugeschickt worden seyn soll, wurde wiederholt vergebliche Nachfrage angestellt.

Es bleibt somit unsrerseits nur der gerechte Wunsch übrig, daß nun auch die bis jetzt ungenannten »Verehrer der Muse Hölderlins« sich selbst und die Männer nennen mögen, welchen sie, als Besitzern noch ungedruckter Hölderlinscher Gedichte, das Vorenthalten derselben vorwerfen zu müssen glaubten. Wir zweifeln nicht daß der Bewahrer sämmtlicher uns jemals zu Gebot gestandenen Mspte, HE.O[ber] F[inanz] Rath v. Gock, Bruder des Dichters auch ihnen solche zu weiterer Entzifferung und Mittheilung dessen, was sie etwa noch zum Abrunden für geeignet halten, gerne zugänglich machen und ihnen dadurch Gelegenheit geben werde, denselben gewissenhaften Eifer für die Ehre des vaterländ. Dichters zu bethätigen, dessen wir uns bewußt sind.

249* RECHNUNG DER NÄHERIN MAIER

Conto Vor Herrn Magister Hölderlin.
7. paar Strümpfe geflikt 1 Bettzieche und 2 Wämesle 48x
Friederike Maier.
Mit Dank erhalten. T. Friederike Maier.
Tübingen d 17 Juli: 1834.
[Nachbemerkung Burks:] den richtigen Gebrauch obiger Arbeit. bescheint. T. Kost Herr [eigenhändig:] Ernst Zimmer.

250* ERNST ZIMMER AN BURK

Tübingen d 18 Juli 1834.

Hochgeehrtester Herr Oberamts Pfleger

Bei überschükung der Rechnung kann ich Ihnen von Ihrem Herrn Pflegsohn gute Nachricht geben. Sein Leben ist ganz Regelmäßig. Morgens 3 Uhr steht Er auf Spazirt im Haußöhrn biß 7 Uhr wo Er zum frühstük geht auf und ab, den Spielt Er Clavir, oft 2 Stunden lang und Singt auch oft dazu die überige Tages Zeit geht Er im Hauße herum. Abens zieht Er Sich in sein Zimmer zurük, und Decklamirt ganz Erhaben aus verschiedene Dichter, Nachts Schlaft Er auch bei den heißen Nächten ganz ruhig. Sein Apetit und gesundheits Umstände sind ganz gut.

Ein Beweiß wie sehr Er noch Musik liebt ist der, wenn unsere 2 Herren die unter Ihm wohnen spielen so macht Er augenbliklich daß Fenster auf und hört Ihnen zu. Auch sein Karackter ist ganz gut, nur muß mann Ihm nicht befehlen wollen.

Wen die Frau Profesorin in Nürtingen ist, so bitte ich mich bei Ihr zu empfehlen.

Ich bin mit Hochachtung Euer Wohlgebohren Gehorsammer Dinner Ernst Zimmer.

251* QUITTUNG ERNST ZIMMERS

Von Herr Ober Amts Pfleger Burck: daß von Georgi biß Jacobi Virteljährigen Betrag vor Kost wart und Pfleg des Herrn Magister Hölderlin, mit 62 f 30x richtig erhalten zu haben T. Ernst Zimmer. Schreiner Ob: Meister
Tübingen d 19 Juli 1834.

252 AUGUST ZOLLER: HÖLDERLIN

[1834]

Im theologischen Stifte zu Tübingen wurde ein Jüngling erzogen, dem die Gunst des Schicksals das ganze Füllhorn seiner Gaben zuwenden zu wollen schien; der junge Mann prangte im reichsten Schmucke körperlicher Schönheit, sein Geist hatte ihn zum Ersten unter den Genossen erhoben; es lebte in ihm Begeisterung und Liebe für die Musik, zu der er ein seltenes Talent erhalten. [In der] großen Freistadt, [wo er Lehrer] in dem Hause eines reichen Handelsherrn [wurde, erwachte] in des jungen Dichters feurigem Gemüth [...] die Liebe zu der schönen Frau, die, ohne die Pflichten ihres Standes zu verletzen, dem blühenden, reich begabten Jünglinge, sehr zugethan seyn mochte. Ein Freund des Hauses erregte Argwohn in des Gatten Brust [...] [Friedlos zog der Dichter nach Frankreich,] um sich Ruhe zu erringen, oder das Bild zu verscheuchen, das in der Glorie der erhabensten Schönheit stets neue Qualen im Herzen des für alle Zeiten Verbannten erweckte. Der Unglückliche fiel in die Hände eines schändlichen Weibes und kam nie wieder zum Erwachen. – Nach Jahren saß die alte Mutter [...] zu Nürtingen in ihrer kleinen Kammer, mit häuslicher Arbeit beschäftigt, am Tische, als plötzlich ein Mensch hereintrat, blaß, mit eingefallenen Wangen, langen, ungeordneten Haaren, und ungeschorenem Barte, nur in elende Kleider gehüllt. Alle Spuren des Wahnsinns sprachen aus den verwirrten Augen. [Im Klinikum wurde er nach Jahren stiller;] nur einmal noch entschlug er sich der Fesseln, eilte nach Stuttgart, und begab sich nach der Wohnung Matthisons, [der zu seinem Entsetzen] des Wahnsinnigen verwilderte, unheimliche Gestalt eintreten und auf seinen Schreibtisch zukommen sah. [...] der Unglückliche nannte nur seinen Namen – mit hohler Stimme in Matthisons Angesicht rufend – und entfernte sich dann wieder schweigend [...] Das ist Hölderlin, der unsterbliche Dichter des Hyperion [...]

253 ADOLF FRIEDRICH GRAF VON SCHACK IN TÜBINGEN

[Herbst 1834]

Nach Tübingen lockte mich besonders der Wunsch, Friedrich Hölderlin zu sehen. Zwar wußte ich, daß ich nur noch eine Ruine erblicken würde; denn der Dichter war damals schon seit etwa dreißig Jahren rettungslos dem Irrsinn verfallen. Aber selbst vor dieser Ruine würde ich in wehmütiger Andacht gestanden haben, wie vor der eines griechischen Tempels. Ich begab mich in das Haus des Tischlers, das er bewohnte; allein mir wurde dort sogleich gesagt, es sei an jenem Tage unmöglich, mir Einlaß zu dem Unglücklichen zu gewähren, da seit kurzem ein großer Schwächezustand bei ihm eingetreten. Schon in frühen Jahren habe ich einige Verse geschrieben, die ich hier einschalten möchte, weil sie zeigen, wie lebhaft ich von jeher die Unbill empfunden habe, welche Deutschland an vielen seiner besten Söhne geübt hat. [...]

Man wird sogleich Heinrich von Kleist, Seume und Hölderlin erkennen. Es könnte Wunder nehmen, daß ich Seume mit den beiden anderen zusannmengestellt; er stand ihnen an poetischer Begabung gewiß weit nach.

Noch früher als Kleist wurde Hölderlin von dem Verhängnisse ereilt, das leider nach dem Gesagten auch in Zukunft wahrscheinlich anderen Dichtern unseres Vaterlandes nicht erspart bleiben wird. Als ich vor dem Fenster der Stube stand, in der er wohnen sollte, dachte ich der furchtbaren und zermalmenden Worte, die Hölderlin in seinem »Hyperion« gegen die Deutschen geschleudert hat. Mir war, als lastete auch auf meinem Haupte ein Teil der Schuld, die an dem Dichter, freilich schon zehn Jahre vor meiner Geburt, begangen worden war. Hölderlin's Unglück schien meiner geängstigten Seele noch entsetzlicher als dasjenige Kleist's. Denn während dieser mit einem heroischen Entschluß dem undankbaren Vaterlande seine irdische Hülle hinwarf, um sich befreit dem Chor der unsterblichen Sänger zu gesellen, mußte der schwäbische Dichter nun seit so lange seinen von Irrsinn umnachteten Geist in einem siechen Körper auf der Erde hinschleppen. Und auch die Anerkennung, die Kleist, freilich erst nach Menschenaltern, gefunden, ist Hölderlin in minderem Maße zu teil geworden.

254 CLEMENS BRENTANO: FORTSETZUNG VON HÖLDERLINS »NACHT«

[vermutl. Oktober 1834]

[Brentanos Elegie stehen die ersten 18 Verse von Hölderlins »Brod und Wein« voran.]

Ach und sie tröstet mich nicht, ich kenn' sie, ich laure sie nahet
    Wie zum Gefangenen sich schleichet der Wächter heran
Hier ist ein Becher so spricht sie füll ihn dir mit Trähnen
    Hier diesen Stein nimm aufs Herz das er dir werde zu Brod
Und ist der Becher erfüllet stößt sie ihn um und die Lampe
    löscht sie und senckt mir aufs Haupt heiß ihren Schleier den Traum –
Thauschwere Locken voll Duft ihr Trunkenen Blüthen des Mundes
    Lisple verstummender Kelch glühender Odem o sprich –
Sagt mir wo ruhet mein Haupt so müde so selig gewieget –
    Fein wie dies Bettchen sich schwingt wölbt sich kein Fels, o Huld –
Elfenbein duldet kein Gift, ruh sicher gegeißeltes Herz, du!
    Küße den Schlüßel o Noth! wein vor verschloßener Thür
Unter der Wange dir ruhet des Himmels Sclüßelbein drückend.
    Drinnen pochet ein Herz, sprudelt ein glühender Quell,
Drinnen sind Freude und Lust und Unschuld und jauchzende Kinder
    Werfen die Blumen sich zu, die nie der Tag hat geküßt
Wohl dann ihr treuen Augen, umirrende Bettler des Lichtes
    Sucht einen Trunck meiner Noth, sucht einen Strahl einen Klang
Stumm ist es rings und Nacht und Durst und Hunger und Liebe
    ringen nach kühlendem Thau schmachtend die Hände hinaus,
Und an des schweigenden Himmels süßseltsam verschleiertem Antlitz
    Sinnet ein DoppelGestirn, Räthsel sehnsüchtiger Nacht.
Weinend weidet mein Blick am Paradies dem Verschloßnen
    wenn der Stern sich verhüllt, grüßt er ein schlummerndes Kind
Und des unschuldigen Mundes stumm weissagende Blume

Schweiget, doch blühet und glüht keusch das Geheimniß auf ihm.
Lippe der Wahrheit, du lügst nicht, du sprichst: Ich werde geliebet
Heiß geliebet, o Lust! – lieb ich gleich eigentlich nicht.
Lächlend flötet die Lippe lieblich sehnsüchtig, so flehet
Einsam ein Vogel im Schilf, wiegt ihn die Liebe im Traum
Blümchen, ihr Kleinen, seid lieblich, flüstert sie, tippt mit dem Finger
Rothe und blaue gar lieb, Kommet ihr Blümchen zu mir
Ach und das drollichte Kind dort, wie hüpft es so lustig, unschuldig
Dreht den Rücken mir zu, läßt nicht sein Angesicht sehn
Braun ist sein Röckchen, es hat versteckt in die Taschen die Händchen,
Und ich flüstre, dies Kind bist ja du heimliche selbst,
Fange mirs, mir wills entlaufen, sieh hier im Herzen eröffnet
halt ich dem Engel allein eine KleinKinderanstalt.
Lieben kann ich, nicht wahr? und spielen und harren geduldig
Und auch wohl singen ein Lied, horche du heimliches Kind

[Es folgt in sieben Reimstrophen Brentanos Lied:
»Süß Lieb, schwarzlaubige Linde ...]

Schweigend sang ich dies Lied, fort hüpfte das Kind nach dem Tackte,
Abgewendet sein Haupt, weh mir! vielleicht auch das Herz!
Stumm wird mein Lieb, und verbirgt sich mir an dem schreienden Herzen
Weh mir! ich kenne dich wohl – Traum ist dein Nahme, du Glück!
Glühende Schwermuth wiege[t] weinend dich in den Armen
Hoffnungslos spannet die Nacht, öd wie ein Meer sich mir aus.

– – – – –

Und doch umfasset mein Arm, o Traum, deine lieblichste Garbe,
Und die süßeste Hand, schließt mir den flehenden Mund,
Aber nun schreiet die Noth, hör mich, so etwa hier Lebet
Uner der Woge ein Herz, unter den Hügeln ein Schatz,
Wunderwesen der Tiefe, Sirenen, des Meeres Sybillen,
Nahet barmherzig und nehmt mir von der Stirne den Traum.
Und schon wallet die Woge, es stürmet, ich schließe die Garbe
Banger ans liebende Herz, gönne kein Körnchen dem Sturm
Und es hüpfen empor zwei Schwestern, Gespielen des Lebens
Dort wo die Weissagung wohnt, eint sie und trennt sie der Fisch
Zwillinge sind sie gebohren als Flamme und Woge sich küßten
hoben den doppelten Kelch beide der Liebe empor
Kindisch und weise und heilig, und thöricht muthwillige Jungfraun
DoppelSirenen getrennt wieget euch beide ein Leib.
Eine aber von Beiden heget ein Herz nur, die Andre

Seufzet und bebt nach dem Schlag, der in dem Schwesterchen zuckt,
Grüß euch das Licht, Sybillen, weissagende Kinder des Innern,
Löset das Räthsel mir auf, nehmet mein Leben zum Sold! –
Und nun zog michs, ich durfte ruhen in Mitten der Kinder,
Dort wo die Weissagung wohnt, sah ich mich selbsr im Bild
Hörte der Beiden sybillische Worte, sie sangen dem Zweifel
Der zwischen Liebe und Noth, hungernd die Garbe umarmt,

[Es folgt in je 14 Versen ein Wechselgesang von »Liebe und Noth.«]

Also sangen die Beiden inmitten weinte der Zweifel
Und sie tranken die Flut, die seine Seele ergoß.
Hüpften und Gauckelten trunken

255* RECHNUNG DES SCHUHMACHERS MÜLLER

Herrn Hederle

d 20 Jun Neue Tuch Schuh gemacht	1 f	36x
d 16 Aug Schuh geflek		16x
d 24 Okbr vor Winter Schuh ausgelegt	1 f	
d 24 Okbr Winter Schuh gemacht	1 f	36x
Summa	4 f	28x

Den Empfang Danckbar erhalten T Friederich Müller Schuhmacher

[Nachbemerkung von Ernst Zimmer:] Daß Herr Magister Hölderlin obige Schuhmacher Arbeit nothwindig gebraucht hat bezeigt. der Kostherr Ernst Zimmer.

256* ERNST ZIMMER AN BURK

[November 1834]

Hochgeehrtester Herr OberamtsPfleger

Hir überschüke ich Ihnen die Quitung vom letzen Virtel Jahr. Ihr Herr Pflegsohn ist wohl, und Ordentlich. Auch in unserem Hauß ist alles wohl. Ich wünsche das Sie es gleichfals auch sein werden,

Ihr gehorsamer Dinner. Ernst Zimmer.

257* QUITTUNG ERNST ZIMMERS

Von Herrn Ober Amts Pfleger Burk, als Pfleger der Herrn Magister Hölderlins, den Virteljährigen Betrag von 62 f 30x Vor Wohnung Wasch und Kost und Pfleg, von Jacobi. bist Martini erhalten zu haben T. Ernst Zimmer Schreiner Ob: Meister

Tübingen d 4ten Nov: 1834.

258* RECHNUNG DES SCHNEIDERS PFISTERER

Rechnung von *Pfisterer* Schneider.		
einen Schlafrok gemacht.	1	12
faden aus Seide		8
Taschen und zwischen futer u. Gürtel		10.
12 m Zitz a 14.	2	48
9 m flanell a 34.	5	6
	9 f	24x

den Empfang bescheint *Pfisterer*

Tübingen den 19ten *Dez* 1834.

[Nachbemerkung Ernst Zimmers:] Daß dieser Leibrok für H: M: Hölderlin nöthwindig war bezeigt desen Kost Herr: Ernst Zimmer.

259* RECHNUNG DER NÄHERIN MAIER

Rechnung vor Herrn Hölderlin		
2 paar wollene Strümpfe dran gestrikt		24x
vors Garn		46x
ferner einen Hosenträger gestrikt mit Garn		30
	1 f	40x

den Empfang bescheint dankbar Friederike Maier.

Tüb: d 25 Jan: 1835.

[Nachbemerkung Ernst Zimmers:] Daß Obige Arbeit nothig war bezeigt. Ernst Zimmer.

260* QUITTUNG ERNST ZIMMERS

Von Herr Oberamts Pfleger Burk, nach dem getrofennen Acort, den Virteljährigen Betrag von Martini 1834, Biß Lichtmeß 1835, für Wohnung Kost Wart und Pfleg. Des Herrn Mag: Hölderlin. Mit 62 f 30x erhalten zu haben.

Tübingen den 26 Januar 1835.

T. Ernst Zimmer.

261* RECHNUNG DES TUCHMACHERS MÜLLER

N[ota] Rechnung				
Ueber 11 El. Bett-Zwilch	a	29 x	f 5	19x
3 1/2 El Bett Barchent	„	27	1	35x
10 El rothes Zeugle	„	22	3	40
			f 10	34x

Nürtingen, den 30ten *Jan.* 1835
obiges Geld dankbar empfangen
Gottl. Muller

262* RECHNUNG DES TUCHMACHERS MÜLLER

N[ota] Rechnung vor *Frau Profeßor Breunlin* dahier

10 Ellen rothes Zeugle	*a*	21x	f 3	30x
22 „ flächsenes „	„	22	8	4.
			f 11	34.

Nürtingen den 12ten *Febr* 1835
den richtigen Empfang bescheint dankbar Gottl. Muller

263* ABRECHNUNG HEINRIKE BREUNLINS

[1. März 1835]

Verzeichniß der Ausgaben vor meinen L Bruder Hölderlin: 1835

7 Ehlen fein F[l]annel [?] Reustentuch 5 1/2 Viertel breit a 28 x zu einem Leintuch	3 f	16x
2 Ehlen 3 Viertel vom gleichen zu einem Kopf Kißes Zichlen	1 f	17.
porto vor einen Pak altes Bettzeug von Tübingen hieher		6.

vor Bandel	12.	
Macher Lohn vor 2 Haipfel Zichen u ein Kißes Zichlin		26x
vor Bandel		12.
vor ein Leilach zu machen		9.
eine alte Ober Bett Ziche aus zu beßern		10x.
2 neue Ober Bett Zichen zu machen		40x.
2 Unter Bett Zichen		40.
9 Ehlen roth u weiße Bändel		13 1/1.
9 Ehl blaue u weiße		13 1/1.
Bändel zu den Eken		6.
1/2 Loth blaue step seide		20x.
porto vor einen großen Pak Bettzeug		14.
vor ein Unter Bett u ein Häupfel zu machen	1 f	
2 lb [:Pfund] gezuzte Federn nach der Anlage	2 f	40x
porto davor von Stuttgardt hieher		6x.
	12 f	1x.

vọr: Profesorin Breunlin

264* QUITTUNG HEINRIKE BREUNLINS

Herr Zimmer in Tübingen erhält an neue Bettstüke
1 Ober Bett
1 Unter Bett
1 Häupfel.
vor meinen L. Bruder Hölderlin. Nürtingen d 9ten *April* 1835. vor: Profesorin Breunlin.

[Nachbemerkung Ernst Zimmers:] Daß Herr Magister Hölderlin obige Bettstüke nothwindig brauchte, und auch erhalten hat. T. desen Kostherr. Ernst Zimmer Schreiner, Ober Meister:

265* ERNST ZIMMER AN BURK

Tübingen d 21 April 1835.

Hochgeehrtester Herr Oberamts Pfleger!

Ich kann Ihnen von Ihrem Herrn Pflegsohn nur gute Nachricht ertheilen Er ist wohl u. Ordentlich. Die Virteljährige Quitung folgt hir mit den 2 Konto.

Ich bitte Sie daß Verzeichniß der Bettstüke, der Frau Profesoin zu übergeben. Die Alte Bettstüke hätte ich schon vorige Woche überschükt der Botte blieb aber aus. biß Freitag will ich Ihr alles Schüken

Ihr gehorsamer Dinner Ernst Zimmer.

266* QUITTUNG ERNST ZIMMERS

Von Herr Oberamts Pfleger Burck, in Nürtingen. Den virteljährigen Betrag, für Herr Magister Hölderlin. Vor Kost Wohnung Wart und Pfleg, mit 62 f 30x richtig erhalten zu haben. Von Lichtmeß biß Georgi. 1835

Tübingen d: 21 Aprill 1835.

T. Ernst Zimmer. Schreiner Ober:Meist.

267* RECHNUNG DES TUCHMACHERS FRIEDERICH LINDENMAIER

Rechnung für Herr Hölder, von *Fried. Lindenmaier,* Tuchmacher, für folgendes Tuch.

		f	cr.
1835.			
d 21. Aprill	7 Viertel melirtes Tuch, die Elle		
2 f 12cr.		3.	51

Den Empfang bescheint mit gehorsamstem Dank F. *Lindenmaier.* Tuchmacher.

Tübingen d. 21. Aprill 1835.

268* RECHNUNG DES SCHNEIDERS FEUCHT

Nota über Schneider Arbeit für Herrn Büblidetkarius Hölderle

eine Hoss gemacht samt zugeher	1 f	
V: 1 Ehl: Lanafas		18
	1 f	18x

Tübingen d 21 Apr: 1835

den Empfang Bescheind Dankbar T. Philipp Feucht. Schneider M:

[Nachbemerkung Ernst Zimmers:] Daß Herr Magister Hölderlin obige Beinkleider nothwindig Brauchte, und auch richtig erhalten hat. T. desen Kostherr. Ernst Zimmer.

269* QUITTUNG ERNST ZIMMERS

Von Herr Oberamts Pfleger Burk in Nürtingen. den Virteljährigen Betrag nach dem getrofenen Akort von georgi biß Jacobi 1835, für Herr Magister Hölderlin mit 62 f 30x richtig erhalten zu haben T. Ernst Zimmer.

Tübingen den 21. Juli 1835.

270* RECHNUNG ERNST ZIMMERS

Dem Herr Magister Hölderlin 2 Halsthücher gekauft *a.* 30x – 1f
Tübingen d 21 Juli 1835
Diesen gulden erhalten zu haben T. Ernst Zimmer.

271* RECHNUNG DER NÄHERIN MAIER

Rechnung vor Herrn Hölderlin

Strümpfe daran gestrickt	24x
vor Garn	28
Strümpfe ausgebeßert	12x
	1 f 4x

Mit Dank erhalten Friederike Maier.
Tübingen d 20ten Juli 1835

272* RECHNUNG DES SCHUHMACHERS MÜLLER

Vor Herrn Herderle

d 18 Jun Schuh gesolt	40 x
d 24 Jun Schuh gesolt besez ausgebessert	52 x
	1f 32x

den Empfang Dankbar erhalten T Friederich Müller Schuhmacher
Tübingen d 20 Juli 1835.
[Nachbemerkung Ernst Zimmers:] Daß Hölderlin obiges nothwindig brauchte T. der Kostherr, Zimmer.

273* RECHNUNG DER NÄHERIN MAIER

Rechnung für Herrn Magister Hölderlin

2 paar Strümpfe daran gestrikt	18x
vor ein Vrl wolle Garn	40x
3 Hemder ausgebeßert	12
Friederike Maier	1f 10x

mit Dank erhalten Maierin.
Tübingen d 2ten Nov: 1835.

274* RECHNUNG DER WEBERIN MARIA MAGDALENA HAUG

Rechnung für Herrn Hölterlin von unterzeichneter.
über 10 Ehlen zeugle per Ehl 24 x a 4 f
Den Empfang bescheint Maria Magdalene Haug.
Tübingen 5ten Nov: 1835

[Nachbemerkung Ernst Zimmers:] Daß Hölderlin einen Leibrock nothwindig brauchte bezeigt dessen Kostherr Ernst Zimmer

275* RECHNUNG DES SCHNEIDERS FEUCHT

Nota über SchneiderArbeit für Herrn Biblidekar Hölderle
1835

d 20 Sep: ein Schlaf Rock gemacht	1 f	
V: die zugeher samt 1/2 Ehl: Leinwand		21x
eine Weste gemacht		36
V: 1 1/2 Ehl: Leinwand u: zugeher		35
2 Hoss. Ausgeb: samd 1/4 Ehl Leinwand u: Band		20
ein Schlaf Rock Ausgeb:		36
d 5 Nov eine Weste gemacht samt zugeher u: 1 1/2 Ehl: Leinwand	1	11
	4 f	39x

Den Empfang Bescheind Dankbar T. Philipp Feucht. Schneider M.
Tübingen d 6 Novb: 1835

276* QUITTUNG ERNST ZIMMERS

Von Herr Oberamts Pfleger Burk 62 f 30x Vor die verpflegung des Herrn M: Hölderlin von Jacobi, biß Martini 1835 nach dem getrofennen Acort erhalten zu haben T. Ernst Zimmer.

Tübingen d: 7 Nov: 1835

277 ERNST ZIMMER AN EINEN UNBEKANNTEN

Tübingen, d 22. December 1835.

Hochgeehrtester Herr!

Ihren Brief habe ich mit vieler Freude erhalten, und hätte in sogleich beantwordet wenn ich in der Freude Ihr Schreiben nicht auch an Hölderlins verwante in Stuttgart mit getheilt hätte, und dieselben Batt, mir Ihren Brief wieder zurük zu schüken, ich habe aber weder Antwort noch Ihr schreiben zurük erhalten. Vieleicht haben sie Ihnen selbst geantwortet, oder haben sie gedacht der Brief geht uns nichts an.

Jezt zur Sache Der unglükliche Hölderlin war schon in Muterleibe zum Mißgeschük bestimt. Als seine Mutter mit Ihm schwanger war, that Sie ein gelübte soll es ein Sohn sein ihn dem Herrn zu bestimen wie sie sich ausdrükte, nehmlich ein Theologe zu werden. Als die Zeit herannahte, Hölderlin in ein Siminar zu Thun sträubte sich Hölderlin dagegen und wolte ein Medicener werden, seine sehr religiöse Muter drang aber durch, und so wurde Hölderle wieder seinen willen Theolog. Als Er ausstudirt hatte, wolte der damahlige Canzler Lebrett Hölderlin solte den Pfarrer Dinst In Wolfenhaußen annehmen, den damahls die Universidet zu vergeben hette, denn wolle Er ihm seine Tochter geben, Hölderlin schlug aber daß Anerbieten aus. erstlich wolte er keinem Weibe den Dienst zu verdanken haben, und zweitens hatte er nie Neigung zur Theologi er konte sich mit Ihr nie Befreinden Dazu hatte Er zuviel Naturfilosofie. in folge der Zeit kam Hölderlin nach Frankfurt a. M. als Hoffmeister in ein reiches Handlungs Hauß nahmens Gontar Daselbst lebte er mit der Frau des Haußes sehr vertraut, daher Zwiespalt entstand, Hölderlin verließ daß Hauß und privatisirte in Homburg a.d.H. er wolte dann Profeßor der Filosofi in Jenna werden es glükte ihm aber nicht. Und kam dann melangkolisch nach Hauße zurük. Um Hölderlin zu zerstreien trug mann ihm wieder eine Hoffmeisterstelle zu *Bourdeux* in Frankreich an, seine verwanten glaubten ihn dadurch von seiner Schwermuth zu befreien allein es wurde in Frankreich mit ihm schlimer, Er verließ *Bourdeux* reichlich mit Geld ausgestadtet und kam ohne Cofer u. ohne Geld und ohne Manucribten zu Hauße an. Wo er sogleich in Raserei ausbrach. Mann glaubte wenn Hölderlin eine Anstellung hätte es ihn erfreuen würde, deswegen ernante ihn der Landgraff von Hessenhomburg zu seinem Biebliothekar, der Landgraff kante Hölderlin Persönlich und war so edel seinen Minister Sinclär in Person nach Nürtingen zu schüken wo sich Hölderlin bei seiner Mutter aufhilt Hölderlin nahm die ernenung an, da Sinclär ein Besonders guter Freund u. auch Universidets Freund von Hölderlin war, und reißte mit Ihm nach Homburg ab. Daselbst That mann Hölderlin alle mögliche ehre an, selbst Prinzeßen nahmen Sich seiner an. Aber alles vergebens, Hölderlin wurde imer schlimmer und Beleidigte in seinem übermuth alles, als mann ihn ohnmöglich länger behalten konte so schükte mann ihn unter dem vorwand nach Tübingen, daselbst vor den Landgrafen Bücher einzukaufen, eigendlich aber in daß Clinikum um unter Autenrith in Cuhr genomen zu werden. Im Clinikum wurde es aber mit ihm noch schlimer. Damahls habe ich seinen Hipperion mit der Frau Hoffbuchbinder Bliefers geleßen welcher mir ungemein wohl gefiel. Ich besuchte Hölderlin im Clinikum und Bedaurte ihn sehr, daß ein so schönner Herlicher Geist zu Grund gehen soll. Da im Clinikum nichts weiter mit Hölderlin zu machen war, so machte der Canzler Autenrith mir den Vorschlag Hölderlin in mein Hauß aufzunehmen, er wüßte kein pasenderes Lokal. Hölderlin war und ist noch ein großer Natur Freund und kan in seinem Zimmer daß ganze Näkerthal samt dem Steinlacher Thal übersehen. Ich willigte ein, und nahm ihn auf, jezt ist es 30 Jahr daß er bei mir ist. Ich habe keine Beschwerlichkeiten mehr von ihm, aber früher war er oft Rasend, daß Blut stieg ihm so in Kopf daß er oft ziegelroth aussah und dan alles Beleidigte was ihm ingegen kam. War aber der Paroxismus vorbei, so war er auch immer der erste welcher die Hand zur versühnung Bot. Hölderlin ist Edelherzig hat ein tiefes Gemüth, und einen ganz gesunden Körper, ist so lang er bei mir ist, nie krank geweßen. Seine Gestalt ist schön u. wohlgebaut, ich hatte noch kein schöneres Auge bei einem sterblichen gesehen als Hölderlin hatte; Er ist jezt 65 Jahre alt ist aber noch so munter und lebhaft als wenn er erst 30 wäre Daß Gedicht daß beifolgt hat er in 12 Minuten nidergeschrieben, ich foderde ihn dazu auf mir auch wieder etwas zu schreiben, er machte nur daß Fenster auf, that einen Blick ins Freue, und in 12 Minuten war es fertig. Hölderlin hat keine Fixe Idee, er mag seine Fantasie auf Kosten des Verstandts bereichert haben. Hölderlin ging durch wiederiges Geschük zu Grunde, hätt er sich verheurathen können wo Ihm die Natur zu gerufen hat, so wäre daß schröckliche Unglük bei ihm nicht erfolgt. Hölderlins Verwante sind, die verwitwete Profeßor Bräunlin in Nürtingen wohnend, Sie ist eine rechte Schwester von ihm. und der Hoffdomänier Rath Gock, in Stuttgart ist ein halbbruder von Hölderlin. von seiner Schwester sind 2 Kinder da, die Sekretar Günther in Eslingen und ein Sohn der Canzleiassistent in Stuttgart ist. Hölderlin kan aber seine Verwanten nicht ausstehen, wenn sie ihn nach langen Jahren besuchen so fahrt er wüthend auf sie ein. ich habe so weitläufig gehört daß sein Bruder Hölderlins Gelibte geheuerathet hat. Glaube aber daß es erst geschehen ist, als mann sah daß Hölderlin verlohren war. Hölderlin unterhält sich mit Fortepiano Spiel und zuweilen auch mit Deklamiren oft auch mit Zeichnen. Daß Höld: zuweilen seinen Zustandt fühlt ist keinem Zweifel unterworfen Er machte vor ein paar Jahre folgenden vers auf Ihn selbst.

Nicht alle Tage nenn[e]t die schönsten der,
Der sich zurücksehnt unter die Freuden wo
Ihn Freunde liebten wo die Menschen
Über dem Jüngling mit Gunst verweilten.

Hölderlin hat seit seiner Muter Dodt einen Pfleger in der Person des Herrn Oberamts Pfleger Burck in Nürtingen einem Braven Manne der mir Jährlich 250 f für ihn ausbezahlt vor Wohnung Kost Wein Wasch und Pfleg. Der Stadt bezahlt jährlich seinem Pfleger für den Hölderlin 150 f so lang er lebt. als gracial aus. Folglich kostet Höl: eben 100 f jährlich. Ich glaube daß Hölderle so viel vermögen hat daß Er den Zins nicht ganz davon braucht. Tabak Raucht er gern ich darf aber keinen in Conto bringen. Gedichte hat er keine mehr, der verstorbene Profeßor Conz hat einmahl alle mitgenomen u. ich habe sie nicht mehr zurük erhalten. Ich habe noch 4 Studenten in meinem Hauße wohnen, die wenn sie Commers haben, alle mahl Hölderlin dazu einladen. wo Er dann noch fröhlich ihre Lieder mit singt. Da Sie sich so warm für Hölderlin intresiren bin ich so frei Ihnen unter der menge Gedichte die über Höl: erscheinen sind auch einige bei zu legen die mir gerade bei der Hand sind Daß eine ist von Kerner verfaßer des berüchtigten Buchs die Seherin von Preforst. Jezt muß ich schlüßen und bin hochachtungs voll

Ihr gehorsamer Dienner
Ernst Zimmer. SchreinerOberMeister.

278* RECHNUNG HEINRIKE BREUNLINS

Vor meinen L Bruder Hölderlin

2 1/2 Ehle Hänfe Tuch zu einem Kißes Zichle 24x die Ehle 1 f.

Bendel daran porto nach Tübingen 6x.

1f 6x.

ver: Profesorin Breunlin

[Handschrift Burks:] Den Baaren Empfang mit 1 f 6x. bescheint den 9t. Jan: 1836 [Unterschrift H. Breunlins]

279* ERNST ZIMMER AN BURK

Tübingen d: 24 Jan 1836

Hochgeehrtester Herr Oberamts Pfleger.

Hier folgt die virteljährige Rechnung vor Ihren Pflegsohn, Derselbe befindet sich recht wohl und ist auch in seinem Ungang angenehm.

Konto habe ich dieses mahl keine zu schüken. Der Frau Profesorin Briefe und auch daß Kisses Ziechle haben wir erhalten.

Ich bin mit Hochachtung Euer Wohlgebohren gehorsamer
Dinner Ernst Zimmer.

280* ERNST ZIMMER AN BURK

[29ter Januar 1836]

Hochgeehrtester Herr Oberamts Pfleger!

Hir schüke ich Ihnen, die unterschrieben Quitung näbst noch einem Conto der an Martini vergeßen worden ist. Ihr Pflegsohn befindet Sich wohl und recht Ordentlich.

Nach den Konto bekäme ich noch 3 f 44x

Ich empfehle mich Ihnen gehorsam Ernst Zimmer.

281* QUITTUNG ERNST ZIMMERS

Die Virteljährige Bezahlung von Martini biß Lichtmeß Vor Wohnung Kost Wasch und Pfleg. des Herrn Magister Hölderlin, mit 62 f 30x Von Herr. OberAmts Pfleger Burck in Nürtingen, erhalten zu haben. T Ernst Zimmer.

Tübingen den 24 Januar 1836.

282* RECHNUNG HEINRIKE BREUNLINS

Herrn Zimmer in Tübingen vor meinen L Bruder Hölderlin an neuem Bett Zeug zu geschikt
2 Ober Bett Zichen
2 Unter Bett Zichen
1 Leilach
2 Haipfel Zichen
1 Kißes Zichen
u: eine ausgebeßerte alte Ober Bett Ziche
Nürtingen d 19ten Febr 1836.
ver: Profesorin Breunlin
[Nachbemerkung Ernst Zimmers:] Daß obiges Bettzeig, der Herr Magister Hölderlin richtig erhalten hat, Und auch höchst nothwindig brauchte, Bezeigt der Kostherr Ernst Zimmer.

283* ERNST ZIMMER AN BURK

Tübingen d 20 Aprill 1836

Hochgeehrtester Herr Oberamts Pfleger!
Hir überschieke ich Ihnen die Virteljährige Quitung. Ihr Herr Pfleg Sohn befindet Sich rechtwohl. auf mein Schreiben nach Leippzig an Docktor Lind, habe ich keine Rükantwort erhalten. Immer habe ich gehoft Kanzler Wächter werde bei seiner Ankonft hieher etwas mit bringen, welches aber nicht der Fall zu sein scheint. Solte die Frau Professorin in Nürtingen sein so bitte ich Ihr diese Nachricht mitzutheilen. Konto habe ich keine mitzuschüken
Ich empfehle mich Ihnen gehorsamt Ernst Zimmer.

284* QUITTUNG ERNST ZIMMERS

Von Herr Oberamts Pfleger Burck, den Virteljährigen Betrag vor Verpflegung des Herrn Magister Höllderlin mit 62 f 30x von Lichtmeß biß Georgi. Dankbar erhalten zu haben T Ernst Zimmer.
Tübingen den 20 Aprill 1836.

285* RECHNUNG DER NÄHERIN MAIER

Rechnung vor Herrn Hölderlin

vor einen 1 Vrl Garrn	24x
an 3 paar Strümpfe daran gestrikt	30x

6 par geflikt u das Garn zugeben		18
3 Ehle u 1 viertel Tuch in eine Bettzieche zu einem Unterblatt *a* 22x	1f	11
Macherlohn		4
ferner einen Schlafrok geflickt		12x
	2f	39x

Friederike Maier
Tübingen d 14ten Juli 1836
Mit Dank erhalten T Maierin.

[Randbemerkung Ernst Zimmers:] Daß diese Sachen nothwindig waren T. der Kostherr Ernst Zimmer.

286* ERNST ZIMMER AN BURK

[Juli 1836]

Hochgeehrtester Herr Ober AmtsPfleger

Hir überschüke ich Ihnen die Quitung von letzen Virteljahr Ihr Herr Pflegsohn ist recht Wohl und ist auch den heißen Tagen nicht schlimmer worden, oft hat Er aber auf dem Sofa geschlummert. welches Er sonst selten That, hingegen lief er mitten in der Nacht im Hause herum.

Solte die Frau Profesoin in Nürtingen sein so laße ich mich Ihr empfehlen Von Leipzig habe ich keine Antwort mehr auf meinen Brief erhalten.

Euer Wohlgebohren Gehorsamer Dinner Ernst Zimmer

N.S. Hölderlin hat diesen Brief gelesen und schütelte immer mit dem Kopf. Ich war vom schreiben abgerufen und so laß Er neugirich in durch.

287* QUITTUNG ERNST ZIMMERS

Von Herr OberAmts Pfleger Burk in Nürtingen, den Virteljährigen Betrag vor Wohnung Kost Wart u Pfleg. des Herrn Mgister Hölderlin. Von Georgi Buß Jacobi, mit 62f 30x erhalten zu haben T Ernst Zimmer

Tübingen den 18 Juli 1836.

285 RECHNUNG DES SCHUHMACHERS MÜLLER

Nota vor HE: Hölterle

d. 28 Mai Schuh durchaus-gesolt ausgeb:		50x
d. 3. Nov Neue Kabbenschuhe gesohlt u: besetzt:	1fl	36x

Den Empfang dankbar erhalten Friedrich Müller. Schuhr.
Tübingen den 3 Nov. 1836.
[Nachbemerkung Ernst Zimmers:] obige 1f 36x bezeigt der Kostherr Ernst Zimmer.
[Randbemerkung Burks:] zusammen: 2.f. 26x.

289* ERNST ZIMMER AN BURK

Hochgeehrtester Herr OberAmts Pfleger!

Hir überschüke ich Ihnen die Quitung von lezten Virteljahr. Bei Ihrem Pflegsohn ist alles noch beim alten, auch ist Er recht wohl, lezhin besuchte Ihn auch Herr Sekretär Günther von Eßlingen wo Er gerate Klavier spielte welches Er oft halbe Täg lang spielt.

Wir befinden uns alle recht wohl ich hofe Sie werden es auch sein. Auch ein Cumpliment an die Frau Profesorin.

Ihr gehorsamer Dinner Ernst Zimmer.
Tübingen d5ten Nov: 1836

290* QUITTUNG ERNST ZIMMERS

Von Herrn Oberamts Pfleger Burk von Nürtingen, und Pfleger des Herrn Magister Hölderlin, den Virteljährigen Betrag von Jacobi biß Martini Vor Kost Wohnung Wasch Wart u. Pfleg des Herrn Magister Hölderlin mit 62f 30x nach dem Akort erhalten zu haben T. Ernst Zimmer Schreiner Ob: Meister
Tübingen den 5 Nov: 1836.

291* RECHNUNG ERNST ZIMMERS

Meine Frau hat vor neue Winter Schuhe ausgelegt auch 1f 36x vor Herr Magister Helderlin
obige 1f 36x erhalten zu haben T. Ernst Zimmer.
Tübingen d 5ten Nov: 1836.

292 NOTIZ GUSTAV SCHLESIERS

Brief von *Elisabeth Zimmer* an Fr: Hofräthin *Gock,* Tübingen 2. Jan. 1837. Es liegt ein Blatt bei, mit allgemeinen Raisonnements, das *H* für die *Gockin* niedergeschrieben. Er unterschreibt sich *Scartanelli,* wie er sich damals nannte. Er hatte sich in den Kopf gesetzt, er heiße nicht mehr *Höld.,* sondern *Scartanelli* oder auch *Buarooti.*

293* ERNST ZIMMER AN BURK

[Januar 1837]

Hochgeehrtester Herr Ob: Amts Pfleger!

Hir überschüke ich Ihnen die Quitung von der Virteljährigen Rechnung, und daß Zeigniß vom Arzt. Ihr Herr Pflegsohn ist Sich imer gleich.

Ich aber bin diesen Winter nie recht wohl geweßen und bin noch nicht ganz hergestellt, Heute Nacht ist neben meinem Hauß Feuer ausgebrochen waß eine ohngeheure Verwürrung in Hauße machte, Hölderlin ist aber in seinem Bett ruhig liegen blieben. Daß Feuer wurde bald gelöscht, doch hat mann schon in der ganzen Stadt mit allen Gloken geläutet

Euer Wohlgebohren gehorsamer Dinner Ernst Zimmer.

[Januar 1837]

294* QUITTUNG ERNST ZIMMERS

Von Herr Ober Amts Pfleger Burck den Virteljährigen Betrag von Martini biß Lichtmeß, vor Kost Licht Wasch Wein Wart u Pfleg des Herrn Magister Hölderlin. mit 62 f 30x erhalten zu haben T. Ernst Zimmer.

Tübingen d 24 Jan: 1837.

295* RECHNUNG DER WEBERIN BARBARA HAUG UND DES SCHNEIDERS FEUCHT

Rechnung von Barbara Haug über 2 1/2 Ehl zeugle
per Ehl a 20x 50x

Tübingen d: 12ten Merz 1837 -
den Empfang bescheint Dankbar T. Feucht. Schneider M:

FÜR KARL KÜNZEL

Wenn die Menschen sich fragen, worinn das Gute bestehe, so ist die Antwort, der Mensch müsse der Tugend ihre Ehre erweisen, und das im Leben ausüben, wozu die Menschen sich verpflichten. Das Leben ist nicht, wie die Tugend, da die Tugend den Menschen angehet, und das Leben entfernter von dem Menschen ist. Das Gute bestehet auch allgemeiner aus der Innerlichkeit des Menschen. Dem gnädigen Herrn empfiehlt sich

Tübingen den 7ten unterthänigst
April. 1837. Buonarotti.

296* RECHNUNG DER NÄHERIN MAIER

Rechnung vor Herrn Hölderlin
acht paar Strümpfe daran gestrickt das par zu
10x 1f 28x
ferner ein Pfund Garn dazu gebraucht 1f 36x

3f 4x

Mit Dank erhalten. Rieke Maier
Tübingen d 14ten Apprill 1837.
[Nachbemerkung Ernst Zimmers:] Daß obige reparaturen nöthig waren. bezeigt der Kost herr Ernst Zimmer

297* ERNST ZIMMER AN BURK

Hochgeehrtester Herr Oberamts Pfleger

Hir überschüke ich Ihnen die Quitung von letzen Virteljahr. Ihr Herr Pfleg Sohn ist recht wohl und munter, die Gribe war auch in unserem Hauße, und hat Ihn allein verschont. Auch ich bin wieder ganz gesund. vor 14 Tagen kam von Dreßten ein Gelehrter zum Hölderlin, und besuchte Ihn, Hölderlin war anfangs sehr grob gegen Ihn, wurde aber desto höflicher als Er hörte daß er ein Gelehrter sey und hat sich zimlich ordendlich mit Ihm unterhalten. Der Fremde überreichte Hölderlin ein Stammbuch Bladt, und Hölderlin schrieb ihm Einen Vers darauf mit seinem Nahmen unterzeichnet, welches ihn sehr freute.

Der Überzug zu Seßel u. Sofa dem Hölderlin ist noch gar nicht gemacht, meine Frau will erst am Georgi Mark den Zeig dazu kaufen

Meine Frau lest fragen, es seien 4 Himter dem Holderlin zu repariren mit neue Ermel u Krägen, ob mann die Himder nach Nürtingen schüken soll oder ob Sie daß Thuch hir dazu kaufen Soll. und sie hir machen laßen.

Solte die Frau Profesorin in Nürtingen sein, so bitte ich Sie, Ihr den Brief auch leßen zu laßen, und ein Kompliment ihr zu melden.

Ihr gehorsamer Dienner Ernst Zimmer.

Tüb: d 17 Ap: 1837.

298* QUITTUNG ERNST ZIMMERS

Von Herrn Oberamts Pfleger Burg in Nürtingen, den Virteljährigen Betrag von Lichtmeß biß Georgi: für Kost. Wohnung, Wasch, Wart. u. Pfleg, des Herrn Magister Hölderlin, mit 62.f 30x erhalten zu haben T. Ernst Zimmer. Schreiner Obermeister.

Tübingen den 17 Aprill 1837.

299* RECHNUNG DES SCHNEIDERS FEUCHT

Nota über SchneiderArbeit für Herrn Biblidekar Hölderle
1834

d 1 Merz eine Hoß ausgebesert	18
v: 1 1/4 Ehl: Leinwand	22
ein Hosenträger gemacht s[amt] Ent [?] u: Leinwand	16
d 14 ein Schlafrock ausgeb: u Ermel darein gemacht	30
eine Hoß ausgeb samt Band	16
	1f 36x

Tübingen den 17 Apr 1837
T. Philipp Feucht.
den Obigen Empfang Bescheind Dankbar T Feucht. Schneider Meis:

300* ERNST ZIMMER AN BURK

[Juli 1837]

Hochgeehrtester Herr Oberamts Pfleger.

Hir überschüke ich Ihnen die Quitung vom lezten virteljahr und den Konto vor Sofa u Seßel. Ihr Herr Pflegsohn ist recht wohl und hat erst vor einige Tage einem Frauen Zimmer daß bei uns zum Besuch war ein recht Filosofisches Gedicht gemacht. Daß er aber sonderbar daß Übereinkomen beschrieb, und welches ich hir in der Abschrift Ihnen und der Frau Professoin zuschüke.

Ich bin mit Hochachtung Euer Wohlgebohren Gehorsamer Dinner Ernst Zimmer.

Nta B: Das Mädchen hat Ihn dazu aufgefodert, ihr ein Gedicht zu machen.

301* QUITTUNG ERNST ZIMMERS

Von Herr Oberamts Pfleger Burk in Nürtingen den Virteljährigen Betrag des Herr Magister Hölderlin, Vor Wohnung Kost Wasch Wart u. Pfleg, von Georgi biß Jacobi mit 62f 30x erhalten zu haben. T. Der Kostherr Ernst Zimmer.

Tübingen d 18ten Juli 1837.

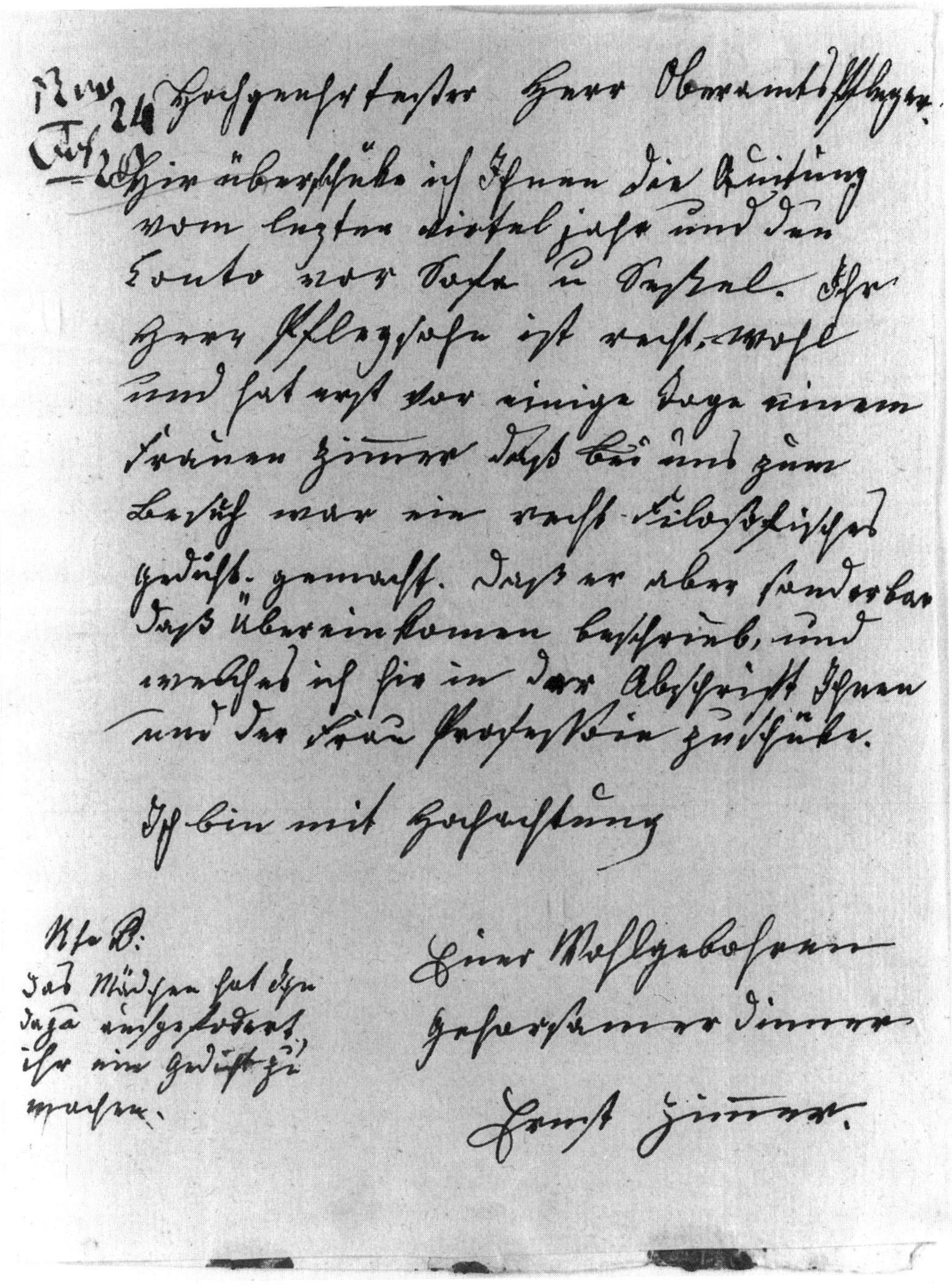

Rec. 24 Jul.

Hochgeehrtester Herr Oberamtspfleger.

Hier übersende ich Ihnen die Quittung vom lezten viertel jahr und den Conto vor Koste u [illegible]. Ihr Herr Pflegsohn ist recht wohl und hat erst vor einige Tage einem fremden Zimmer dasß bei und zum Besuch war ein recht Philosophisches Gedicht gemacht. Dasß er aber sonderbar dasß übereinkomen beschrieb, und welches ich sie in der Abschrift Ihnen und der Frau [illegible] zuschike.

Ich bin mit Hochachtung

Euer Wohlgebohren
gehorsamer Zimmer

Ernst Zimmer.

NB: Das Mädchen hat ihn dazu aufgefodert, ihr ein Gedicht zu machen.

Abb. 5 Brief Ernst Zimmers an Burk, Juli 1837 (Nr. 300)
(Stadtarchiv Nürtingen)

302* RECHNUNG DES SATTLERS GOTTLIEB GERBER

Rechnung für Herrn Bibliothekar Hälderlin.

	fl:	cr
d: 16t Jul: einen Sofa überzogen, dazu gebraucht 148 Kartätschennägel *a* 6.		9.
Arbeitslohn samt dem Ueberzug zu nehen.	1.	
zwey Sessel überzogen, dazu gebraucht 86 Kartätschennägel.		5.
7 Ehl: Börthen *a* 5x.		35.
Arbeitslohn *a* 8x.		16.
	2.	5.

Tübingen d: *18t Jul: 1837.*
den Empfang bescheint dankbar. Gottlieb Gerber, Sattler.

[Nachbemerkung Ernst Zimmers:] Das dieße Arbeit nothwindig war bezeigt der Kostherr Ernst Zimmer.

Zu diesem Conto komt noch nach beifolgendem Muster 17 Ehlen halbwollen Möbelzeig den meine Frau gekauft hat. Die Ehle zu 1 f – 17 f T. Ernst Zimmer.

DER HERBST

Die Sagen, die der Erde sich entfernen,
Vom Geiste, der gewesen ist und wiederkehret,
Sie kehren zu der Menschheit sich, und vieles lernen
Wir aus der Zeit, die eilends sich verzehret.

Die Bilder der Vergangenheit sind nicht verlassen
Von der Natur, als wie die Tag' verblassen
Im hohen Sommer, kehrt der Herbst zur Erde nieder,
Der Geist der Schauer findet sich am Himmel wieder.

In kurzer Zeit hat vieles sich geendet,
Der Landmann, der am Pfluge sich gezeiget,
Er siehet, wie das Jahr sich frohem Ende neiget,
In solchen Bildern ist des Menschen Tag vollendet.

Der Erde Rund mit Felsen ausgezieret
Ist wie die Wolke nicht, die Abends sich verlieret,
Es zeiget sich mit einem goldnen Tage,
Und die Vollkommenheit ist ohne Klage.

303* RECHNUNG DER WEBERIN BARBARA HAUG

Rechnung von Barbara Haug Weberin über
6 Ehl Bettbarchet per Ehl 30 x - 3f
Tübingen d: 27ten Okt 1837
Den Empfang bescheint dankent
[Nachbemerkung Ernst Zimmers:] Obiges ist zur Hölderlin Bett nothwindig erforderlich geweßen T. Ernst Zimmer.

304* ERNST ZIMMER AN BURK

[November 1837]

Hochgeehrtester Herr Ober Amts Pfleger!
Hir überschüke ich Ihnen die Virteljährige Rechnung. Herr Hofrath Gock hat diesen Somer seinen Bruder Hölderlin auch besucht Hölderlin kannte Ihn aber nicht hat aber ein Glaß Wein mit Ihm getrunken. Ihr Herr Pflegsohn ist recht wohl und noch immer in seinem alten Zustadt. wenn die Frau Profesorin in Nürtingen ist so bitte ich mich Ihr zu empfehlen.
Ihr gehorsamer Dinner. Ernst Zimmer.

305* QUITTUNG ERNST ZIMMERS

Von Herr Oberamts Pfleger Burk in Nürtingen den Virteljährigen Betrag von Jacobi biß Martini, vor Wohnung Kost Wasch Holz Licht Wart u Pfleg des Herrn Magister Hölderlin mit 62f 30x erhalten zu haben. T. desen Kostherr Ernst Zimmer Schreiner Ob: Meister,
Tübingen den 5 Nov: 1837.

306* RECHNUNG DER NÄHERIN MAIER

Rechnung vor Herrn Hölderlin
Eine Häupfelziehe gemacht u. ein Kiße wozu Tuch zu Eck dazu kamen 30x

ferner Batistmußlin zu forschies [?]	18x
ferner Strümpfe reparirt samt Garn	26
	1f 14x

Mit Dank erhalten Friederike Maier
Tübingen d 6ten Nov: 1837.

307* RECHNUNG DES SCHUHMACHERS MÜLLER

HE Herderle

d 19 Augst: Schuh gesolt geflek	56x
d 20 Ok vor Winter Schuh ausgelegt	1f 12x
dito. Winter Schuh besezt durchaus gesolt	1f 36
	3f 44x

den Empfang Dankbar erhalten
Tübingen d 7 Nov 1837: T. Friederich Müller. Schuhmachr
[Nachbemerkung Ernst Zimmers:] Das Hölderlin obiges nothwendig brauchte T. dessen Kost Herr Ernst Zimmer.

308 ALBERT DIEFENBACHS BESUCH IM DEZEMBER 1837

Friedrich Hölderlin.
»In seinem Busen ruhet der Zwist ihm nie,
Und Nacht ist ihm die Welt, und keine
Freude gedeihet und kein Gesang ihm.«
(Hölderlins Gedichte.)

Nicht allein die Sterne, die in ewig wandellosen Gleisen ihre Bahn ziehen, mit sanftem Licht verschwisterte Welten erleuchtend, wecken unsere Bewunderung; auch jene Meteore erregen unser Erstaunen, welche, während das von ihrem flammenden Licht geblendete Auge nach ihnen schaut, durch innere und äußere Gewalten zertrümmernd und zertrümmert, in einem Feuermeere zerstieben. So auch Hölderlin. – Während Tausende, von seinen, aus dem Innersten eines tief und innig fühlenden Herzens gesungenen Liedern begeistert, oder von den Klagemelodien des Eremiten in Griechenland in Wehmut und Trauer gewiegt, ihm laut Bewunderung zollten, irrte schon der unglückliche Dichter heimatlos in den heimischen Gauen und im unsäglichen Jammer eines unheilbaren, finstern Wahnsinnes. Jene Jahre, wo der Arme in verzweiflungsvoller Wuth an seinen schweren geistigen Ketten rüttelte, die, statt abzufallen, sich immer fester und drückender ihm anlegten, jene Jahre grauenvoller Leiden sind längst verflossen; aber dieselbe Nacht des Wahnsinns lastet noch auf ihm, dem Einsamen, der sich selbst und die Welt vergessen hat. Wie viele, welche die Schöpfungen seines untergegangenen Geistes schätzen und bewundern, betreten und verlassen den Musensitz an der Schwäbischen Alb, ohne zu ahnen, daß der wahnsinnige Dichter schon seit mehr als 3 Dezennien in denselben Mauern weilt. Gleiches wäre mir auch fast widerfahren. – Ein kleines Geschäft führte mich kürzlich in das an dem Neckar gelegene Haus des Tischlers Zimmer. Auf dem Hausflur begegnet mir eine hohe, gebückte, geisterhafte Gestalt. Schaudern überfällt mich. Der starre und wirre Blick des tiefliegenden Auges, die krampfhaften Verzerrungen der Gesichtsmuskeln, das wilde Schütteln der greisen Locken, die ganze Haltung bezeichneten mir das sonderbare Wesen als einen Wahnsinnigen. Mit einem unverständlichen polyglottischen Schwalle von Titeln, unter denen ich nur die »Ew. Majestät, Hoheit, Heiligkeit, Gnaden, Herr Pater, gnädiger Herr« verstehen konnte und einigen Dutzend Höflichkeitsbezeugungen und tiefen Rückenkrümmungen wies er mich an das von mir erfragte Zimmer. Meine erste Frage ist die nach der Person des unheimlichen Greises. – Welches Staunen befiel mich bei der Antwort: Hölderlin! – Hölderlin, dessen schwermüthige Muse in seinen Gedichten wie in seinem Hyperion mein Herz in frühester Jugend wie in der jüngsten Vergangenheit so innig ausgesprochen und ergriffen hatte! – Sein Hauswirt, ein ebenso gebildeter wie freundlicher Mann, hatte die Güte, mich zu dem unglücklichen Dichtergreis zu führen unter dem Vorwande, von seinem Zimmer aus das schöne Neckar- und Steinlachthal zu überschauen. – Mit gleichen Höflichkeitsbezeugungen wie oben empfing mich der wahnsinnige Dichter, welcher in Gestikulationen und lauten Deklamationen eifrigst begriffen war. – Noch immer fesselt die hohe, jetzt etwas gebückte Gestalt und das einst so schöne Antlitz des 70jährigen Greises sein schönes Profil, die hohe, gedankenschwere Stirn und vor allem das Auge. Nie habe ich ein ähnliches gesehen. Freundlich lächelnd und doch wirr und wild; zwar erloschen, aber immer noch lieb und seelenvoll. Der Ausdruck wird noch erhöhet durch einen drückenden, schmerzlichen Zug, der über demselben schwebt. Die einst so herrlichen Züge tragen die unverkennbaren, verwüstenden Spuren der geistigen Krankheit, besonders am Mund und auf den Wangen. Ein unwillkürliches Zucken durchfährt sein Gesicht, seine Schultern und Hände. Hölderlin will gegen den Besuch artig und freundlich sein, und verwirrt sich; man versteht ihn nicht. Seine Fragen und Antworten sind ebenso schnell als wirr; er entläßt den Besucher mit gleichen Komplimenten, wie er ihn empfangen hatte. Frühere Bekannte erkennt er mit geringen Ausnahmen nicht mehr, nicht einnmal seinen Halbbruder. Sein liebster Aufenthalt ist die freie Natur, doch ist diese ihm auf ein kleines Gärtchen am Neckar beschränkt. Hier weilt er oft Tage und Nächte lang und – rupft Gras aus oder pflückt Blumen und schleudert sie in den Neckar. Die innigste Liebe hegt er zu den Kindern; aber alle fliehen den unheimlichen Greis. – Dann weint er.

Während der Zeit, wo Bande kaum den tobenden Irren zu zwingen vermochten, rettete er mit eigner Lebensgefahr ein Kind vor einer gefährlichen Stelle. Mit dem frühesten Sonnenstrahle verläßt er sein Lager und wandelt halbe Tage lang durch die Gänge oder das Gärtchen des Hauses. Einige Dichter des vorigen Jahrhunderts, die er bei seinem Einzug in seine jetzige Wohnung vorfand (Uz, Zachariae, Cramer,

Gleim, Cronegk, bes. Klopstock) sind seine einzige Lektüre, besonders der Hyperion (alte Ausgabe). Schriften neuerer Dichter leidet er nicht um sich. Ungeachtet seiner genialen Bearbeitung des Sophokles, will er meist die griechische Sprache gar nicht kennen. – Stundenlang rezitiert er laut mit großem Pathos Stellen aus seinem Hyperion oder aus Klopstock. Jedes ihm in die Hände kommende Papier wird mit Versen überschrieben, meist in den schwierigsten antiken Versmaßen. Formrichtig, aber meist wirre Ideen. Nur Naturschilderungen, besonders wenn sein Auge gleichzeitig das zu Besingende wahrnimmt, gelingen ihm noch. Zeugnis ist das beiliegende Autographum Hölderlins, welches er am Morgen meines Besuches geschrieben hatte. Auch die strenge Kritik würde, außer einer kleinen Veränderung in der Zahl der Versfüße am Schluß, keinen Fehler als ein unpassendes, fremdartiges Bild (das Meer etc.) finden. (Doch wollen seine Biographen in allen seinen metrischen Geburten nur ein *non plus ultra* von Wahnsinn sehen! Anlage mag es bezeugen.) Die neue Auflage seines Hyperion (Cotta 1822 und später) ebenso die Sammlung seiner Gedichte durch seine im Fache der Poesie so berühmten Landsleute Uhland und Schwab (Cotta 1826 und später) kennt er nicht mehr. Mit vieler Liebe erinnert er sich seiner freundschaftlichen Verhältnisse mit Matthisson, Schiller, Zollikofer, Lavater etc. und Allen, die ihm lieb wollten. Goethe'n will er nicht kennen (Schiller und Eichhorn hatten ihn zu dem philosophischen Lehrstuhl in Jena vorgeschlagen; aber der von Goethe vorgeschlagene Niethammer erhielt diese Stelle). Ebenso kennt er Alle nicht mehr, welche ihm nicht wohl wollten oder von denen er es in seinem Wahnsinn glaubte. Kleinigkeiten bemerkt er oft genau und behält sie treu in seinem Gedächtnis. Musik liebt er; halbe Tage lang sitzt er oft an dem Fortepiano seines Hauswirts und spielt bis zum Ermüden einen und denselben musikalischen Gedanken, meist einfache und kindliche Erinnerungen aus einer glücklicheren Jugendzeit. Störend ist dabei der Krampf seiner Hände. – Zuletzt verfällt der Arme in wahnsinnige Wehmuth, sein nasses Auge schließt sich; sein Haupt richtet sich empor, er singt mit großem Pathos. Die Sprache dieses Gesanges versteht man nicht, aber diese Jammertöne, der Ausdruck der düstersten Schwermut, ergreifen mächtig die Seele des Hörers. Hölderlin war einst ein ausgezeichneter Musiker und Sänger. Seine studierenden Hausgenossen (unter ihnen 2 Söhne des verstorbenen Nass. Leibarztes Schnurrer; früher auf dem Gymnasium in Weilburg) behandeln ihn mit vieler Liebe und laden ihn oft zu Caffee oder Wein ein. Erheiterte sich neulich der Arme doch so, daß er einige alte Commerslieder mitsang und sie auf dem Clavier accompagnierte. -

Nicht seine eigentlichen Lebensverhältnisse, nicht die einzelnen Ursachen seines Wahnsinnes, nicht die einzelnen Abstufungen desselben bis zum gänzlichen Erlöschen seines geistigen Lichtes, will und kann ich hier erzählen; ich verweise nur auf Hölderlins Biographie in Hölderlins Leben, Dichtung und Wahnsiun von H. Waiblinger in dem Jahrgang 1831 der Zeitgenossen (Heft XVII) und den Artikel Hölderlin in der Encyklopädie von Brockhaus (Neueste Auflage) und besonders den von Pierer. Hölderlins Geburtsort ist nicht Neislingen, wie seine Biographen melden, sondern Lauffen a.N., später wurde Hölderlins Vater als Rentbeamter nach Nürtingen versetzt, wo auch die Wittwe, Hölderlins Mutter, in sehr hohem Alter starb. Hölderlin schrieb ihr gern und oft und nicht unvernünftig, die Briefe waren klar, aber Styl und Ideen waren die eines 6jährigen Kindes. (Cholerisches Temperament ist Eigentum der Familie.) Erschienen sind von ihm außer seinen Gedichten und seinem Hyperion (doch gränzt auch hier schon seine Wehmuth an Wahnsinn) eine Bearbeitung des Sophocles. In letzterem Werk wechseln die genialsten Ansichten mit den Geburten des wildesten und finstersten Wahnsinnes; nach seiner Vollendung (Hölderlin schrieb ihn als Bibliothekar zu Homburg) sehen wir die geistige Helle des Dichters für immer erloschen. – Alles atmet die herrlichsten Ideale und nach ihrer Zertrümmerung die finsterste Weltansicht. Wie Ossian'sche Nebelgestalten auf mäonischem Boden, wie Fingals Klage in einer sapphischen Ode, wie ein Hünengrab in Tiburs Gärten oder wie Walkyren auf dem Parnasse, – so sind in Hyperion und Hölderlins letzten Liedern die seelenvolle Klage der Wehmut mit dem Stöhnen des Wahnsinns und der Verzweiflung gepaart. Noch ist dem Armen sein Schmerz neu. Die Wunden des Jünglings sind noch nicht vernarbet. Sein Herz wird wach; dann treibt's den wahnsinnigen Greis um Mitternacht von seinem Lager; unstät und in wirrer Unruhe irrt er umher, durch die Gänge des Hauses und in dem kleinen Garten; wild schüttelt er die greisen Locken, Krampfzucken überfällt ihn, der Wahnsinn öffnet seinen Mund und weithin in die stille Nacht schallt es: Diotima! An diesem Gegenstand seiner unglückseligen Jugendliebe (die Gattin des Banquiers Gontard in Frankfurt), deren Liebe und Gegenliebe wohl die erste und größte Ursache seines Wahnsinnes ist, an der in seinen Gesängen so gefeierten Diotima, hängt der wahnsinnige Greis mit gleicher Neigung. – Seine Körper- und Geisteskräfte sind verschwunden, seine Züge veraltet; fast ein halbes Jahrhundert ist hin; – aber sein Schmerz ist ewig neu. – Hölderlin ist kein Narr; er hat keine fixe ihn beherrschende Idee. – Er strebt nach Licht und verwirrt sich immer mehr in ein Ideenchaos.

»Wo bist du, Licht?
Das Herz ist wieder wach; doch bannt und
hemmt die unendliche Nacht mich immer.«
(Hölderlins Gedichte.)

So ist sein Wahnsinn ein stetes Kämpfen gegen den Wahnsinn. Vergebens tappt seine Hand nach der Fackel, um die düstere Nacht seines Geistes zu erleuchten. Doch wird es ewig Nacht bleiben? Wird er in diesem ruhelosen Zustande stets sich erneuernder Schmerzen hinüberscheiden? Oder, – und der Erfahrungen viele bestätigen ja diese Vermutung – wird der Todesengel, der ersehnte Genius aller Leidenden, ehe er die gesenkte Fackel stürzet, die unglückliche Nacht seines Geistes in den Augenblicken, wo sich derselbe von seinen irdischen Fesseln losringt, mit sanftem Lichte erhellen? Wird ihm in dem Sterbemomente das dunkle, schwermütige Räthsel seines vergangenen Lebens klar, und die Hoffnung auf ein besseres, glücklicheres neu und lebendig werden? Möge diese Hoffnung, dieser Wunsch sich verwirklichen!

DER SOMMER

Das Erndtefeld erscheint, auf Höhen schimmert
Der hellen Wolke Pracht, indeß am weiten Himmel
In stiller Nacht die Zahl der Sterne flimmert,
Groß ist und weit von Wolken das Gewimmel.

Die Pfade gehn entfernter hin, der Menschen Leben
Es zeiget sich auf Meeren unverborgen,
Der Sonne Tag ist zu der Menschen Streben
Ein hohes Bild, und golden glänzt der Morgen.

Mit neuen Farben ist geschmükt der Gärten Breite,
Der Mensch verwundert sich, daß sein Bemühn gelinget,
Was er mit Tugend schafft, und was er hoch vollbringet,
Es steht mit der Vergangenheit in prächtigem Geleite.

309* ERNST ZIMMER AN BURK

[27. Januar 1838]

Hochgeehrtester Herr Oberamts Pfleger.

Hir überschüke ich Ihnen die Quittung der lezten Virteljahres Rechnung. Ihr Herr Pflegsohn ist immer recht wohl, und auch immer recht heiter, er spielt und singt oft den ganzen vor mitag fort. Meine Frau gab mir den Auftrag Ihnen zu sagen daß Hölderlin nothwindig 6 Neue Hemder haben solte, sie habe schon von seinen Hemter welche verschniten um die andern damit zu flüken, Conto habe ich diesesmahl für den Hölderlin keine.

Ihr gehorsamer Dinner Ernst Zimmer.

310* QUITTUNG ERNST ZIMMERS

Von Herr Oberamts Pfleger Burgk. Den Virteljährigen Betrag, von Martini biß Lichtmeß. für Wohnung Kost Wasch Wart und Pfleg, des Herrn Magister Hölderlin, mit 62.f 30.x erhalten zu haben. T. Ernst Zimmer.

Tübingen Den 27. Januar 1838.

311* RECHNUNG DES SCHNEIDERS F. KREHL

6. Hemden gemacht, *a*,- 44 cr.	4f	24cr.
Für Faden, Band u. Knöpflen ausgelegt		54cr.
	5f	18cr.

Dankbar erhalten F. Krehl.
Nürtingen d. 26. Febr. 1838.

312* RECHNUNG DES SCHUHMACHERS MÜLLER

Vor HE: Hederle
d 5 Jann Schuh durchaus gesolt ausgebesset 1f 4x
den Empfang Dankbar erhalten T Friederich Müller Schuhmacher
Tübingen d 7 Ap. 38:

313 MÖRIKE AN HERMANN KURZ

[Cleversulzbach, 12. April 1838]

Beiliegende Zeichnung (zum Theil von Lohbauer) in dankb. Erwiederung Ihrer Crokerschen Bildchen, die mich nebst dem Sonett sehr erfreut hahen. Ja so! Daß ich's nicht vergesse: das Portrait stellt Friedrich Hölderlin vor und schien mir damals ziemlich charakteristisch.

Sie sollen ja kürzl. einige Gedichte von ihm ins »Morgenbl.« gegeben haben? Ich besitze auch noch einiges Handschriftliche von ihm.

314* ERNST ZIMMER AN BURK

Tübingen d 17 April 1838.

Hochgeehrtester Herr Oberamts Pfleger!

Hir überschuke ich Ihnen die Quitung vor die lezte Virteljährige Rechnung.

Ihr Herr Pflegsohn ist recht wohl und wir alle auch. Zu ende der Vakanz hat Er mehrere Besuche von Herrn Bekommen, die Ihm aber Lästig sein müßen, den Er lief meistens davon und liß sie stehen.

Der Frau Profesoin Bräunlin laße ich mich gehorsamst empfehlen, innerhalb 4 Wochen hat Ihr Herr Bruder auch neue Tafel Fenster zu erwarten sie sind schonn voriges Jahr fertig geweßen. nur habe ich Keine Zeit gehabt Sie hinein zu machen, Jeder Dichter der über Ihren Hern Bruder Schreibt, halt Sich über seine Dunkeln Fenster aufgehalten haben hal

Ihr gehorsamer Dinner Ernst Zimmer

315* QUITTUNG ERNST ZIMMERS

Von Herrn Oberamts Pfleger Burck in Nürtingen, den Virteljährigen betrag vor Kost, Wasch wart, u Pfleg, des Herrn Magister Hölderlin nach dem getrofenen Acort mit 62f 30x erhalten zu haben vor daß Virteljahr von Lichtmeß. biß Georgi. T. Ernst Zimmer.

Tübingen d: 17 April. 1838.

316* RECHNUNG DER NÄHERIN MAIER

Rechnung vor Herrn Hölderlin	
4 Hemder außgebeßert	26
einen Schlafrock außgebeßert	12
Strümpfe geflikt	12
ferner ein 1/2 lb Garn zu daran stricken gekauft	40x
6 par Strümpfe daran gestrikt *a* – 6x	36
	2f 6x

Mit Dank erhalten. Friederike Maier
Tübingen d 17ten Aprill 1838

317 KURZ AN MÖRIKE

[Stuttgart, 19. April 1838]
Hölderlin, den ich in Tübingen gesehen habe, hätte ich in der Zeichnung nicht erkannt, aber Silcher, dem ich heute das Blättchen wies, rief sogleich seinen Namen aus. Sein Mund, das kann ich mit Bestimmtheit sagen, ist feiner und ganz gekniffen; vielleicht hat er sich auch in den zehn Jahren verändert. Jedenfalls ist das Bild in den wenigen raschen Strichen sehr bedeutend – eine Auffassung wie sie manchem vom Fach nicht zu Gebote steht. – Ihre Collectaneen wär' ich begierig zu lesen, aber woher wissen Sie denn, daß ich etwas von Hölderlin ins M[orgen]bl[att] gegeben? Es geschah vor wenigen Tagen, erschienen ist noch nichts, so viel ich weiß, und Ihre Mitwissenschaft kommt mir ganz prevorstisch vor.

318 MÖRIKE AN KURZ

[Cleversulzbach, 14. Mai 1838]

NB. Den »Heinrich Roller«, soweit er beisammen ist, sowie auch jene handschriftl. Reliquien von Schiller und andere curiose oder schöne Sachen z.B. die von Ihnen ins »Morgenbl.« gegebenen Ged. Hölderlin's nehmen Sie ja fein mit. Der »Venuswagen« war mir merkwürdig.

319 KURZ AN MÖRIKE

[Stuttgart, 18. Juni 1838]

»Es haben aber an eigner
Unsterblichkeit die Götter genug, und bedürfen
Die Himmlischen eines Dings,
So sinds Heroen und Menschen
Und Sterbliche sonst. Denn weil
Die Seeligsten nichts fühlen von selbst,
Muß wohl, wenn solches zu sagen
Erlaubt ist, in der Götter Nahmen
Theilnehmend fühlen ein Andrer,
Den brauchen sie; jedoch ihr Gericht
Ist, daß sein eigenes Haus
Zerbreche der und das Liebste
Wie den Feind schelt' und sich Vater und Kind
Begrabe unter den Trümmern,
Wenn einer, wie sie, seyn will und nicht
Ungleiches dulden, der Schwärmer.«
[»Der Rhein«, v. 105-120]

Die höchste Ironie gibt es doch bloß an der Grenze des Wahnsinns.

320 MÖRIKE AN KURZ

[Cleversulzbach, 26. Juni 1838]

Ich habe dieser Tage einen Rummel Hölderlinischer Papiere erhalten, meist unlesbares, äußerst mattes Zeug. Ein kurzes seltsames Fragment geistlichen Inhalts muß ich Dir aber doch als einem neuerdings mit *pastoralibus* wieder vertraut Gewordenen mittheilen:

»Freundschaft, Liebe, Kirch und Heilge, Kreuze, Bilder,
Altar und Kanzel und Musik. Es tönet ihm die Predigt.
Die Kinderlehre scheint nach Tisch ein schlummernd müßig
Gespräch für Mann und Kind und Jungfraun, fromme Frauen;
Hernach geht er, der Herr, der Burgersmann und Künstler
Auf Feldern froh umher und heimatlichen Auen,
Die Jugend geht betrachtend auch.«

Was sagst Du zu der Schilderung? Das von der Kinderlehre klingt beinah diabolisch naiv, so rührend es gemeint seyn mag.

Ferner eine Ode an seinen Kostherrn. (Sie liegt in einer Copie von der Hand des Besungenen selbst vor mir, der sich dadurch ganz ungemein geschmeichelt fühlen mußte.) Besonders die letzte, auf Schreinerei und Holzwesen bezügliche Zeile ist merkwürdig.
»An Zimmern.

Von einem Menschen sag' ich, wenn der ist gut
Und weise, was bedarf er? Ist irgend eins,
Das einer Seele gnüget? ist sein Haben,
Eine gereifteste Reb auf Erden,

Gewachsen, die ihn nähre? Der Sinn ist deß
Also. Ein Freund ist oft die Geliebte, viel
Die Kunst. O Theurer, dir sag' ich die Wahrheit:
Dädalus Geist und des Walds ist deiner.«

Jene Idee von den sterblichen Gefäßen göttlicher Wahrheit hat freilich auch für mich einen ganz erschütternden Ausdruck in den bewußten Versen.

321 KURZ AN MÖRIKE

[Buoch, 7. Juli 1838]

Die Hölderliniana haben mich höchlichst erbaut, und zwar, weil ich nun einem lang gehegten dunklen Instinkt auf die Sprünge gekommen bin. Ich finde nämlich in Hölderlin eine Verwandschaft mit niemand Andrem als mit Hegel. Es sind die eigenthümlichen Impromptus, die sie gemein haben: die Deduktion der Kinderlehre hätte der Philosoph gar wohl in seinem mürrischen Ton vom Katheder geben können, wie denn die Phänomenologie von solchen Einfällen wimmelt, und (redlich gestanden) ihr Werth eigentlich in ihnen beruht. Das war es was ich mir so lange nicht sagen konnte: gerade durch diese Einzelheiten (worunter namentlich die vor Kurzem übersandte Stelle gehört) hat Hölderlin von jeher einen so siegenden Eindruck auf mich gemacht [...] Hegel's Einfälle führen freilich ganz deutlich ihre Nationalfarbe, aber auch Hölderlins Weissagungen sind nichts andres als vertieftere Schwabismen.

322* RECHNUNG DER WEBERIN MILLER

Rechnung für Herrn Hölderlin.
Uber 9 Ehl. braunes Zeugle zu einem Schlafrock a 22x.
3f 18x.

Tübingen d. 14. Juli 1838.
Weber Millerin.
dankbar erhalten Weber Millerin

323* RECHNUNG DES SCHNEIDERS FEUCHT

Nota für Herr Bibledekar Hölderle für Schneiderarbeit		
1838	fl	xr
den 19. Juli einen Schlafrock überzogen	1	12
sammt zugehör u. Leinwand	10	
	1fl	22

Tübingen den 19. Juli 1838
T. Philipp Feucht Schneider. M. mit Dank erhalten

[Nachbemerkung Ernst Zimmers:] Daß obiges vor Herr Magister Hölderlin nöthig war. bezeigt desen Kost Herr. Ernst Zimmer.

324* ERNST ZIMMER AN BURK

[Juli 1838]

Hochgeehrtester Herr!
Hir schüke ich Ihnen die Quitung der lezten virteljahres Rechnung, Ihr Herr Pflegsohn ist ganz wohl, und hat jezt auch in seinem Zimmer, neue Fenster und *Jalousie* Laden bekomen, worüber er aber anfangs Tüchtig geflucht hat. Er hat die gewohnheit oft Nachts wenn ihm ein gedanke im Bett einfält heraus zu fahren ein fenster zu rük zu schieben und den Gedanken der freien Luft mitzutheilen, jezt ist es ihm aber bei den neuen Fenster nicht mehr so bequem es geht im bei der eröfnnug der Fenster nicht schnell genug wie er es gewohnt war. Der Frau Profesorin wenn sie in Nürtingen ist, empehle ich mich gehorsam.
Euer wohlgebohren gehorsamer Dinner. Ernst Zimmer.

325* QUITTUNG ERNST ZIMMERS

Von Herr Ober Amts Pfleger Burk in Nürtingen, den virteljährigen Betrag von georgi biß Jacobi, vor Kost wohnung Wasch Pfleg u. Wart des Herrn Magister Hölderlin mit 62.f 30x erhalten zu haben. T. Ernst Zimmer.
Tübingen d: 21. Juli 1838.

326* CHRISTIAN FRIEDRICH ZIMMER AN BURK

Tübingen den 6 Nov. 1838:

Hochverehrtester Herr Amtspfleger!
Aus Auftrag meines Vaters, der gegenwärtig wegen eines Fußübels das Bett hüten

muß, bin ich so frei, Ihnen die 1/4jährige Rechnung für HE. M. Hölderlin zu übersenden. Ihr Herr Pflegsohn befindet sich recht wohl, und ist auch heiter; überhaupt mußte ich mich, als ich nach längerer Zeit wieder hieherkam, wundern, wie er sich immer ganz gleich bleibt, und durchaus keine sichtliche Veränderung wegen seines Alters an ihm zu bemerken ist.

Für diesen Winter sollte Ihr Herr Pflegsohn noch weitere 2 Paar Winterstrümpfe haben; meine Mutter wünscht nun zu wißen, ob Sie wie bisher diese besorgen wollen, oder ob sie selbst sie anschaffen soll.

Wenn die Frau Professor Breunlin sich gegenwärtig in Nürtingen aufhalten sollte, so bitte ich gehorsamst meine höflichste Empfehlung von mir und den Meinigen Ihr zugehen zu laßen; ich wollte sie auch dieses, wie voriges Jahr in Nürtingen von Pliezhausen aus besuchen, allein zu meinem großen Bedauern mußte ich erfahren, daß sie abwesend war.

Indem ich mich und die Meinigen Ihnen gehorsamst empfehle verharre ich mit größter Hochachtung Vikar C. Zimmer.

327* QUITTUNG ERNST ZIMMERS

[Handschrift Christian Friedrich Zimmers:] Tübingen den 6 Nov: 1838.

den 1/4 jährigen Betrag von Jakobi bis Martini für Kost, Wohnung, Wasch, Wart u Pflege des Herrn *M.* Hölderlin mit -: 62f 30x erhalten zu haben T. [eigenhändig:] Ernst Zimmer.

328 GUSTAV KÜHNE IN TÜBINGEN 1838. NACHBERICHT

Friedrich Hölderlin [A 1]

»Mit ihrem heil'gen Wetterschlage,
Mit Unerbittlichkeit vollbringt
Die Noth an Einem großen Tage,
Was kaum Jahrhunderten gelingt;
Und wenn in ihren Ungewittern
Selbst ein Elysium vergeht,
Und Welten ihrem Donner zittern -
Was groß und göttlich ist, besteht!«

Wie ich im Tübinger Wirthshause saß und in meiner Schreibtafel blätterte, fiel mein Blick unter den eingeschriebenen Denksprüchen auf diese Worte Hölderlin's. Sie standen schon sehr lange da, vielleicht seit den zwanziger Jahren, wo ich zuerst Kunde erhielt von dem tiefsinnig abgeirrten Geist [...] Dicht darunter hatt' ich die Bemerkung geschrieben: »Im Gefühl und im Bewußtsein der großen Revolution.« [...] Tages zuvor hatte mich ein Tübinger Freund bereden wollen, den Unglücklichen aufzusuchen. Aber noch vor dem Hause, wo er wohnte, erfaßte es mich wie Gespensterscheu. Ich sah mir die Umgebung an, sah die Fenster, aus denen der arme Dichter hinunterschaute in den Neckar, den Zwinger vor dem Hause, in dem er sich täglich erging, seitdem man ihn nicht mehr zu weiteren Spaziergängen veranlaßte. Ihn selbst zu sehen, schien mir überflüssig, an einem gestürzten Fürsten die Trümmer seiner ehemaligen Hoheit betrachten, ist ein traurig Ding [...] Was die Sonne seines Bewußtseins ausgelöscht, blieb mir nach Allem, was ich über ihn gehört, ein Räthsel, und der Anblick seiner zerstörten Natur, dacht' ich, wird es wol eben so wenig lösen [...]

Da trat mein Freund, der liebenswürdige M., in's Zimmer. Er führte einen Fremden an der Hand. »Hier ist der Wirt unsers Hölderlin,« sagte er. – Ich hatte allerdings gestern den Wunsch geäußert, den guten Tischler kennen zu lernen, der schon nahe an dreißig Jahre [A 2] der Pfleger und Wärter, Freund und Vormund des Armen war [...]

»I hab'n bei mir g'habt, seit's ihn vom Klinicum loschgab'n,« sagte der gute Mann, als wir uns auf Hölderlin einließen. »Zwei Jahr habe's ihn dort g'habt, und an ihm doctorirt und herumgeforscht, ohne etwas herauschz'kriege. Er hat es niemand nit sage könne, wo es ihm fehlt. Auch fehlt es ihm eigentlich an nix; an dem Zuviel, das er hatte, ischt er ebe toll geworde. » [...] »Von eigentlicher Tobsucht,« fragt' ich, »ist wol seit lange keine Spur mehr in dem armen Kranken vorhanden?«

»O, er ischt eigentlich gar nit mehr toll, was man so toll nennt,« war die Antwort. »Leiblich ischt er gar gesund, er hat guten Appetit und trinkt sei Schoppe Wein alle Tag zur rechte Stund'. Er schläft gut, nur im heiße Sommer nit, da läuft er Nachts Trepp' auf Trepp' ab herum. Aber er thut niemand nix. Er ischt'n gar gut'r lieber G'sell in meinem Haus. Er bedient sich selbst, er kleid't sich an und legt sich nieder, alles von selbsten. Er kann auch denke, rede, musicire, und all die Dinge nach wie vor.«

»Aber ohne Zusammenhang,« sagte M. [...]

»'s ischt kei Mangel an Geischt in ihm gewese, was ihn *amens* gemacht hat, »fuhr der Tischler fort, der sich gemüthlich zu uns gesetzt hatte und ein Glas Wein annahm. »'s ischt die viele Gelehrsamkeit gewese, glaube Se's. Wann das Gefäß allzu voll und verschlosse ischt, da muß es berschte. Sucht mer nu de Scherbe z'samme, so find't mer, daß alles ausgelaufe ischt. Alle unsere Magischter studiere bis hoch an den Rand, 's fehlt immer nit viel, daß es überläuft! Und dabei schreibe sie die gottloseste Sachen von der Welt! Bei ihm ischt es die Schwärmerei für das blanke Heidenthum gewese, das ihn hat überschnappe lasse. Und mit all seine Gedanke ischt er bei Ein'm Punkt stehe gebliebe, und um den dreht er sich noch immer [...]
Seine unglückselige Bücher liege alle Tag' bei ihm aufgeschlage und wenn er allein ischt, so liest er sich von früh bis spät daraus vor, ganz laut und mit 'nem Schauspielerpathos, daß me meint, er wolle damit die Welt erobern [...] »

Mein Freund erinnerte hier an die unglückliche Neigung, die Hölderlin's Gedanken aus der Bahn der Ordnung gebracht haben sollte. [...] M. brachte ein Gerücht zur Sprache, das sich durch Waiblinger's frühere Mittheilungen über Hölderlin verbreitet hatte. Waiblinger hatte sich des Armen lange Zeit bemächtigt, ihn täglich um sich gehabt, ihn, man kann wol sagen, in seinem Wahnsinn studirt; […] Er sprach den Argwohn aus, Hölderlin sei nach der langen Qual seiner unselig enthaltsamen Liebe plötzlich in wilde Zerstreuungslust, in einen Taumel der Sinnlichkeit übergesprungen. Sein Aufenthalt in Bordeaux […] lasse darauf schließen. Es ist möglich, daß Platonische Liebe, zugleich bei so viel Verherrlichung der hellenischen Lebensformen, plötzlich zu dem Entschluß kommen kann, für lange Entsagung in heißem Genuß ein Genüge zu suchen. Die damalige Feier des Griechenthums blieb überhaupt nicht in der Schwärmerei für die Platonische Ideenwelt stehen. Nur im Schillerschen Schwunge erhielt sie sich in ihrer idealen Verfassung. Mit Goethe sucht sie die Harmonie der leiblichen Form und das schöne Ebenmaß der süßen Eintracht mit sich selber. Mit Heinse sprang sie über in eine wilde Schwelgerei der Sinnenlust. Mit Heinse ist Hölderlin zufällig auch in persönliche Berührung gekommen […] Der Menschenkenner, selbst wenn er der tiefste Menschenfreund ist, kann die Möglichkeit sinnlicher Verirrung in Hölderlin's anerkannt zarter, stiller und von je zur Melancholie geneigter Natur nicht in Abrede stellen. Je schmerzlicher, je gewaltsamer der Riß und Durchbruch, desto leidenschaftlicher der Umschlag, desto qualvoller der Drang der Verzweiflung. Und wenn sich die Flucht vom Pol zum Gegenpol als wilde Zuckung in seinem Wesen verkündigte, so gerathen wir hier vielleicht auf die ersten leisen Spuren des Irrsinns. Aus den Fugen war sein Geist schon durch die nagende Pein einer Neigung getreten, die bei aller Leidenschaft eine ganz geistige, immergleiche Bahn wandeln wollte […] Fehlschlagende Pläne folgten in Hölderlin's Leben hart aufeinander; auch Schiller in Jena hatte sich bekanntlich für ihn vergebens verwendet, ihm eine Thätigkeit, eine Stellung zur Welt zu verschaffen. Hölderlin's Haß gegen die Formen des Lebens, seine glühende Schwärmerei für die weltentlegenen, erträumten Zustände des classischen Griechenthums gruben sich damals tief ein in seine wunde Seele. Er hatte in dieser deutschen Heimath kein anderes Verhältniß finden können, als das untergeordnete, drückende eines Hofmeisters in Privathäusern. Er ward jetzt zum dritten Male Erzieher, zum dritten Male von der Laune eines Privatverhältnisses abhängig […] Seine Freunde wollten wissen, daß sie ihn ganz gesunden Geistes von Frankfurt entließen. Eines Abends aber, nach Jahr und Tag, trat er, in Bettlertracht, mit wilden Mienen, mit allen Geberden des stieren Wahnsinns bei Matthisson ins Zimmer. Er war zurückgekehrt, fortgewiesen oder aus eigenem Antrieb flüchtig: – das hat niemand erfahren. Noch war er zu retten, so hoffte man, noch schien er für das vernünftige Leben zu gewinnen. Ein deutscher Fürst, der Landgraf von Hessen-Homburg, hörte von der Noth des tiefsinnigen Poeten und ernannte ihn zu seinem Bibliothekar. Hölderlin trat seine Stelle bei Hof an, wieder im Gefühl einer unterthänigen Stellung, mit gebückter Haltung, mit gekrümmtem Rücken, mit Kratzfüßen, während seine Seele nach Freiheit lechzte, sein Gehirn von hellenischer Luft trunken war. Ich weiß nicht: hat ihm das den Rest gegeben? Ein Tasso am Hof hat leicht von je entweder sein Herz oder seine freien Gedanken verloren. Und schrieb sich vielleicht aus seiner kurzen Hofzeit die unglückliche Weise des armen Wahnsinnigen, jeden Besucher mit ganz formeller Unterthänigkeit und mit einem steifen pathetischen Ceremoniel zu empfangen? .. Seine schwärmende Jünglingsseele hatte in ihrem wachen Zustande nie eine Form finden können, die ihn mit dem Pedantisums der damaligen deutschen Kastenwelt in ein leidliches Verhältniß brachte. Und nun ist das Schicksal so ironisch und läßt ihn dies Ceremoniel der höfischen Etiquette im Irrsinn festhalten! Er wirft, erhält er Besuch, mit Ew. Hoheit und Ew. Gnaden um sich, selbst mit Ew. Heiligkeit und Ew. Majestät ist er freigiebig [...]

»O, 's ischt jetzo gut mit ihm,« sagte der wackere Meister Hobelspahn, »'s ischt kei Bös mehr in ihm, er ischt mild und weich. Zu Anfang, wie ich ihn zu mir nahm, hat er noch seine Anfälle gehabt. 'Mal hat er all meine Geselle zum Haus 'nausgeprügelt. Da hab' i ihn genomme mit beide Fäuscht, hab' ihn stark zusammegerüttelt und ihn auf'n Stuhl gesetzt, hab' mit de Händ' auf'n Tisch geschlage und ihm gesagt, i woll' scho fertig werde mit dem Bösen in ihm. Da hat die Beschtie in ihm, die seinen guten Geischt bewältige gewollt, Respekt vor mir bekomme, ischt zu Kreuze gekroche und hat sich nie mehr gemuckscht.« [...]

»Mer muß ihn wie'n Kind nehme,« sagte der Meister, »dann ischt er lind und lieb [...] Früher nahm i ihn mit in die Weinberg'. Hat aber dorten manch närrisch Zeug ausgefresse. Jetzo geht er blosch im Zwinger um. Mit der Sonne steht er auf, er hat bei sich kei' Ruh', und wandelt da um im Garteraum, schlägt an die Mauer, pflückt Gras und Blumen ab, macht Sträußer und zerknüllt sie wieder.«. [...] »Den ganzen Tag schwätzt er mit sich ganz laut, fragend und antwortend in Einem Ton. Aber die Antworten sind selten bejahend. 's ischt ein starker Geischt der Verneinung in ihm.« [...]

»Wenn er dann müd ischt vom Wandeln, geht er 'nauf und declamirt zum Fenschter 'naus in die blaue Luft. Er kann sei vieles Wisse gar nit richtig los werde. Oder er sitzt am Spinett und musicirt vier Stunde lang, in Einem Ton als wollt' er den letzten Fetzen herunterspiele. Und immer dasselbe simple Lied, immer dieselbe Leier, daß ei'm im ganzen Hause Höre und Sehe vergeht. Mer muß scho stark hobele, sonst wird ei'm wüscht im Kopf. Oft aber spielt er auch recht schön, nur stört eine das Klappern mit dene langgewachsene Nägele. Es hält schwer, sie ihm abzuschneide.«

»Seltsam!« sagte M. »Er spielt umgekehrt wie er spricht. Er kann in der Rede keinen Gedanken festhalten. Und am Klavier bleibt er stundenlang bei einer einfachen Melodie stehen, die er hundertmal ohne Variation wiederholt.«

»Früher, als noch sei' alte Mutter hat gelebt,« fuhr der wackere Meister fort, »da nahm i ihn vor und sagt', 's wär bös, daß er nit mehr an sie dächt'. Und da nahm er sich z'samme und schrieb 'nen Brief. Und das geschah immer ganz ordentlich und klar, wie'n Gewöhnlicher schreibt. Wie geht's Dir, liebwerth Mütterche, und so in der Weise ganz einfach. Nur einmal schloß er den Brief: Leb' wohl, es überläuft mich, ich fühl, ich muß schließe.«

»Schreibt er auch Verse?« fragt' ich.

»Fascht den ganzen Tag,« war die Antwort [...]

»Er hat itzt kaum eine andere Freud, als sein Klavier,« sagte der Alte. »Und so hab' i mir die Lischt ersonne, den fremde Herre zu dem neue Instrument zu führe. I will ihn dann hole und ihm melde, 's sei der Herr Instrumentemacher da, oder der Herr Stimmer, um es in Ordnung zu bringe.«

Es war so gut eingeleitet, daß ich mich nicht mehr weigern mochte. [...] Der Meister führte uns also nach seiner Wohnung. Unterwegs sprach er noch von der Eigenheit Hölderlin's, jeden Fremden mit hohen Titeln zu beehren.

»'s ischt ein probates Mittel, sich jeden vom Leibe zu halten,« philosophirte der Schwabe. »Mer bleibt danebe doch'n freier Mann, der sich nix am Zeuge flicken läßt. Sein drittes Wort ischt: 's g'schieht mer nix. Wenn's ihm zu eng wird und er fort will, und mer sagt : O bleibe Sie doch noch, Herr Bibliothekar, so greift er erscht recht nach dem Hut, verbeugt sich tief und erwidert: Ew. Hoheit haben befohlen, daß ich gehe! So gibt er den Leuten recht viel und bleibt für sich ein freier Mann. 's ischt wahrlich mit den Titulaturen so, daß mer sich loskäuft!« [...]

Wir standen vor dem Hause mit dem thurmartigen Vorbau. Der Meister war vorausgegangen und ließ uns draußen warten. Dann kam er wieder und meldete, der Herr Bibliothekar sei unten im Garten, er säße im Pflaumenbaume und knackte die Taschen auf. [...]

Wir sollten, meinte der Alte, ihn nicht stören, sollten derweil hinaufgehen ins Zimmer. – Oben am offnen Fenster, im Anblick der gottvollen Landschaft überlief es mich wie ein Schauer unheimlicher Gelüste. In all dem gesättigten Frieden einer lachenden Schönheit in Feld und Wald blieb der arme Geist bei seiner Selbstzerstörung? Was uns labt und erquickt, hatte für ihn keinen belebenden Athem mehr?

Im Gemach selber sah es eng und kärglich, aber doch reinlich aus. [...] Mein Freund und der Schreiner waren hinausgegangen, um das Spinett zu holen. Ich maß die drei Schritte im engen Raume auf und ab. Vor dem Tische stand ich still. Hyperion lag aufgeschlagen, das unselige Buch, wo ein Werther auf classischem Boden nach Göttergestalten tappt und Ossianische Nebelgebilde umarmt.

Eine merkwürdige Stelle lag offen im Buche. Ich las und mir stockte der Athem:

»O mir, mir beugte die Größe der Alten, wie ein Sturm, das Haupt, mir raffte sie die Blüthe vom Gesichte, und oftmals lag ich, wo kein Auge mich bemerkte, unter tausend Thränen da, wie eine gestürzte Tanne, die am Bache liegt und ihre welke Krone in die Fluth verbirgt. Wie gerne hätt' ich einen Augenblik aus eines großen Mannes Leben mit Blut erkauft!« [...]

Der Schmerz über Deutschlands Wehe hat also auch ihn toll gemacht? Hyperion spricht viel von seinen Deutschen, und er schildert sie gräßlich genug.

»So kam ich unter die Deutschen. Ich forderte nicht viel und war gefaßt, noch weniger zu finden. Demüthig kam ich, wie der heimathlose blinde Oedipus zum Thore von Athen, wo ihn der Götterhain empfieng; und schöne Seelen ihm begneten – Wie anders gieng es mir!

Barbaren von Alters her, durch Fleiß und Wissenschaft und selbst durch Religion barbarischer geworden, tiefunfähig jedes göttlichen Gefühls, verdorben bis ins Mark zum Glük der heiligen Grazien, in jedem Grad der Übertreibung und der Ärmlichkeit belaidigend für jede gutgeartete Seele, dumpf und harmonielos, wie die Scherben eines weggeworfenes Gefäßes – das, mein Bellarmin! waren meine Tröster.

Es ist ein hartes Wort und dennoch sag' ichs, weil es Wahrheit ist: ich kann kein Volk mir denken, daß zerrißner wäre, wie die Deutschen. Handwerker siehst du, aber keine Menschen, Denker, aber keine Menschen, Priester, aber keine Menschen, Herrn und Knechte, Jungen und gesezte Leute, aber keine Menschen – ist das nicht, wie ein Schlachtfeld, wo Hände und Arme und alle Glieder zerstükelt untereinander liegen, indessen das vergoßne Lebensblut im Sande zerrinnt?«

Und wir von heute, dürfen wir die Achsel zucken über die Hypochondrie solcher Tollheit? Das damalige Deutschland hat jene Uebertreibungen eines entzündeten Gehirnes nicht blos bei Hölderlin verschuldet; der Schmerz um die Sklaverei seines Volkes hat manchem schon das Herz abgedrückt. In Hölderlin gesellte sich dazu die maßlose Schwärmerei für Hellas, über dessen entschwundenes Freiheitspalladium auch Schiller bis zur phantastischen Selbstqual in seinen Gedichten aus der ersten Epoche wehklagte. Und der mißgeborene Mensch von damals zog die Gottheit in seinen Bereich herab. Hölderlin dünkte sich einer verlorenen Welt gegenüber einen schwelgenden Gott und erstieg in seinem Dünkel eine Schwindelhöhe, von wo herab nur Selbstmord den Ausgang fand, oder jenes Selhstvergessen der Sinne, vor denen die Wirklichkeit wie ein leeres Grab offen daliegt. Vom Hochmuth seines Selbstgefühls herab blickte er auf das heimische Volk mit dem kalten Haß der Geringschätzung. Wehe Dem, der gegen die Fehler seines Volks blind ist! Aber auch wehe Dem, der seine Tugenden mißkennt! »Die Tugenden der Deutschen,« sagt Hyperion, »sind nur glänzende Übel«.

So grub sich sein Ingrimm selbst sein Grab, und wie ein Geist, der keine Ruhe am Acheron gefunden, kehrte er in sein Vaterland zurück. »Aber Du wirst richten, heilige Natur!« ruft Hyperion. Sie hatte gerichtet. Wer so freveln konnte, mußte freilich sehr tief beleidigt sein. In jedem Falle mußten die gütigen Götter sein Bewußtsein in Nacht hüllen.

»Voll Lieb' und Geist und Hoffnung wachsen seine Musenjünglinge dem deutschen Volk' heran; du siehst sie sieben Jahre später, und sie wandeln, wie der Schatten, still und kalt, sind, wie ein Boden, den der Feind mit Salz besäete, daß er nimmer einen Grashalm treibt; und wenn sie sprechen, wehe dem! der sie versteht, der in der stürmenden Titanenkraft, wie in ihren Proteuskünsten der Verzweiflungskampf nur sieht, den ihr gestörter schöner Geist mit den Barbaren kämpft, mit denen er zu thun hat.«

Da habt Ihr's, da steht's; in den glänzenden Stellen seines Buches, die Ihr bewundertet, liegt sein Wahnsinn. An Deutschland's Philisterthum und ihm gegenüber am Hochmuth des Selbstgefühls ist er zu Grunde gegangen. Die Vergöttermg des Schönen ging Hand in Hand mit dem Gefühl der Verwesung des eigenen Volks und in diesem Gefühl der Unheilbarkeit des alten Jahrhunderts lag schon Wahnsinn. Wer dabei stehen blieb, in diesen Schacht sich grub, in seinem feuchten Moder schwelgte, war schon verloren für sich und sein Volk. Armer Geist! Du brauchtest Dich nicht erst in die Wollust der Sinnenwelt zu stürzen, um unterzugehen. Wer so wie Du das fade Nichts gefühlt, erheitert sich nur, wenn sein Bewußtsein diesem Schauplat entzogen ist; so tief verletzt vom Leben, kann Dir nur unter Göttern oder im Vergessen Deiner selber, unter Thieren wohl sein! -

Der gute Meister Hobelspahn und Freund M. standen schon wieder vor mir im Zimmer. [...]

»Er kommt!« sagte der Schreiner, »er kommt! Aber er will nit musicire, er hat üble Laune. Er sagt, der Born der Weisheit sei heut' vergiftet, die Früchte der Erkenntniß seien hohle Taschen, eitel Trug. Merke S'e's? er saß auf dem Pflaumebaum und holte das vertrocknete Zeug herunter! 's ischt oftmals viel Sinn in seiner verworrenen Red'!«

Wir wollten hinaus, wir hörten Schritte auf der Treppe. Schon auf der Schwelle der Thür stand der Unglückliche vor uns.

Der Tischler stellte mich als Instrumentenmacher vor, der das Spinett stimmen wollte.

»Nicht nöthig, nicht nöthig!« sagte Hölderlin und jagte seine Worte. »Die Verstimmung muß anders geheilt werden. Schon gut, schon gut. Auch kenn' ich Sie seit lange. Ew. Ehrwürden sind mir längst bekannt. Und wenn das so fortgeht, daß mir heut Alles mißglückt – Jupiter wird Rath halten, aber selbst seine Schwester nicht schonen. *Oui!*«

Plötzlich schwieg er und sah ruhig und still vor sich hin. auf seinem Angesicht lag die Stille eines Schlachtfeldes. Rings umher Trümmer; verkohlt, verschüttet aller Wille, zerbrochen alle Spannkraft der Muskeln.

Es gibt ein Vergessen alles Daseins, ein Verstummen unseres Wesens, wo uns ist, als hätten wir Alles gefunden. Das lief wie ein leiser Hauch von Glück über sein Aungesicht. – Und es gibt ein Verstummen, ein Vergessen alles Daseins, wo uns ist, als hätten wir Alles verloren, eine Nacht unserer Seele, wo kein Schimmer eines Sterns, wo nicht einmal ein faules Holz leuchtet. Auch das stand deutlich in seinen Zügen zu lesen. Ein unsäglich Gemisch von heimlicher Befriedigung und dumpfer Verschlossenheit.

Das tief glühende Auge hing wie erloschen, aber mild, unter der hohen majestätischen Stirn. Auf den Brauen lastete es wie schweres drückendes Gebirg. In den Höhlen hatte sich sein ganzes Leiden eingegraben. Sonst hatte sein Gesicht noch Spuren jener jungfräulichen Schüchternheit, wie sie bei Schwaben häufig ist. Hölderlin war in seiner Jugend weich, angenehm, still und sanft gewesen. – Die Arme zuckten etwas bis zu den Schultern hinauf, wenn er sprach, aber er steckte die Hände in die Seitentasche und schien bemüht, die verrätherische Bewegung, die ihn erfaßte, zu verbergen. So stand er vor uns im grauen, schlichten Rock, die Ruine eines ehedem edeln, guten Menschen.

Ich ertrug nicht länger den Anblick. Wie wir uns verabschiedeten, machte der Dichter sehr tief Verbeugungen und murmelte seine Höflichkeitsphrasen.

»Adieu, lieber Hölderlin,« sagte M.

» Herr Baron von M., ich habe die Ehre, mich zu empfehlen!« war die Erwiderung [...]

Ich schied vom guten Meister mit inniger Rührung, mit tiefem Dankgefühl für sein getreues, jahrelanges, liebevolles Bemühen um einen kranken deutschen Tasso.

Nachschrift von heute [d.h. von 1843]. Friedrich Hölderlin ist nun todt, der zerstörte Geist hat nun auch leiblich seinen Frieden gefunden [A 3]. Er hat sich nur wenige Stunden physisch unwohl gefühlt und ist dann rasch und ohne Rückkehr eines wachen Bewußtseins eingeschlafen. Die Musik ist ihm treu geblieben, ihre betäubende Macht ließ nicht los von ihm; er hat sich noch in der letzten Stunde mit einem Sumsum eingelullt.

Es ist ein Glück, daß ihm kein heller Augenblick mehr wurde. Auf welche grenzenlose Oede voll dumpfer Nacht hätte sein Bewußtsein zurückgeblickt! Daß er so hinging ohne alle Krisis, kann das vielleicht die Meinung unterstützen, sein Wahnsinn sei nur eine völlige Nervenerschlaffung gewesen, die sich nach allzu jäher Auspannung seiner Lebensgeister eingestellt? Weder versagte Liebe, noch ein einzelner Unbill hat ihn toll gemacht. Die Vergötterungslust eines weltfremden Zustandes, der aufgestachelte Drang einer eigensinnigen Phantasie, der wilde Grimm gegen sein eigenes Zeitalter, gegen sein eigen Fleisch und Blut, der Selbstdünkel, der sich zu dieser gewaltsamen Höhe eines Dämons berechtigt glaubte und nicht wußte, wie hohl sein stolzes Brettergerüst – das hat ihm das Maß des Denkens und Fühlens gebrochen, hat ihm das helle Bewußtsein geraubt. In den Blüthen seiner besten Ergüsse nagte schon der Wurm der Selbstzerstörung. Hölderlin war kein Talent für solchen schwindelhohen Standpunkt, den nur ein Gott festhält. Deshalb warf es ihn herunter; auf gewaltsame trunkene Anspannung folgte Erschlaffung. Die Armseligkeit der damaligen deutschen Welt, die sich alle Begeisterung vom Leibe hielt, während Frankreich sein heißes Herzklopfen fühlte, diese Armseligkeit gab ihm den letzten Stoß. Der Schmerz um ein Weib goß nur Oel in die schon unter der Asche glimmende Gluth. Viele von damals haben ihren Schmerz hinweggelacht. Hölderlin war der Humor versagt, er konnte nur zürnen, wüthen und zusammenbrechen. Andere haben sich, im Grimm der Verzweiflung über ihr eigen Volk, in den Schlund der französischen Umwälzung gestürzt. Ob sie physisch untergingen, oder in der Wollust der Hölle etwas vom versagten Himmel empfanden, galt dann gleich; sie wurden den eigenen Wahnsinn los. Hölderlin ließ sich von ihm bezwingen. Er war zu schüchtern, um ihn durch irgend einen Entschluß, ein letztes Aufraffen seiner Kräfte, von seiner Stirn zu schütteln.

Gegen vierzig Jahre also ein unfreier Geist! Und die Macht, die ihn so despotisch gefesselt hielt, war keine fremde, der Wahnsinn bläst sich uns nicht von außen an; jener tückische Despot, der ihm Sinn und Unsinn, Hoheit und Schwäche, in einander wirrte, war er selbst, sein eignes Denken und Fühlen. Er wird uns als weich und sanft in seiner Jugend geschildert. Launenhafte Organisationen sind meist zart und fein. Die Begeisterung, die nach einer unerreichten Höhe ringt, gibt ein hohes Selbstgefühl. Läßt das plötzlich nach, so beginnt eine Reihe von Enttäuschungen, zu denen es kaum noch der äußern Demüthigungen gemeiner Art in Noth und Kummer bedarf, um dem Irrsinn, der Auflösung einer als fest erträumten Welt, entgegenzuführen.

Man hat seine Poesien überschätzt. Es sind einige hinreißende Stellen darin; alles andere ist hohl und leer. Seine ersten Gedichte sind sklavisch in Schillerscher Diction, die spätern meist Nachahmungen antiker Maße, keine eigenthümlichen Schöpfungen. Hier und da der Athemzug einer reinen edeln Seele, sonst lauter philologischer Wortkram und leeres Strohgedresche. Auch Hyperion, bei allem Tumult der Emphase, zeigt keine Befähigung, einen poetischen Inhalt zu bewältigen.

Man spricht von einem Briefwechsel. den Hölderlin mit einem ihn überlebenden Halbbruder führte und bis in die Epoche seines Unglücks fortsezte. Auch von einem verlorengegangenen Drama »Agis« ist die Rede. Ich kann so wenig davon halten wie von seinem, Bruchstück gebliebenen »Empedokles«. Schiller seiner Zeit empfand viel Theilnahme für den Landsmann. Er warnte ihn vor philosophischen Stoffen. »Er hat, schrieb er an Goethe, eine heftige Subjectivität und verbindet damit philosophischen Geist und Tiefsinn. Sein Zustand ist gefährlich, da solchen Naturen schwer beizukommen ist.« Goethe in seiner Weise hielt nichts von Hölderlin. Alles Mißverhältniß zwischen Mitteln und Zweck, Kräften und Ziel war ihm lästig.

Ihm ist die Erde leicht! Uns Lebende nur drückt sie schwer. Nur für den wachen Geist ist sie ein hartes Element.

[A 1:] Aus einem Skizzen- und Tagebuche: Wanderungen durch Deutschland.
[A 2:] Damals, 1838
[A 3:] In der Nacht vom 7. zum 8. Junius, in einem Alter von 73 Jahren.

329 PRINZESSIN MARIANNE VON PREUSSEN AN IHRE SCHWESTER AUGUSTE

[4. Januar 1839]

Weißt du, daß Hölderlins Gedichte jezt wider abgedruckt werden? und daß man jezt dafür schwärmt! es hat mich ordentlich frappirt.

330* DAS NÜRTINGER OBERAMTSGERICHT AN OBERAMTSPFLEGER BURCK

Dem [ein Wort unleserlich] AmtsPfleeger *Burk* dahier giebt man andurch zu erkennen, daß man die für seinen Pfleegling den gemüthskranken *Mr. Hölderlen* in Antrag gebrachte Kostgelds-Erhöhung von Zwanzig Gulden, von Martini 1838 an: genehmigt haben wolle, jedoch die Herabsezung des Kostgelds für den Fall sich vorbehalte, wenn in der folge eine verhältnißmäßige Verminderung des feuerungs*Materials* eintreten sollte.

Nürtingen den 18 Janr. 1839.

K. Oberamtsgericht *Ge*r[ichts]*N*[otar].

331 GEORG HERWEGH: EIN VERSCHOLLENER

Will man einmal die ganze Vergangenheit neu auflegen, so möge man nur bei diesem Geschäfte gewissenhafter zu Werke gehen, es bis jetzt geschehen ist. Waiblinger ist so eben die Ehre einer Gesamtausgahe (von Canitz besorgt) widerfahren. Warum wird sein Ideal und Vorbild so beharrlich vernachlässigt? Warum führt Cotta nicht in würdiger Ausstattung den Dichter Hölderlin uns ins schwache Gedächtniß zurück?

Hölderlin! von ihm wollte ich schreiben, und das Herz pocht mir schon, wenn ich an ihn denke! – - -

Hölderlin, der eigentlichste Dichter der Jugend, dem Deutschland eine große Schuld abzutragen hat, weil er an Deutschland zu Grunde gegangen ist. Aus unsern jämmerlichen Zuständen, ehe noch unsere Schmach voll wurde, hat er sich in die heilige Nacht des Wahnsinns gerettet, er, der berufen war, uns voranzuschreiten, und uns ein Schlachtlied zu singen. Ach! er hat sich umsonst gewünscht zu fallen am Opferhügel, zu bluten des Herzens Blut fürs Vaterland! Thatlos schmachtet er hin an den Ufern des heimathlichen Stroms, den er so oft verherrlicht; während ich mich berausche in seinen Lieder, hat er vielleicht vergessen, daß er jemals eines gedichtet.

Es ist rührend mit anzusehen, welche Anhänglichkeit die akademische Jugend dem wahnsinnigen Dichter in Tübingen bewahrt hat, mehr als Neugierde mag es sein, wenn sie zu dem 70jahrigen Greisen wallfahrt, der ihr nichts mehr bieten kann, als einige übelgegriffene Akkorde auf einem elenden Klaviere.

»Was die Jugend glaubt, ist ewig,« sagt einmal Börne, und dieser Ausspruch findet seine Wahrheit an Hölderlin. Obgleich bald vier Dezennien vorübergerauscht sind, seit der Verfasser des Hyperion sein letztes Lied gedichtet, zünden die großen Worte desselben noch so mächtig in den jugendlichen Gemüthern, als ob sie erst gestern gesprochen worden wären. Wenig dichterische Köpfe sind in Schwaben, die Hölderlin nicht ein paar Strophen geweiht, oder in seiner Nähe ein Paar Stunden verlebt hätten.

Er hat auch wohl für die mit dem Alterthum sich beschäftigende Jugend mehr Werth, als der größte Philolog. Er wollte uns das Schönste aus jenen classischen Zeiten erobern, den freien, großen Sinn. Mit solchen unbequemen Anforderungen fand er natürlich im Anfange dieses Jahrhunderts keinen großen Anklang. [...]

Hölderlin wußte, wie groß die Welt einst war, und konnte es nicht verschmerzen, daß sie so klein geworden sei. Es war ihm ringsum zu wild, zu bange, es trümmerte und wankte, wohin er blickte. (Gedichte – S.44.) Er mußte wandern von Fremden zu Fremden und die freie Erde mußte ihm leider statt Vaterlands dienen (S. 67). Aber

nimmer vergaß er dich,
So fern er wandert', schöner Main –
und nicht des Neckar's Gestade.

Er ist mit Leib und Seele ein Deutscher geblieben und hat trotz allem unserem Elend die Hoffnung nie aufgegeben. Er begriff, daß

Mit ihrem heil'gen Wetterschlage,
Mit Unerbittlichkeit vollbringt
Die *Noth* an Einem großen Tage,
Was kaum Jahrhunderten gelingt;
Und wenn in ihren Ungewittern
Selbst ein Elysium vergeht,
Und Welten ihrem Donner zittern,
Was groß und göttlich ist, besteht.«

Ist hier mehr als Rabener? Mehr als Blumenhagen? – - Träume dich hin zu deinem Plato, »Echo des Himmels, heiliges Herz,« träume dich hin in den Schatten der Platanen, zu den Blumen des Ilissus – aber eine glückliche Hand möge unserer Jugend die Zeugnisse deines Geistes sammeln, daß sie sich von Neuem daran erbaue, wenn die dunkle Wolke der Gegenwart drückend über ihrem Haupte lastet. Wir haben so viel Zeit für das Unzeitgemäßeste, und bedenken uns wegen der Minute, die wir einem so himmlischen Genius weihen wollen?

332* RECHNUNG DES TUCHMACHERS LINDENMAIER

Rechnung für Herr Hölder von *Fried. Lindenmaier, Tuchmacher*, für folgende Wollewaare.

1839.	f.	cr.
d. 22. Jan. 6 Ellen 1 1/2 Ellen besten Muolton, die Elle 48.	4.	48.

Den Empfang bescheint mit gehorsamstem Dank T. Lindenmaier.

Tübingen d. 23. Jan. 1839.

[Nachbemerkung Elisabethe Zimmers:] Obiges erhalten zu haben T. Elisabethe Zimmer

333* RECHNUNG DES SCHUHMACHERS MÜLLER

Nota vor HE Herderle

d 5 Augst 38. Schuh gesolt geflik ausgebess:		58x
d 27 Jann Schuh gesolt geflik		52x
	1f	50x

den Empfang dankbar erhalten Friederich Müller Schuhmacher M:

Tübingen d 27 Jann. 1839.

334* RECHNUNG DES SCHNEIDERS FEUCHT

Nota über Schneider Arbeit für Herrn Biblidekar Hölderle

1838		
d 10 Juli eine Hoss ausgebesert samt Leinwand		18x
d 26 Jann: 39. zwei unterleiblen mit Ermel gemacht	1	12
v 1/2 Eh: Leinwand u formen		15
einen Hosenträger gemacht samt 3 1/2 Ehl		
Borten 48x		36
	2f	21x

Den Empfang Bescheint Dank[b]ar T Philipp Feucht Schneider meist.

Tübingen den 28 Janner 1839.

335* LOTTE ZIMMER AN BURK

Verehrtester Herr Oberammtspfleger!

Meine Mutter ist so frei Ihnen hier die Vierteljährige Rechnung, vor Ihren Herrn Pflegsohn zu schicken. Bey derselben befindet sich die Rechnung vor den Multon, nebst deß Schneiders vor das machen. Einen Hosenträger hatte Herr Hölderlin auch sehr nöthig, weßhalb wir einen machen liesen. Die Wämmser bekommen Ihm bey gegenwärtiger Kälte sehr wohl Er zog auch gleich eines davon an, u. äußerte Er befinde sich sehr gut dabey. Gegenwärtig ist Herr Hölderlin wohl u. befindet sich in einem erträglichen Zustand, Herr Hölderlin wurde auch vor einige Tage von einem unserer Haußherrn eingeladen, wo Er die Einladung annahm u sich sehr artig betragen hatte.

Wir empfehlen uns Ihnen wie auch der Frau Profeßorrin höflichst

Ich bin hochachtungstvoll Ihre gehorrsammste Dienerin Lotte Zimmer

Tübingen d 28ten Jan: 1839

333 QUITTUNG ELISABETHE ZIMMERS

Tübingen den 28ten Jan: 1839.

Die unterzeichnete empfangt die Vierteljährige Rechnung von Martini 1838 bis Lichtmeß 1839. für Kost Wart u. Pflege u.s.w. deß Herrn Bibliothekar Hölderlin mit 62f 30x wofür bescheint

Elisabethe Zimmer Schreiner Ob: Wittwe

337* QUITTUNG ELISABETHE ZIMMERS

[Handschrift des Pflegers Burk:] Von der Hölderischen Pfleeg-Schaft empfangt Unterzogene Kost Frau Schreiner OberMeister Zimmers Witt: in Tübingen, an der vom Königl. Oberamts Gericht, wegen deß hohen HolzPreißes, von Martinj 1838. biß Lichtmess 1839. genehmigten jährlichen Kostgelts, deß Gemüths-Kranken Mr. Hölderlens von 20f auf 1/4tel Jahr mit 5f...

Für deren Baaren Empfang hiemit bescheint. Tübingen den 30t Jan: 1839 T. die Kost Frau

[eigenhändig:] Elisabethe Zimmer Schreiner Ob: Meister Wittwe

338* LOTTE ZIMMER AN BURK

Verehrtester Herr Oberammtspfleger!

Sie erhalten hie die unterschriebene Quittung vor die zugelegten 5 f zurück, wofür wir vor den ganzen Betrag von 67 f 30 x danken, und Sie werden verzeihen daß ich Ihnen hier noch eine Rechnung vom Schuhmacher von 1 f 50 x nach schicke, u. sie den andern 2 Conto nicht zugleich beylegte, allein sie wurde ganz vergeßen, indem sie der Schumacher nicht zu rechter Zeit geschikt hatte. Sie dürfen aber den Betrag deßselben deßwegen nicht gleich schicken, es hat ja keine Eile, nur wolten wir es nicht bis Georigi anstehen laßen, weil schon vom August vorigen Jahr gesohlte Schuhe darauf stehen, welche wir im Herbst nicht vor der Mühe werth hielten, einen Conto zu schicken Haben Sie die Güte, der Frau Profeßorin zu sagen die Handtücher u. Strümpfe hätten wir richtig erhalten. Herrn Bibliothekar ist gegenwärtig sehr unruhig, die Witterung macht einen ungeheuren Einfluß auf Ihn, es wechselt alle Tage beynab, oft ist Er ganz ruhig u. still u. wirklich so böß u. unruhig, daß man sich oft nur genug wundern muß, wie schnell Er sich ändert, sogar deß Nachts steht Er auf u. läuft herum, da sind wir nur froh daß Er die Wämmschen hat, welche Ihm ungemein gute Dienste leisten indem Er Sie Tag u. Nacht anbehält.

Ich bin mit aller Hochachtung Ihre ergebenste Lotte Zimmer

noch viele Empfehlungen an Frau Profeßorin wie ich mich auch Ihnen höflichst empfehle.

Tübingen d 4ten Feb: 1839

339* LOTTE ZIMMER AN BURK

Tübingen d 20ten Aprill 1839

Verehrtester Herr Oberammtspfleger!

Ich bin so frei Ihnen aus Auftrag meiner Mutter die Vierteljährige Rechnung auf das Quartal Georgi vor Ihren Herrn Pflegsohn zu übersenden. Welcher sich gegenwärtig ganz wohl befindet, nur ist Er einige Tage sehr unruhig was aber immer so ist bey so veränderlichem Wetter, was besonders einen großen Einfluß bey Ihm macht. In der Vakanz puzten wir Ihm seine Stube u sie wurde auch zugleich frisch angestrichen, wo wir Herrn Hölderlin dan in ein Studenten Zimmer einquartirten, Er mußte ungefähr 10 Tag in selbigem verweilen, bis alles im reinen war, es gefiel Ihm da gut besonders weil ein Clavir in diesem Zimmer stand wo Er alle Stund spielte, u. denoch besah Er alle Tage seine Stube u fragte wenn Sie fertig werde,. wo er dan wieder einziehen konnte war Er überaus vergnügt, u. zufrieden, daß sein Zimmer so schön geworden sey, u. Bedankte sich sehr davor. Es ist uns jedesmal Angst wen wir ein solches Geschäft vornehmen müßen u. was doch von Zeit zu Zeit nothwendig sein muß, indem es immer eine überredungskunst kostet, bis man Ihn darüber gehörig belehrt hat, weil Er gleich mißtrauisch ist u meint Er müße fort. Ich schließe mit dem Wunsche daß Sie sich recht wohl befinden möchten welches Looses wir uns gegenwärtig auch erfreuen können u. empfehlen uns Ihnen wie auch der Frau Profeßorin bestens u bin mit aller Hochachtung

Ihrere ergebenste Lotte Zimmer.

340* QUITTUNG ELISABETHE ZIMMERS

Tübingen den 20ten Aprill 1839.

Die Unterzeichnete empfangt die Vierteljährige Rechnung von Lichtmeß bis Georgi 1839. Vor Kost u. Pflege deß Herrn Bibliothekar Hölderlin mit 67 f 30x wofür bescheint Elisabethe Zimmer Schreiner Obst: Wittwe

DER FRÜHLING

Es kommt der neue Tag aus fernen Höhn herunter,
Der Morgen der erwacht ist aus den Dämmerungen,
Er lacht die Menschheit an, geschmükt und munter,
Von Freuden ist die Menschheit sanft durchdrungen.

Ein neues Leben will der Zukunft sich enthüllen,
Mit Blüthen scheint, dem Zeichen froher Tage,
Das große Thal, die Erde sich zu füllen,
Entfernt dagegen ist zur Frühlingszeit die Klage.

Mit Unterthänigkeit

d: 3ten März 1648. Scardanelli.

AUSSICHT

Der offne Tag ist Menschen hell mit Bildern,
Wenn sich das Grün aus ebner Ferne zeiget,
Noch eh' des Abends Licht zur Dämmerung sich neiget,
Und Schimmer sanfft den Klang des Tages mildern.
Offt scheint die Innerheit der Welt umwölkt verschlossen,
Des Menschen Sinn von Zweifeln voll, verdrossen,
Die prächtige Natur erheitert seine Tage,
Und ferne steht des Zweifels dunkle Frage.

Mit Unterthänigkeit
d. 24. März 1871 Scardanelli.

DER FRÜHLlNG

Die Sonne glänzt, es blühen die Gefilde,
Die Tage kommen blüthenreich und milde,
Der Abend blüht hinzu, und helle Tage gehen
Vom Himmel abwärts, wo die Tag' entstehen.

Das Jahr erscheint mit seinen Zeiten
Wie eine Pracht, wo Feste sich verbreiten,
Der Menschen Thätigkeit beginnt mit neuem Ziele,
So sind die Zeichen in der Welt, der Wunder viele.

mit Unterthänigkeit
d. 24 April Scardanelli.
1839.

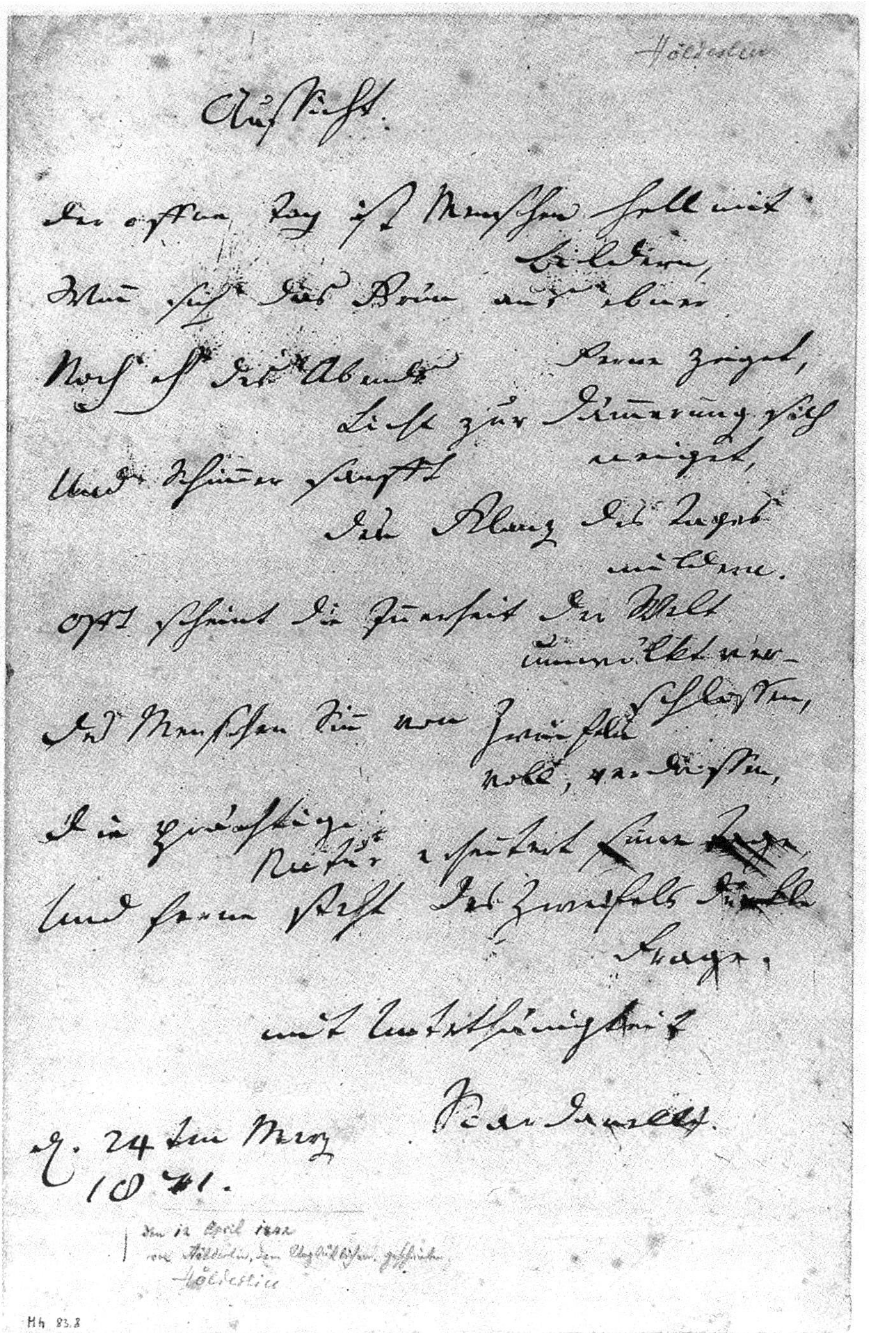

Abb. 6 Friedrich Hölderlin, Aussicht (Marbach, Deutsches Literaturarchiv)

341* RECHNUNG DER NÄHERIN LOUISE GFRÖRER

Auf verlangen der Frau Zimmer dem Herrn Hölderlin an 6 par Strümpfe

daran gestrickt a 10x	1f	
vor Garn dazu	1f	
vor Strumpf fiken		15x
	2f	15x

Tübingen d 12 Juli 1839. Louiße Gfrörer. Mit Dank erhalten.

342* LOTTE ZIMMER AN BURK

Verehrtester Herr Oberammtspfleger!

Ich bin so frei Ihnen im Namen meiner Mutter die vierteljährige Rechnung vor Ihren Herrn Pflegsohn zu schicken, welcher sich gegenwärtig wohl befindet, nur macht die warme Witterung Ihn auch schläferig u matt, wo Er sich aber den ganzen Mittag auf seinem Sopha hinlegt u. ausruht, Morgens aber vor alle Leute im Haus aufsteht, u. vor dem Haus spaziren geht, Mit meiner Mutter Ihre Gesundheit geht es ordentlich, Sie leidet gegenwärtig am Gliederweh welches immer stark wechselt, indem es manchen Tag gut geht, u. den andern kan Sie oft kaum laufen, wir hoffen aber daß es auch bald beßer geht, da Sie Salzbäder braucht auf welche Sie zum Theil schon Linderung spürte. Hier folgt auch eine Rechnung von der Näherin vor Strümpfe welche wir daran stricken ließen, u.zum theil fliken, sie beträgt 2 f 15 x. Wie befindet sich auch die Frau Profeßorin? sind Sie wieder zu Hauß, haben Sie die Güte u. empfehlen Sie uns Ihr bestenst bey der Frau Profeßorin. Wie auch wir uns sich Ihnen empfehlen

Ich bin mit aller Hochachtung Ihre ergebenste Lotte Zimmer.

Tübingen d 19ten Juli 1839

343* QUITTUNG ELISABETHE ZIMMERS

Tübingen.

Die Unterzeichnete bezeugt von Herrn Oberammts Pfleger Burk in Nürtingen. die Vierteljährige Rechnung auf das Quartal Jakobi 1839. die Summe von 67f 30x vor Kost u. Pflege deß Herrn Bibliothekar Hölderlin erhalten zu haben. T. Elisabeth Zimmer Wittwe.

Tübingen d 19ten Juli 1839.

344* LOTTE ZIMMER AN BURK

Verehrtester Herr Oberammtspfleger!

Sie erhalten hier die unterschriebene Schrift wieder zurück. Herr Hölderlin befindet sich gegenwärtig wohl, und zuweilen sehr unruhig. Wir sind wirklich auch in Verlegenheit mit Herrn Hölderlin seine Hemder, da die Neue welche man Ihm vor einem Jahr ungefähr geschickt hat, so ungemein verreißen, u. man Sie beynah nicht flicken kan, u. an 3 sollten neue Aermel u. Krägen hin, haben Sie die Güte u. sagen es der Frau Profeßorin, ob wir sie schicken sollen, oder ob Sie noch vom gleichen Tuch hätten. u. Sie das Tuch zu 3 paar Aermmel u Krägen schicken wolle, Sie können sich keinen Begriff machen wie Er die Hemmder verreißt vielmehr als Leute welche streng arbeiten, Er hat die Hände immer in den Aermel u. spielt mit, zwar ist das Tuch auch zum theil schuld weil es gar nicht stark war, mit meiner Mutter Ihre Gesundheit geht es ein wenig beßer, nur ist es eben von langer Dauer, doch hat Sie gegenwärtig keine Schmerzen mehr, u. kan den Tag über auch wieder auf sein, aber nicht laufen. Sie hat das ganze Leiden in Füße u. Händ. Mit dem Wunsche, daß Sie sich einer guten Gesundheit erfreuen dürfen, empfehlen wir uns Ihnen

mit aller Achtung Ihre ergebenste Lotte Zimmer

Tübingen d. 15ten Okt: 1839.

345* RECHNUNG DES SCHUHMACHERS MÜLLER

Rechnung für HE Helderle

d 29 Mai Schuh gesolt durchaus besezt	1f 8x
d 28 Sep Schuh gesolt geflik ausgebesst	58x
d 26 Okbr vor Winter Schuh ausgelegt	1f
dito Winter Schuh gemacht besezt	1f 36x
Summa	4f 42x

den Empfang Dankbar erhalten T Friederich Müller Schumachr

Tübingen :d 28 Okb: 39:

346* LOTTE ZIMMER AN BURK

Verehrtester Herr Oberammtspfleger

Ich bin so frei Ihnen im Namen meiner Mutter die Quittung, auf das Quartal Martini, welche beträgt 67f 30x Ihnen zu schicken, nebst einer Rechnung vom Schuhmacher. Ihr Herr Pflegsohn befindet sich wirklich in einem erträglichen Zustand, Er ist gegenwärtig ruhiger wie vor einiger Zeit, wo Er öfters arg tobte, es wechselt eben immer wo natürlich die Witterung manchmal auch dazu beytragen mag.

bey meiner Mutter geht es sehr langsam, Sie kan nie den ganzen Tag auf sein u. hat immer Schmerzen in Füße u Arme. wo Sie sich oft nicht rühren kan, nun wir wollen das beste hoffen. mit dem Wunsch daß Sie sich wohl befinden möchten schließe ich u. empfehle mich wie meine Mutter u. Schwester sich Ihnen
Ihrem ferneren Wohlwollen empfehlen Ihre ergebenste Lotte Zimmer.
Tübingen d 5ten Nov: 1839.

347* QUITTUNG ELISABETHE ZIMMERS

Die Unterzeichnete bezeugt von Herrn Oberammtspfleger Burk in Nürtingen 67f 30x Siebenundsechzig Gulden 30x vor Kost Pflege u. Wart auf das Quartal Martini 1839 für Herrn Magister Hölderlin erhalten zu haben bezeugt Elisabethe Zimmer Schreiner Ob:st Meisters Wttwe
Tübingen d 5ten Nov: 1839.

348* QUITTUNG DER WITWE SCHICKHARDT

[Handschrift Burks:] Von der Hölderischen Pfleegschaft empfangt Unterzogene Wittwe des verstorbenen Herrn *Revisor* Schikardts allhier, für abgegebene
20. Ellen fläxen Tuch zu 4. Hembder *a* 30x pr. Ellen.
den Betrag mit : 10.f...
Für deren Baaren Empfang hiemit bescheint.
Nürttingen den 20: Nov 1839.
[eigenhändig:] T Reviesor Schickhardts Witwe.

349* RECHNUNG DES SCHNEIDERS E. HOFFMANN

Rechnung

für 1/2 Duzend Hemder zu machen *a* eines 36.x.		3.f 36.x
für Faden	12.x	
– Bändel	10.x	
– Knöpflen	9.x.	
	31.x	
		zusammen 4f. 7.x.

T. Erhalten E. Hoffmann
[Handschrift Burks:] Nürttingen den 10t Dec: 1839

350* RECHNUNG DES SCHNEIDERS FEUCHT

Herrn Biblidekar Hölderlin
eine Hoß ausgebesert samt 1/2 Ehl: Lanafas 18x
Den Empfang bescheind Dankbar dero gehorsamste Diener. T. Philipp Feucht. Schneider M.
Tübingen den 2t Jann 1840

348 RECHNUNG DER NÄHERIN SCHMID

Rechnung vor Herrn Magister Hölderlin

3 par Armel samt Kräken in 3 Hemder gemacht *a* 15x	45x
vor Hemder fliken	12x
Vor Strümpf fliken	10x
	1f 7x.

mit Dank erhalten. Friederike Schmidin.
Tübingen d 16 Januar 1840.

FÜR EINEN UNBEKANNTEN

Von der Realität des Lebens.

Wenn Menschen das bemerken, das Kentnisse im Leben sind, die den Menschen interessiren, so kann man davon sprechen, daß ein Zwek im Leben, und daß die Nüzlichkeit im Leben nicht ohne Interesse wäre. Die höchsten Behauptungen des Menschen sind nicht ohne solche Allgemeinheit. Das Innere des Menschen ist von mehreren Bestimmungen; diese Art von Behauptenheiten ist davon nicht ausgeschlossen. Die Menschen sind in solchen Rüksichten höhere Menschen, die in der menschlichen Gesellschafft existiren.

Dero

d. 25 Januar
1729.

unterthänigster
Buarotti.

352* LOTTE ZIMMER AN BURK

Tübingen d 1ten Feb: 1840.

Verehrtester Herr Oberammtspfleger!

Wir sind so frei Ihnen hier die Rechnung vor das Quartal Lichtmeß zu senden, nebst einer Rechnung vom Schneider u. der Näherin. Die 4 Hemder nebst dem Backwerk haben wir erhalten, bitte aber um Entschuldigung daß ich es jezt bemerke, daß wir es erhalten haben, ich war 4 Wochen krank wo meine Schwester alle Geschäfte zu versehen hatte, u es ihr nicht möglich gewesen wäre zu schreiben. Ihr Herr Pflegsohn befindet sich gegenwärtig ganz wohl, Er war zwar früher sehr unruhig, u. zuweilen äußerst heftig, was jezt nimmer so arg ist. meine Mutter muß leider die meiste Zeit im Bett zubringen, indem Sie imer Schmerzen am Fuß u einem Arm hat, wir hoffen aber mit der beßern Jahrszeit werde Sie auch Erleichterung bekommen. Wünschend daß Sie sich einer guten Gesundheit erfreuen dürfen empfehlen wir uns Ihnen wie der Frau Profeßorin Ihrer fernerin Gewogenheit

Ihre ergebenste Lotte Zimmer.

353* QUITTUNG ELISABETHE ZIMMERS

Tübingen d 1ten Feb: 1840.

Unterzeichnete bezeugt von Herrn OberammtsPfleger Burk in Nürtingen, 67f 30x Siebenundsechzig Gulden auf das Quartal Lichtmeß 1840. vor Kost u. Pflege deß Herrn Magister Hölderlin erhalten zu haben.

bezeugt Elisabethe Zimmer. Schreiner Obrstr: Wittwe

354* EIN NEUJAHRSGESCHENK FÜR DIE TÖCHTER ZIMMER

[a] Der Unterzeichnete wünscht, dass den Töchtern des verstorbenen Herrn Zimmers in *Tubingen*, welche während der Krankheit ihrer Frau Mutter den unglüklichen *Hölderlin* mit vieler Sorgfalt verpflegten, als Neujahrs Geschenk Zwei Kronenthaler übersandt werden möchten. Stuttgart d: 31 Jänner 1840.

Hofdomainen Rath *GOK*.

[b] Mit vorstehendem Wunsche erklärt sich einverstanden
Nürtingen den 6. Februar 1840.

verwittwete Professorin: Breunlin

[c] Der Pfleeger des geisteskranken *M. Hölderlin* wird andurch legitimirt den Töchtern der Kostfrau des lezteren als Neujahrsgeschenk –: 5.f. 24.. – auszubezahlen und der Pfleegschafts Rechnung derselben, ausgäblich zu verrechnen. *Decretum* Nürtingen den 14 Febr. 1840. Oberamtsrichter und Gericht

O[ber]ger[ichts]N[otare]. *Hammon. Dillifant* Günther [für den:] Spith[al]. Seeger

355* QUITTUNG ELISABETHE ZIMMERS

Tübingen d 18ten Feb: 1840.

Die Unterzeichnete bezeugt von Herrn Oberammtspfleger Burk in Nürtingen 5f 24x zum Geschenk von Herrn Bibliothekar Hölderlin erhalten zu haben.

bezeugt Elisabethe Zimmer. Schreiner Obstr: Mstr: Wittwe.

356* LOTTE ZIMMER AN OBERAMTSPFLEGER BURK

Verehrtester Herr OberammtsPfleger!

Ihr werthes Schreiben nebst 5f 24x haben wir richtig erhalten, wofür meine Mutter Ihren Dank aussprechen läßt, es that uns zwar sehr leid daß Frau Profeßorin wie Herrn Hofraths in Stuttgart sich bemühten, u. dadurch in Unkosten versezten, wir wollen es als einen Beweis der Erkenntlichkeit ansehen, so wie Ihrer innigen Theilnahme was uns ungemein freute, u. machen auch bey Ihnen unsere Danksagung. bey Herrn Bibliothekar geht es wirklich sehr ordentlich, Sie sind nicht mehr so unruhig. Meine Mutter befindet sich leider immer noch in einem sehr leidenden Zustand, wir glauben daß die strenge Luft auch sehr auf Sie einwirkt. hier folgt die Quittung vor das überschickte. Haben Sie die Güte u. sprechen unsere Danksagung in unserm Namen auch bey der Frau Profeßorin aus.

Ihre ergebenste Lotte Zimmer

Tübingen d 29ten Feb: 1840.

357* ERINNERUNGEN RUDOLF LOHBAUERS

[a. Februar 1840]

Mit Schn[eckenburger] kam ich heute auch auf Hyperion zu reden. Ich sagte ihm daß ich kürzlich wieder hineingesehen, u. die Sprache noch schön, aber die Gedanken doch hinter uns liegend gefunden. Er lächelte u. sagte: Es gienge mir gleich; ich vermöchte jezt nicht mehr hinauszulesen, was uns damals in Tüb. berauschte. So wird das Leben ernster [...]

Cath. frühre Geliebte starb an Uebermaß der Leidenschaft. Hölderlin wurde wahnsinnig. Wie oft hat auch mir Tod und Wahnsinn gedroht! Gott hat mir immer seine Engel geschickt und nun auch – in der höchsten Not – den meinen.

[b. 15. April 1840]

Hölderlin, der oft mit einer weißen Mütze auf dem Kopf unruhig in seinem Zimmer hin u. her lief, so daß man ihn bald an diesem bald an jenem Fenster vorbeischweben sah, brachte Eduard [Mörike] auf den ersten Gedanken [zu seiner Ballade Der Feuerreiter].

358* LOTTE ZIMMER AN BURK

Verehrtester Herr Oberammtspfleger!

Ich bin so frei Ihnen hier im Namen meiner Mutter die Quittung, auf das Quartal Georige zu schicken. Ihr Herr Pflegsohn befindet sich gegenwärtig ganz wohl, u ruhig. es scheint die gute Witterung mache auch viel bey Ihm aus. bey meiner Mutter geht es so ziemlich ordentlich, doch kan Sie den ganzen Tag über nie ganz das Bett verlaßen, wir wollen das beste hoffen. wünschend daß Sie sich wie Ihre werthen Ihrigen, recht wohl befinden möchten. empfehlen wir uns

Ihrer ferneren Gewogenheit u bin Mit aller Achtung Ihre ergebenste Lotte Zimmer

Tübingen d 21ten Aprill 1840.

359* QUITTUNG ELISABETHE ZIMMERS

Tübingen d 21ten Aprill 1840.

T Die Unterzeichnete bezeugt von Herrn Oberammtspfleger Burck in Nürtingen, 67f 30x auf das Quartal Georig 1840. Vor Kost u. Pflege, deß Herrn Bibliothekar Hölderlin erhalten zu haben. bezeugt. Elisabethe Zimmer Schreiner Obstr. Mst: Wittwe.

360* RECHNUNG DES TUCHMACHERS LINDENMAIER

Rechnung von Georg Fr: Lindenmaier Tuchmacher über 2 Ehl modefarb Tuch die Ehl 3f thut 6f

Dankbar erhalten T. Lindenmaier.

Tübingen, den 22ten Juli 1840.

361* RECHNUNG DES SCHNEIDERS FEUCHT

Herrn Büblidekar Holderle hat der unterzeichnender folgentes gemacht

1840

d 12 Juli einen Schlafrock ausgebesert 1 1/8 Ehl Flannell		36
v 2 1/2 Ehl zeigle *a* 24	1f	
eine Hoss mit fuder gemacht		1
v 3 1/4 Ehl Leinwand a 18x u Band		58
	3f	34x

Tübingen d 24 Juli 1840

den Obigen Empfang Bescheind Dankbar T. Philipp Feucht. Schneider M.

362* LOTTE ZIMMER AN BURK

Geehrtester Herr Oberammts Pfleger!

Ich bin so frei Ihnen im Namen meiner Mutter Die Rechnung auf das Quartal Jakobi zu schicken, nebst einem Conto vom Schneider Feucht, u. einen von Tuchmacher Lindenmaier, vor ein paar Hosen, welche wir Herrn Bibliothekar Hölderlin kauften, indem Er diese höchst nöthig brauchte, da Er nur 2 paar alte hat, u. ein paar gar nicht mehr zu brauchen sind, so waren wir so frei u. kauften einstweilen ein paar. Auch folgt hie ein Kißeüberzug wo Frau Profeßorin so gütig sein möchten, u. ein neues davor schiken. Herrn Bibliothekar befindet sich immer ordentlich Er steht gewöhnlich Morgens schon um 5 Uhr auf, wo Er zwar einige Stunden recht unruhig ist, den Tag über aber dan ruhig ist Mittags liest Er gewöhnlich in seinem Hyperion, u. Abends läuft Er im Haus oder Gärtle spazieren bey meiner Mutter geht es ordentlich nur sehr langsam, doch kan Sie bey guter Witterung ein wenig spazieren, Sie brauchte schon 60 Bäder von Nekar Wasser, was Ihre Leiden um vieles verminderte, u. doch weniger Schmerzen fühlt, wir sind noch zufrieden daß es nicht schlimmer ist; in der Hoffnung daß Sie sich wie die lieben Ihrigen recht wohl befinden möchten.

empfehlen wir uns Ihnen, u der Frau Profeßorin aufs freundschaftlichste u bin mit Aller Achtung Ihre ergebenste Lotte Zimmer.

Tübingen d 24ten Juli 1840

363* QUITTUNG ELISABETHE ZIMMERS

Tübingen d 24ten Juli 1840.

Die Unterzeichnete bezeugt von Herrn OberammtsPfleger Burck in Nürtingen 67f 30x Siebenundsechzig Gulden 30x auf das Quartal Jakobi 1840: vor Kost u. Pflege deß Herrn Bibliothekar Hölderlin erhalten zu haben.

bescheint Elisabethe Zimmer Schreiner Obstr: Mstr: Wittwe

364* LOTTE ZIMMER AN BURK

Tübingen d 10ten Nov: 1840

Verehrtester Herr OberammtsPfleger!

Ich sende Ihnen hier im Namen meiner Mutter die Quittung auf das Quartal Martini 1840. vor Ihren Herrn Pflegsohn nebst einer Rechnung von 2f30x welche wir auslegten vor Tuch zum Kißeüberzug u. vor wolle Garn. Was das Befinden deß Herrn Bibliothekar betrifft so sind Sie immer in gleichem Zustand wir bemerken auch nicht daß das Alter etwas bey Ihm ausmachen würde in keiner Beziehung Er bleibt sich immer gleich. bey meiner Mutter geht es recht ordentlich mit Ihrer Gesundheit es ist doch wenigstens erträglich. hier folgt auch ein Konto vom Schuhmacher mit 20x Solte Frau Profeßorin wirklich in Nürtingen sich befinden so haben Sie die Güte u empfehlen Sie uns Ihr wie auch wir uns Ihnen bestens empfehlen u sind mit aller

Hochachtung Ihre ergebenste Lotte Zimmer.

365* QUITTUNG ELISABETHE ZIMMERS

Tübingen d 10ten Nov: 1840.

Die Unterzeichnete bezeugt von Herrn Oberammtspfleger Burk in Nürtingen 67f 30x auf das Quartal Martini 1840. vor Kost u. Pflege deß Herrn Bibliothekar Hölderlin erhalten zu haben

bezeugt Elisabethe Zimmer

Tübingen d 10ten Nov: 1840.

366* RECHNUNG ELISABETHE ZIMMERS

Rechnung Vor Herrn Bibliotekar Hölderlin

2 1/2 Ehl Tuch zu einem Kiße überzug gekauft die Ehle *a* 24 x	1f	
vor Bändel u Masen ausgelegt		10
ferner anderhalb Vierling wolle Garn gekauft	1f	
vor das Stricken *a* 10x		20
	2f	30x

Elisabethe Zimmer.

Tübingen d 10ten Nov: 1840.

die Ersatz von der Hölderlinschen Pflegschaft T. Elisabethe Zimmer.

367* RECHNUNG DES SCHUHMACHERS FEUCHT

vor HE Helderle

d 6 Augst Schuh geflikt ausgebess	12x
d 4 Nov: Schuh ausgebess	8x
	20x

d Empfang Dankbar ehalten Friederich Müller Schuhmacher

Tübingen d 10 Nov: 40:

368* AUS DEM TAGEBUCH CHRISTOPH THEODOR SCHWABS

D. 14.Jan. 1841.

Zu den Waffen! Komm altes verrostetes Werkzeug – ärmlicher Kiel, mir wieder einmal einen schönen Tag festzuschmieden, die Erinnerung hinzufesseln auf diese Blätter, nicht zur Freude für die Gegenwart, nur zum Ersatz der schönen Gegenwart für die Zukunft.

Heut gelang es mir endlich nach einigen vergeblichen Versuchen, mit Hölderlin zusammenzukommen. Ich hatte mir darum keine sehr große Mühe gegeben, weil es immer noch in mir kämpfte, ob ich das schöne Bild, das meine Phantasie nach Erzählungen aus seiner Jugend sich von ihm gemacht, zerstören sollte. Doch hab' ich jetzt gefunden, daß der Unterschied so groß ist, daß die beiden Eindrücke ungehindert fortbestehen können. Ich gieng zu einem bekannten Studenten, der in seinem Haus wohnt, hin, dieser ließ seine Philisterin, die Tochter des Schreiners Zimmer, die H. pflegt, kommen und sagte ihr mein Anliegen. Sie versprach, H. in ihr Zimmer an's Klavier zu führen und mich, wenn er sich gesetzt, zu rufen. Dieß geschah. Ich trat ein, er saß am Klavier und spielte, nun stand er auf und machte ein anständiges Compliment; ich that dasselbe. Obgleich die Jungfer gesagt hatte, er werde gleich hinaus gehen wollen, wie ich komme, that er dieß zu meiner Freude nicht, sondern setzte sich gleich wieder und spielte fort. Sein Spiel war sehr fertig und voll Melodie, ohne Noten. Er sprach kein Wort und eine halbe Stunde stand ich neben dem Instrument, ohne ihn anzureden. Ich faßte seine Physiognomie recht scharf in's Auge, es war mir anfangs schwer, mich darein zu finden, weil ich mir das jugendlich schöne Bild nicht gleich verscheuchen konnte, doch überwand ich mich und beachtete die tiefen Runzeln seines Gesichtes nicht mehr. Die Stirn ist hoch und ganz senkrecht, die Nase sehr regelmäßig, ziemlich stark, aber in ganz gerader Linie vorgehend, der Mund klein und fein und wie das Kinn und die untern Theile des Gesichts überhaupt sehr zart. Einigemal, besonders, wenn er einen recht melodischen Passus ausgeführt hatte, sah er mich an; seine Augen, die von grauer Farbe sind, haben einen matten Glanz, aber ohne Energie, und das Weiße daran sieht so wächsern aus, daß mich schauerte. Thränen traten mir in's Auge vor Wehmuth und ich vermochte kaum das Weinen zurückzuhalten, es schien ihm zu gefallen, daß ich so gerührt war, was er von der Musik ableiten mochte, und mit kindischer Einfalt ruhte ein paarmal sein Auge auf mir. Ich suchte so viel als möglich in meinen Blicken die Herrschaft des Verstandes walten zu lassen, wenn ich ihn ansah, und gab mich in meinem Benehmen mit ungezwungenem freiem Anstand; was vielleicht beitrug, ihn mir freundlich zu machen. Endlich wagt' ich, ihn zu bitten, daß er mich auf sein Zimmer führe, wozu er sich gleich bereit zeigte, er machte die Thüren auf: »Spazieren euer königliche Majestät nur zu«; ich trat hinein und lobte die Aussicht, womit er einverstanden schien. Nun musterte er mich und sagte leis ein paarmal vor sich hin: »Es ist ein General«; dann wieder: »Er ist so schön angezogen« (ich hatte zufällig eine seidene Weste an). Dann fragt' ich ihn Einiges z.B. ob er dann und wann einige Strophen schreibe, worauf er in unsinnigen Worten antwortete; meine Bitte, mir einmal ein paar zu schenken schien er zu bejahen. Ich fragte ihn, ob er schon als Student am Hyperion geschrieben hätte, was er, nachdem er einigen Unsinn gestammelt, bejahte. Ich fragte ihn, ob er mit Hegel umgegangen sey, auch dieß bejahte er und setzte einige unverständliche Worte hinzu, worunter »das Absolute« vorkam. Ich fragte ihn nach Bilfinger, jetzigem Legationsrath od. dgl., mit dem er auf der Universität viel umgegangen seyn, später aber sich überworfen haben soll, der vielleicht das Original zu Alabanda war, da antwortete er in scharfem Tone: er ist ein Advokat. Ich fragte ihn noch nach einigen aus seiner Promotion, deren er sich aber kaum erinnerte; in meine Bemerkung, daß es schon so lang sey, daß er es sich kaum noch werde denken können, stimmte er ein. Ich fragt' ihn auch nach Schiller, von dem er aber nichts mehr zu wissen schien. Die 2te Ausgabe seines Hyperion lag auf dem Simsen, ich wies ihm die Stellen, die mich am meisten anziehen, womit er sich einverstanden zeigte, um so mehr da ihm meine Bewunderung überhaupt auffallend wohl that. Ich bat ihn, eine Stelle vorzulesen, er sprach aber nur unsinnige Worte, das Wort *pallaksch* scheint bei ihm ja zu bedeuten. Nach einer der schönsten Stellen suchte ich ziemlich lang; als ich blätterte, neigte er einmal sein Haupt ganz nah zu mir und auf seinem gebrochenen Auge glänzte ein sanfter Schimmer, der mich an die idealischen, verliebten Freundschaften im Stift und mit ihnen an den Dichter des Hyperion, der dieselben auf eine so himmlische Weise verklärt hat, erinnerte. Bald gieng er wieder weg und auf und ab; während ich weiter suchte, sagte er : »sie sind eben auch Menschen, wie Andere«, was auf mein vergebliches Blättern gieng. Ich stöberte seine Bücher durch und fand Kampe's Seelenlehre, Klopstock's, Zachariä's und Hagedorn's Gedichte. Ich fragte ihn nach seinem Befinden, er versicherte mich seines Wohlseyns und auf meine Bemerkung, daß man in einer so reizenden Umgebung nie krank seyn könne, antwortete er: »ich verstehe Sie, ich verstehe Sie«. Nun schied ich, von ihm mit den tiefsten Verbeugungen bis unter die Thür geleitet, indem er mir als General, Hoheit und dgl. guten Tag wünschte. Des Schreiners Tochter sagte mir, daß H. heute besonders gut gelaunt gewesen sey, aber die Eitelkeit, die in ihrer Art mir so gut, wie noch jetzt dem armen Wahnsinnigen, anklebt, will mich glauben machen, daß meine Liebe und die Verwandtschaft mit dem obgleich zerfallenen Geiste, mir die freundliche Aufnahme bewirkt habe.

<u>D. 21 Jan.</u>

D. 16. Jan. war ich bei Hölderlin. Er hatte in der Nacht und Vormittags stark getobt. Doch war er Nachmittags um 2, wo ich ihn bei etwas aufgeheitertem Wetter besuchte, verhältnißmäßig beruhigt. Er sah mich einigemal recht freundlich an, war aber oft gleich wieder verstimmt, ich sagte ihm lächelnd, daß er so launig, so eigensinnig sey und daß er oft laut denke, was er ohne Widerrede annahm. Ich sprach von dem so schön männlich unter ihm hinrauschenden Fluß und den schönen Abenden, worauf er leis vor sich hinsagte: »Du verstehst mich doch auch«. Er redet einen aber nie mit Du an, sondern spricht blos vor sich hin, was er denkt. Als ich in seinem Hyperion las, sagte er vor sich hin: »Guck' nicht so viel hinein, es ist kannibalisch«. Als ich ihn bat, mit mir auf den Sopha zu sitzen, sagte er: »Bei Leib nicht, es ist gefährlich« und that's durchaus nicht. Als ich seine Gedichte aufschlug, litt er's nicht und bat mich, es bei Leibe nicht zu thun, als ich ihn fragte, ob ich ihm nicht Wieland's Oberon leihen dürfte, wollte er es durchaus nicht. Im Auf- und Abgehen sagte er mich ansehend ein paarmal: »Er hat ein ganz slavoyakisches Gesicht«, dann wieder: »Der Baron ist schön« (was beiläufig gesagt von einem guten Rest Phantasie zeugt) Endlich als er mich durchaus forthaben wollte, sagte er sich als gemeinen Narren verstellend: »Ich bin unser Herrgott«, worauf ich endlich, als er noch die Thür aufmachte, unter Verbeugungen schied. Einmal erschreckte er mich ganz mit seiner durchdringenden, konzentrirten Heftigkeit, als er mit einem einfachen Ja! antwortete. Zimmers Tochter versicherte, daß er mir gewogen seyn müsse, da er mich so glimpflich behandelt habe.

Heute war ich wieder bei ihm, um einige Gedichte, die er gemacht hatte, abzuholen. Es waren zwei, unter denen keine Unterschrift war. Zimmer's Tochter sagte mir, ich solle ihn bitten, den Namen H. drunter zu schreiben. Ich gieng zu ihm hinein und that es, da wurde er ganz rasend, rannte in der Stube herum, nahm den Sessel und setzte ihn ungestüm bald da, bald dorthin, schrie unverständliche Worte, worunter: »Ich heiße Skardanelli« deutlich ausgesprochen war, endlich setzte er sich doch und schrieb in seiner Wuth den Namen Skardanelli darunter. Ich gieng nun gleich wieder und obgleich er mich mit den Händen heftig fortwinkte und dazu fluchte, machte ich, ohne mich aus der Fassung bringen zu lassen, anständige Verbeugungen. Was mir hauptsächlich auffiel, war, daß man ihn mit Blicken gar nicht recht fassen konnte, weil sein Auge gar keinen fixen Stern hat, wie es auch seiner Seele ganz an Sammlung und Concentration fehlt.

D. 26. Jan.

Heute war ich wieder bei Hölderlin. Er gieng, als ich kam, ziemlich aufgeregt im Oehrn auf und ab. Ich wartete bei Zimmers, bis er auf seine Stube gegangen war und trat nun zu ihm ein. Ich bot ihm eine Cigarre an, die er annahm und so giengen wir beide rauchend auf und ab. Er war ziemlich still, sprach aber sonst fast immer in verständlichen Worten. Auf das, was ich sprach, antwortete er gewöhnlich: »Sie können Recht haben«, »Sie haben Recht« einmal »Das ist eine gewisse Wahrheit«. Ich erzählte ihm, daß ich heute einen Brief aus Athen gelesen, da war er sehr aufmerksam und hörte meiner Erzählung zu; in meine Behauptungen stimmte er ein. Ich fragte ihn nach Matthison, ob er ihn liebe, was er bejahte, ich hatte als Kind Matthison gesehen und fragte H. nach ihm, er gab aber verkehrte Antworten und bald merkte ich, daß er von mir sprach, den er heute Pater nannte, da sagte er denn einmal »Das ist ein ganz vorzüglicher Mensch«. Er war überhaupt gut aufgelegt, wozu die Cigarre nicht wenig beigetragen haben mag, die er aber, als sie ihm nach einiger Zeit ausgegangen war, nicht weiter rauchte. Als ihm einmal sein Sacktuch hinunter gefallen war und ich es ihm aufhob, war er ganz verblüfft über meine Gefälligkeit und rief: O gnädiger Herr! Das beste ist, wenn man seine Fragen recht ruhig und ganz in ordinärem Ton an ihn richtet, dann erhascht man hie und da eine Antwort, die Sinn hat. Er nannte mich außer »gnädigster Pater« natürlich auch Majestät, Heiligkeit usw. Unter beiderseitigen, höflichen Verbeugungen schied ich nach einer halben Stunde.

D. 25. Febr.

Ich war am 12. Febr. Nachmittags einige Minuten bei Hölderlin, um ihm ein Exemplar seiner Gedichte, da ihm das seinige, in welchem einige angebundene Blätter mit neueren Gedichten beschrieben waren, gestohlen worden ist, zum Geschenk zu bringen. Als ich es sehen ließ, gefiel ihm der Einband sehr gut, aber annehmen wollte er es durchaus nicht, doch gieng ich so schnell fort, daß er mir es nicht mehr zurückgeben konnte. Kaum war ich aber fort, so gieng er aus seinem Zimmer heraus und was er sonst Nachmittags nie thut, in das der Schreinersfrau. Doch kam ihm ihre Tochter unter der Thüre entgegen, da gab er ihr das Buch und bat sie, es dem Herrn Baron zurückzugeben, sie sagte, sie wolle es ihm geben, wenn er wieder komme, womit er sich zufrieden gab und antwortete: Ich meine. Er hatte, eh' ich kam, lang im Oehrn herumgetobt und sprach fast nichts vernünftiges, nur auf die Frage, ob er schon lange nicht mehr ausgegangen sey, antwortete er: ich war schon eine gute Weile nicht mehr draußen.

Heute gieng ich wieder hin und erfuhr, daß H. das Buch nicht wieder angenommen. Nun gieng ich zu ihm und bat ihn, mir auf eines der leeren Blätter, die darin sind, einige Zeilen zu schreiben, was er versprach. Er erinnerte sich, daß er mir schon einmal ein paar Gedichte gegeben hatte und fühlte sich sehr geschmeichelt, als ich ihm darauf sagte, diese hätten in mir den Wunsch erregt, mehreres von seiner Hand zu besitzen.

Er ist gegenwärtig, wie immer um diese Jahreszeit, sehr wild, läuft im Oehrn herum, spricht sehr heftig und schnell vor sich hin; ich warte, wenn ich in solchen Augenblicken (die stoßweise kommen und vergehen) zu ihm komme, bis er wieder in sein Zimmer hineingeht und gehe dann erst zu ihm. So that ich auch heute, er war freundlich und sprach ziemlich viel und deutlich. Ich zeigte ihm Waiblingers Bild im ersten Band von dessen Werken und fragte ihn, ob er es kenne, was er bejahte. Ich fragte ihn, ob Waiblinger »vor seinem Tode« viel zu ihm gekommen sey, da sagte er: So, lebt er nimmer? (man hatte ihm zur Zeit von Waiblingers Tod denselben erzählt). Ich fragte ihn, ob Waiblinger ihm von seinen litterarischen Compositionen mitgetheilt habe, darauf antwortete er »nein«, aber er habe mit ihm von Litteratur gesprochen. – Zimmers Tochter erzählte mir, daß er an den neu herausgekommenen Stahlstichen von Kaulbach zu Schillers Werken in Einem Band, die man ihm zeigte, eine große Freude gehabt habe, besonders habe ihm die Scene aus Wallenstein (nach meiner Ansicht auch die beste) gefallen, er habe gesagt : »Der Mann steht erstaunlich da«. Überhaupt hat er für Kunst noch viel Sinn und Urtheil. – Gleich nachdem ich aus seinem Zimmer war, brachte man ihm Feder und Tinte und er setzte sich, um Verse in das Buch zu schreiben.

369 LOTTE ZIMMER AN FRAU GOK

[Tübingen, 17. Januar 1841]

Hochzuverehrnde Frau Hofräthin!

Ich muß sehr um Entschuldigung bitten daß ich Ihnen die Schachtel erst jezt wieder zurück sende, allerlei Geschäften hielten mich ab Ihr werthes Schreiben bälder zu beandworten; Ihr Herr Schwager ließ sich das überschikte recht wohl schmecken, Er befindet sich gegenwärtig recht wohl, ausgenommen daß Er Nachts oft sehr unruhig ist, was aber ja schon Jahre lang so ist, u. immer bey Ihm wechselt. Frau Profeßorin schickte Ihm auch einiges Backwerck, wo ich Ihr in meinem Brief an Sie bemerkte, daß das beßere Vesper was Ihr Herr Bruder bekomme, Ihm sehr wohl thue, u daß es nothwendig sey, u daß es mich so sehr gefreut habe, daß Herr Hofrath mir mit diesem zuvorgekommen sey, indem ich zum Theil schüchtern gewesen sey, es anzubringen, indem man glauben könte wir suchen Nutzen darin, was aber durchaus nicht der Fall sey, indem wir an Ihrem Hern Bruder noch nie uns zu bereichern suchten, ich schrieb der Frau Profeßorn dieß blos, damit Sie nicht in Sorgen sein soll, den ich bin überzeugt daß Sie noch mißtrauisch gegen uns ist, was Sie schon bewiesen hat.

370* BRIEFENTWURF BURKS AN DIE COTTA'SCHE BUCHHANDLUNG

Wohllöbliche Cotta'sche Buchhandlung

ersuche ich als derzeitiger Pfleger des geisteskranken Dichters Hölderlin, um Nachricht, ob die Herausgabe der neuen Auflage von dessen Gedichten und die Bezahlung des Honorars hiefür, worüber schon im vorigen Jahre durch Herrn Hofdomainenrath von Gock mit Ihnen verhandelt worden ist, in Bälde erfolgte dürfte.

Hochachtungsvoll p. Oberamtspfleger,

Nürt. d. 19. Jan. 1841.

HÖHERES LEBEN

Der Mensch erwählt sein Leben, sein Beschließen,
Von Irrtum frei kennt Weisheit er, Gedanken,
Erinnrungen, die in der Welt versanken,
Und nichts kann ihm der innern Werth verdrießen.

Die prächtige Natur verschönet seine Tage,
Der Geist in ihm gewährt ihm neues Trachten
In seinem Innern offt, und das, die Wahrheit achten,
Und höhern Sinn, und manche seltne Frage.

Dann kann der Mensch des Lebens Sinn auch kennen,
Das Höchste seinem Zwek, das Herrlichste benennen,
Gemäß der Menschheit so des Lebens Welt betrachten,
Und hohen Sinn als höhres Leben achten.

Scardanelli.

HÖHERE MENSCHHEIT

Den Menschen ist der Sinn ins Innere gegeben,
Daß sie als anerkannt das Beßre wählen,
Es gilt als Ziel, es ist das wahre Leben,
Von dem sich geistiger des Lebens Jahre zählen.

Scardanelli.

371 SOPHIE SCHWAB AN KERNER

[Gomaringen, 24. Januar 1841]

Unser Christoph hat gegenwärtig eine Liebhaberei in Tüb[ingen], für welche ich mich auch interessire, er hat mit Hölderlin Freundschaft geschloßen u. dieser scheint wirklich auch an ihm Interesse zu nehmen, wenigstens hat C: ihn weiter gebracht als es Andern gelungen ist. H: hat C: auf seine Aufforderung schon einige Gedichte gemacht, mein l. Mann hat sie gelesen u. sagt, Hölderlins ganzes Genie zeige sich noch darinn; ich bin sehr begierig, bis ich diese Gedichte auch sehe. C. erzählte mir, wenn er so bei ihm sey, da sage er oft vor sich hin, das ist einmal einer der mich versteht, – wenn er dies nun in seinem Wahnsinn glaubt, so kann ich mir auch ganz denken, wie er eher ein Gedicht zu Stande bringt. Es ist mir lieb, daß Christoph wohl schon von Hölderlin, aber noch nichts über ihn gelesen hat, so konnte er ihn unbefangener beobachten. Morgen schicke ich ihm nun den Aufsaz von Waiblinger über Hölderlin, der meinem l. Mann immer noch das liebste von diesem an der Geniesucht zu Grunde gegangenen Talente war. Hast Du wohl das neuere Buch von Bettine »die Günderode« gelesen? – auch darinn kommt viel über Hölderlin, was Theilnahme erweckt... Das wollte ich noch vorhin sagen, wie herrlich, daß man also bei Hölderlin sieht, auch nach 40 Jahren des verfinstertsten Wahnsinns ist der Geist noch vorhanden u. thut sich nach so langer Zeit noch kund. Liegt nicht ein großer Trost darinn, eine Wiederlegung der Materialisten? Ist es dadurch nicht klar, daß wenn die Seele wieder frei von dem desorganisirten Körper ist, sie ihre Kraft wieder besizen wird! -

372 NOTIZ GUSTAV SCHLESIERS

Brief von Lotte Zimmer (Tochter) an die Hofräthin *Gock,* Tübingen, 25. Jan. 1841. Beigelegt ist ein kurzes Gedicht in gereimten Versen: »Höhe des Menschen«, das *H.* den Tag zuvor aufgeschrieben. – Professor Schwab's Sohn, welcher dort im Stift sei, besuche ihn öfters. Diesen scheine *H.* sehr gut leiden zu können, indem er ihn freundlich empfange, was er sonst selten thue.

373 COTTA'SCHE BUCHHANDLUNG AN KARL GOK

[Stuttgart, 27. Januar 1841]

Euer Hochwohlgeboren

haben wir die Ehre zu benachrichtigen, daß es unsere Absicht ist, sämmtliche GedichteSammlungen unsres Verlags in dem Formate der Schiller'schen zu drucken, welche wir hier beyschließen, mit der Bitte, sie von uns als einen kleinen Beytrag für Ihre Bibliothek annehmen zu wollen.

Wir erlauben uns daher die Anfrage, welches Honorar Sie für diejenigen *Hoelderlin's* ansprechen werden, so wie die weitere, ob Sie nicht irgend einen Freund des Verstorbenen mit denjenigen Materialien oder FamilienNotizen versehen wollten, welche nöthig wären für die Entwerfung eines ganz kurzen Lebensabrißes.

Einen solchen dieser beabsichtigten neuen Ausgabe der *Hölderlin*'schen Gedichte voranzustellen ist nemlich unser Wunsch.

Wir haben uns deshalb schon an Herrn *Dr J. Kerner* in Weinsberg gewendet, welcher jedoch seines AugenUebels wegen diesen ihm sonst ganz willkommenen Antrag abgelehnt, und uns damit an Herrn Professor *Schwab* oder an Herrn *Dr H. Kurz* gewiesen hat.

Sollten Euer Hochwohlgeboren auch auf diese unsere zweyte Frage eingehend zu antworten belieben, so würden wir die dritte Frage anhängen, welchem von beyden Herren Ihrem Wunsche zufolge dieser Auftrag zu ertheilen wäre.

374* QUITTUNG ELISABETHE ZIMMERS

Tübingen d 27ten Jan: 1841

Die Unterzeichnete bezeugt von Herrn Oberammtspfleger Burk in Nürtingen auf das Quartal Lichtmeß 1841. 67f 30x siebenundsechzig Gulden. erhalten zu haben. vor Kost u. Pflege deß Herrn Bibliothekar Hölderlin. Elisabethe Zimmer. Schreiner Obrst Mstr: Wittwe.

375 KARL GOK AN COTTA

[Stuttgart, 12. Februar 1841. Entwurf]

Genehmigen Sie [...] die Versicherung, daß ich zu der von Ihnen beabsichtigten zweiten Ausgabe von *Hölderlins* Gedichten und der Sammlung von Materialien für einen kurzen LebensAbriß meines unglüklichen Bruders gerne alles beitragen werde, was ich noch dazu vermag.

Es ist mir und seinen übrigen Verwandten erwünscht hiedurch zugleich eine Gelegenheit zur gründlichen Widerlegung der von Waiblinger und einigen andern jungen schreibseligen Männern [urspr.: Lausbuben] seit einigen Jahren im Druk verbreiteten unwahren Nachrichten über *H.* frühere Schiksale zu erhalten, von der uns bißher nur die Rüksicht abhielt, daß wir dadurch zu einer offenen *Discussion* vielleicht gezwungen *[werden]* können, die wir zur Schonung des unglüklichen *H.* absichtlich vermeiden wollten. Ich werde daher mit der größten Gewissenhaftigkeit nur diejenigen Notizen geben, welche aus *H.* eigenen Briefen u. anderen sicheren Quellen zu entnehmen sind, und dieselbigen sobald es möglich Ihnen mit der Bitte übergeben, solche Herrn *Professor Schwab* zur Redaction für die von Ihnen angedeutete Bestimmung mitzutheilen; von welchem ich das Vertrauen hegen darf, daß er mit dem gleichen Interesse sich diesem Geschäfte zu widmen geneigt sein werde, mit welchem er sich in Gemeinschaft mit Hr. *D. Uhland* [an] der Herausgabe von *H.* Gedichten zu betheiligen die Güte hatte.

Soviel das *Honorar* für diese neue Ausgabe betrifft, so glaube ich mich vorerst auf den erst vor einigen Tagen zur Hand gebrachten VerlagsContract von 14. Mai 1822. um so mehr beziehen zu dörfen worin in §. 3. das gleiche *Honorar* von 3. Dukaten für den gedrukten Bogen für die Gedichte zugestanden worden ist, wenn von dem 1. Mai 1822. an in vier Jahren 500. Exemplare verkauft werden, [als dieser Termin längst verflossen ist, ohne daß, wenigstens soviel mir und meinen Verwandten bekannt ist, eine weitere Zahlung geleistet worden wäre.] Eine bestimmte Erklärung kann ich für mich in dieser Beziehung zwar nicht geben, weil seit dem Tode meiner l. Mutter für *Hold:* ein Pfleger in der Person des OAmtsPflegers *Burk* in *Nürtingen* bestellt worden ist, aber da ich mir bei dem ErbsVergleich die MitAufsicht über diese Vormundschaft vorbehalten habe, so erbiete ich [mich] gern über Ihre Erklärung mit der Administration Rüksprache zu nehmen, und Ihnen dann das Weitere sogleich mitzutheilen.

Nach meiner Ansicht dürfte sich jene mit dem früher bei der 1. Auflage bezahlten Betrag des Honorars, ohne Rüksicht auf die Bogenzahl der neuen Auflage begnügen, zu welcher ich vielleicht außer den Notizen für den Lebens Abriß noch einige wenige Gedichte von *H.* liefern kann, die verdienen in die 2. Auflage aufgenommen zu werden. Da es in Ihrer Absicht liegen wird, Herrn *Prof. Schwab* für die Redaction des Lebens Abrisses, welchen ich möglichst vollständig vorbereiten werde, selbst zu honoriren u. *[ich]* für meine Bemühungen nichts beanspruche, so werden Sie es billigen, wenn ich statt der nach dem 1. Contract gelieferten 30. FreiExemplare, wenigstens 15. zur Vertheilung an *H.* Freunde und jüngere Verwandte, welche die erste Ausgabe nicht besizen, mir von Ihnen ausbitte.

Da ich meine Schwester, die verwittwete *Prof. Breunlin* in einigen Tagen auf Besuch hier erwarte, welche sodann das Weitere in *Nürtingen* besorgen könnte, so wäre es mir angenehm, wenn ich biß dahin Ihre weitere dahingehende Entscheidung erhielte.

376 COTTA'SCHE BUCHHANDLUNG AN KARL GOK

[Stuttgart, 13. Februar 1841]

Euer Hochwohlgeboren

verehrl: Zuschrift vom 12. dß haben wir heute zu erhalten das Vergnügen gehabt, und würden nicht ermangeln, dieselbe alsbald ausführlich zu beantworten, wenn sich unter unsern Papieren ein Vertrag über Hölderlins Werke vorgefunden hätte.

Mit diesem bezwecken wir nur Euer Hochwohlgeboren ganz ergebenst zu bitten, uns den in Ihren Händen befindlichen Contract nur auf einige Stunden zur Einsicht gütigst überlaßen zu wollen.

377 COTTA AN KARL GOK

[Stuttgart, 16. Februar 1841]

Euer Hochwohlgeboren

verehrtes Schreiben vom 12. d. M. sind wir nunmehr zu beantworten im Stande, indem wir Ihnen anliegend einen Ihren Forderungen und dem früheren Vertrage entsprechenden neuen Vertrag in *duplo* zur Unterschrift zusenden.

Dankbar werden wir die zugesagten Materialien und Vermehrungen entgegennehmen, und dieselbe sofort Herrn Professor *Schwab* zur Redaction zusenden.

378 VERTRAG ZWISCHEN DER COTTA'SCHEN BUCHHANDLUNG UND KARL GOK

Verlags-Contract.

Zwischen Herrn Hofdomainenrath *von Gok* in Stuttgart, im Namen seines Bruders, des Bibliothekars *M. Hoelderlin* und der *JG Cotta*'schen Buchhandlung dahier ist über eine zweite Auflage der vollständigen Sammlung von *Hoelderlin's* Gedichten, folgende Uebereinkunft abgeschloßen worden:

1.) Die *J.G. Cotta'sche* Buchhandlung im Besitze des Verlagsrechts sämmtlicher Gedichte *Hoelderlins,* publicirt dieselben bei der zweiten Auflage im Format einer eleganten TaschenAusgabe, wie die soeben erschienenen Gedichte von Schiller.

2.) Herr Hofdomainenrath *v. Gok* erbietet sich für diese Ausgabe zu einem Lebensabriß *Hoelderlin's* möglichst vollständige Notizen, und womöglich noch einige Gedichte desselben zu liefern. Die Redaction der Biographie wird die Verlagshandlung besorgen laßen.

5.) Die *JGCotta'*sche Buchhandlung bezahlt als Honorar für jede neue Auflage der Gedichte Herrn Hofdomainenrath *von Gok* ohne Rücksicht auf Bogenzahl den gleichen Betrag, wie für die erste, nemlich fl: 198. nach Vollendung des Drucks, und verpflichtet sich, wenn von der Zeit des Erscheinens an in vier Jahren 500. Exemplare abgesetzt sind, die gleiche Summe nachzuzahlen.

4.) Außerdem erhält Herr Hofdomainenrath *von Gok* jedesmal
20. Freyexemplare.

Stuttgart, den 16. *Februar 1841.*

Im Nahmen seines Bruders
HofDomainen Rath *v. Gok.*
Curator deß Biblietokar
Hölderlens,
OberamtsPfleger *Burk.*
in *Nürtingen.*
*JGCotta'*sche Buchhandlung
J.J. Wagner:

379 KARL GOK AN BURK

[Stuttgart, 24. Februar 1841. Entwurf]

Euer Wohlgeboren

werden aus den Beilagen gefl. ersehen, daß die *J. G.Cotta*sche Buchhandlung von den Gedichten meines unglüklichen Bruders *Hölderlin* eine neue Auflage veranstalten, und dafür dasselbe Honorar von – : 198.f bezahlen will, welches für die erste Ausgabe nach dem frühern VerlagsContract im Jahr 1822. berichtigt, und von mir lt. des in meinen Händen befindlichen EmpfangScheins damals an meine Mutter abgesandt worden ist. Da die in dem neuen VerlagsContract gegebene Zusicherung ganz den früheren Bestimmungen gemäß ist; so habe ich keinen Anstand genommen, denselben zu unterschreiben, und ersuche Sie nun, beide Exemplare als *Curator* ebenfalls zu unterzeichnen, eine Abschrift davon zu *Ihren* Acten zu nehmen, und mir solchen nebst dem Schreiben mit umgehender Post wieder zugehen zu lassen.

Den Betrag des Honorars werde ich nach dem Empfang an Sie mit dem Ersuchen übersenden, dasselbe als ein von *Hölderlin* sauer erworbenes Eigenthum nach u. nach ausschlieslich zu einigen Erfrischungen, deren er, außer seiner gewöhnlichen Kost, in seinem hohen Alter vielleicht manchmal bedarf, verwenden zu lassen.

[unter dem Datum Vermerk Goks:] *eod.* die *Cotta*sche Buchhandlung hievon benachrichtigt.

[Am unteren Rand Entwurf einer Nachricht an Cotta vom 3. März 1841:]

In dem Anschluß habe ich die Ehre, Ihnen die 2 Exemplare des von mir und dem *Curator* m. Bruders unterschriebenen VerlagsContracts über die Gedichte *Hölderlins* mit der Bitte zu übersenden, mir eines gef. unterschrieben zurük zu senden u. seiner Zeit das bestimmte *Honorar* unmittelbar an Erstern gefl. zu übermachen, welchen ich übrigens ersucht habe, dasselbe nach u. nach ausschlieslich zum Besten

Hölderlins zu verwenden. Zur Lieferung der Beiträge zu dem LebensAbriß, muß ich noch einige Wochen um Nachsicht bitten, da ich mehrere Notizen u. vielleicht auch einige frühere Gedichte *H.* erst durch meine Schwester, nach ihrer Rükkehr nach ihrer Wohnung *[in] N.* erwarten kann.

Solten Sie im Besize der neuen Schrift v. *Gunderode* v. *Bettina* seyn, so würden Sie mich verbinden, wenn Sie mir solche auf einige Tage zur Einsicht mittheilen wollten, da, wie ich hörte, mehreres Interessante über *Hölderlin* darin sich finden solle.

380 BURK AN KARL GOK

[Nürtingen, 27. Februar 1841]

Euer Hochwohlgebohrn

Herrn HofdomainenRath von Gok.

Habe ich die Ehre auf Dero HöchstverEhrliches Schreiben die unterthänige Anzaige zu machen, daß ich die mir gütigst übersandte Beylagen sowohl von der *Cotta*-ischen Buchhandling, und denen doppelten Verlags Contract unter Euer Hochwohlgebohrn Mitwirkung gesammelten Gedichten von Dero Höchst verunglükten Herrn Bruders *M. Hölderlens* richtig erhalten habe, worauf ich nicht unterlaßen kan, ganz gehorsamst anzuzaigen, daß Dero unglüklichen Herrn Bruders Elterliches Vermögen, nach der leztgestelten *Administrations*Rechnung sich in *Summa* beträgt auf

– 110,50.f.

381 COTTA AN GUSTAV SCHWAB

[Stuttgart, 26. Februar 1841]

Nach *Schiller* soll nun *Göthe*, und dann gleich *Hölderlin* gedruckt werden, und zwar lezterer noch vor *Uhland*, damit die eben fertig gewordene neue Ausgabe *Uhland's* vorher noch Absaz finde.

Zu *Hölderlin's* Gedichten sollen einige neue und eine kurze Biographie desselben beygefügt werden. Zu lezterer sammelt *Gock* die Materialien unter der Bedingung, daß Du lieber Freund die Biographie, die wegen des kleinen Formats kurz genug gehalten seyn muß, ausarbeiten wollest.

Wirst Du mir diesen Gefallen thun? und darf ich Herrn *vGock* zusagen, daß Du Dein Wort gegeben? Die Sache kann Dir ja nicht viel Zeit nehmen und das unglückliche Schicksal *H's* verdient gewiß, daß Du ihm dieses Denkmal sezest.

382 COTTA'SCHE BUCHHANDLUNG AN KARL GOK

[Stuttgart, 5. März 1841]

Euer Hochwohlgeboren

beehren wir uns anliegend den von uns unterzeichneten Verlagscontract zurückzugeben, und sehen seiner Zeit den Notizen zur Biographie Ihres Herrn Bruders entgegen.

Wir bedauern sehr, Ihnen das Werk: »Die *Günderode* von *Bettina*« nicht zusenden zu können.

383 KARL GOK AN COTTA

[Stuttgart, 8. April 1841. Entwurf]

So weit es möglich war, habe ich nun die Materialien von dem Lebens-Abriß *Hölderlins* gesamelt u. in eine Übersicht gebracht.

Bevor ich solche übergeben kann, wünscht ich etwa noch mit Herrn Professor *Schwab* über einige sich hierauf beziehende Gegenstände, u. zugleich auch wegen einigen in der ersten Ausgabe nicht aufgenommene frühere Gedichte *Hölderlins* Rücksprache zu nehmen.

Zu dem Ende erlaube ich mir die Anfrage, ob derselbe sich bereits geneigt erklärt habe, die Redaction des Lebens-Abrisses für die zweite Auflage jener Gedichte übernehmen zu wollen.

384 COTTA'SCHE BUCHHANDLUNG AN KARL GOK

[a. Stuttgart, 10. April 1841]

Euer Hochwohlgebohrn

Verehrtes vom 8t *huj.* erwiedernd, können wir Ihnen mittheilen, daß sich Herr Professor *Schwab* bereit erklärt hat, die Biographie *Hoelderlins* auszuarbeiten. Ersterer wird in der nächsten Zeit hier erwartet, und ist gesonnen, eine zweimonatliche Reise zu machen. Wenn wir von Herrn Professor *Schwabs* Hiersein Nachricht haben so werden wir nicht versäumen, HochDieselben davon in Kenntniß zu setzen.

[b. Stuttgart, 19. April 1841]

Euer Hochwohlgeboren

beehren wir uns anliegendes Schreiben des Herrn Professor *Schwab* mitzutheilen, und erlauben uns die Bitte um recht bald gefäll. Mittheilung der uns gütigst zugesagten Notizen, da Herr Prof. *Schwab* demnächst eine längere Reise antreten wird.

385 KARL GOK AN GUSTAV SCHWAB

[Stuttgart, 21. April 1841. Entwurf]

Empfangen Sie zuvörderst meinen verbindlichsten Dank für Ihr gütiges Anerbieten, die Redaction des Lebens Abrisses meines unglüklichen Bruders, welchen Cotta der neuen Ausgabe seiner Gedichte beifügen will, gefällig übernehmen zu wollen.

Sie verbinden mich dadurch aufs Neue durch Ihre zuvorkommende Güte, welcher wir in Verbindung mit der thätigen Mitwirkung Ihres verehrten Freundes *Uhland* schon die erste Herausgabe jener Sammlung zu danken haben.

Erst am 10. diß erhielt ich auf meine Anfrage durch die Cottasche Buchhandlung die Antwort, daß Sie sich zur Besorgung jener Arbeit geneigt erklärt hätten, und zugleich die Nachricht, daß Sie in der nächsten Zeit hier erwartet werden. Gerne hätte ich mir das Vergnügen gemacht, Sie noch vor Ihrer Abreise in Ihrem Wohnorte zu besuchen, um Ihnen einige Wünsche in Betreff jener Angelegenheit vorzutragen, allein besonders seit dem schmerzlichen Verluste meines l. einzigen Sohnes ist meine Gesundheit so offt unterbrochen, daß ich eine auch nur kurze Reise derzeit nicht wagen darf.

Durch ein Schreiben von Cotta vom 19. diß von Ihrem Wunsche, die Materialien zu *H.* LebensAbriß noch vor Ihrer nahen Abreise zu erhalten, in Kentniß gesezt, beeile ich mich nun, Ihnen diese mit der Bitte um gütige Nachsicht zu übersenden, wenn Sie nur den ersten flüchtigen Entwurf und auch diesen nicht mit der Vollständigkeit erhalten, die Sie erwarten konnten.

Ich hoffte noch mehrere Notizen und einige frühere Gedichte von *H.* von meiner Schwester zu erhalten, aber noch befindet sich diese bei ihrer Tochter auf Besuch, und wird erst zu Anfang künftigen Monaths nach Nürtingen zurükkehren, wo sich noch ältere Papiere von *H.* in ihrer Verwahrung befinden, biß dahin durfte aber die Mittheilung an Sie nicht verzögert werden.

In Betracht, daß Sie in dieser manches finden werden, was mit der oberflächlichen Biographie *H.* von *Waiblinger* u. andern im Widerspruch steht, und daß es von einigem Interesse für Sie seyn werde, *H.* edeln Character aus einer vertraulichen Correspondenz näher kennen zu lernen, bin ich so frei, einen Theil derselben, welche ich bißher wie einen Schaz bewahrte, als Beleg zu meinem Aufsaze mitzutheilen. Gestattet es auch jezt Ihre kostbare Zeit nicht, derselben einige Aufmerksamkeit zu widmen, so ist es Ihnen vieleicht gefällig, solche nach Ihrer Zurükkunft zu durchblättern, und mir sodann zurükzusenden.

Ich habe kein Bedenken getragen, in der *Nr.* 54. einen Brief von *H.*s treuem Freund *Sinclair*, der über sein Verhältniß mit einer verstorbenen Freundin einigen näheren Aufschluß giebt, in der Überzeugung beizuschließen, daß Sie dieses zarte Verhältniß, welches ohne Zweifel den traurigsten Einfluß auf den Unglüklichen hatte, in dem LebensAbriß mit all der Schonung berühren werden, welche dieser edle Gegenstand der Verehrung *H.* und die jezt noch lebende Familie verdient. Übrigens bitte ich meinen Aufsaz, den ich nur mit schwerem Herzen und öffterer Unterbrechung flüchtig niederschreiben konnte, nur als das, was er ist, nemlich als erstes

Material zu der Arbeit zu betrachten, der Sie sich zu unterziehen die Güte hatten. Es war mir zu schwer, über *H.* späthere unglükliche LebensPeriode mehr zu sagen, auch wird es für Sie in dieser Beziehung weiterer Notizen nicht bedürfen. Doch lege ich noch einige kurze Gedichte auß dieser Zeit nebst einigen Schreiben von Zimmer und seiner Familie bei, von welchen das jüngste vom Jänner d.J. auch die für uns sehr erfreuliche Nachricht enthielt, daß Ihr Herr Sohn in *Tübingen* den guten *H.* öfters besucht, und freundlich von ihm aufgenommen wird. Ein Bericht von unserm alten seeligen Nast über einen solchen Besuch, und einige ZeitungsNotizen über die lezten Lebenstage des vortrefflichen treuen Freundes *H.* des H.v. *Sinclair* v. *Homburg* wird Ihnen ebenfalls nicht uninteressant seyn.

386* QUITTUNG ELISABETHE ZIMMERS

Tübingen d 19ten Aprill 1841.

Die Unterzeichnete bezeugt von Herrn Oberammtspfleger Burk in Nürtingen, 67f 30x (siebenundsechzig Gulden) 30x auf das Quartal Georgi 1841 erhalten zu haben, vor Kost und Pflege deß Herrn Bibliothekar Hölderlin. T. Elisabethe Zimmer Schreiner Obstr Mstr: Wittwe.

387* RECHNUNG ELISABETHE ZIMMERS

[Handschrift Lotte Zimmers:] Herrn Bibliothekar Hölderlin	
11 Ehlen Tuch gekauft zu einem Strohsack die	
Ehle *a* 12x	2f 12x
vor das machen ausgelegt	12x
	2f 24x

[eigenhändig:] Mit Danck erhalten. Elisabethe Zimmer Schreiner Obstr Mstr: Wittwe.
[Ende April 1841]

388 VERFÜGUNG KARL GOKS FÜR HÖLDERLINS PFLEGER

[Stuttgart, 21. April 1841. Entwurf]

Nach dem dem Herrn Administrator des Vermögens unseres unglüklichen Bruders, des Bibliothekar *Hölderlin* mitgetheilten und von demselben mitunterzeichneten Verlags Contract mit der Cottaschen Buchhandlung *d.d.* 16. *Febr.* 1841. wird für die 2. Auflage seiner Gedichte ein Honorar von – : 198 f. – sogleich nach beendigtem Druk dieses Werks, und ferner die gleiche Summe bezalt werden, wenn in vier Jahren 500. *Exemplare* abgesezt sind, überdiß ist ein weiteres Honorar von – 100.f. zu erwarten, wenn die dritte Auflage seines Hyperions erfolgt. Da diese Honorare ein wohl [urspr.: sauer, dann: schwer] erworbenes Eigenthum *Holderlins* sind, so wünschten wir, daß solches ausschlieslich zu einigen Erfrischungen in seinem hohen Alter in der Art verwendet werden möchte, daß für diesen Zwek vom 1. Maii d.J. an neben dem gewöhnlichen Ersaz für Kost u. Verpflegung an die Zimmersche Familie eine wöchentliche Zulage von wenigstens – : 1. f. 24 x durch den Herrn Administrator bezalt, u. hiezu die etwa erforderliche Legitimation ertheilt werden möchte.

Die Zimmersche Familie ist von dieser Absicht vorläufig in Kentniß gesezt, u. obgleich diese nach ihrem bißherigen braven Betragen gegen *H.* alles Vertrauen verdient, so werden die Unterzeichneten doch von Zeit zu Zeit sich selbst davon überzeugen, daß jene Zulage ihrer Bestimmung gemäß verwendet wird.

389 GUSTAV SCHWAB AN KARL GOK

[Gomaringen, 25. April 1841]

Indem ich Euer Hochwohlgeboren die reichliche Sendung von kostbarem Material zu Hölderlins Biographie aufs wärmste verdanke, eile ich Ihnen zu melden, daß glücklicher Weise meine Reise sich höchstwahrscheinlich bis zum 10ten oder 12ten Mai verzögert, und ich also an diese mir erwünschte Arbeit, welche eine Dichterherzensangelegenheit für mich ist, noch mit etwas mehr Muße, als ich anfangs gehofft hatte, werde gehen können; daher mir denn auch Alles, was ich von Nürtingen aus noch erhalten kann, äußerst erwünscht seyn wird.

Wenn auch der Lebensabriß für die neue Ausgabe nur ganz gedrängt werden darf; so erlauben Sie mir vielleicht nach meiner Rückkehr eine ausführlichere Arbeit über den großen Dichter aus Ihren gütigst mitgetheilten Daten und Briefen anlegen zu dürfen, die vielleicht meinem Freunde, Herrn Baron v. Cotta, dem ich in den nächsten Tagen auch noch schreiben will, nicht unwillkommen ist.

Ihnen beiden hoffe ich bei meiner Durchreise durch Stuttgart den kurzen Lebensabriß fertig vorlegen zu können.

390 KARL KLÜPFEL AN SEINE BRAUT SOPHIE SCHWAB

[Stuttgart, 2. Mai 1841]

Von der neuen Ausgabe Hölderlins u daß Dein Vater eine Biographie dazu machen werde, hörte ich neulich von Stälin dem Gock auch die Briefe mitgetheilt. Daß er ein so edler Character gewesen, meint mein Vater nicht; er habe sich zwar sehr liebenswürdig zeigen können, sey aber im Grund ein lüderlicher Gesell gewesen.*

* Dabei hatte m.V. eigentlich blos seinen Aufenthalt in Frkfurt u sein dortiges Verhältniß zu einer Frau im Auge, von seinem Tübinger Leben könne man das eigentlich nicht sagen. Von seinem inneren Leben werde man schwerlich Näheres erfahren da er sich nicht leicht Jemand mitgetheilt u. in T. wenigstens keinen näheren Freund gehabt. Mit Hegel sey er viel umgegangen u mit dem jezigen LegRth Bilfinger mit dem er sich aber später abgeworfen habe.

391 VERFÜGUNG GOKS FÜR FAMILIE ZIMMER

[Stuttgart, 13. Mai 1841. Entwurf]

Nach meinem Wunsche soll das Honorar, welches von der *Cotta*schen Buchhandlung für die zweite Ausgabe von *Hölderlins* Gedichten bezahlt werden wird, als wohlerworbenes Eigenthum m. unglüklichen Bruders zunächst, und ausschlieslich zu einigen Erfrischungen verwendet werden, deren er in seinem hohen Alter neben seiner gewöhnlichen Kost wohl bedürfen wird, obgleich ich versichert bin, daß er auch ohne diese Zulage ferner wie bißher von der Zimmerschen Familie mit aller Sorgfalt und Aufmerksamkeit verpflegt werden würde.

Die Bewilligung einer wöchentlichen Vergütung für diesen Zwek kann zwar von Seite der Administration des Hölderlinschen Vermögens um so weniger Anstand finden, als dieses auch ohne jenes Honorar, in Verbindung mit einer kl. Pension aus der Staats Casse zureichende Mittel darbieten würde, um die Lebens Bedürfnisse für *Holderlin* zu bestreiten, doch wünschte ich um etwaigen Anständen zu begegnen, eine gutächtliche Äußerung des Haus Arztes der Zimmerschen Familie, welcher ohne Zweifel auch für *Hölderlin* vorkommenden Fällen berufen wird, darüber zu erhalten, daß einige Erfrischungen, welche ihm neben seiner sonst gewohnten Kost, Täglich Vormittags zwischen dem Frühstük u. Mittagessen, und Abends etwa, mit einem Trunk guten alten Weins abzureichen wären, für *Hölderlin* seinem hohen Alter zuträglich u. angemessen seyen, und v. Seite des Arztes Anleitung dazu gethan werden würde, daß solche mit gehöriger Rüksicht auf seinen Gesundheits u. Gemüths Zustand gewählt u. abgereicht werden.

In dieser Rüksicht wäre es erwünscht, wenn von Seite des Arztes im Einverständniß mit der Zimmerschen Familie gefl. bestimmt werden möchte, wie viel für jezt wöchentlich für diesen Zwek auszusezen und von der *Holderlin*schen Vermögens Administration zu vergüten wäre.

392 LOTTE ZIMMER AN FRAU GOK

[Tübingen, 24. Mai 1841]

Ihr Herr Schwager war vor 14 Tag auch unwohl, an einem starken Charrthar, weil Er Nachts ohne Schuhe oft aus dem Zimmer geht, so hat Er sich erkältet, wo ich einige mal Nachts aufstand u Ihm noch Thee machte, jezt ist Er aber wieder wohl, nur Nachts sehr unruhig daß ich oft mitten in der Nacht Ihm sagen muß Er soll doch auch ruhig sein, es könne ja niemand schlafen wo Er dan doch nachläßt. Die gegenwärtige Hitze muß viel dazu beytragen.

Ich sende Ihnen nun hier das verlangte Zeugniß, welches Herr Profeßor Gmelin ausstellte, ob es nun recht ist weiß ich nicht, Gmelin sagt den lautern Wein würde Er nicht vor rathsam halten, da er doch zu stark vor Ihn sey, wo Er mich fragte wie Ihr Herr Schwager es bisher hatte, wo ich es Herr Profeßor sagte, dieser dan sagte daß wir Ihm ganz recht behandelten. Herr Profeßor meinte ob man nicht den Kostpreis etwas erhöhen sollte, welches Er auch in seinem Zeugniß bemerkte, was ich Ihm aber mehrentheils wiederlegte, weil die Bedürfniße sich nicht gleich bleiben, u. wir es vor weit beßer halten, wie es Herrn Hofrath aufsezte, den auf diese Art, können wir weit mehr unumschrenkter handlen, wen wir Ihrem Herrn Schwager etwas reichen können außer der Zeit, wie Er es nach Umständen bedürftig ist, Herr Hofrath hat da die richtigste Ansicht, u ich werde die Nebenausgabe Pflichtgemäß berechnen, u dan wie es Herrn Hofrath wünscht jedes mal der gewöhnlichen Kostrechnung bey legen, wegen der Kost dürfen Sie überzeugt sein daß es Ihr Herr Schwager gewiß gut hat, einfach bekommt Er das Eßen, aber recht gut wie Er es bedürftig ist ich koche meiner Mutter schon längere Zeit immer etwas besonders wo Er das gleiche bekommt, deßhalb wollen wir dieses beym alten laßen, u nur die Vesperzeit beser einrichten u Ihm hie u da nach dem Nachteßen etwas geben, weil Er Nachts zu oft mit Leibweh behaftet ist, wo ich Ihm schon früher öfters mit etwas erkuikte, Er bekommt nun alle Tag Wein Morgens u Mittags wo ich aber zu 3 Theil wein in ein Glas einen theil, von unserm Haußtrunk welcher immer sehr gut u rein ist, weil wir meisten ohne Wasser mosten darunter thun, wo Er dieses sehr gerne trinkt, u dieses Ihm nichts schadet u doch gesund ist, bis zur spätern Jahreszeit werde ich Ihm dan Morgens etwas warmes machen, Backwerk kan man hier ja auch haben, wo ich Ihm, auch geben kan, ich gebe Ihm auch zuweilen Butterbrod zum trinken was Er recht gern ißt, kurz Sie dürfen ohne Sorgen sein ich werde Ihren Auftrag treu erfüllen, es macht mir ja selbst Freude mich jezt in Stand gesezt zu wißen dem Unglücklichen noch mehr Gutes zu thun können   Sie sind vielleicht so gütig u geben mir nochmal Nachricht über diese Sache.

393* ÄRZTLICHES ATTEST VON PROFESSOR GMELIN

Aerztliches Zeugnis.

Der Unterzeichnete bezeugt daß es für H. D. Hölderlin bei seinen vorgerücten Jahren sehr erwünscht wäre, wenn er neben der bißherigen regelmäsigen Kost von Zeit zu Zeit u. nach eintretenden Bedürfnißen etwas Wein u. in gewissen Jahrszeiten eine ausgesuchtere, leichter verdauliche Kost erhielte u. hienach das Kostgeld etwas erhöht würde. Bei dem reizbaren Nervensystem des Kranken läßt sich aber in dieser Beziehung keine für alle Zeiten u Umstände gültige Bestimmung im Voraus geben.

Professor D. FG Gmelin

Tübingen d. 13. Juni 1841

DES GEISTES WERDEN...

Des Geistes Werden ist den Menschen nicht verborgen,
Und wie das Leben ist, das Menschen sich gefunden,
Es ist des Lebens Tag, es ist des Lebens Morgen,
Wie Reichtum sind des Geistes hohe Stunden.

Wie die Natur sich dazu herrlich findet,
Ist, daß der Mensch nach solcher Freude schauet,
Wie er dem Tage sich, dem Leben sich vertrauet,
Wie er mit sich den Bund des Geistes bindet.

DER FRÜHLING

Der Mensch vergißt die Sorgen aus dem Geiste,
Der Frühling aber blüh't, und prächtig ist das Meiste,
Das grüne Feld ist herrlich ausgebreitet
Da glänzend schön der Bach hinuntergleitet.

Die Berge stehn bedeket mit den Bäumen,
Und herrlich ist die Luft in offnen Räumen,
Das weite Thal ist in der Welt gedehnet
Und Thurm und Haus an Hügeln angelehnet.

Mit Unterthänigkeit
Scardanelli

DER SOMMER

Wenn dann vorbei des Frühlings Blüthe schwindet,
So ist der Sommer da, der um das Jahr sich windet.
Und wie der Bach das Thal hinuntergleitet,
So ist der Berge Pracht darum verbreitet.
Daß sich das Feld mit Pracht am meisten zeiget,
Ist, wie der Tag, der sich zum Abend neiget;

Wie so das Jahr verweilt, so sind des Sommers Stunden
Und Bilder der Natur dem Menschen oft verschwunden.
d. 24 Mai
1778. Scardanelli.

DER WINTER

Wenn blaicher Schnee verschönert die Gefilde,
Und hoher Glanz auf weiter Ebne blinkt,
So reizt der Sommer fern, und milde
Naht sich der Frühling oft, indeß die Stunde sinkt.

Die prächtige Erscheinung ist, die Luft ist feiner,
Der Wald ist hell, es geht der Menschen keiner
Auf Straßen, die zu sehr entlegen sind, die Stille machet
Erhabenheit, wie dennoch alles lachet.

Der Frühling scheint nicht mit der Blüthen Schimmer
Dem Menschen so gefallend, aber Sterne
Sind an dem Himmel hell, man siehet gerne
Den Himmel fern, der ändert fast sich nimmer.

Die Ströme sind, wie Ebnen, die Gebilde
Sind, auch zerstreut, erscheinender, die Milde
Des Lebens dauert fort, der Städte Breite
Erscheint besonders gut auf ungemeßner Weite.

394* RECHNUNG DES SCHNEIDERS FEUCHT

Nota über Schneiderarbeit für Herrn Büblidekar Helderle

1841 den 3 Juli eine Weste gemacht samt zugeher	f	36x
einen Schlafrock ausgebesert. samt Leinwand zu Taschen.		26
2 unterleiblen ausgeb:		16
eine Weste ausgeb.		8
	1f	26x

Tübingen den 22 Juli 1841
Den Obigen Empfang bescheind Dankbar T. Philipp Feucht. Schneider M:

395* QUITTUNG ELISABETHE ZIMMERS

Tübingen d 23ten Juli 1841

Die unterzeichnete bezeugt, von Herrn Oberammtspfleger Burck in Nürtingen auf das Quartal Jakobi 1841 67f 30x (Siebenundsechzig Gulden) vor Kost u Pflege des Herrn Bibliothekar Hölderlin erhalten zu haben. T. Elisabethe Zimmer Schreiner Obstr Mstr: Wittwe.

[Randbemerkung Zellers:] durch Oberamtspfleger Zeller bezahlt. s. #
[Nachbemerkung Burks:] # Resignirter AmtsPfleeger *Burk*

396* RECHNUNG ELISABETHE ZIMMERS

Rechnung über ausgelegte Sachen deß Herrn Bibliothekar Hölderlin

den Zeug zu einer Weste gekauft	1f	6x
das Futtertuch dazu		30
Zwei zit[z]ene Halstücher gekauft *a* 40x	1f	20
3 Vierling baumwolle Garn gekauft	1f	
Vor 6 paar Strümpfe vor daran striken ausgelegt		54x
Dankbar erhalten:	4f	50x

Tübingen d 23ten Juli 1841.
Elisabethe Zimmer Schreiner Obstr Mstr: Wittwe.

397 PHILIPP UND MARIE NATHUSIUS BEI HÖLDERLIN

[Nach dem Tagebuch von Marie Nathusius]

Sonntag den 25. [Juli 1841] hab ich den Morgen wieder geschrieben. Ph. ging zum jungen Schwab, der hier Student, um zu fragen, ob er uns nicht Gelegenheit verschaffen könnte, Hölderlin zu sehen (den unglücklichen Dichter, der seit 34 Jahren in Geistesstörung verfallen.) Ph. kam bald wieder, wir schrieben zusammen, und um halb 11 holte Schwab uns ab. Er führte uns in die Stube eines seiner Freunde, der mit Hölderlin in einem Haus wohnt und zu dem er öfter kömmt, um auf dessen Klavier zu spielen. (Dorthin wollte er ihn rufen lassen.) Er hatte uns schon vorher viel von ihm erzählt: wie es ein wehmüthiger Anblick sei, ihn zu sehen; man kann nur über Klavierspielen, über die Aussicht seines Zimmers Worte an ihn richten (für Musik und schöne Natur ist ihm ein Sinn geblieben.)

Voller Erwartung standen wir, da hörten wir ihn die Treppe herunter kommen, die Thür ging auf, und ein Greis – er ist jetzt 70 Jahr – trat herein, im Schlafrock, das dünne Haar schlicht heruntergekämmt, den Kopf gebeugt, aber mehr aus Scheu als aus Schwäche. Er machte tiefe Verbeugungen. Schwab sagte: wir seien Verehrer von ihm, er möge die Güte haben, uns etwas vorzuspielen. (Das ist die einzige Situation, wie man ihn ruhig beobachten kann.) Mit vielen Verbeugungen und Worten wie »Ew. Majestät, Ew. Heiligkeit« ging er ans Klavier und spielte. Wir standen dicht dabei, tief bewegt von dem traurigen Anblick: – der jugendlich begeisterte Dichter jetzt ein bewußtloser Greis, die Stirn, worin tiefe geistige Anschauungen gewogt, das Auge was entzückt auf alles Schöne schaute, jetzt verwirrt und unstät. Nur zuweilen sollen sie wehmüthig und lieblich aussehen. Zuweilen macht er auch Gedichte, einzelne Gedanken tief und wunderschön, aber ohne Zusammenhang; der Geist muß dann wohl einen Lichtblick in seine reiche innere Welt thun, und doch reichen die äußern Verstandeskräfte nicht hin, um es wiederzugeben und zu ordnen. Was er spielt, sind auch nur einzelne harmonische Sätze und Anklänge von Melodien, Formen, die er mechanisch in den Fingern hat. So instinktmäßig bewegt er sich auch in den Formen der Höflichkeit, mit großer Scheu und Bangigkeit. Man sieht daraus, wie diese Formen früher seiner innern Natur störend waren: er hat sich immer in untergeordneten Verhältnissen bewegt, die ihm etwas Gedrücktes gaben; dabei gab er doch viel auf Aeußeres – und wunderbar, daß im Wahnsinn ihm die todten Formen seiner Schwächen geblieben sind. Die Titel Majestät und Heiligkeit gebraucht er bei allem, was er sagt, und durch einige höfliche Redensarten läßt er sich zu allem bewegen. Es schmeichelt ihm, wenn man die Aussicht aus seinem Zimmer lobt. Er sieht nach den Kleidern der Leute; der junge Schwab kam einmal zu ihm in einem neuen Rock, da sah er ihn von unten bis oben an und sagt: »Es ist ein General!« Als ihn Schwab darauf fragte: Gefällt Ihnen der Rock? »Er ist famos schön!« sagt er da. Aber es ist selten, daß er so vernünftig antwortet, für das äußere Leben ist er gewöhnlich ganz verwirrt.

Nachdem er eine Weile gespielt hatte, sollte er uns in sein Zimmer führen. Schwab präsentirte ihm erst eine Cigarre von Ph.; er nimmt es zuweilen an, schien es auch diesmal zu wollen, aber plötzlich wollt er scheu hinauslaufen. Nur daß ich sehr höflich sagte: »Ihre Aussicht soll so schön sein« – das bewog ihn uns hinauf zu führen. Man sieht aus den Fenstern auf den Neckar, auf kleine Hügel und hübsche Baumgruppen. Wir sahen hinaus, er stand scheu an den Ofen gedrückt, es war ein zu trauriger Anblick. Ihm selbst war so ängstlich, und uns war es auch so gegenseitig, wir giengen gleich wieder fort. Ich sagte zu ihm: »Sie haben hier eine schöne Aussicht.« Er antwortete: »Man kann gut aussehen.« Ein Gedicht, was er einige Tage vorher, am 10. Juli aufgeschrieben, hat uns Schwab zum Andenken geschenkt.*)

*) Es lautet

Des Geistes Werden ist dem Menschen nicht verborgen,
Und wie das Leben ist, daß Menschen sich gefunden,
Es ist des Lebens Tag, es ist des Lebens Morgen,
Wie Reichthum sind des Geistes hohe Stunden.

Wie die Natur sich dazu herrlich findet,
Ist, daß der Mensch nach solcher Freude schauet,
Wie er dem Tage sich, dem Leben sich vertrauet,
Wie er mit sich den Bund des Geistes bindet.

Ich hab ihn gar nicht aus dem Sinn verloren, es war mir lieb, durch Schwab so viel von ihm zu hören. Rührend ist es, wie seine Wirthsleute, eine Tischlerfamilie, ihn so sorgsam pflegen, nur weil sie ihn aus seinen Gedichten so lieb gewonnen. (Namentlich die Tochter hat viel Gewalt über ihn, er läßt sich von ihr leiten wie ein Kind.)

Der unglückliche Dichter starb noch vor Ablauf desselben Jahrs, in seinem 72. Lebensjahre.

398 ZELLER AN KARL GOK

[Nürtingen, 10. August 1841]

Euer Hochwohlgeboren

werden ohne Zweifel durch Ihre Frau Schwester davon in Kenntniß gesetzt worden seyn, daß HE. Amtspfleger Burk wegen seines hohen Alters die Verwaltung des Hölderlin'schen Vermögens niedergelegt hat und daß dieselbe seit Kurzem mir übertragen worden ist. Da mich vor einigen Tagen Geschäfte nach Tübingen führten, so hielt ich es für Pflicht, persönlich nach dem unglücklichen Manne zu sehen, der einst so große Hoffnungen gewährte und deßen traurigem Zustande Niemand Theilnahme versagen kann. Ich überzeugte mich, daß das Logis, welches er bewohnt, in jeder Hinsicht paßend ist und daß er durchgängig zweckmäßig behandelt wird; auch zweifle ich nicht, daß ihm an der durch das höhere Alter und Kränklichkeit vermehrten Pflege nichts gebrechen werde. Nach der von Frau Zimmer erhaltenen Auskunft ist seit dem 22. Mai die Einrichtung getroffen worden, daß dem Kranken täglich 2mal eine Stärkung an Wein oder warmem Getränk gereicht wird, was eine Zulage von 8. x. verursacht. Diese Einrichtung beizubehalten, achte ich für Pflicht, da nicht nur das vorhandene Vermögen zu deren Bestreitung mehr als hinreicht, sondern auch dem Kranken selbst, da wir ihm leider keine geistigen Genüße verschaffen können, wenigstens leiblich Alles zu Theil werden sollte, was ihm Freude machen kann. Ich halte es jedoch für nöthig, Oberamtsgerichtliche Zustimmung einzuholen und nehme mir daher die Freiheit, Euer Hochwohlgeboren um Mittheilung des ärztlichen Zeugnißes zu bitten, welches Frau Zimmer hierüber eingeholt hat.

[Vermerk Goks am Ende des Briefes:]

Nach dem vor dem K. Ober*Tribunal* am 29. *Septbr.* 1829. abgeschlossenen Vergleich *p.* III. ist bestimmt: der Hofrath *Gok* nimmt an allem ebenso wohl, wie die Professorin Bräunlin Theil was sich auf die Fürsorge für den *Mr. Hölderlin* und die Verwaltung des ihm zugetheilten Vermögens bezieht.

399 KARL GOK AN ZELLER

[Stuttgart, 18. September 1841. Entwurf]

[Nach der Bestimmung des Erbvergleichs hätte er erwarten dürfen, daß er von der Wahl eines neuen Pflegers für seinen Bruder rechtzeitig in Kenntnis gesetzt würde. Er erklärt sich mit der Wahl Zellers einverstanden.]

Bei der herzlichen Theilnahme, welche sich schon in Ihrem Schreiben ausspricht, darf ich mit vollem Vertrauen Ihnen die fernere Fürsorge für meinen geliebten gemüthskranken Bruder empfehlen, dessen unglükliches Schiksaal mir ebenso sehr, wie früher meiner guten Mutter, am Herzen liegt. Auch glaube ich nicht erst Sie darauf aufmerksam machen zu dörfen, daß die Familie Zimmer bei welcher er nun schon seit so geraumer Zeit lebt, ein gleiches Vertrauen und jede zuvorkommende Berüksichtigung um so mehr verdient, als er auch unter sehr critischen Verhältnissen stets mit aller Schonung und Liebe behandelt und auf die uneigennüzigste Weise verpflegt worden ist; denn gewiß könnte es von den Traurigsten Folgen in dem Falle seyn, wenn Verhältnisse eine Aenderung herbei führten, unter welchen er nicht wieder bei einem ihm bekannten Gliede jener Familie untergebracht werden könnte, was jedoch nach der vorläufigen Zusage welche der Gatte der älteren Zimmerschen Tochter, der wakere Pfarrer *Zimmer* in *Hirschlanden,* nach seiner Anstellung gegeben hat, nicht zu besorgen seyn wird. Solang übrigens die Wittwe Zimmer noch lebt, und die jüngere Tochter sie unterstüzen kann, zweifle ich nicht, daß ihm an sorgfältiger Wartung und Pflege nichts abgehen werde. Nur dürfte es vielleicht angemessen seyn, den Haußarzt, den würdigen Herrn Professor Ferdinand von Gmelin, bei dem hohen Alter *H.* besondere ärztliche Fürsorge besonders zu ersuchen, und ihm dafür, wofern es bißher nicht geschehen seyn sollte, jedes Jahr ein anständiges Honorar von der Pflegschafts Casse zu übersenden. Gewiß wird derselbe auch darauf sehen, daß die Erfrischungen deren der Unglükliche bei seinem hohen Alter bedarf, auf eine zwekmäßige Weise abgereicht werden. Das verlangte Zeugniß folgt in der Beilage. Nach meiner Ansicht würde zu einem solchen Aufwand, ebenso wohl als zu der Abreichung von ArzneiMitteln oder anderen Bedürfnissen oberamtsgerichtliche Legitimierung erforderlich seyn, doch würde ich diß abrathen und bemerke nur noch, daß es dem Sinne des ärztlichen Gutachtens vieleicht eher entsprechen dürfte, wenn statt einer vorausbestimmten Zulage wenigstens zum Anfang eine Zeitlang die wirklichen Auslagen für die abgereichten Erfrischungen ersezt würden.

Daß Sie auch künftig dem Unglüklichen nichts an sonstiger häuslicher Bequemlichkeit, warmer Kleidung *p.* abgehen lassen werden, zweifle ich um so weniger, als es an zureichenden Mitteln nicht gebricht.

Die Herausgabe von der 2t. Auflage von *H.* Gedichten, und somit auch die Berichtigung des dafür bestimmten Honorars, hat sich durch eine längere Reise Herrn Professors *Schwab,* welcher von der Cottaischen Buchhandlung beauftragt ist, einen kurzen Lebensabriß von *H.* hiezu zu entwerfen, etwas verzögert.

Übrigens möchte es gut seyn, wenn Sie als Pfleger sich in einiger Zeit bei dieser nach der Sache erkundigen, womit zugleich die Anfrage verbunden werden könnte, ob und wann die sämtlichen Exemplare von der lezten Auflage seines *Hyperion* [verkauft] worden seyen.

400* AKTENNOTIZ ZELLERS

In Folge dieses ärztlichen Zeugnißes wurde mit der Kostfrau des M. Hölderlin von Seiten der Verwandten deßelben, mit Zustimmung des Pflegers verabredet, daß dem Kranken täglich eine Zwischenkost, in Thee, Chocolade, oder anderem warmem Getränke bestehend, sodann Mittags 1 Glas Wein gereicht werden solle, wofür der Wittwe Zimmer täglich 8. x. zugesagt wurden.

Nürtingen, im Nov 1841. Der Pfleger, Zeller.

401* QUITTUNG LOTTE ZIMMERS

Tübingen d 10ten Nov: 1841.

Die Unterzeichnete bezeugt von Herrn Oberammtspfleger Dr: Zeller in Nürtingen. 67f 30x siebenundsechzig Gulden) auf das Quartal Martini 1841. vor Kost u Pflege deß Herrn Bibliothekar Hölderlin erhalten zu haben. T im Namen meiner Mutter Lotte Zimmer.

402* RECHNUNG LOTTE ZIMMERS

Rechnung. vor Herrn Bibliothekar Hölderlin.

Ueber gegebenes Getränke u Eßen zu der Zeit deß Vespers Morgens u Nachmittags. vom 20ten Mai 1841 einschließlich bis 11ten Nov: 1841. 176 Tag, u täglich zu 8x berechnet beträgt bis Martini. 23f 28.x

Im Namen der Mutter die Tochter. Lotte Zimmer.

[Handschrift Zellers:] Den Empfang von –: 23.f 28.x. Zwanzig Drei Gulden, 28. x – bescheint, den 13. Nov. 1841. für meine Mutter, [eigenhändig:] T. Lotte Zimmer.

403* RECHNUNG DES SCHUHMACHERS MÜLLER

Rechnung vor Herrn Helderle

d 10 Decber 40: Winter Schuh durch aus gesolt ausgebessert 1 f 8x	1f	8x
d 21 Merz Schuh geflikt ausgebesst		18
d 16 Nov: vor Neue Winter Schuh ausgelegt	1f	
dito die Neue Winter Schuh gemacht	1f	36x
	4f	2x

den Empfang Dankbar erhalten T Friederich Müller Schuhmacher M:
Tübingen d 18 Noveher 41:

404* RECHNUNG LOTTE ZIMMERS

Herrn Bibliothekar Hölderlin.
11 Ehlen Zitz zu einem Schlafrock gekauft die Ehle zu 22x 4f 2x
Im Namen meiner Mutter die Tochter Lotte Zimmer. Dankbar erhalten.
Tübingen d 18ten Nov: 1841

405* RECHNUNG DES SCHNEIDERS FEUCHT

für Sr: Wohlgeboren Herrn Biblidekar Helderle hat der unterzeichende einen Zitzen Schlafrock gemacht samt zugeher u: Leinwand zu Taschen 1f 12x
Tübingen den 28 Novb 1841
den Obigen Empfang bescheind Dankbar T. Philipp Feucht – Schneider M.

406* RECHNUNG DES TUCHMACHERS LINDENMAIER

Rechnung von Georg Friedrich Lindenmaier Tuchmacher für Herrn Biebliothekar Hölderlin über

8 Ellen Flanell [zu je:] 21	f 2. 48.
1/2 Elle Moulton	28.
	f 3. 16

Tübingen den 1. Decembr. 1841.
dankbar empfangen T. Georg Friedrich Lindenmaier Tuchmacher.

407* RECHNUNG VON KÜRSCHNER SEEGER

Tübingen den 1ten Decbr. 1841.
Rechnung von Christ. Seeger Kürschner für Herrn Hölderlin über eine grün tuchen gepreßte Zimmer-Kappe a 1f 20x
Den Empfang bescheint dankbarst Mme Seeger

WINTER

Wenn sich das Laub auf Ebnen weit verloren,
So fällt das Weiß herunter auf die Thale,
Doch glänzend ist der Tag vom hohen Sonnenstrale,
Es glänzt das Fest den Städten aus den Thoren.

Es ist die Ruhe der Natur, des Feldes Schweigen
Ist wie des Menschen Geistigkeit, und höher zeigen
Die Unterschiede sich, daß sich zu hohem Bilde
Sich zeiget die Natur, statt mit des Frühlings Milde.

d. 25 Dezember
1841.
Dero
unterthänigster
Scardanelli.

408 MÖRIKE AN WILHELM HARTLAUB

[Cleversulzbach, 26. Dezember 1841]

In jenem Roman (Lord Lilly) [von Waiblinger] wäre Dir merkwürdig, wie er sein Tübinger Leben hineinzieht. Mit einer Art von Alteration sähest Du manche bekannte Figur, mehr oder weniger kenntlich, zuweilen in der grellsten Färbung, gleich einem Schattenspiel an einer trüben Wand hinschwanken: den ältern Pfitzer, Hölderlin, *Julie Michaelis,* die Beckbeckin, den Bauer, Mährlen, mich und meine Schwester Luise.

409 MORIZ CARRIERE AN COTTA

[Heidelberg, 18. Januar 1842]

Bei der erfolgreichen Thätigkeit, die Ihre Buchhandlung auf Verbreitung unsrer Classiker durch die Ausgaben im s.g. Schillerformat neuerdings verwendet, nehm' ich mir die Freiheit auf einen Dichter hinzuweisen, dessen Werke in Ihrem Verlag sind, dessen kleine Gemeinde ich gern vergrößern möchte, u für den mir jetzt die Zeit gekommen scheint, zumal unabhängig zugleich Bettina in der Günderode u ich in mehreren Schriften entschieden auf ihn hingewiesen: es ist Hölderlin, der Prophet einer schönern Zukunft für Staat u Kirche, der größte Elegiker, der je gelebt! Freilich müßte wohl sein Sophokles mit dem Hyperion u den Gedichten verbunden werden, u die Ausgabe der letztern bedarf einer Vervollständigung. Ich erinnre mich, als Motti im Morgenblatt Stellen gelesen zu haben, die mir neu waren u als ich Arnims Nachlaß in Berlin durchsah, fielen mir einige vorzügliche Poesien von ihm in die Hand, die Arnim im Manuscript besaß u damals nicht an J. Kerner gekommen sind. Ein größres Gedicht, den Hymnen an die Nacht von Novalis vergleichbar, hat Arnim damals als Nachtrag der Sammlung in einem Berliner Blatt abdrucken lassen. Eine Einleitung über den unglücklichen Sänger, namentlich über die Bedeutung seines Hyperion, würde wohl beigefügt werden müssen, u ich hoffe, wenn Ihnen das Ganze scheint, daß wir uns deswegen einigen werden.

410* BRIEFENTWURF ZELLERS AN PROFESSOR GMELIN

Schr. an Herrn Prof. Gmelin.

Euer Hochwohlgeboren

bitte ich, Behufs der Erhebung eines Gratials für den unglücklichen Dichter Hölderlin, als dessen Pfleger ich bestellt bin, um das im Anschluß entworfene Zeugniß und erlaube mir zugleich für Ihre bisherigen Bemühungen mit demselben verbindlichst zu danken und um Annahme eines kleinen Beweises von Dankbarkeit gehorsamst zu bitten. Zugleich habe ich aus Auftrag der Geschwister des Kranken die weitere Bitte beizufügen, daß Sie die Güte haben möchten, von Zeit zu Zeit gefälligst nachzusehen, ob demselben bei seinem hohen Alter nicht vermehrte Pflege, oder sonst in medicinischer Beziehung etwas nöthig seye? und der Wittwe Zimmer, welche ihn verpflegt, die erforderliche Anweisung zu geben.

Verehrungsvollst p. Euer Hochwohlgeboren geh. D.

Nürt. d. 19. Jan. 42.

411* GMELIN AN ZELLER

Ew. Wohlgebohren

erhalten hier das Zeugnis über Hölderlin. Derselbe befindet sich immer gleich, u. wird von seinen Hausgenoßen, die er sehr gern hat, freundlich u. liebreich behandelt. Wenn irgend seine Vermögens Umstände von der Art wären, daß sie zu seiner Unterhaltung nicht ausreichten, so würde ich das mir gütigst überschickte gerne zurükgeben, in welchem Fall ich von Ihnen einen Wink erwarte.

Hochachtungsvoll Ew. Wohlgebohren gehorsamster Diener Prof. FGGmelin

Tübingen d. 22 Jan. 1842

412* ÄRZTLICHES ATTEST VON GMELIN

Daß der hier sich aufhaltende *M.* Hölderlin sich noch immer in geisteskranken Zustande befinde, bezeugt

Professor D. FGGmelin

Tübingen d. 22 Jan. 1842

DER WINTER

Das Feld ist kahl, auf ferner Höhe glänzet
Der blaue Himmel nur, und wie die Pfade gehen
Erscheinet die Natur, als Einerlei, das Wehen
Ist frisch, und die Natur von Helle nur umkränzet.

Der Erde Stund ist sichtbar von dem Himmel
Den ganzen Tag, in heller Nacht umgeben
Wenn hoch erscheint von Sternen das Gewimmel,
Und geistiger das weit gedehnte Leben.

413* ZELLER AN DAS KAMERALAMT NEUFFEN

Hochlöblich. Kameralamt Neuffen
erhält nachträglich ein Zeugniß über den fortdauernden geisteskranken Zustand des *M.* Hölderlin, zum Zweck der Begründung des ihm der Staatskasse verwilligten Gratials. Sich damit pp.

Nürtingen, den 24. Januar 1842.

Oberamtspfleger, (als Hölderlin'scher Pfleger,) Zeller.

[Randbemerkung des Kameralamts:] für die leztere Zahlung des Gratials ist dieses Zeugnis diesseits nicht mehr nöthig.
Sich damit p. Neuffen d. 28 Jan. 42. KamAmtfeininger [?]

414* LOTTE ZIMMER AN ZELLER

Verehrtester Herr Oberammtspfleger!

Ich bin so frei Ihnen im Namen meiner Mutter die vierteljährige Rechnung auf das Quartal Lichtmeß mit 67f 30x vor Ihren Herrn Pflegsohn zu senden, nebst einer Rechnung über das Vesper Morgens u Mittags welches welches vom 12tem Nov: 1841 bis 2ten Feb: 1842 10f 56x beträgt Ihr Herr Pflegsohn befindet sich gegenwärtig wohl, u. ziemlich ruhig, Herr Profeßor Gmelin war vor 2 Tag auch bey uns, u. erkundigte sich nach Ihm, Er sagte uns, Sie hätten Ihm geschrieben, Herr Profeßor wundert sich recht daß Herr Bibliothekar so alt werde, es sey eigentlich ein Wunder, Sie erhalten hier auch die unterschriebene Rechnung vom vorigen Quartal, ich hätte sie bälder geschickt, allein weil Sie mir in Ihrem werthen Schreiben bemerkten, ich könne sie da auch mit senden so unterließ ich es, Meine Mutter hat dießmal einen recht ordentlichen Winter, Sie empfiehlt sich Ihnen wie auch der Frau Profeßorin.

wie auch ich mich Ihnen bestens empfehle. u bin mit aller, Hochachtung. Ihre ergebenste Lotte Zimmer.

Tübingen d 26ten Jan. 1842.

415* QUITTUNG LOTTE ZIMMERS

Tübingen d 26ten Jan: 1842.

Die Unterzeichnete bezeugt, von Herrn Oberammtspfleger Dr: Zeller in Nürtingen, 67f 30x siebenundsechzig Gulden) auf das Quartal Lichtmeß 1842. vor Kost u Pflege deß Herrn Bibliothekar Hölderlin erhalten zu haben. T im Namen meiner Mutter die Tochter. Lotte Zimmer.

416* RECHNUNG LOTTE ZIMMERS

Rechnung. Vor Herrn Bibliothekar Hölderlin.

Ueber gegebenes Getränke u Eßen Morgens u. Mittags vom 12ten Nov: 1841. bis 2ten Feb: 1842. täglich zu 8x berechnet. beträgt mit 82 Tag 10f 56x

Den richtigen Empfang bezeugt im Namen meiner Mutter die Tochter Lotte Zimmer.

Tübingen d 26ten Jan: 1842.

DER SOMMER

Noch ist die Zeit des Jahrs zu sehn, und die Gefilde
Des Sommers stehn in ihrem Glanz, in ihrer Milde;
Des Feldes Grün ist prächtig ausgebreitet,
Allwo der Bach hinab mit Wellen gleitet.

So zieht der Tag hinaus durch Berg und Thale,
Mit seiner Unaufhaltsamkeit und seinem Strale,
Und Wolken ziehn in Ruh', in hohen Räumen,
Es scheint das Jahr mit Herrlichkeit zu säumen.

Mit Unterthänigkeit
d. 9 ten Merz Scardanelli
1940.

DER FRÜHLING

Wenn neu das Licht der Erde sich gezeiget,
Von Frühlingsreegen glänzt das grüne Thal und munter
Der Blüthen Weiß am hellen Strom hinunter,
Nachdem ein heitrer Tag zu Menschen sich geneiget.

Die Sichtbarkeit gewinnt von hellen Unterschieden,
Der Frühlingshimmel weilt mit seinem Frieden,
Daß ungestört der Mensch des Jahres Reiz betrachtet,
Und auf Vollkommenheit des Lebens achtet.

Mit
Unterthänigkeit
Scardanelli.

d. 15 Merz
1842

417 CHRISTOPH THEODOR SCHWAB: ENTWURF ZU EINER BIOGRAPHIE

[Februar bis (spätestens) September 1842]

Glücklicherweise fand sich ein wohlhabender Bürger daselbst, Tischlermeister Zimmer, geneigt, Hölderlin aufzunehmen, ein Mann, der mit einem biederen Charakter eine für seinen Stand seltene Bildung u. alle die Eigenschaften verband, welche Hölderlins Familie die Bürgschaft dafür gewährten, daß der Unglückliche hier in jeder Hinsicht gut berathen seyn werde.

In diesem Hause lebt nun Hölderlin seit dem Jahre 1806 in der Mitte einer Familie, deren Verdienste um ihn er auch jetzt zu schätzen u. anzuerkennen weiß u. welche ihm auch jetzt noch nach dem vor einigen Jahren erfolgten zu frühem Tode seines Pflegevaters Zimmer, selbst in Perioden seiner unruhigen Stimmung mit einer Sorgfalt u. Aufmerksamkeit behandelt, für welche sich alle Freunde des Unglücklichen zu einigem Danke verpflichtet fühlen müssen.

Sein Zustand blieb sich indessen fast immer gleich, ausgenommen in den Jahren 1822 u. 1823, wo einige lichte Momente Hoffnungen der Besserung erregten, welche leider bald wieder verschwanden. Das einemal war es im Jahr 1822 bei der Geburt unseres geliebten Kronprinzen, welche, wie überall, auch in Tübingen durch ein Fest u. eine Illumination gefeiert wurde, daß Hölderlin zum vollen Bewußtseyn zu erwachen schien, indem er an der allgemeinen Freude einen herzlichen, rührenden Antheil nahm.

Ein zweiter Moment derselben Art trat im Frühling des Jahres 1823 ein. Er las jetzt täglich in seinem 1822 neu aufgelegten Hyperion, recitirte manchmal seinen Hausgenossen daraus u. suchte sogar dann u. wann einige dunkle Stellen mit einem Zusammenhang der Gedanken zu erklären, den man lange vermißt hatte. Er erkundigte sich nach seiner Familie, nahm Antheil an dem Aufstand der Griechen u. rief, als man ihm sagte, der ganze Peloponnes sey frei: »Das ist erstaunlich, es freut mich!« Er las jetzt sogar die Zeitungsberichte u. außerdem Uebersetzungen aus griechischen Dichtern von Conz; auch schrieb er seinem Bruder folgenden Brief:

»Theuerster Bruder!

Du wirst es gut aufnehmen, daß ich Dir einen Brief schreibe. Ich bin überzeugt, daß Du es glaubst, daß es ein wahres Vergnügen für mich ist, wenn ich weiß, daß

Dir es gut geht u. daß Du gesund bist. Wenn ich Dir nur sehr wenig schreibe, so nehme den Brief als ein Zeichen der Aufmerksamkeit von mir an. Ich merke, daß ich schließen muß. Ich empfehle mich Deinem wohlwollenden Angedenken u. nenne mich

Deinen
Dich schätzenden Bruder
Hölderlin.«

Auf diesen Brief glaubten seine Verwandten Hölderlin der Genesung nahe, aber leider fanden sie ihn bis sie zu ihm nach Tübingen geeilt waren, wieder in dem alten, hoffnungslosen Zustand. Er wollte sie nicht erkennen u. redete sie nach seiner alten Gewohnheit: *Euer Majestät, Euer Heiligkeit* u.sw. an. Ebenso begegnete er im Jahr 1828 einem Jugendfreunde, Nast, der ihm unter Thränen um den Hals fiel mit den Worten: »O Hölderlin, kennst Du Deinen Nast nicht mehr?« Hölderlin blieb ganz kalt u. betrachtete seinen ehemaligen Freund, als wäre er ihm ganz fremd. In diesem Zustand der Geisteszerrüttung lebt Hölderlin, körperlich gesund, bis auf den heutigen Tag.

Da ich denke, daß es dem Leser nicht unlieb seyn wird, etwas Näheres von der Geisteskrankheit Hölderlins zu hören, so will ich das Wesentliche davon möglichst genau zu schildern suchen u. ich bitte den Leser, dieß für einen persönlichen Besuch bei dem Unglücklichen gelten zu lassen; denn das Zusammenkommen mit fremden Menschen wirkt bei einem Manne, dessen frühere Empfindlichkeit sich im jetzigen Zustande noch um vieles gesteigert hat, leicht ungünstig. Ueberdieß glaube ich mehr versprechen zu dürfen, als sich bei einem einzelnen Besuche beobachten läßt; denn ich kenne Hölderlin nicht erst seit gestern u. habe mich außerdem manche Stunde mit solchen, welche seit langer Zeit beständig um ihn waren, über ihn unterhalten. Waiblingers Beobachtungen sind sehr schätzenswerth, denn so unvollständig u. unrichtig, was sich aus einer Vergleichung leicht ergeben wird, bei ihm die Geschichte Hölderlins erzählt wird, so treffend ist das Porträt, das er von Hölderlins jetzigem Zustande entwirft, u. seine psychologischen Bemerkungen über denselben. Hiervon ist nichts übersehen worden u. sollte hie u. da eine Verschiedenheit gefunden werden, so darf man überzeugt seyn, daß eine Abweichung von Waiblingers Nachrichten die Folge einer mehrjährigen Beobachtung war, die freilich zwölf Jahre später statt fand, als die Waiblingers, seit welcher Zeit sich übrigens sehr wenig geändert hat.

Das Haus, in welchem Hölderlin wohnt, liegt auf der südlichen Seite der Stadt; in einem auf Fundamenten eines alten Thurms erbauten Erker desselben ist das Zimmer Hölderlins, welches eine lachende Aussicht auf den Fluß, der unten »vorbeiglänzt«, jenseits desselben auf freundliche Wiesen u. Platanenalleen u. nach beiden Seiten einen offenen Blick das Thal hinauf u. hinab hat. Noch ehe man dieses Zimmer betritt, hört man gewöhnlich innen laut reden, vernimmt aber auf die Frage, ob schon jemand Fremdes da sey, eine verneinende Antwort, man klopft daher an, tritt auf ein ziemlich scharf tönendes »Herein« ein u. sieht sich einem Manne gegenüber, der mit vielfachen, tiefen Verbeugungen den Fremdling begrüßt – es ist Hölderlin. Man richtet eine Frage an ihn, etwa »Wie befinden Sie sich?« oder dergl., bekommt aber keine Antwort, als einen ganzen Schwall unverständlicher Worte, oder wenigstens, wenn die Antwort eine vernünftige ist, diese in Begleitung solcher Worte, z.B. »pallaksch, wari, wuri, ja es wär' so, Euer Majestät!« Macht man weitere Fragen, namentlich über frühere Verhältnisse des Dichters, so erhält man wieder unverständliche Antworten, mit einer so sonderbaren, spitzigen u. dabei etwas heiseren Stimme gesprochen, daß es ohne öfteren Umgang schwer ist, das Verständliche, das hie u. da darunter ist, zu unterscheiden. Es ist daher gerathen, Hölderlin zu bitten, daß er sich auf dem Klavier hören lassen möchte. Gewöhnlich geht er darauf ein, macht eine tiefe Verbeugung, öffnet die Thüre mit den Worten: »Spazieren Eure Heiligkeit nur zu« u. führt den Besuch an das im Zimmer seiner freundlichen Pflegeleute stehende Klavier. Hier setzt er sich nun u. während er ziemlich einfache Phantasien, deren Ton aber etwas Wehmüthiges hat, spielt, bleibt dem Zuhörer Zeit genug, Hölderlins Aeußeres sich genau zu betrachten.

So tiefe Furchen das Alter auf sein Antlitz geprägt hat, lassen sich doch noch genug Spuren seiner einstigen Schönheit u. interessanten Gesichtsbildung finden. Eine hohe, gedankenschwere Stirne, eine zimlich starke, aber in einer reinen Linie vorspringende Nase, ein kleiner feingebildeter Mund u. ein zartgebautes Kinn sind Zeugen von einer einst schönen Gesichtsbildung, nur in dem zerstörten, irren Ausdruck des Auges liegt das unverkennbare Zeichen des Wahnsinns. Das Weiße des Auges hat ein wächsernes Aussehen u. auf dem Augapfel liegt ein Schimmer, der zwar nicht ohne Seele ist, dem es aber ganz an Concentration, an der Sammlung zum Sterne fehlt. Während des Spielens sieht der Wahnsinnige oft bei einer rührenden oder kunstvoller ausgeführten Stelle mit seinen schwimmenden Blicken die Gäste lange an u. fährt dann wieder in den gewöhnlichen, oft etwas krampfhaften Bewegungen unbekümmert um die Anwesenden fort. Endlich macht man Miene zu gehen u. nun erhebt sich auch Hölderlin wieder, eine vom Alter nur wenig gebeugte Gestalt von stark mittlerer Größe, u. geleitet unter vielen Verbeugungen die Gäste bis auf die Hausflur.

Gehen wir nach diesem flüchtigen Besuch näher auf Betragen u. Lebensart unseres Mannes ein. Was einem anfangs am sonderbarsten entgegentritt, das sind die seltsamen Titel, womit er Jedermann anredet: »Euer Majestät«, »Euer Heiligkeit«, »gnädigster Herr Pater«, »gnädigster Herr Baron«. Diese sonderbaren Anreden beruhen auf keiner fixen Idee des Unglücklichen, daß er sich etwa einbildete, mit Königen u. anderen Großen umzugehen, sondern es sind Formeln einer launenhaft übertriebenen Höflichkeit, bei denen er, seit er sie stehend gemacht hat, ebensowenig denkt, als andre Menschen bei den Ihrigen, einer Höflichkeit, die sich bis auf »Mylord des Nachbars Pudel« erstreckt. So gibt er auch häufig auf eine Frage statt des einfachen Ja die Antwort: »Sie befehlen das«. »Sie behaupten so«; statt Nein, ich mag nicht, ich will nicht oder dergl. die Antwort »Sie befehlen das nicht«, »Sie behaupten das nicht«, »ich möchte das nicht beantworten«.So ist es auch zum Theil Laune, wenn er unverständliche, sinnlose Wörter in seinen Antworten gebraucht, zum Theil aber auch ein Ausruhen vom angestrengteren, vernünftigeren Denken. Den Namen Hölderlin will er durchaus nicht haben, wahrscheinlich aus Aengstlichkeit in Folge der ober erwähnten Versicherung Sinklairs, daß er auf höheren Befehl in Tübingen zu bleiben habe; er nennt sich daher immer »Buonarotti« oder »Skartanelli«. Das Bilden neuer, sonderbarer Wörter, die auch für ihn selbst keinen entschiedenen Sinn haben, denn z.B. da Wort »ballaksch« gebraucht er das einemal, wo er sonst ja, das anderemal, wo er sonst nein antworten würde, u. das Bilden ungewöhnlicher Zusammensetzungen deutscher Worte ist eine Haupteigenheit seines Wesens. So schrieb er z.B. einmal: »Daß der Mensch in der Welt eine moralische höhere Seltenheit hat, ist durch Behauptenheiten der Moralität anerkennbar u. aus vielem sichtbar.« Doch von seinen schriftlichen Produkten später ein weiteres. Ist er in schlechter Laune, so hat er eine besondere Neigung, verneinende Antworten zu geben; man bittet ihn, mit Einem auf dem Sopha zu sitzen, er antwortet: »Bei Leibe nicht«, mit Einem auf u. abzugehen, »Bei Leibe nicht« u. so auf jede Bitte oder Frage. Es kommt ihm sogar bei, Einen zu schikanieren, indem er, wenn man ihn um ein Gedicht auf den Frühling bittet, eines auf den Herbst macht. Hat er gerade eine böse Stunde, so macht er oft, während der Andere mit ihm spricht, tiefe Verbeugungen, u. wenn dieser es nicht versteht, öffnet er mit krampfhafter Bewegung die Thüre u. bittet ihn, zu gehen, dann ist es für diesen die höchste Zeit, das Zimmer zu verlassen, wenn er den Herrn Bibliothekar, wie man Hölderlin noch jetzt zu nennen pflegt, nicht in Wuth bringen will. Sonst ist sein Gemüth gut u. zutraulich, wie das der Kinder, mit denen er aber auch den Eigensinn gemein hat. Unter denjenigen, die um ihn sind oder zu ihm kommen, macht er einen auffallenden Unterschied, zu Manchen fühlt er sich durch Sympathie angezogen, gegen Andere ist er sehr abstoßend u. kann durch ihre Gegenwart beengt u. unruhig werden. Findet er besonders Gefallen an Jemand, so liegt im Schimmer seines obwohl gebrochenen Auges ein ungewöhnlich seelenvoller Ausdruck der Zärtlichkeit, der an Hyperion erinnert. Gegen solche, die ihn häufig besuchen u. ihm Aufmerksamkeit erweisen, ist er freundlich u. höflich: er redet überhaupt Niemand mit Du an u. wenn man oft die Anrede Du von ihm hört, so richtet er sie nicht gegen den Besuch, sondern es ist ein Selbstgespräch, in welchem ihn die Anwesenheit eines Andern nicht stört. Man kann Stundenlang bei ihm seyn, ohne etwas anderes zu hören, als einige kurze, mit unsinnigen Worten vermischte Antworten u. solche Selbstgespräche, die übrigens schnell u. hastig nie ganz verständlich sind.

Den Grundcharakter seines Wahnsinns bildet überhaupt die Zerstreutheit u. wie den Strahlen seines Auges an einem Mittelpunkte, so fehlt es auch den Kräften seiner Seele an Concentration, an der Fähigkeit, einen gewissen Punkt festzuhalten, von welchem aus die Gedanken an einem sicheren Faden zu einem bestimmten Ziele hinlaufen. Nachdem er etwas Vernünftiges mit einem Andern gesprochen hat, kann er plötzlich, wie wenn sein Verstand vom Denken matt geworden wäre, ganz sinnloses, unverständiges Zeug plaudern, in ein Selbstgespräch verfallen od. ohne Absicht ganz verkehrte Antworten geben. Ich sprach einmal mit ihm von Matthisson, er ging anfangs wirklich darauf ein, aber nach einiger Zeit merkte ich deutlich, daß er nicht mehr von Matthisson, sondern von mir sprach, indem er unter beständigem Hinblicken auf mich eine Schilderung von mir machte.

Seine Lebensart ist äußert einfach. Morgens erhebt er sich sehr früh u. geht dann in dem unteren Hausflur u. in dem vor dem Hause befindlichen, zu einem Höfchen umgeschaffenen Zwinger mehrere Stunden lang auf u. ab, während dieses Spaziergangs beschäftigt er sich damit, mit seinem Schnupftuch, auf die Zaunpfähle zu schlagen, das Grass auszuraufen u. die Taschen seines Schlafrocks, der seine beständige Kleidung ist, mit Kieseln zu füllen u. ist in fortwährendem Selbstgespräch begriffen, wobei er sehr schnell u. hastig spricht. Ist er genug gegangen, so begibt er sich wieder in sein Zimmer, wo das Selbstgespräch fortgesetzt wird, oder in das Zimmer seiner Pflegemutter an's Klavier, das er sehr viel u. gerne spielt u. hie u. da auch, aber nur, wenn er allein ist, mit Gesang begleitet, während er das Flötenspiel, worin er einst seine Hauptstärke hatte, schon vor vielen Jahren aufgegeben hat. Das Essen nimmt er allein auf seinem Zimmer ein, er ißt mit gesundem Appetit u. trinkt Wein, welchen er liebt u. auch sonst zwischen der Zeit trinkt, dazu. Kaum ist er mit dem Essen fertig, so stellt er das Geschirr vor sein Zimmer, weil er nichts, was nicht sein ist, darin behalten mag, nach dem Essen trinkt er Kaffé, ein Getränk, das er schon als Student sehr viel genoß u. noch jetzt liebt. Des Nachmittags bleibt er auf seinem Zimmer u. liest sich aus seinen wenigen Büchern vor oder deklamirt auswendig, vor einem Anderen aber vorzulesen oder zu deklamiren, dazu läßt er sich wenigstens in neuerer Zeit nicht mehr bringen. Seine Bücher bestehen aus seinem Hyperion, Klopstocks, Zachariä's, Hagedorn's u. dgl. u. seinen eigenen Gedichten, von denen er am meisten Klopstock kultivirt. Früher machte er hie u. da weitere Spaziergänge, gieng mit seinen Pflegeältern auf's Feld, mit Waiblinger in dessen Gartenhaus u. in ein eine Viertelmeile entferntes Wirtshaus u. zu Conz in dessen Garten, seit mehreren Jahren aber ist er zum Ausgehen nicht mehr zu bewegen. Des Abends geht er immer um 7 Uhr zu Bett, was er in früheren Zeiten eine Stunde später that. Obwohl dieß von einer Abnahme seiner Kräfte zeugt, so ist seine Gesundheit doch immer fest geblieben, wozu eine regelmäßige Diät u. eine durchgängig zweckmäßige, wohlwollende Behandlung von Seiten derer, die ihn verpflegten, nicht wenig beigetragen haben mögen. Nur ein einziges Mal war Hölderlin unwohl, es wurde ihm eine Arznei verordnet u. als sie fertig war, auf sein Zimmer gestellt, damit man sie ihm hier nach u. nach eingäbe, ertrank aber den ganzen Kolben auf einmal aus u. – war den andern Tag gesund. Außer der gewöhnlichen Essenszeit genießt er wenig u. hat überhaupt außer dem, daß er nach feiner Art behandelt seyn will, verhältnismäßig wenige Bedürfnisse, läßt man ihn eine Pfeife rauchen oder gibt man ihm eine Prise Taback, so kann man ihn dadurch sehr aufheitern, auch wenn er bei Einem der Studenten, die im Hause wohnen, den Kaffé trinkt, was er, wenn man ihn einlädt, gewöhnlich annimmt, ist er sehr freundlich u. hier ist noch die beste Gelegenheit für einen Fremden, ihn kennen zu lernen. In seinem Zimmer, wie in seinem Anzug sieht Hölderlin immer auf die größte Reinlichkeit, nur zum Nägelschneiden muß man ihn, wie ein eigensinniges Kind, zwingen u. auch im verwirrtesten Zustande ist ihm jede Unanständigkeit ferne. Seine Erinnerung an frühere Zeiten ist nicht erloschen; als man ihm die Stahlstiche zu Schillers Wallenstein zeigte, hatte er eine große Freude, auch erinnerte er sich Schillers, Heinses, Schellings; als ich ihn einmal nach Hegel fragte, sagte er, daß er oft mit ihm zusammengewesen sey u. murmelte sogar etwas vom »Absoluten«. Als er einmal ein Bild von Heidelberg sah, sagte er, daß er zweimal dort gewesen sey, er erinnert sich überhaupt seiner Reisen recht wohl, erzählt Einem sogar, wenn man danach fragt, daß er in Frankreich gewesen sey u. spricht hie u. da französisch. Wen er einmal gesehen hat, den erkennt er immer wieder u. erinnert sich überhaupt derer, die er gekannt hat. Ich zeigte ihm einmal das Bildniß Waiblingers im ersten Band von dessen gesammelten Werken. Hölderlin erkannte es; ich sprach mit ihm von Waiblinger unter der Voraussetzung, daß er vom Tod desselben wisse, weil man ihm früher die Nachricht davon aus der Zeitung vorgelesen hatte, aber Hölderlin fragte: »Lebt er nicht mehr?« Dieß scheint übrigens mehr eine Frage aus Höflichkeit u. um seine Theilnahme am Geschick kundzugeben gewesen zu seyn; denn er erinnerte sich sonst Waiblingers gut u. antwortete auf die Frage, ob dieser ihm auch von seinen poetischen Produkten mitgetheilt habe: »Nein, aber er hat mit mir von Litteratur gesprochen.« Von den heiligsten Geheimnissen seines Herzens aber will er gar nichts wissen u. spricht weder von Diotima, noch überhaupt von seinem Aufenthalt in Frankfurt u. von den Gründen seiner Rückkehr aus Frankreich, aber es scheint, daß er diese Dinge nichts desto weniger nicht vergessen hat, denn noch nachdem die Nacht des Wahnsinns schon 20 Jahre seines Geist verdunkelt hatte, fand man zu unterst unter seinen Papieren Briefe von Diotima, die er mit außerordentlicher Sorgfalt aufbewahrt hatte.

Von dem edeln Selbstgefühl, das einst den Verfasser des Hyperion beseelte, ist noch eine Spur zu finden in einer gewissen unschuldigen Eitelkeit, die sich hie u. da bemerken läßt; zeigt man ihm mit dem Ausdruck von Anerkennung u. Bewunderung eine schöne Stelle im Hyperion, so lächelt er auf's verbindlichste u. fühlt sich sichtbar geschmeichelt; weniger, als für den Hyperion interessirt er sich für die Sammlung seiner Gedichte, da diese nicht von ihm selbst, sondern von Uhland u. Schwab (im Jahr 1826) besorgt wurde. Spricht Jemand italienisch mit ihm, so geht er gleich darauf ein, antwortet italienisch u. spricht dann mehr u. vernünftiger, als gewöhnlich, überhaupt ist ihm ein vornehmer Besuch sehr schmeichelhaft, er ist dann viel leichter zu etwas zu bewegen, namentlich wenn er durch Frauenzimmer gebeten wird, gegen welche er besonders höflich ist. Er spielte einst im Zimmer eines Studenten vor einer fremden Dame u. deren Gemahl u. mir Klavier, nach einiger Zeit bat ich ihn, uns nun auch die Treppe hinauf in sein Zimmer zu führen. Die Antwort war: »Sie befehlen das nicht«. Nun richtete auch die Dame die Bitte an ihn u. zwar in einem sehr schön gesprochenen Hochdeutsch, da wurde er ganz gefällig, sagte: »Spazieren Sie nur zu« u. führte uns in sein Zimmer; als ich unterwegs zu ihm sagte: »Nicht wahr, das sind liebenswürdige Fremde?« antwortete er ganz triumphirend: »Gewiß, Euer Majestät« u. war auch nachher sehr freundlich und vernünftig.

Man findet überhaupt, daß, wenn er durch etwas Ungewöhnliches aufgeregt wird, sein Benehmen viel vernünftiger ist, als sonst, dieß ist namentlich der Fall, wenn ihn irgend etwas in Angst bringt. Ein Kind seiner Pflegeältern lag einmal, während er in ihrem Zimmer war, beim Hinaussehen zum Fenster leichtsinnig vor, er lief hin u. nahm es weg. Als ihn einmal betrunkene Studenten besuchten, ging er ganz ruhig weg an einen gewissen Ort u. blieb hier so lange, bis die Ruhestörer wieder abzogen. Ich führte einmal einige Fremde zu ihm, als wir schon nahe an Hölderlins Thüre waren, bemerkte ich, daß Hölderlin hinter uns auf der Hausflur war, ich bat ihn, uns in sein Zimmer zu führen, aber er war so erschrocken u. außer sich, daß er mich bat, wir möchten wieder gehen u. mich, was er sonst nie thut, mit meinem rechten Titel anredete. Ich besuchte ihn zu einer Zeit, wo ich noch nicht öfters bei ihm gewesen war an einem Tage, da er schon heftig getobt hatte u. überhaupt sehr schlecht gestimmt war, er bat mich zu gehen, da ich nicht fort wollte, sagte er ganz ernsthaft mit aufgehobenem Finger: »Ich bin unser Herrgott«. Offenbar war dieß nur eine berechnete Nothlüge, zu der er griff, um mich fortzubringen, da er eine heftige Bewegung in sich herannahen fühlte; denn sonst fällt es ihm nie ein irgend eine solche Aussage zu thun u. er hat überhaupt keine fixe Idee, sondern leidet nur an einer Schwäche des Denkvermögens u. an momentanen Anfällen von Raserei, die aber, seit er älter ist, seltener u. weniger heftig sind.

Oft schreit er während des Auf- u. Abgehens in seinem Zimmer sehr heftig u. stampft auf den Boden, dann wird es ihm leicht im Zimmer zu eng u. er geht hinaus auf den Hausflur u. hier wird es ihm, wenn er eine Zeit lang umhergegangen ist, gewöhnlich wohler. Auch während der Nacht tobt er häufig u. geht dann in seinem Zimmer auf u. ab, doch sind diese Anfälle bei weitem nicht mehr so heftig, wie in früheren Jahren, denn damals kam es nicht selten vor, daß er die Tischlergesellen grün u. blau schlug, jetzt bleibt es beim heftigen Reden, Stampfen u. Schreien. Solche Anfälle sind bei ihm am häufigsten im Frühling u. Herbst, wo er stärker aufgeregt ist, als sonst. Doch kann ihn auch irgend ein einziges Faktum sehr aufbringen; ich bat ihn einmal, mir unter einige Gedichte, die er gemacht, seinen Namen Hölderlin zu schreiben. Dieß machte ihn ganz rasend, er rannte im Zimmer herum, warf seinen Stuhl von einer Ecke in die andere u. schrie: »Ich heiße nicht so, ich heiße Skartanelli«, doch schrieb er trotz seiner Wuth wenigstens den Namen Skartanelli darunter u. hatte das nächstemal, als ich ihn besuchte, seinen Zorn vergesen.

Die Natur übt noch jetzt einen großen Einfluß auf Hölderlins Befinden aus; ein schöner heitrer Tag bringt ihn in eine fröhliche, sanfte Stimmung, in welcher die Selbstgespräche seltener werden u. seine Neigung zum Widersprechen u. Verneinen sich vermindert. Eine schöne Mondnacht lockt ihn oft an's Fenster u. er sieht dann manchmal die halbe Nacht lang in's Freie hinaus.

Von seinen Naturanschauungen geht Vieles in seine Gedichte über, von denen wir einige Proben geben. Es ist leicht, zu bemerken, daß in diesen Gedichten noch sehr viel Melodie u. so viel Dunkles auch darin seyn mag, doch im Ganzen ein klarerer Geist ist, als in seinen Reden u. es ist wirklich oft, als ob die poetische Form auch auf seine Gedanken einen magischen Einfluß ausübte. Außer den häufigen Dunkelheiten bemerkte man auch öfters, namentlich am Ende der Verse, wie ihm so wie in der Rede plötzlich die Energie des Geistes versagt u. er etwas nichtsbesagendes oder einen baaren Unsinn hinschreibt. In Prosa, wo der Wahnsinn überhaupt eine viel größere Herrschaft über ihn hat, schrieb er z.B. einmal: »Es ist eine Behauptung der Menschen, daß Vortrefflichkeit des inneren Menschen eine interessante Behauptung wäre.« Außer der Einwirkung der ihn umgebenden Natur, die man nach meiner obigen Beschreibung in diesen Gedichten zum Theil wieder erkennen wird, ist hie u. da auch ein Einfluß der Dichter, aus denen seine kleine Bibliothek besteht, namentlich in Beziehung auf die vielen metaphysischen Gedanken, die, je später die Gedichte sind, desto häufiger vorkommen, sichtbar. Wir belästigen den Leser nicht durch vieles, sondern wählen nur Einiges aus, worin der Charakter aller dieser Produkte erkannt werden kann.

Der Frühling.

Wenn auf Gefilden neues Entzücken keimt
U. sich die Aussicht wieder verschönt u. sich
An Bergen, wo die Bäume grünen,
Helle Lüfte, Gewölke zeigen,

O! welche Freude haben die Menschen! froh
Gehn an Gestaden Einsame, Ruh u. Lust
U. Wonne der Gesundheit blühet,
Freudiges Lachen ist auch nicht ferne.

Ueberzeugung.

Als wie der Tag die Menschen hell umscheinet
U. mit dem Lichte, das den Höh'n entspringet,
Die dämmernden Erscheinungen vereinet,
Ist Wissen, welches tief der Geistigkeit gelinget.

Diese wenigen Proben können genügen, um einen deutlichen Begriff von Hölderlins jetziger poetischer Thätigkeit zu geben; anfangs füllte er alles Papier, das er erhalten konnte, mit ähnlichen Gedichten, aber man bemerkte, daß es ihn zu sehr aufregte u. entzog ihm das Material; in der neueren Zeit nun hat seine Produktionslust etwas abgenommen u. er arbeitet meist langsamer, als früher, wo er sehr schnell fertig war, auch wendet er sich nicht mehr zu antiken Versmaaßen, sondern gebraucht immer den Reim. Die Gedichtchen: »Der Winter«, »Höhere Menschheit« u. »Ueberzeugung« sind von dem Jahr 1841. Hat er etwas fertig, so überarbeitet er es nicht mehr, wie er in seiner Blüthezeit that, aus welcher sich Manuskripte finden, wo ein einziges Wort auf mehrfache Weise korrigirt ist, sondern er bekümmert sich gar nichts mehr darum oder verschenkt es seinen Bekannten.

So hätten wir nun in wenigen Zügen ein Bild von der schönen Blüthe u. dem unseligen Versinken dieses einst so großen Genius' gegeben, dem das Schicksal mit all seinen herrlichen Hoffnungen, mit all den großartigen Gestalten, die vor seinem schaffenden Geiste dämmerten, so frühe in ein furchtbares Chaos zurückwarf, dessen Nacht wohl kaum vor dem Herannahen der Auflösung seiner irdischen Bande sich erhellen wird; u. je schrecklicher für den Unglücklichen, wenn er in diesem Leben noch je zum vollen Bewußtseyn käme, der Rückblick auf die Vergangenheit seyn müßte, um so mehr wünschen wir ihm ein freudiges Erwachen zu der Jugend des Himmels.

418 KARL GOK AN COTTA

[Stuttgart, 16. März 1842. Entwurf]

In Folge des mit der *p.* 16. *Febr.* v. J. abgeschlossenen Übereinkommens in Betr. der 2t. Auflage von *Hölderlins* Gedichten, habe ich in Übereinstimmung mit seinem *Curator* die Anordnung getroffen, daß das zugesicherte Honorar v. 198 f. in Zukunft außschlieslich zu seinem hohen Alter angemessenen Erfrischungen für meinen unglüklichen Bruder verwendet werde, damit er wenigstens auf diese Weise die Früchte seiner frühern Arbeiten genießen möge. Aus diesem Grund u. auch [wegen] wiederhohlter Erinnerung des Curators [erlaube ich mir] die Anfrage, welche Hindernisse noch der Herausgahe der 2t Auflage und der Berichtigung des Honorars im Wege stehen.

419 MÖRIKE AN GEORG HEUBEL

[Cleversulzbach, 16. März 1842]

Als einen wirklichen Gewinn für die Literatur kann ich [in der Ausgabe der Schriften Waiblingers] außer den Gedichten nur die Wanderungen in Italien und einige kleinere Sachen, wie den Aufsatz über Hölderlin, ansehen.

420 COTTA AN GUSTAV SCHWAB

[Stuttgart, 23. März 1842]

Im Begriffe nach *Weiler* abzureisen um meine Tochter zu besuchen, erhalte ich den anliegenden ersten Abdruck von *Hölderlin,* den ich Dir zur Ansicht hier mittheile.

421 WILHELM KILZER AN GUSTAV SCHWAB

[Frankfurt a. M., 26. März 1842]

Nun ein Wort von Hölderlin! Ich habe, Ihrem Auftrage zufolge, mehrere meiner gelehrten Freunde gefragt, ob hier von ungedruckten Gedichten des unglücklichen Dichters vielleicht noch etwas zu entdecken sei. Man nannte mir unsern Arzt, Dr.

Sömmering, der vielleicht noch Etwas besitze. Ich ging zu ihm; allein er sagte mir, er habe außer dem Exemplare des Hölderlin'schen Roman[s, in] welchem Zueignungsworte von seiner eig[enen] Hand stünden, gar nichts Schriftliches von ihm; auch glaube er, daß man wol nichts mehr entdecken könne, solle auch wirklich noch etwas vorhanden sein. Die Worte, welche in dem angeführten Buche stehen, ließ Sömmering in dem hies: Gutenbergs-Album abdrucken. Es thut mir leid, Ihnen nicht mehr mittheilen zu können!

422* LOTTE ZIMMER AN ZELLER

Verehrtester Herr Oberammtspfleger!

Ich bin so frei Ihnen im Namen meiner Mutter die Quittung auf Georigi mit 67f30x nebst der Quittung vor das Vesper mit 10f 48x zu senden, Ihr Herr Pflegsohn hat sich vor einige Tag *sehr* unwohl befunden, ist aber jezt schon wieder beßer, wo ich gleich zu Herr Profeßor Gmelin ging, u dieser Ihn besuchte, verschrieb Ihm aber nichts, Er hatte einen starken Charthar u Nasen bluten, wo Herr Profeßor sagte dieß bluten wäre sehr gut vor Ihn gewesen, wir müßen Ihn im Eßen u trinken sehr in Acht nehmen, Er hatte auch Hitz wo ich Ihm gleich Limonat anstatt Wein gab, welches Ihm dan sehr gut bekam, wo ich Ihm mehrmals den Tag über gab, überhaupt dürfen Sie überzeugt sein daß Er bekommt was Er bedürftig ist, daß ich Ihm nichts abgehen laße, wo natürlich ich nicht denke wir dürfen Ihm blos vor die 8x geben, wo ich Ihn dan später wen Er wieder gesund ist oder auf Jakobi was es weiter ausmachen würde Rechnung davor stellen, ich müßte mir nur selbst einen Vorwurf machen, ich möchte mir keine Last auf das Gewißen laden, den Er mag von dieser Welt scheiden wen es ist, so können wir uns nur sagen, wir haben den Unglücklichen jederzeit gewiß edel behandelt, auch nie eigennützig an Ihm gehandelt, was leider so vielfach im Leben bey den Menschen vorkommt; an Betzeug solte auch etwas ersezt werden, Er hat 2 gleiche Bettziehen wo die Unterblätter hin sind, wo wir diese heraus trennten u eine damit flicken konnten, nun fehlt ein Unterblatt in die andere, auch sollte Er einige Zitzner Halstücher haben, u Häupfel u Kisseüberzug, was auch verreißen ist, sollen wir dieses nun kaufen oder thut es vieleicht Frau Profeßorin besorgen, solten Sie vieleicht bald eimal hieher kommen, so werden wir Ihnen das verißene zeigen, haben Sie die Güte u geben mir dan in Ihrem Schreiben Nachricht darüber.

Mich Ihnen freundlich empfehlend. Ihre ergebenste Lotte Zimmer.

Darf ich vieleicht so frei sein, Sie zu bitten der Frau Profeßorin viele Empfehlungen zu sagen, u ich werde der Frau Profesorin bald selbst schreiben.

Tübingen d 19ten Aprill 1842.

423* QUITTUNG LOTTE ZIMMERS

Tübingen d 19ten Aprill 1842.

Die Unterzeichnete bezeugt von Herrn Oberammtspfleger Dr: Zeller in Nürtingen 67f 30x siebenundsechzig Gulden) auf das Quartal Georigi 1842. vor Kost u Pflege deß Herrn Bibliothekar Hölderlin erhalten zu haben. T im Namen meiner Mutter. die Tochter. Lotte Zimmer.

424* RECHNUNG LOTTE ZIMMERS

Rechnung vor Herrn Bibliothekar Hölderlin

Ueber gegebenes Eßen u Getränke zum Morgen u Nachmitags Vesper, vom 2ten Feb: bis 23ten Aprill 1842 täglich zu 8x berechnet beträgt mit 81 Tag 10f 40x

Den Empfang bescheint im Namen der Mutter Die Tochter Lotte Zimmer

Tübingen d 19ten Aprill 1842.

425 GUSTAV SCHLESIER: UNTERREDUNG MIT CARRIERE

[16. Mai 1842]

Carriere beschäftigt sich mit dem Gedanken einer Gesammtausgabe der Schriften von Hölderlin mit einer kritisch biographischen Skizze über dessen Leben und Dichtung. Er schrieb davon vor kurzem an Cotta; dieser entgegnete, er bedaure dies nicht etwas früher erfahren zu haben. Eben jetzt werde eine neue Auflage der Gedichte gedruckt, deren Besorgung dem Prof. Schwab übertragen worden sei. Doch könne ein ähnlicher Gedanke später wohl noch realisirt werden; er wolle den Plan also damit nicht ganz beseitigt haben [...]

In Arnims Papieren fand Carriere noch 6-7 (ungedruckte) Gedichte von Hölderlin, die er, wie er sagte, wohl von Bettinen bekommen könnte.

Auch mit Fr. v. Kalb sprach er von Hölderlin. Sie wurde sehr bewegt. Die Briefe von ihm habe sie, wie sie sagte, verbrannt. Carriere setzte hinzu: von ihr könnte er wohl noch Manches erfahren; denn sie habe, wegen der Interessen, die er gezeigt, auch ihm wohl 1/2 Jahr ein Interesse zugewendet.

426* COTTA'SCHE BUCHHANDLUNG AN GOK

Stuttgart den 19. *Mai* 1842.

Euer Hochwohlgeboren

verehrl. Schreiben vom 16. dß. haben wir richtig erhalten und säumen nicht solches alsbald zu beantworten.

Der Druck der in Rede stehenden zweiten Auflage von Hölderlins Gedichten ist noch nicht zur Hälfte vollendet, was Herr Professor *Schwab* bekräftigen wird; daher allein rührt auch der Umstand, daß das Honorar für besagtes Buch bis jetzt nicht bezahlt worden ist, indem die Honorare nur nach vollendetem Druck der Werke von den Verlegern entrichtet werden.

Der besondern Verhältnisse wegen sind wir aber bereit das fragliche gegen Quittung verabfolgen zu lassen.

Mit vollkommener Hochachtung Euer Hochwohlgeboren ganz ergebenste: *JG Cotta'sche Buchhandlung*.

Sr Hochwohlgeboren Herrn Hofdomainen Rath *von Gock* dahier.

427 GUSTAV SCHLESIER: UNTERREDUNGEN MIT GUSTAV SCHWAB

[a. 21. Mai 1842]

Arnim habe den Herausgebern der Gedichte den Vorwurf gemacht, sie hätten sie nicht in der ächten Gestalt gegeben, in der sie sich z.B. in Schillers Musenalmanach, vorfänden. Die Herausgeber haben aber großentheils H.'s eigne Manuskripte vor Augen gehabt u. die eigentlichen Lesarten gefunden, die Schiller, der Hölderlin gar nicht so beurtheilt habe, wie er es verdiente, oft mit seinen Änderungen vertauscht habe. Uhland u. er, die Herausgeber, hätten sich besonders bemüht, das Ächte u. Ursprüngliche herzustellen. – Dabei bemerkte er, daß H. in vielen der aufgenommenen Gedichte noch später geändert u. oft ganz Unsinniges darübergesetzt habe, so daß man die ächte, wahre Lesart, die sich doch unter mehrern leicht ergeben habe, fast wie unter Palimpsesten habe hervorsuchen müssen. Auf eine solche in höchster Reinheit sei man aber immer gestoßen, so daß man unwillkührlich ausrief: Das ist die einzig wahre Lesart, die, welche H. selbst wollte [...]

Wäre er damals [nach der Rückkehr von Bordeaux] in gute Hände gekommen, so würde er wohl zu retten gewesen sein. Er kam aber unter die Behandlung mittelmäßiger u. angehender Leute. Auch ist man jetzt weiter in der Behandlung.

Daß H. in Paris war, erfuhr erst kürzlich Schwabs Sohn (in Tübingen) von ihm. Dieser interessirt sich sehr für ihn, u. seit Waiblinger ist wohl Niemand H. so nahe gekommen [...]

Über die Herausgabe seiner Gedichte ist H. ungehalten; er erklärt sie geradewegs für unächt.

Von Göthe muß er erzürnt worden sein. Seiner, so wie Schellings gedenkt er gar nicht.

Mit einer Gesammtausgabe der Werke – Schwab wußte Carrieres Absichten, deutete aber darauf, daß man diese Schriften ja für H.'s Existenz u. deren Versorger verwerthen müsse, also ein Dritter u. Fremder nicht wohl eigenmächtig eingreifen dürfe – scheint man warten zu wollen, bis H. stirbt. Ganz gewiß aber so lange mit der Veröffentlichung einer ausführlichen Biographie – die Data bei Waiblinger sind sehr inkorrekt – u. des ausgewählten Briefwechsels, der auch für jene die Hauptquelle bilden wird.

Dieser Briefwechsel ist in den Händen seines.. Stiefbruders, des Hofdomainenraths von Gock. Dieser will vor H.'s Tod nichts publiciren lassen, aus Rücksicht für den noch Lebenden. Dann wird Schwab den Briefwechsel ausziehn u. auswählen, u. in u. mit einer Biographie herausgeben...

[b. November 1842]

Später (Nov. 1842) sagte mir Schwab, er werde mir gern den H.'schen Briefwechsel einsehen lassen, naürlich als vertraute Mittheilung. Schwab's Sohn (*stud. theol.*) beschäftigt sich sehr viel mit Höld., ist persönlich mit ihm bekannt wie Niemand nach Waibl[inger] u. hat den Briefw. vorläufig extrahirt.

428* ÜBERWEISUNG DER COTTA'SCHEN BUCHHANDLUNG AN ZELLER

Euer Wohlgeboren
übersenden wir hiebei gegen die ausgestellte Quittung –: f: 198. nach beigelegtem SortenVerzeichniß, als Honorar für die zweite demnächst erscheinende Auflage von Hölderlins Gedichten.

Hochachtungsvoll *JGCotta'sche Buchhandlung.*
Stuttgart 1. Juni 1842.

Sr Wohlgeboren Herrn Oberamtspfleger *Zeller Nürtingen*

DER HERBST

Das Glänzen der Natur ist höheres Erscheinen,
Wo sich der Tag mit vielen Freuden endet,
Es ist das Jahr, das sich mit Pracht vollendet,
Wo Früchte sich mit frohem Glanz vereinen.

Das Erdenrund ist so geschmükt, und selten lärmet
Der Schall durchs offne Feld, die Sonne wärmet
Den Tag des Herbstes mild, die Felder stehen
Als eine Aussicht weit, die Lüffte wehen

Die Zweig' und Äste durch mit frohem Rauschen
Wenn schon mit Leere sich die Felder dann vertauschen,
Der ganze Sinn des hellen Bildes lebet
Als wie ein Bild, das goldne Pracht umschwebet.

d. 15ten Nov.
1759.

DER SOMMER

Im Thale rinnt der Bach, die Berg, an hoher Seite,
Sie grünen weit umher an dieses Thales Breite,
Und Bäume mit dem Laube stehn gebreitet,
Daß fast verborgen dort der Bach hinunter gleitet.

So glänzt darob des schönen Sommers Sonne,
Daß fast zu eilen scheint des hellen Tages Wonne,
Der Abend mit der Frische kommt zu Ende,
Und trachtet, wie er das dem Menschen noch vollende.

mit Unterthänigkeit
d. 24 Mai Scardanelli.
1758.

DER SOMMER

Die Tage gehn vorbei mit sanffter Lüffte Rauschen,
Wenn mit der Wolke sie der Felder Pracht vertauschen,
Des Thales Ende trifft der Berge Dämmerungen,
Dort, wo des Stromes Wellen sich hinabgeschlungen.

Der Wälder Schatten sieht umhergebreitet,
Wo auch der Bach entfernt hinuntergleitet,
Und sichtbar ist der Ferne Bild in Stunden,
Wenn sich der Mensch zu diesem Sinn gefunden.

d. 24 Mai Scardanelli.
1758.

Abb. 7 Friedrich Hölderlin. Bleistiftzeichnung von Louise Keller. 1842
(Marbach, Deutsches Literaturarchiv)

429 NIKOLAUS LENAU UND HÖLDERLIN

[a. Ein Abend bei Gustav Schwab am 30. Juni 1842]

In diese Tage fiel eine Gesellschaft bei Gustav Schwab, am letzten Juni, in dem neuen Dekanathause, das sich mit seinem Altane und dem Garten dicht an den Rebenberg schmiegt. In dem Saale mit der rothen, von den Jugendbildern Schwab's und seiner Gattin geschmückten Damasttapete und dem großen weißen Porzellanofen, bewegten sich Niembsch, die Familien Reinbeck, Wächter u.s.w. Emma von O..., Bertha von L..., ein edles Wesen, voll tiefer, selbsterrungener Bildung; bald nachher, noch vor Ablauf eines Jahres, zu Nizza, im Lande ihrer Sehnsucht, entschlafen. Louise Keller, die kunstliebende Seele... Diese Freundin kehrte eben von Tübingen zurück, wo sie durch Christoph Schwab, den Sohn, für welchen der greise Hölderlin rührende Zuneigung gefaßt, und durch dieses letzte Gefühl eines vormals so glühenden Herzens den jungen hoffnungsvollen Mann zum Biographen geweiht hatte, bei dem Kranken eingeführt: dahin gelangte, ihn zu zeichnen, und das erste und einzige Bildniß von ihm zu erhalten; man bestimmte es für seine Gedichtsammlung. Es ging hier durch unsere Hände. Mir däucht, Lenau noch vor mir zu sehen, wie er es lange und fest betrachtet. Möchte man nicht sagen, er habe, indem er sich in das Angesicht des unglücklichen Sängers vertiefte, sich mit dem eignen Schicksale gemessen, Aug' in Auge? Wenn man in die Zukunft blicken könnte! Wenn wir gewußt hätten, daß die Nacht des Verhängnisses auch diesen noch so licht unter uns strahlenden Geist umziehen würde, wenn wir die volle Verwandtschaft mit Hölderlin geahnet hätten! Wie fern damals und doch wie unaufhaltsam jene andere schmerzliche Stunde, in welcher uns Gustav Schwab wenige Jahre später die Krankheitsgeschichte vom Verfasser des Hyperion vorlas, den Ausbruch seiner Katastrophe, wir Alle zukkend über die Aehnlichkeiten mit der jüngst erlebten unseres Freundes! –

An dem erwähnten Abende, wo wir uns das von Louise Keller vollendete Bildniß reichten, wurden noch einige Züge aus Hölderlin's verglimmenden Tagen skizzirt: Wie man ihn Bibliothekar nennen muß, wenn er es nicht übel nehmen soll. Wie er sehr oft »Ew. Heiligkeit!« sagt, und noch öfter den Namen »Thekla« zwischen seine schauerlich abgebrochenen Sätze hineinbringt, auch Französisches. Wie er nicht unempfänglich für kleine Freuden, die man ihm zu machen suchte, wenn er das erst Ergriffene auch nachher wieder kindisch wegstellte. So schickte ihm Uhland in den letzten Wochen noch eine Vase mit Blumen. Hölderlin hob sie freudig und bewundernd hoch auf, betrachtete sie und rief: »Das sind prachtasiatische Blumen!« – » Das charakterisirt ihn ganz, auch als Dichter«, sagte Gustav Schwab bei dieser Gelegenheit [...] Aber noch ehe der Juni wieder gekommen und gegangen war, hatte der von Hölderlin so geliebte und ihn so warm umfassende Jüngling, seine erste Grabrede auf dem frischen Hügel des Sängers gehalten.

Heute las uns Gustav Schwab mit seiner voll aus der Seele tönenden Stimme, seiner mittheilenden Begeisterung eine Briefsammlung vor, nach welcher er schon lange fahndete, und die ihm endlich geworden ist; doch unter der Bedingung, sie erst nach Ableben sämmtlicher Betreffenden zu veröffentlichen. Meist die Correspondenz mit der Mutter, aus der Jenazeit, kindliche Liebe athmend. Hölderlin gibt auch über sein späteres Geschick vorbereitende Winke, wenn er von seinem zerstörbaren Wesen und der Empfindlichkeit seiner Nerven spricht. Voraus ging ein Schreiben Schiller's, der unserem Dichter allerlei gute Mahnung ertheilt hinsichtlich seiner Productionen, und ihn vor dem warnt, was gerade für ihn, für Schiller, Klippe war, z. B. die unfruchtbaren philosophischen Stoffe.

[b. Lenau bei Kerner über Hölderlin. Weinsberg, 5. August 1842]

Morgens las uns Niembsch einige Gesänge aus seinen Albigensern... Dann griffen die Männer nach Hölderlin. Der Berliner sagte, daß Hölderlin wohl am Ende wahnsinnig wurde, nicht weil er Dichter war, sondern weil er keiner war. »Vielleicht nicht ganz unrichtig«, entgegnete Lenau, der Stoll weit höher stellt, den Jugendfreund Kerner's, welcher uns Manches vorlas und berichtete von diesem versandeten Genie, ihn einen der besten Dichter nannte, der nur zu wenig gekannt sei.

[c. Kerner an Karl Mayer. Weinsberg, 21. Dezember 1842]

Du bist erhaben über allen Tadel u. auch Lenau meinte es nicht so, es gefiel ihm vielleicht nur die Parthie die Du ihm gerade zusandtest weniger als die frühern. *Dr.* Ehrenbaum wirkte damals sehr auf ihn, der auch machte, daß er mitbehauptete: Hölderlin sey nichts weniger als ein Dichter gewesen, was mir sehr traurig war.

[d. Lenau über Hölderlin. Nach Karl Mayer]

Waren in diesem Zustande doch auch andere Auffassungen des Freundes nicht mehr die unbefangenen der früheren Tage. So erzählt mir Kerner schon den 21. Dec. 1842 (scheint übrigens diese Ansicht mehr dem Einflusse eines Dritten zuzuschreiben), Niembsch habe behauptet, Hölderlin sei nichts weniger, als ein Dichter gewesen, was ihm (Kerner) sehr traurig gewesen sei. – Es wäre für einen Geistes- und Seelenkundigen wohl eine anziehende Aufgabe, zwischen beiden unglücklichen Dichtern, die in Einem schauerlichen Schicksal verkamen, Vergleichungen anzustellen, wie Hölderlin, jener in classischer, hellenischer Bildung aufgenährte Geist vielleicht besonders durch ein Uebermaß von Begeisterung, und Niembsch, dieser Sohn der Neuzeit, durch allzu angespannte Verfolgung ihrer auseinanderfallenden Richtungen und Grübeleien, dem gleichen Unglücksloose verfallen mußten.

430 EIN BESUCH FERDINAND SCHIMPFS

[am 13. Juli 1842]

Stud. Habermaaß, der in Schreiner Zimmers Haus wohnte, machte mir u. Freund Keller Gelegenheit, den wahnsinnigen Dichter H. zu sehen u. zu sprechen, indem er denselben einlud in Habermaaß Zimmer eines Nachmittags einen Kaffee mit uns zu trinken. Bei dieser Gelegenheit schrieb uns auf Ersuchen der unglückliche Dichter obige Verse *ex tempore* nieder. Wenn wir ihn bei s. Namen nannten, ließ er's nicht gelten, sondern erwiederte: »Sie sprechen mit HE. Rosetti«. Er war schrecklich komplimentös.

431* LOTTE ZIMMER AN OBERAMTSPFLEGER ZELLER

Tübingen d 20ten Juli 1842.

Verehrtester Herr Oberammtspfleger!

Ich bin so frei u sende Ihnen im Namen meiner Mutter die Quittung vor Ihren Herrn Pflegsohn, auf das Quartal Jakobi, mit 67f 30x nebst der Extra Rechnung über das Vesper welches zu 92 Tag berechnet a – 8x 12f 16x ausmacht. hiebey folgt noch eine besonder Quittung mit 2f 42x über folgende ausgelegte Sachen, vor einen Hosenträger welchen Er höchst nothwendig brauchte, welcher 1f12x kostete, ferner dem Balbierergesell 48x welcher Ihm schon 3 mal die Nägel an den Füßen schneiden mußte, u 3tens vor 3 Fensterscheiben wo 2 davon schon länger gemacht wurden, u eine Er vor einige Tag selbst im Zorn hinaus stieß, indem Er das Fenster zu arg zuschlug, wo Er dan im grösten Jammer mich herbey holte, um den Schaden einzusehen, wo ich Ihn dan fragte ob Er es gethan habe, sagte Er nur Er könne es nicht gewiß behaupten Er meine der Wind hätte es gethan, was mich ungemein lächerte daß Er es geleugnet hat. als das Fenster gemacht war. sagte Er zu mir, Sie sind doch zu gnädig gegen mich, es hat schon manchen Spaß auf solche Art gegeben, weil Er es so sehr zu Herzen nimmt, den wen Ihm etwas verbricht ist Er äußerst alteriert darüber, was nun das Weißzeug anbetrifft was meine Mutter räparieren ließ kann ich Ihnen vor das ausgelegte erst später die Rechnung schicken, weil ich es nicht genau weiß, Sie ist gegenwärtig bey meiner Schwester in Hirschlanden, u vor 4 Wochen im Wildbad, was Ihr wie ich hörte sehr gut bekommen sein soll, wo Sie in 14 Tag ungefähr wieder hieher kommen wird, wo ich dan der Frau Profeßorin schreiben will, wan meine Mutter wieder da ist. haben Sie die Güte u empfehlen Sie mich der Frau Profeßorin.

Ich bin mit aller Hochachtung. Ihre ergebenste Lotte Zimmer.

432* QUITTUNG LOTTE ZIMMERS

Tübingen d 20ten Juli 1842.

Die Unterzeichnete empfangt die Vierteljährige Rechnung von Georgi bis Jakobi 1842. für Kost u Pflege deß Herrn Bibliothekar Hölderlin. mit 67f 30x (siebenundsechzig) (Gulden) wofür bescheint. im Namen meiner Mutter. die Tochter Lotte Zimmer.

433* RECHNUNG LOTTE ZIMMERS

Rechnung vor Herrn Bibliothekar Hölderlin.

Ueber gereichtes Eßen u Getränke zur Morgen u Nachmittag Vesper, welches von Georig bis Jakobi 1842. *a* 8x u 92 Tag – 12f 16x beträgt.

Den Empfang bescheint die Tochter im Namen d Mutter Lotte Zimmer.

Tübingen d 20ten Juli 1842.

434* RECHNUNG LOTTE ZIMMERS

Vor Herrn Bibliothekar Hölderlin folgendes ausgelegt.		
Einen Hosenträger gekauft *a*	1f	12x
ferner dem Glaser vor 3 Fenster Scheiben *a* 14x		42x
dem Balbierer		48x
	2f	42x

Tübingen d 20ten Juli 1842

Den Empfang bescheint. die Tochter Lotte Zimmer.

DER MENSCH

Wenn aus sich lebt der Mensch und wenn sein Rest sich zeiget,
So ist's, als wenn ein Tag sich Tagen unterscheidet,
Daß ausgezeichnet sich der Mensch zum Reste neiget,
Von der Natur getrennt und unbeneidet.

Als wie allein ist er im andern weiten Leben,
Wo rings der Frühling grünt, der Sommer freundlich weilet
Bis daß das Jahr im Herbst hinunter eilet,
Und immerdar die Wolken uns umschweben.

d. 28ten Juli mit Unterthänigkeit
1842. Scardanelli.

435* LOTTE ZIMMER AN ZELLER

Verehrtester Herr Oberammtspfleger!

Ich bin so frei Ihnen hier die Rechnung zu senden, vor Ihren Herrn Pflegsohn über das angeschafte Weißzeug welches sammt Macherlohn 12f. 18x beträgt. Herr Bibliothekar, brauchte diese Sachen nothwendig, er braucht ungemein viel Weißzeug, u. verreißt auch viel am Bettgewand, weil Er so unruhig schlaft. Daß Ihnen dieß Gedicht Freude machte war mir sehr angenehm, ich bedaure nur daß ich Ihnen nicht schon bälder etwas geschickt habe, ich sende Ihnen hier noch eins was Sie auch behalten dürfen, freilich bringt Er eben keinen Zusammenhang mehr entstand, wo natürlich das Alter jezt viel ausmacht, den früher machte Er oft recht ordentliche Gedichte, Er befindet sich gegenwärtig wohl, die Hitze hat Ihm auch oft zu schaffen gemacht, da Er oft so bös wurde, daß man Ihm abwehren mußte, wo Er meine Mutter nachdem Sie Ihm abwehrte, ganz sanft am Arm nahm u Sie in unser Zimmer führte, u sagte Er mache gewiß keinen Lärmen u. es war so bedeutend daß Er die Seßel in der Stube herumwarf, was Er aber im andern Augenblik nicht mehr wißen wollte, sonst ist Er aber ganz ordentlich, wir fürchten Ihn auch gar nicht, wenn Er so tobt, weil wir es schon gewöhnt sind, man muß oft wo man traurig sein solte, noch genug ob Ihm lachen. bey meiner Mutter hat das Bad gute Wirkung gethan wen auch äußerliche Leiden nicht ganz gehoben sind, so ist Sie doch innerlich jezt weit gesünder geworden. Wünschend daß Sie sich wie die l Ihrigen im besten Wohlsein befinden möchten empfehle ich wie meine Mutter sich Ihnen.

Hochachtungsvoll. u bin Ihre ergebenste, Lotte Zimmer.

Tübingen 30ten August. 1842..

436* RECHNUNG LOTTE ZIMMERS

Rechnung vor Herrn Bibliothekar Hölderlin

Ueber folgende ausgelegte Sachen.

2 Halstücher gekauft *a* 48x	1f	36x
7 Ehlen reiste Tuch zu einem Leintuch *a* 22x	2f	34x
3 Ehlen ditto zu einem Unterblatt in eine Oberbettziche	1f	6x
5 Ehlen flächse Tuch zu 2 Kißeüberzug u 7 Ehlen zu 2 Häupfel zusammen 12 Ehlen die Ehle 26x	5f	12x
	10f	28x

Der Näherin folgenden Macher lohn bezahlt.

Vor Herrn Bibliothekar Hölderlin.

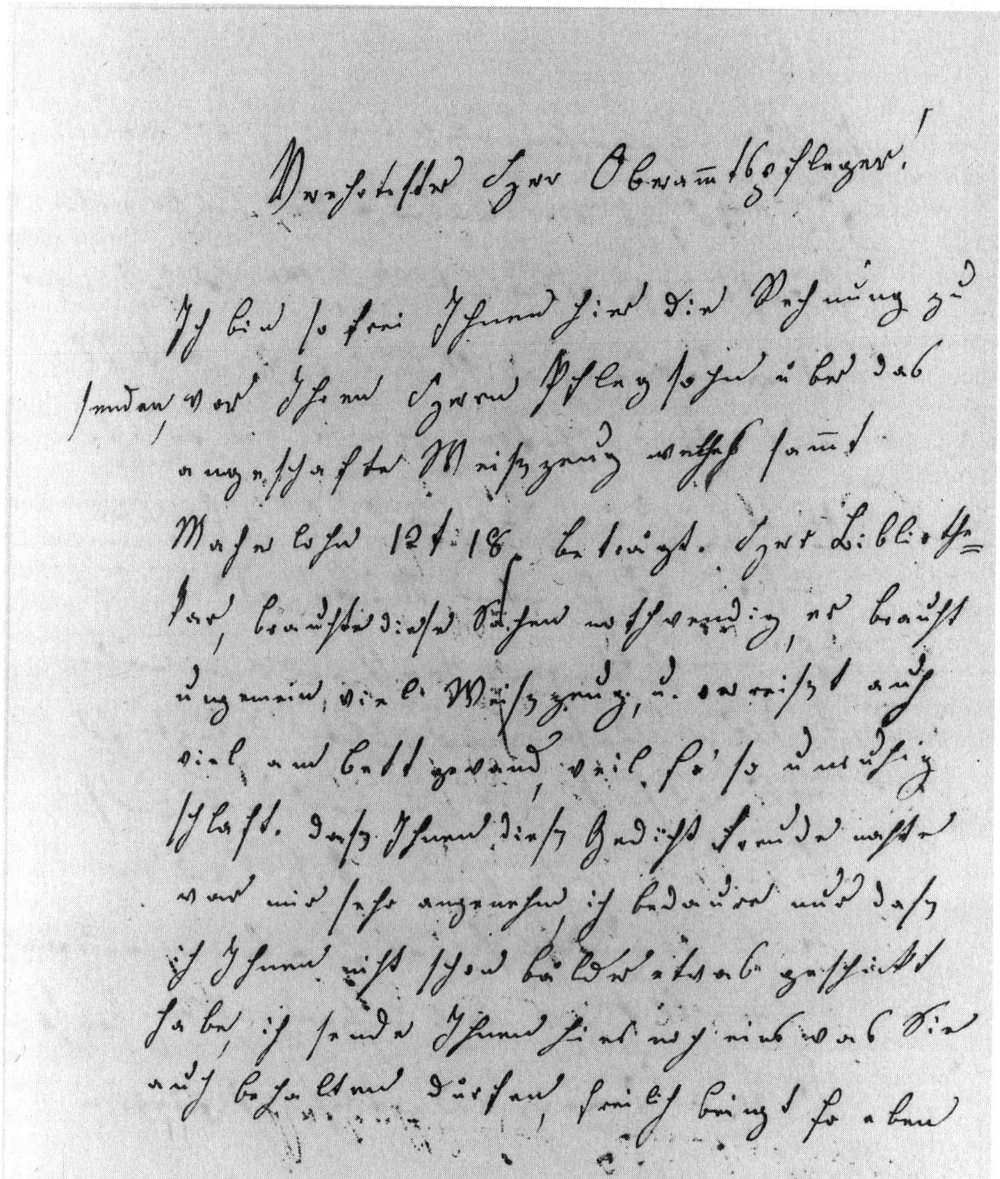

keinen Zusammenhang mehr entstand, so natürlich
das Alter jetzt viel ausbricht, denn früher machte
er oft recht ordentliche Gedichte, Er befindet
sich gegenwärtig recht wohl. Die Hitze hat Ihm
auch oft zuschaffen gemacht, daß er oft
so bös wurde, daß man Ihn verlassen
mußten, als er meiner Mutter noch den Sie
Ihn erheiterte, ganz sanft und kann mehr
d. Tür im andern Zimmer führen, u. sagte er
mehr gewiß drei oder viermal u. es war so
bedeutend daß er die Schüssel in der
Küche herumwarf, daß er aber im andern
Augenblick nicht mehr wissen wollte, sonst
ist er aber ganz ordentlich, die Fürsten

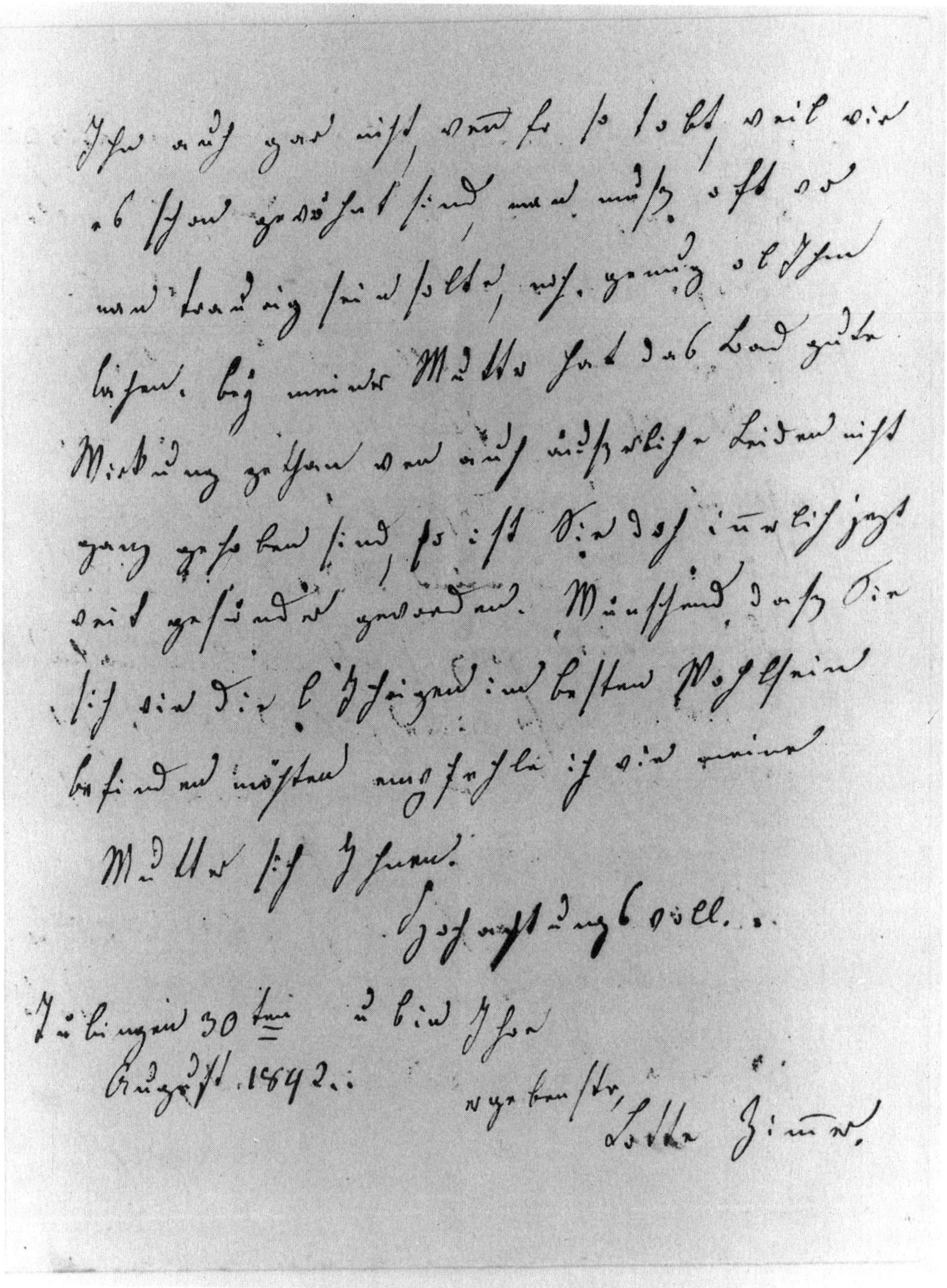

Ihr auch gar nicht, denn sie so lobt, weil wir es schon gewöhnt sind, man muss oft so unbeständig sein selber, wie wenig als Ihnen lieben. bey meiner Mutter hat das Bad gute Wirkung gethan, wenn auch äusserliche Leiden nicht ganz gehoben sind, so ist sie doch ziemlich jezt weit gesünder geworden. Wünschend, dass Sie sich wie die l. Ihrigen im besten Wohlsein befinden möchten empfehle ich wie meine Mutter sich Ihnen.

Hochachtungsvoll..

Nürtingen 30ten August 1842..

bin Ihre ergebenste, Lotte Zimmer.

Abb. 8 Brief Lotte Zimmers an Zeller, 30. August 1842 (Nr. 435)
(Stadtarchiv Nürtingen)

6 Hemder räparirt wo Stücker hinein gesezt wurden *a* 10x	1f	
vor 2 Kißen u 2 Häupfel zu machen samt Knöpf u Faden		26
vor das Leintuch		4
vor die Bettzichen eine ausgebeßert u das Blatt in die andere gesezt		8
ferner Tüchle gesäumt u 4 paar Strümpfe geflickt		12x
	1f	50
Obiges	10f	28
zusammen	12f	18x

Tübingen d 30ten August 1842,
Den Empfang bescheint im Namen d Mutter die Tochter Lotte Zimmer.

437 GUSTAV SCHWAB AN COTTA

[Stuttgart, 30. September 1842]

In der Anlage bin ich so frei, Dir den letzten Correkturbogen von Hölderlin's Gedichten und den Lebensabriß des Dichters zu senden. Den letztern bitte ich Dich, aus einer von ganz anderartigen Berufsgeschäften fast immer in Anspruch genommenen Feder, nachsichtig, als Freundesgabe aufzunehmen.

Mein Sohn hat mir noch den Wunsch ans Herz gelegt, daß für Hölderlin selbst ein Exemplar gebunden werden möchte, in welchem der Lebenslauf wegbliebe, was Du vielleicht die Gewogenheit hast, zu berücksichtigen.

438 COTTA AN GUSTAV SCHWAB

[Stuttgart, 30. September 1842]

Hochverehrtester, Theuerster Freund

empfange meinen herzlichsten Dank für die Übersendung der Biographie *Hölderlin's* und des lezten Correct.Bogen's.

Unmöglich kann ich sie aber als Geschenk annehmen. Im Gegentheil muß ich Dich bitten zugleich mit dem Honorar für Deinen Herrn Sohn, für dessen Bemühung, auch für die Biographie ein Honorar annehmen zu wollen.

Nach welchem Maßstab das erstere und das leztere zu bemessen seyn wird, dafür geht mir ein Anhaltspunct ab, und wünschte ich dringend, daß Dein Herr Sohn mir einen Vorschlag machen wollte, da er besser als ich weiß, wie viele Mühe und Zeit ihn die Arbeit gekostet hat. Ich bitte also darum recht angelegentlich.

Ein Exemplar ohne Biographie steht natürlich für den Dichter jeder Zeit zu Befehl, das ihm Dein Herr Sohn vielleicht dereinst übergiebt.

439 GUSTAV SCHWAB AN COTTA

[Stuttgart, 30. September 1842]

Deine Güte beschämt mich; Du hast mir schon so viel Schönes in meine Bibliothek gestiftet; erlaube mir doch nach Kräften Dir auch einmal ein, wenn noch so kleines Geschenk zu machen. Soll ich aber ja eine Gegengabe empfangen, nun so bitte ich um ein paar Exemplare meiner einbändigen Gedichte, die mir ganz ausgegangen sind. An der Biographie hat mein Sohn Christoph nur in sofern Antheil, als ich sie auf seine größere Arbeit, die vorerst im Pulte bleibt, gegründet habe. Will Deine Güte ihn für die Durchsicht der neuen Hölderlinsausgabe mit einem Verlagsartikel der Handlung erfreuen, so wird er sich überreichlich belohnt finden. Außerdem beschenkt ihn Deine Güte vielleicht mit einigen Exemplaren der neuen Ausgabe selbst; namentlich möchte er mit Einem Hölderlins treue Pflegerin, die Wittwe Zimmer in Tübingen, überraschen. Wenn Du es erlaubst, bringe ich Dir den jungen Menschen, wenn er von seiner Tyroler-Vakanzreise zurückgekommen ist.

440 COTTASCHE BUCHHANDLUNG AN GUSTAV SCHWAB

[Stuttgart, Anfang Oktober 1842]

Hochwürdiger
hochverehrtester Herr Professor
erlauben Sie, daß wir Sie bitten in einer Angelegenheit zu intercediren, in der wir unverschuldet die Intention unsres Herrn v. Cotta zu seinem großen Leidwesen falsch aufgefaßt haben.

Er trug uns nehmlich auf die Werke von Schiller und Göthe aufsuchen zu lassen, mit welchen er, begleitet mit einem Schreiben sr. Hand, Fln. Keller einen Beweis sr. Dankbarkeit für die uns geliehene Zeichnung Hölderlin's auszusprechen gedachte.

Unvorsichtigerweise haben wir diese Bücher mit einer gratis Nota versehen unmittelbar an diese Dame gesandt, worüber wir heute von Herrn v. C. herbe und streng getadelt wurden.

441 COTTA AN GUSTAV SCHWAB

[Stuttgart, 1. Oktober 1842]

Ist *Hölderlin* einmal fertig, so bitte ich Deinen Herrn Sohn nur eine von ihm zu bestimmende Anzahl Exlre. abholen zu lassen.

442* RECHNUNG DES SCHUHMACHERS MÜLLER

Rechnung vor Herrn Helderle vor Schuhmacher Arbeit
d 21 April 42: Winter Schuhe durchaus gesolt
ausgebessert 1f
d 3 Novbr Winter Schuh durchaus gesolt besezt 1f 8x

2f 8x

den Empfang mit Dank erhalten T Friederich Müller Schuhmacher
Tübingen d 3 Novber 1842:

443* LOTTE ZIMMER AN ZELLER

Verehrtester Herr Oberammtspfleger!

Sie erhalten hier vor Ihren Herrn Pflegsohn die Rechnung mit siebenundsechzig Gulden 30x u nebst der Zwischenkost auf das Quartal Martini mit 14f 48x wie auch eine Rechnung von ausgelegtem Garn u Strickerlohn mit 1f 24x auch folgt eine hier von Schuhmacher Müller mit 2f 8x Ihr Herr Pflegsohn befindet sich gegenwärtig wohl, Er sieht auch wirklich wieder sehr gut aus, daß sich viele Leute schon wunderten, weil Er leztes Frühjahr nicht zum Besten aussah, meine Mutter gibt mir den Auftrag Ihnen zu bemerken, daß Er ein paar Tuchhosen sehr nöthig hätte, u seine Sacktücher sind zum theil so zerrißen daß Er auch ein 1/2 duzend nöthig braucht, sollten wir nun es selbst besorgen, so haben Sie die Güte u bemerken es mir in Ihrem werthen Schreiben wo ich dan Ihnen die Rechnung darüber senden werde. beyfolgendes schrieb Er heute, es macht Ihnen vieleicht Freud deßhalb lege ich es bey, Er war vor einige Tag auch in einer Gesellschaft.

Mich Ihrem ferneren Wohlwollen empfehlend bin ich mit Aller Hochachtung Ihre ergebenste Lotte Zimmer.

Tübingen d 7ten Nov: 1842.

444* QUITTUNG LOTTE ZIMMERS

Tübingen d 7ten Nov: 1842

Die Unterzeichnete bezeugt von Herrn Oberammtspfleger Dr: Zeller in Nürtingen die Vierteljährig Rechnung auf das Quartal Martini 1842 mit 67f 30x siebenundsechzig (Gulden) vor Kost u Pflege deß Herrn Bibliothekar Hölderlin erhalten zu haben. T im Namen der Mutter die Tochter Lotte Zimmer.

445* RECHNUNG LOTTE ZIMMERS

Herrn Bibliothekar Hölderlin

Extra Rechnung vor Morgen u Nachmittag Vesper täglich zu 8x berechnet beträgt bis Martini 1842 mit 111 Tage 14f 48x

Den Empfang T im Namen d Mutter die Tochter Lotte Zimmer

Tübingen d 7ten Nov 1842.

446* RECHNUNG LOTTE ZIMMERS

Herrn Bibliothekar Hölderlin Ausgelegt.

anderhalb Vierling wolle Garn gekauft	1f	
vor 2 paar Strümpfe vors daran stricken		24x
	1f	24x

Den richtigen Empfang T die Tochter. Lotte Zimmer

Tübingen d 7ten Nov: 1842.

447 WECHSEL DER PFLEGSCHAFT HÖLDERLINS

[Oberamtspfleger Zeller an Gok. Nürtingen, 27. November 1842]

[Teilt seine Ernennung zum Konsistorialassessor mit und schlägt, im Einverständnis mit Hölderlins Schwester, als künftigen Pfleger den Rechtskonsulenten Dr. Essig vor.]

Von seinem leiblichen Wohlbefinden habe ich mich letztmals den 3. Septbr d.J. gelegentlich eines Geschäfts in Tübingen, persönlich überzeugt und von Jgfr Zimmer auf Martini befriedigende Nachrichten erhalten. Ungerne lege ich die mir anvertraute Stelle nieder; allein bei der Veränderung meines Wohnorts wäre es fast nicht möglich, die Verwaltung des ganz im hiesigen Bezirk angelegten, meistens in kleineren Posten bestehenden Kapitalvermögens ferner zu besorgen.

DER WINTER

Wenn ungesehn und nun vorüber sind die Bilder
Der Jahreszeit, so kommt des Winters Dauer,
Das Feld ist leer, die Ansicht scheinet milder,
Und Stürme wehn umher und Reegenschauer.

Als wie ein Ruhetag, so ist des Jahres Ende,
Wie einer Frage Ton, daß dieser sich vollende,

Alsdann erscheint des Frühlings neues Werden,
So glänzet die Natur mit ihrer Pracht auf Erden.

Mit Unterthänigkeit
Scardanelli.

d. 24 April
1849

DER WINTER

Wenn sich das Jahr geändert, und der Schimmer
Der prächtigen Natur vorüber, blühet nimmer
Der Glanz der Jahreszeit, und schneller eilen
Die Tage dann vorbei, die langsam auch verweilen.

Der Geist des Lebens ist verschieden in den Zeiten
Der lebenden Natur, verschiedne Tage breiten
Das Glänzen aus, und immerneues Wesen
Erscheint den Menschen recht, vorzüglich und erlesen.

Mit Unterthänigkeit
Scardanelli.

d. 24 Januar
1676.

DER WINTER

Wenn sich der Tag des Jahrs hinabgeneiget
Und rings das Feld mit den Gebirgen schweiget,
So glänzt das Blau des Himmels an den Tagen,
Die wie Gestirn in heitrer Höhe ragen.

Der Wechsel und die Pracht ist minder umgebreitet,
Dort, wo ein Strom hinab mit Eile gleitet,
Der Ruhe Geist ist aber in den Stunden
Der prächtigen Natur mit Tiefigkeit verbunden.

Mit Unterthänigkeit

d. 24
Januar
1743.

Scardanelli.

448* RECHNUNG DES SCHNEIDERS FEUCHT

Nota über Schneider Arbeit für Herrn Biblidekarius Helderle.

den 18 Decb: eine Hoss mit fuder gemacht	54
v die zugeher f: Knöpf	12
v 3 1/4 Ehl: Leinwand a 17x	55
ein Schlafrock ausgebesert	10x
	2f 17x

Tübingen den 2t Decb 1842
T. Philipp Feucht
den Obigen Empfang Bescheind Dankbar Feucht. Schneider M.

449 KARL GOK AN GUSTAV SCHWAB

[Stuttgart, 5. Dezember 1842]

Euer Hochwürden
würde ich schon früher meine gehorsamste Aufwartung gemacht haben, wenn ich nicht schon seit mehreren Wochen durch anhaltendes Unwohlseyn in das Zimmer gesprochen wäre.

Ich glaube aber nun nicht länger zögern zu dörfen, *Hochdenenselben* und *Ihrem* schäzbaren Herrn Sohn für *Ihre* gütigen Bemühungen mit der neuen Ausgabe von *Hölderlins* Gedichten und dem vortrefflich ausgearbeiteten LebensAbriß meines unglüklichen Bruders durch welchen jene für alle Freunde *H.* ein neues Interesse gewonnen hat, einstweilen hiemit meinen innigsten herzlichsten Dank abzustatten, biß ich das Vergnügen haben werde, diß persönlich zu wiederholen.

Zugleich bitte ich *Sie,* als ein kleines Zeichen meiner Hochschäzung die mitfolgenden Exemplare gefälligst anzunehmen. Sollten *Sie* und *Ihr* Herr Sohn, wie ich vermuthen darf, bereits einige Exemplare von der Cottaschen Buchhandlung erhalten haben, so ist *Ihnen* das dritte vielleicht doch nicht unwillkommen, um dasselbe *Ihrem* verehrten Freunde *Uhland,* welchem wir für seine gütige Mitwirkung für die erste Ausgabe zum bleibenden Danke verpflichtet sind, übersenden zu können.

450 FRAU GOK AN FAMILIE ZIMMER

[Stuttgart, Dezember 1842. Konzept Goks]

M. l. Gatte sendet Ihnen nebst s. herzlichen Gruß ein Exemplar der neuen Auflage von *Hölderlins* Gedichten, mit dem Lebensabriß, der für Sie besonders interessant seyn wird, auf *Holderlin* selbst aber leicht einen unangenehmen Eindruk machen könnte; daher werden Sie es selbst einsehen, daß es die Vorsicht erfordert, das Büchlein demselben nicht in die Hände zu geben.

Sollte *Hölderlin* nicht schon ein Exemplar ohne diesen Lebens-Abriß besizen, und würden Sie glauben, daß ihm ein solches von der neuen Auflage Freude machen und er dasselbe lesen würde, so bitten wir Sie uns weitere Nachricht zu geben.

451* LOTTE ZIMMER AN RECHTSKONSULENT DR. ESSIG

Herrn Rechtskonsulent!

Wie ich aus dem Schreiben der Frau Profeßor Bräunlin gehört habe, so haben Sie die Pflegschaft deß Herrn Bibliothekar Hölderlins übernommen, welcher bey uns in Kost u Logie ist, wo ich so frei bin Ihnen im Namen meiner Mutter 2 Rechnungen vor Ihren Herrn Pflegsohn zu senden, wovon eine von Schneider Feucht mit 2f 11x über gemachte Arbeit, die andere Rechnung von uns mit – 7f 54x/ 10.f 5x vor jene angegebene Sachen ausgelegt wurde, die Rechnung habe ich gleich unterschreiben laßen, wie die unsere auch als bezahlt unterschrieben ist, es wird Ihnen so auch lieber sein, weil man es dan nicht wieder zurük senden darf, Herrn Dr: Zeller mußten wir es auch so schicken. Ihr Herr Pflegsohn befindet sich gegenwärtig wohl, Er bleibt sich immer gleich, Sie kennen Ihn aber vieleicht nicht einmal, Sie kommen vieleicht auch einmal hieher, wo es uns freuen wird, die Ehre zu haben Sie auch kennen zu lernen. Meine Mutter ist schon einige Jahre mit Gliederweh behaftet wo Sie zu schwach ist zum Schreiben, deßhalb mußte ich das Schreiben übernehm. Sie sind vieleicht so gütig den inliegenden Brief der Frau Profeßorin zu senden.

freundlich empfiehlt sich Ihnen meine Mutter wie auch ich mich Ihnen bestens empfehle, u bin mit Aller. Hochachtung. Ihre ergebenste, Lotte Zimmer.

Tübingen d 28ten Dec: 1842.

452* RECHNUNG LOTTE ZIMMERS

Rechnung über folgende ausgelegte Sachen deß Herrn Bibliothekar Hölderlin.

2 Ehlen Tuch zu ein paar Hosen gekauft die Ehle zu 2f 24x	4f	48x
ferner 6 Sacktücher gekauft *a* 18x	1f	48x
der Näherin vor säumen u. zeichnen		18x
dem Balbierer vors Neuhjahr Geschenk		24x
vor das Haar zu schneiden.		12x
Vor die Nägel an den Füßen zu schneiden dem balbierer		24
	7f	54x

Den Empfang bescheint. die Tochter Lotte Zimmer. im Namen der Mutter.

Tübingen d 28ten Dec: 1842.

453* HEINRIKE BREUNLIN ÜBER DIE VERWENDUNG VON HÖLDERLINS FAHRNIS

Für ihren Bruder, den geisteskranken *M* Hölderlin hat die Unterzeichnete Fahrniß in Verwahrung im Anschlag von – : 80.f. 56.x. 3.h: wovon im Jahr 1842 verbraucht worden ist: –: 0. –

Nürtingen p. 31. Dezbr 1842.

verw: Profeßorin, Breunlin

454* LOTTE ZIMMER AN ESSIG

Herrn Docktor!

Ich bin so frei Ihnen im Namen meiner Mutter, die Vierteljährige Rechnungen auf das Quartal Lichtmeß zu senden, mit 67f 30x vor Kost u Pflege, die andere beträgt von Martini bis Lichtmeß täglich zu 8x berechnet 11f 4x vor Morgen u. Nachmittags Vesper wo ich Ihnen hir die Rechnungen quittirt zu sende, wie Sie es auch wünschten, die von dem Schlafrock konnte ich noch nicht beylegen, weil der Schneider den Schlafrock noch nicht ganz fertig hat, Sie wird also nach folgen, Ihr Herr Pflegsohn befindet sich gegenwärtig sehr wohl, Er hat überhaupt dießmal einen sehr guten Winter, solten Sie Frau Profeßorin sprechen, so bitte ich Ihr viele Empfehlungen zu sagen.

wie auch wir uns Ihnen Hochachtungsvoll empfehlen. u. bin, Ihre ergebenste. Lotte Zimmer

Tübingen d 30ten Jan: 1843.

455* QUITTUNG LOTTE ZIMMERS

Tübingen d 30ten Jan: 1843.

Die Unterzeichnete bezeugt von Herrn Doktor Eßig in Nürtingen die Rechnung mit 67f 30x (siebenundsechzig) Gulden auf das Quartal Lichtmeß vor Kost u Pflege deß Herrn Bibliothekar Hölderlin erhalten zu haben.

die Tochter im Namen der Mutter Lotte Zimmer.

456* RECHNUNG LOTTE ZIMMERS

Rechnung für Herrn Bibliothekar Hölderlin über ausgelegtes Eßen u. Getränke. zum Morgen u Nachmittags Vesper, welches beträgt von Martini 1842 bis Lichtmeß 1843 täglich zu 8x mit 83 Tag 11f 4x

Den Empfang bescheint die Tochter im Namen der Mutter. Lotte Zimmer.

Tübingen d 30ten Jan: 1843.

GRIECHENLAND

Wie Menschen sind, so ist das Leben prächtig,
Die Menschen sind der Natur öfters mächtig,
Das prächt'ge Land ist Menschen nicht verborgen
Mit Reiz erscheint der Abend und der Morgen.
Die offnen Felder sind als in der Erndte Tage
Mit Geistigkeit ist weit umher die alte Sage,
Und neues Leben kommt aus Menschheit wieder
So sinkt das Jahr mit einer Stille nieder.

Mit Unterthänigkeit
Den 24t. Mai 1748 Scardanelli.

457 JOHANN GEORG FISCHER AN AUGUSTE NEUBERT

[Tübingen, 30. Januar 1843]

Am letzten Freitag habe ich den seit 36. Jahren wahnsinnigen Dichter Hölderlin besucht. Ich kann Dir nicht in Worte fassen, wie mich das angegriffen, diesen dichterischen Feuergeist, der in Schönheit der griechischen Form, in der Treue der Naturanschauung *pp* Schillern weit übertraf, diesen Geist so zerrüttet zu sehen – Du hast ja einst den Phaëton v. Waiblinger v. mir gelesen; das ist die Lebensgeschichte Hölderlins. Er hat einst ein Buch: »Hyperion« geschrieben, worin er mit der höchsten Glut dichterischen Feuers seine Leiden darüber schildert, daß ihm die Welt, das Leben *pp* nicht natürlich u. göttlich genug sey, d. h. daß nur falsche Bildung das Herrlichste des Menschen, seine reine Natur, verderbt. Namentl. aber schildert er darin so innig u. tief, daß ich ihn fast anbeten möchte, seine Liebe zu einer gewissen »Diotima«, die wenigstens ein Engel gewesen seyn muß.

Aber ihr Wesen war so zart, so himmlisch, daß sie bald starb; u. Hölderlin, in Verzweiflung über den Tod seiner Braut, u. schon vorher zerfallen mit der Welt – – wurde wahnsinnig.

Eines von seinen Gedichten : »Emilie vor ihrem Brauttag« behandelt ebenfalls die Geschichte seiner Liebe; – – theures Gustele! so herrlich u. wahr hab' ich nie was gelesen. – Und dieser Geist nun wahnsinnig; bis jetzt gerade die Hälfte seines Lebens wahnsinnig (er ist 72 Jahr alt.) das ist zum Wahnsinnig werden! vor einem solchen Räthsel der Vorsehung wird der Menschengeist wirr. – Ich besuchte ihn mit 2. guten Freunden. Er redete uns »Majestäten« u. »Heiligkeiten« an, u. sprach eine ganze Menge von Wörtern aus fremden Sprachen durcheinander. Nur selten hatte er lichte Augenblike, in denen er zugestand, daß er seine Gedichte geschrieben, u. daß Schiller sein guter Freund gewesen, daß er den Sophokles übersetzt *pp* Wenn man ihn an seine Geliebte erinnerte, so gab er zu, sie zu kennen, verwechselte sie aber alsbald mit der Frau, bei der er wohnt.

Seinen Namen Hölderlin erkennt er nicht an, sondern nennt sich »Bibliothekar Scardanelli«. Er trank Kaffee u. rauchte eine *Cigarre* mit uns. Er sieht trotz seiner Zerstörung noch sehr geistvoll aus; ich hätt' ihn umarmen u. küssen mögen, diesen hohen Greis, der noch jetzt Spuren seiner einstigen Schönheit zeigt. Das merkwürdigste ist, daß er, so bald man ihn bittet, ein Gedicht macht, das zwar immer unzusammenhängend, aber voll von einzelnen guten Gedanken, u. richtig in Reim u. Metrum ist. Mir hat er ein Gedicht über »den Zeitgeist« u. Auberlen eines über »Griechenland« gemacht. Ich werde dieß Gedicht, und die Feder, mit der er's geschrieben, als ein Heiligthum verwahren.

Ich habe ihm beim Gehen mit aller Herzlichkeit seine welke Hand gedrückt, u. ihm bis ins Innerste seines blauen Auges geschaut. Aber 2 Tage lang war ich auf's Heftigste angegriffen! – Gott!! ein einst so großer, herrlicher Dichter in diesem Zustand!! Ich bat den Himmel, ihm doch bald sein Auge zu schließen, u. ihn mit seiner unendlich geliebten Diotima zusammenzuführen, daß er wieder werde hoch u. herrlich, daß die Engel jauchzen: siehe da, er ist geworden wie unser einer, u. daß er die Vollkommenheit schaue, deren Nacheiferung sein großer Geist erlag. – Wenn Du, geliebtes Gustele, ihn läsest u. sähest, Du hättest gewiß auch eine Thräne für ihn. – Ich liebe Dich so herzlich, wie er einst seine Braut; – wie glücklich sind wir gegen die Beiden, die in der Welt beide nicht Frieden fanden.

458 FISCHER: HÖLDERLIN'S LETZTE VERSE

Es war in den Jahren 1841, 42 und 43, daß ich während meiner Tübinger Studienzeit mit meinen Freunden Karl Auberlen, Wilh. Brandauer, Christof Schwab, bald mit dem einen, bald mit dem andern, öfters auch allein, den kranken Dichter zeitweilig besuchte. Immer war er entgegenkommend, das einemal mit etwas mehr, das anderemal mit weniger Resignation. Die Hände über dem Schlafrock auf dem Rükken gekreuzt, saß oder ging er mit den Besuchern in seinem Zimmer auf und ab. Zwei Besuche sind mir in besonders bedeutsamer Erinnerung. Seine Gedichte waren bei Cotta in Miniaturausgabe erschienen und Christ. Schwab überreichte ihm ein Exemplar. In demselben hin und her blätternd sagte er : »Ja, die Gedichte sind echt, die sind von mir; aber der Name ist gefälscht, ich habe nie Hölderlin geheißen, sondern Scardanelli oder Scarivari oder Salvator Rosa oder so was.« Auberlen brachte die Rede auf den Oedipus. »Ja,« sagte H., »den hab' ich zu übersezen versucht; aber der Buchhändler –«. Sodann erinnerte ich ihn an seine Diotima. »Ach,« sprach er, »reden Sie mir nicht von Diotima, das war ein Wesen! und wissen Sie: dreizehn Söhne hat sie mir geboren, der eine ist Kaiser von Rußland, der andere König von Spanien, der dritte Sultan, der vierte Papst u.s.w. Und wissen Sie was dann?« Nun sprach er folgendes schwäbisch : »wisset se, wie d' Schwoba saget: Närret ist se worda, närret, närret, närret.« Das sprach er so erregt, daß wir gingen, indem er uns mit tiefer Verbeugung an die Thür begleitete. Mein lezter Besuch geschah im April 43. Weil ich im Mai Tübingen verließ, bat ich ihn um ein paar Zeilen zum Andenken. »Wie Ew.

Heiligkeit befehlen«, sagte er, »soll ich Strophen über Griechenland, über den Frühling, über den Zeitgeist?« Ich bat um »den Zeitgeist«. Nun trat er, und mit einem Auge voll jugendlichen Feuers, an seinen Stehpult, nahm einen Foliobogen und eine mit der ganzen Fahne versehene Feder heraus und schrieb, mit den Fingern der linken Hand die Verse auf dem Pult skandirend, und nach Vollendung jeder Zeile mit Kopfnicken ein zufriedenes deutliches »Hm« ausdrückend, folgende Verse:

Der Zeitgeist. [s. u.]

Nach dem fast weinenden Danke, den ich ihm unter Händereichung ausdrückte, sah ich ihn nicht wieder. Zwei Monate darauf wurde er begraben.

459 FISCHERS HÖLDERLIN-VORTRAG

Hölderlin war von Geburt ein ungemein weich ausgestattetes Gemüth, und in dieser Eigenschaft glich er offenbar seiner Mutter, denn ihre Briefe an den Sohn athmen überall die größte Zärtlichkeit. Im Jahr 1770 zu Lauffen geboren, verlor er schon nach drei Jahren den Vater, und schon im zehnten Jahr auch den Nachfolger desselben, mit welchem sich die Mutter in Nürtingen geehlicht hatte. Was also von stärkerem und dauernderem väterlichen Einfluß dem Sohn zugute kommen sollte, das hatte er schon sehr früh zu entbehren, und es war wesentlich die mütterliche Sonne, die seine Kindheit beschien. Freilich war es auch die Natur, das Feld, der Wald, der Fluß, der schöne Himmel, woran der Knabe das innige Herz erwärmte. Es stammen schon aus seiner frühen Zeit Proben von Aussprüchen, welche dieß beweisen, wie er der Verherrlichung der Natureinflüsse auf sein Gemüth lebenslang Worte und Lieder voll der innigsten Pietät gewidmet hat.

Kein Wunder, daß das Stift in Tübingen, wohin ihn das Jahr 1788 führte, den schönen Jüngling, dem zu einem jugendlichen Apollo nichts fehlte, als das scharfe Geschoß der Gegenwehr, mit entgegenkommendem Wohlgefallen empfieng. Ich habe Männer noch im Leben gekannt, die mit Hölderlin das Stift getheilt haben. Es lief ihnen wie Verklärung über das Angesicht, wenn von dem Unglücklichen die Rede war. Der eine wie der andere konnte kaum des Lobes über den liebenswürdigen Jüngling satt werden, bei dessen Erscheinen selbst die jugendlich wilden Genossen zahmer, die Ausgelassenen stiller geworden seien, und in dessen Nähe sich nicht leicht eine Unanständigkeit gewagt habe.

Ein letzter Versuch, sich wieder aufzurichten, bestand in einem Besuche Hölderlins in Jena, wo Schiller, der ihn abermals aufs wärmste empfieng, im Verein mit andern Freunden ihm zu einer Professur an der Universität zu verhelfen trachtete. Eine solche Stellung hätte ihn nothwendig auch dichterisch fördern, ihm einen breiteren Weg in das Publikum öffnen und seinen Poetenruhm, dessen er so bedürftig war, erhöhen müssen. Aber die Bemühungen zerschlugen sich, wie behauptet wird, durch Göthes Einfluß, der nie ein ganzes Herz für Hölderlin gewinnen konnte. Und an diesen Einfluß muß auch Hölderlin selbst geglaubt haben, wie seine lebenslange Abneigung gegen Göthe zu beweisen schien, über dessen Namensnennung er während der Zeit seines Irrsinns stets mit einer raschen Redewendung hinwegeilte, der man sein verletztes Gefühl deutlich anmerkte, während seine Verehrung gegen Schiller auch in der ganzen Zeit seiner Krankheit niemals erkaltete.

Es wird genügen, den Eintritt dieses Zustandes [der Zerrüttung] zu erklären, wenn man ausspricht, daß Diotima, deren Tod er noch in Frankreich erfuhr, am 22. Juni 1802 gestorben war. Erschütternd muß es gewesen sein, wie der Zerrüttete sich dem damals in Stuttgart anwesenden Matthisson, an Gesicht und Kleidung verwildert, mit dem hohlen Gruße vorstellte : »Hölderlin!«

Und hier [in Tübingen] war es, von 1841-43, wo mir vergönnt war, den Hochgealterten zu öftermalen mit all der Pietät aufzusuchen, die einem in Geistesnacht gesunkenen glänzenden Geiste gegenüber doppelt natürlich ist. Zuweilen genoß er lichtere Momente, man konnte mit ihm über Literatur Abgebrochenes reden, er beschäftigte sich sogar, außer meistens wildphantastischem Klavierspiel, mit Versen, obwohl dieselben seinen Zustand nicht verbergen konnten. Aber von langer Dauer waren solche Momente niemals; er verwechselte Namen, verleugnete sogar seinen eigenen auf dem Titel seiner Gedichte, und behauptete, Skardanelli oder Scaliger Rosa zu heißen. Besuche empfieng und verabschiedete er aufs freundlichste und gewinnendste, legte allen die höchsten Titel bei, wie Majestät und Heiligkeit, während er für sich den Titel »Bibliothekar« in Anspruch nahm, was daher rührte, daß der Landgraf von Homburg ihm seinerzeit wirklich eine solche Stelle übertragen hatte.

Auf Bitten war er an lichteren Tagen gerne bereit, seinen Verehrern Gedichte als Gedenkblätter zu schreiben. Eine auffallende Erscheinung dabei war die, daß er jetzt immer wieder der gereimten Strophen sich bediente, wie in seinen ersten Dichterproben, während er in der reiferen Periode seiner noch gesunden Zeit allermeist antiker Formen sich befliß.

Stellte sich der Kranke an seinen Pult, um Verse niederzuschreiben, die er immer mit der linken Hand scandirte, indem er nach Vollendung jeder Zeile sich selbst einen zufriedenen Beifallslaut zuraunte, so schien sich sein ganzes Wesen zu verjüngen, die Blicke wurden freier, die Züge belebter, und Spuren einstiger Jugendschönheit traten unverkennbar hervor.

Schmerzlich interessant war dann immer das Ringen in seinen Versen zwischen lichtern und verdunkelten Gedankenelementen, zwischen Sinn- und Irrsinn, zwischen Tief- und Flachheit, wenn auch Versmaß und Reim – denn so viel Zucht war ihm auch noch in der Geistesnacht geblieben – fast immer korrekt waren. Mir selbst hat er auf meine Bitte zwei Monate vor seinem Tod Verse über das Thema »der Zeitgeist« zum Andenken geschenkt, die für das Gesagte Zeugniß ablegten.

460 FISCHER: AUS FRIEDRICH HÖLDERLINS DUNKELN TAGEN

Man hat nicht direkte Beweise, daß Hölderlin den im Jahre 1802 erfolgten Tod seiner angebeteten »Griechin« Diotima noch in Bordeaux, wo er damals als Hofmeister lebte, erfahren habe. Aber die Vermutung liegt nahe, daß er aus Württemberg oder Homburg vor der Höhe oder Frankfurt, wo die edle Frau verschied, Mitteilung erhalten habe. Gewiß ist, daß er bald darauf, nach einer bitter winterlichen Reise, verstörten Geistes in Schwaben eintraf. Nach seinem Besuch in Stuttgart, wo Matthison von der Erscheinung des Unglücklichen erschütternden Eindruck empfangen, brachte ihn Freundesfürsorge nach Tübingen. Hier fand er in dem Hause des wackeren Tischlermeisters Zimmer liebevolle Aufnahme und Pflege, die ihm bis zu seinem Tode treu blieb. Es fehlte nicht an persönlicher Teilnahme, die den verdüsterten Mann aufsuchte, sogar sich an Gänge anschloß, welche die Familie Zimmer mit demselben in Feld und Garten unternahm. Von dem Dichter Friedrich Waiblinger besitzen wir ein geistvolles Buch: »Phaêton«, das geradezu Hölderlins Lebensschicksal zum ergreifenden poetischen Vorwurf genommen.

Aber es lebten dem Unglücklichen Freunde und Verehrende in großer Zahl, schon aus früherer Zeit; vor allen sind hier seine Vertrauten Sinclair, Neuffer, Hegel zu nennen, wenn man Schiller, der den jüngeren Landsmann ins Herz geschlossen hatte, aus dessen verdunkelten Tagen auch nicht mehr anführen wollte.

Auch der Verfasser dieser Zeilen selbst hat Männer im Leben gekannt, welche mit Hölderlin das theologische Stift in Tübingen geteilt hatten und welche mit einer so schönen Rührung von dem Jugendfreunde sprachen, daß einem das Herz aufging wie ihnen selbst. Einer derselben, der längst heimgegangene Dekan M. Majer in Ulm, hat sich, als ich in einer Vakanz ihn besuchte und ihm von Hölderlin sprach, so über ihn geäußert : »Ach, haben Sie ihn gesehen, meinen teuren Stiftsfreund Hölderlin? Ach es ist unvergeßlich, wie der schöne Mensch sorgfältig an Kleidung, Benehmen und Sprache erschien, keine Ausgelassenheit, kein wildes Wort konnte in seiner Nähe aufkommen!« Und dabei glühte dem alten Herrn Stirn und Wange, daß mir Goethes Worte auf Schiller in den Sinn traten :

»Es glühte seine Wange rot und röter
Von jenem Feuer, das uns nie verfliegt.«

Und solche Erinnerungen, aus eigener einstiger Anschauung, oder aus Erzählung gewonnen, lebten und wirkten fort auch in der Zeit der so langen geistigen Umnachtung des Verehrungswerten. Ich weiß nicht, ob es in weiten Kreisen bekannt ist, daß Uhland auf Hölderlins Geburtstag im März ihm einen Strauß von Hyazinthen persönlich zu überbringen pflegte; sie waren des Kranken Lieblingsblumen, und er sei, wie man versichert, immer sehr erfreut von der Erscheinung gewesen. Nicht jeder andere Besuch war ihm so willkommen; man spricht auch von Empfängen und Abschieden unwillkommnerer Art. Aber alle Besuchenden schienen in dem Unglücklichen noch den einstigen Jüngling zu suchen, der so golden die Leyer gerührt, daß man sein Bild auch in dem verwitternden Greise nicht aufgeben wollte. Und wie oft gelang es den Besuchenden noch, Spuren des früheren Geistes aus der Ruine, wenn auch nur ganz vorübergehend, aufleuchten zu sehen!

Als ich 1841 zum Studium in Tübingen eingetroffen war, hatten mich meine Gänge bald an der rechten Neckarseite vorübergeführt, von wo man auf Hölderlins an der anderen Seite des Flusses liegende Wohnung hinübersehen konnte. Sie lag und liegt heute noch hinter der Ufermauer, von der sie nur durch einen schmalen Weg getrennt ist. Hölderlins Zimmer lag eine Treppe hoch in einem Erkertürmchen, von dem aus die Neckarwogen und die über die Neckarbrücke wie durch den »Wört« Wandelnden bequem zu überschauen waren. Hier hatte ich den Verehrten zum öftern am Fenster vorüberwandeln sehen, und hier, dachte ich, sieht er so recht das Gleichnis seines zerrinnenden Lebens in des Neckars Fluten dahingleiten.

Und hierhin, zu ihm, zog michs mehr und mehr. Ich hatte junge Freunde, meist Theologen, zu Freunden gewonnen; mit ihnen habe ich Hölderlin, abwechselnd bald mit diesem, bald mit jenem, bald mit mehreren zugleich, oft besucht.

Ich will nicht alle Besuche näher bezeichnen, aber charakteristisch mag das Folgende erscheinen. Beim Aufgang zum ersten Besuch, den ich mit dem späteren Prof. Auberlen in Basel machte, hörten wir vor der Thüre, wie Hölderlin auf seinem Tangenten-Klavier ziemlich leidenschaftlich phantasierte. Auf unser Anklopfen, das mit Herzklopfen geschah, lautete ein ziemlich heiseres, etwas hohles »Herein«. Unsere Verneigung erwiderte Hölderlin mit einer tiefen Verbeugung und entsprechender Handbewegung, die uns zu sitzen einlud. Er war bekleidet mit beblümtem Damastschlafrock und Pantoffeln. Uns vorzustellen war nicht nötig, denn er hatte den einen von uns mit »Heiligkeit,« den anderen mit »Majestät« angeredet. Unsere Anrede an ihn mit Herr Doktor hatte er durch »Bibliothekar« korrigiert.

Diese Bezeichnung hat er überhaupt für seine Person erwartet, offenbar in Erinnerung an die Bibliothekarstelle, die ihm von dem Landgrafen von Homburg zugedacht gewesen war. In der Beklemmung des ersten Augenblicks der Begegnung mit einem so bedeutenden, dazu in seinem Unglück so schwer faßbaren Geiste war natürlich das Gespräch schwerflüssig und zaghaft von unserer Seite. Aber unvergeßlich blieb mir das Aufleuchten im Angesichte des Ehrwürdigen, wenn eine Frage, ein Name ihn faßte. Ich lenkte das Gespräch auf seine früheren Beziehungen zu Schiller, und da sah er auf mit einem Blick aus den blauen Augen, der in der That die Vorstellung des früheren jugendschönen Mannes erweckte, indem er ausrief: »Ach mein Schiller, mein herrlicher Schiller!« Aber als das Gespräch auf Goethe überlenkte, verkühlten sich seine Züge fast wie beleidigt, und er hatte nur die Worte: »Ach, Herr von Goethe!« Wir hielten es an der Zeit, uns zu verabschieden, und wurden »unterthänigst« entlassen.

Ein späterer Besuch von bedeutendem Eindruck wurde von dem oben genannten Auberlen, von Christoph Schwab, dem späteren Herausgeber von Hölderlins Werken (bei Cotta), und mir ausgeführt, als eben die Miniaturausgabe von Hölderlins Gedichten (ebenfalls bei Cotta) erschienen war. Schwab, der Sohn G. Schwabs und spätere Professor in Stuttgart, überreichte Hölderlin ein Exemplar dieser Ausgabe, das der Dankende rasch und mit Kopfnicken durchblätterte, worauf er sagte: »Ja, die Gedichte sind echt, die sind von mir, aber« (indem er das Titelblatt nochmals besah) »der Titel ist falsch; ich habe in meinem Leben niemals Hölderlin geheißen, sondern Scardanelli, oder Scaliger Rosa, oder so was.« Alsdann fragte Auberlen: »Nicht wahr, Herr Bibliothekar, Sie haben auch den Sophokles bearbeitet,« worauf die Erwiderung folgte: »Ich habe den Ödipus zu übersetzen versucht, aber der Buchhändler war ein [...]!« und das Scheltwort wurde mehrmals rasch wiederholt. Darauf wandte ich mich an Hölderlin: »Aber Ihr Hyperion hat doch großes Glück gemacht, und Ihre verherrlichte Diotima muß ein edles Geschöpf gewesen sein,« worauf er kurz aufleuchtend sprach: »Ach meine Diotima! reden Sie mir nicht von meiner Diotima; dreizehn Söhne hat sie mir geboren: der eine ist Papst, der andere ist Sultan, der dritte ist Kaiser von Rußland u.s.w. (er zählte an den Fingern ab). Darauf sagte er hastig und in vollständigem Bauerschwäbisch: »Und wisset Se, wies no ganga ist? Närret ist se worde, närret, närret, närret« etc. etc. Er wiederholte das letzte Wort in solcher Heftigkeit und mit solchen Geberden, daß wir den Schmerz um den Unglücklichen nicht länger ertrugen, weshalb wir seinem Paroxismus durch Abschiednahme ein Ende machten, die er wie immer »unterthänigst« erwiederte.

Ich eile zu meinem letzten Besuche bei Hölderlin. Er geschah mit zwei anderen theologischen Freunden, Brandauer und Ostertag hießen sie, im April 1843. Ich sagte Hölderlin, daß ich komme, um Abschied zu nehmen, weil ich Tübingen demnächst verlassen werde, was er mit Verneigung anhörte. Ob sich von einem meiner Besuche bei ihm bis zum anderen mein Bild oder das der Freunde in seiner Erinnerung erhalten oder verwischt hatte, darüber waren wir alle ungewiß, denn er empfing die Besuche jedesmal mit derselben Gemessenheit, und kein Gesichtsausdruck schien auf Ahnung früherer Begegnung hinzuweisen. Bei meinem letzten Besuche nun bat ich: »Herr Bibliothekar, ich würde mich glücklich schätzen, wenn Sie mir zu meinem Abschied ein Paar Strophen als Andenken schenken wollten.« Die Antwort war: »Wie Euer Heiligkeit befehlen! Soll ich über Griechenland, Frühling, Zeitgeist?« Die Freunde flüsterten: Zeitgeist! und ich bat ebenso.

Nun stellte sich der sonst fast immer vorgebeugte Mann in aufrechter Haltung an sein Schreibepult, nahm einen Foliobogen und einen mit der ganzen Fahne versehenen Gänsekiel aus demselben und stellte sich bereit, zu schreiben. Lebenslang bleibt mir sein Gesichtsaufleuchten in diesem Augenblick unvergessen, Auge und Stirn glänzten, wie wenn niemals so schwere Verwirrung darüber gegangen wäre. Und nun er schrieb, scandierte er mit der linken Hand jede Zeile, und am Schluß einer jeden drückte sich ihm ein zufriedenes »Hm!« aus der Brust. Nach Beendigung überreichte er mir unter tiefer Verbeugung das Blatt mit den Worten: »Geruhen Euer Heiligkeit?« Ein letzter Händedruck an den teuren Mann war mein letzter Dank. Ich sollte ihn nicht wiedersehen; im Mai verließ ich Tübingen, im Juni wurde er begraben. Schmerzlich genug für mich, daß die Umstände mich verhinderten, zu seinem Begräbnis zu eilen.

Die Verse aber, die er mir geschenkt, und um die mich später ein wütender Autographensammler betrog, lauteten also:

»Der Zeitgeist.
Die Menschen finden sich in dieser Welt zum Leben,
Wie Jahre sind, wie Zeiten höher streben;
So wie der Wechsel ist, ist übrig vieles Wahre,
Daß Dauer kommt in die verschied'nen Jahre;

Vollkommenheit vereint sich so in diesem Leben,
Daß diesem sich bequemt der Menschen edles Streben.
Mit Unterthänigkeit
24. Mai 1748. Scardanelli.«

Welche Zeit- und Namenverwechslung! Welcher Drang nach Vorstellung und Begriff! Welch' ein Hereindämmern von Ringen nach Logik, und welch' ein Bedürfnis der Formgebung bei unzureichender Kraft!

Wie oft habe ich mir seit jener langen Zeit an dem, was wir von Hölderlin Reifes und Gesundes besitzen, den jugendlichen Mann rekonstruiert! Und wenn man heute von Kunstentartung und Kunstentweihung redet, welche Vorbilder des Wahren und Echten wären bei Friedrich Hölderlin zu holen!

461 KARL ROSENKRANZ ÜBER HÖLDERLINS SYMBOLUM

[1843]

[...] das Symbolum Ἓν καὶ Πᾶν, das Hölderlin in Hegels Stammbuch schrieb und das noch jetzt in seiner Stube zu Tübingen auf einem großen Bogen Papier an der Wand prangt [...]

462 MÖRIKE AN WILHELM HARTLAUB

[Cleversulzbach, 6. Februar 1843]

Von der Nürtinger Reise ist grade nicht viel zu erzählen [...] An einem Abend führte ich den längst gehegten Vorsatz aus, die Schwester Hölderlins, eine verwitwete Professor Bräunlin, zu besuchen. Sie hat die ehmalige Wohnung meiner Mutter inn u. ganz dieselben Zimmer. Es ist eine sehr redselige Frau. Sie hat mit ihrem Bruder in der Art zu sprechen, sofern von Natur etwas Hastiges, doch nicht Unangenehmes dabei ist, einige Ähnlichkeit. Sie zeigte mir verschiedene Portraits von ihm, darunter auch ein großes Pastellbild, das er ihr zur Hochzeit schenkte. Es ist nicht ganz getroffen, doch sieht man wohl, daß er von außerordentlicher Schönheit gewesen seyn muß. Auf meine, durch die dritte Hand an sie gestellte, Bitte, bekam ich einen großen Korb mit Manuskripten Hölderlins ins Haus geschickt. Die Frau Stadtschreiberin ließ mir zu ungestörter Musterung derselben ein oberes Stübchen heizen, wo sich ihre ältesten Möbel, u. Familienbilder befinden. Da saß ich ganz allein, nur hie u. da kam eins der Mädchen auf eine Viertelstunde mit dem Strickzeug herauf. So eine Ableitung war nöthig, sonst könnte man vor solchen Trümmern beinahe den Kopf verlieren. Ich fand merkwürdige Concepte seiner (zumeist gedruckten) Gedichte mit vielen Korrekturen; mehrfach variirende reinliche Um- u. Abschriften der gleichen Stücke. (Schwab hat, wie ich aus Zeichen seiner Hand bemerkte, die Redaction nach eben diesen Papieren besorgt, und zwar, so viel ich nur verglich, mit feinem Sinn) dann: Übersetzungen des Sophokles (zum Theil gedruckt) Euripides und Pindar; dramaturgische Aufsätze; Brief von unbedeutenderen Freunden (Sigfr. Schmid, Neuffer *etc.*) auch einige von ihm, und eine Spur, wie ich vermuthe, von der Hand derjenigen die wir als Diotima kennen; Aushängebogen der ersten Ausgabe des Hyperion, wie frisch aus der Presse. Besonders rührend waren mir so kleine verlorene Wische aus seiner Homburger u. Jenaer Zeit, die mich unmittelbar in sein trauriges Leben und dessen Anfänge versezten.

463* RECHNUNG DES SCHNEIDERS FEUCHT

Nota über Schneider Arbeit für Herrn Biblidekarius Helderle

einen Zitzen Schlafrock gemacht samt zugeher	1f	12x
v: 1/2 Ehl: feine Leinwand		10
eine Hoss ausgeb:		15
v: 3/3 Ehl Leinwand dazu verbraucht		12
	1f	49x

Tubingen den 12 Feber 1843.
dero gehorsamste diener Philipp Feucht.
den Obigen Empfang Bescheind Danckbar T. Philipp Feucht

464* RECHNUNG DES KÜRSCHNERS CHRISTIAN SEEGER

Tübingen den 15 Febr 43.

Rechnung von Christ. Seeger Kürschner für Herrn Bibliothekar Hölderlin
vor eine Zimmerkappe a 1f 18x
den Empfang T. Christ. Seeger

465* RECHNUNG LOTTE ZIMMERS

Herrn Bibliothekar Hölderlin folgendes ausgelegt.

9 Ehlen Zitz zu einem Schlafrock gekauft, die Ehle 28x	4f	12x
ferner 8 1/2 Ehl Flanell zum Futter darein gekauft *a* 24x	3f	24x
	7f	36x

Den Empfang bescheint die Tochter Lotte Zimmer.
Tübingen d 17ten Feb: 1843

466 MITTEILUNG GUSTAV SCHWABS AN SCHLESIER

Schwab, 24.Febr. 43. – Hölderlin hat auch die neue Ausgabe seiner Gedichte, die man ihm – ohne das biographische Vorwort – überreicht hat, für unächt erklärt.

467 ARNOLD RUGE AN KARL MARX

[Berlin, März 1843]

»Es ist ein hartes Wort, und dennoch sag ich's, weil es Wahrheit ist: ich kann kein Volk mir denken, das zerrissener wäre wie die Deutschen. Handwerker siehst du, aber keine Menschen, Denker, aber keine Menschen, Herren und Knechte, Jungen und gesetzte Leute, aber keine Menschen. – Ist das nicht ein Schlachtfeld, wo Hände und Arme und alle Glieder zerstückelt untereinander liegen, indes das vergossene Lebensblut im Sande zerrinnt?« Hölderlin im Hyperion. – Dies das Motto meiner Stimmung, und leider ist sie nicht neu.

DER FRÜHLING

Der Tag erwacht, und prächtig ist der Himmel,
Entschwunden ist von Sternen das Gewimmel,
Der Mensch empfindet sich, wie er betrachtet,
Der Anbeginn des Jahrs wird hoch geachtet.

Erhaben sind die Berge, wo die Ströme glänzen,
Die Blüthenbäume sind, als wie mit Kränzen,
Das junge Jahr beginnt, als wie mit Festen,
Die Menschen bilden mit Höchsten sich und Besten.

mit Unterthänigkeit
d. 24 Mai Scardanelli.
1748.

DER FRÜHLlNG

Die Sonne kehrt zu neuen Freuden wieder,
Der Tag erscheint mit Stralen, wie die Blüthe,
Die Zierde der Natur erscheint sich dem Gemüthe,
Als wie entstanden sind Gesang und Lieder.

Die neue Welt ist aus der Thale Grunde,
Und heiter ist des Frühlings Morgenstunde,
Aus Höhen glänzt der Tag, des Abends Leben
Ist der Betrachtung auch des innern Sinns gegeben.

d. 20 Jan. 1758. mit Unterthänigkeit
Scardanelli.

DER FRÜHLING

Wenn aus der Tiefe kommt der Frühling in das Leben,
Es wundert sich der Mensch, und neue Worte streben
Aus Geistigkeit, die Freude kehret wieder
Und festlich machen sich Gesang und Lieder.

Das Leben findet sich aus Harmonie der Zeiten,
Daß immerdar den Sinn Natur und Geist geleiten,
Und die Vollkommenheit ist Eines in dem Geiste,
So findet vieles sich, und aus Natur das Meiste.

Mit Unterthänigkeit
d. 24 Mai 1758. Scardanelli.

DER ZEITGEIST

Die Menschen finden sich in dieser Welt zum Leben,
Wie Jahre sind, wie Zeiten höher streben,
So wie der Wechsel ist, ist übrig vieles Wahre,
Daß Dauer kommt in die verschied'nen Jahre;
Vollkommenheit vereint sich so in diesem Leben,
Daß diesem sich bequemt der Menschen edles Streben.

Mit Unterthänigkeit
24. Mai 1748. Scardanelli.

468* QUITTUNG LOTTE ZIMMERS

Tübingen d 17ten Aprill 1843.

Die Unterzeichnete bezeugt von Herrn Docktor Eßig in Nürtingen, die Vierteljährige Rechnung mit 67f 30x (siebenundsechzig Gulden) auf das Quartal Georgie, vor Kost u. Pflege deß Herrn Bibliothekar Hölderlin erhalten zu haben.

Die Tochter im Namen der Mutter. Lotte Zimmer.

469 LEBENSSKIZZE IN DER »KÖLNISCHEN ZEITUNG«

[18. April 1843]

Dichterleben.

I. Friedrich Hölderlin

Der Verfasser dieser Biographie glaubt etwas Verdienstliches zu unternehmen, wenn er die Leser dieser Blätter auf die Lebensumstände eines Mannes aufmerksam macht, welcher mit Schiller und Göthe den ersten Geistern unsers Volkes beizuzählen ist, um so mehr, da der große, unglückliche Dichter, dessen äußerer Lebensgang schon die Theilnahme aller Gebildeten in Anspruch nimmt, des allgemeinen Ruhmes, welcher ihm gebührt, noch so verlustig ist, daß ihn fast nur diejenigen, welche mit der deutschen Literatur nähern Umgang pflegen, kennen und die Hoheit seines Geistes zu schätzen wissen.

Friedrich Hölderlin wurde am 29. März 1770 nicht weit von Heilbronn, zu Laufen am Neckar, einem würtembergischen Landstädtchen, geboren. Seinen Vater, der eine Beamtenstelle bekleidete, verlor er schon als zweijähriges Kind, und Hölderlin ward von der frommen und häuslichen Mutter allein erzogen. Von ihr wurde der sittliche Adel, auf welchen seine ganze Poesie gebaut ist, ihm in die Seele gelegt. Dem mütterlichen Wunsche folgend, entschied sich der Sohn für das Studium der Theologie, und genoß die gewöhnliche Erziehung eines.. Theologen... Schon in Tübingen war der Hang zur Dichtkunst in ihm erwacht, und damals besonders durch Schiller's und Matthisson's Gedichte in ihm genährt worden. Die schönen Tage des Universitätslebens verbrachte er in einem kleinen Kreise Gleichgesinnter, worunter sich besonders die später bekannt gewordenen Landsleute Conz, Neuffer, Bahnmaier, Magenau und die Ausländer von Seckendorff und Sinclair befinden. Am liebsten verweilte er in der Natur und träumte sich dort in Griechenlands herrlichere Zeit- und Raumumgebung.. Schon seine frühesten poetischen Versuche trugen jenes zweifache Grundgepräge an sich, welches von Rosenkranz als »incarnirtes Hellenenthum« und »leidenschaftliche Sehnsucht nach reiner Menschheit« so treffend bezeichnet worden ist. Nach seinem Abgang von der Hochschule bekleidete Hölderlin zuerst eine Hofmeisterstelle, die ihm Gelegenheit bot, mit mehreren berühmten Männern zu Weimar und Jena in Verbindung zu kommen; zog aber, in der Hoffnung, sich durch Privatvorlesungen einiges Einkommen sichern zu können, bald ganz nach Jena..

Schiller, der ihn »seinen liebsten Schwaben« zu nennen pflegte, war in allen Dingen ängstlich für ihn besorgt, und gab ihm allerlei weise Regeln, ohne zu ahnen, daß der Durchbruch zur reinen Kunst bei Hölderlin noch schneller und reiner erfolgen sollte, als bei ihm selbst. Doch die getäuschte Hoffnung, sich durch Privatvorlesungen einiges Einkommen sichern zu können, bewog ihn, Jena wiederum zu verlassen. Nach einem kurzen Aufenthalt zu Hause erhielt er durch die Vorsorge eines Freundes eine Hofmeisterstelle in einer angesehenen Banquiersfamilie zu Frankfurt am Main. Die Frau des Hauses, »mit einem vortrefflichen Charakter edles Zartgefühl und eine hohe Bildung vereinigend«, machte den tiefsten und unverwischlichsten Eindruck auf seine Phantasie und sein Herz, wurde die Seele seines unsterblichen Gedichtes, des Hyperion, der im Jahre 1797 erschien, seiner Lieder und Elegieen an »Diotima«, so wie das Fatum seines irdischen Lebens. Diese unglückliche Neigung wurde für ein so reizbares Gemüth, wie Hölderlin's war, die Wurzel zur Zerstörung seines innern und äußern Lebensglückes. Schon im Jahre 1798, nachdem er sich noch keine zwei Jahre in Frankfurt anfgehalten hatte, schrieb er an seinen Halbbruder: »Bruderherz! ich habe viel, sehr viel gelitten, und mehr, als ich vor dir, vor irgend einem Menschen jemals aussprach, weil nicht Alles auszusprechen ist; und noch, noch leid' ich viel und tief; und dennoch mein' ich, das Beste, was in mir ist, sei noch nicht untergegangen.« Im Sept. 1798 verließ Hölderlin auf einmal seine Stelle und Frankfurt ohne Abschied. Er wandte sich nach Homburg, wo er sich eifrig literarischen Arbeiten hingab. Schon lange aber hatte er gewünscht, die große Natur der Schweiz.. näher kennen zu lernen, und hier Ruhe für seine Lieblingsbeschäftigung, die Poesie, zu gewinnen, und er nahm deßwegen eine Hofmeisterstelle bei einer wohlhabenden Familie in Hauptwyl an. Von diesem Aufenthalte in der Schweiz hoffte Hölderlin nicht wenig... In der That entstanden hier auch mehrens seiner herrlichsten Gedichte. Doch auch in der Schweiz war seines Bleibens nicht lange. Um im Vaterlande bleiben zu können, dazu fehlten ihm die Subsistenzmittel, und er nahm deßwegen eine unter vortheilhaften Bedingungen ihm angebotene Hauslehrerstelle bei dem hamburgischen Consul zu Bordeaux an. Nach langem Stillschweigen erschien Hölderlin plötzlich im traurigsten Gemüthszustande bei seiner Mutter in Nürtingen zu Anfang Juli 1802. Wie es scheint, hatte er noch in Bordeaux Nachricht von der Krankheit Diotima's, deren Gedächtniß ungeschwächt in der Dichterseele fortlebte, und wahrscheinlich auf der Reise die Kunde von ihrem Tode vernommen. Zwar schien seine Geistesverwirrung durch die freundliche Behandlung der Seinigen sich in etwas wiederum zu heben, und schon glaubte man es wagen zu dürfen, ihn nach Homburg gehen zu lassen, wo durch die Gnade des Landgrafen ihn eine Anstellung als Bibliothecar mit kleinem Gehalt erwartete; aber in Kurzem verschlimmerte sich die Gemüthskrankheit wieder dermaßen, daß man sich gezwungen sah, mit dem Unglücklichen einen Heilungsversuch in dem Klinicum zu Tübingen zu wagen. Bis dahin hatte noch immer der Tiefsinn des Dichters mit dem einbrechenden dunkeln Chaos des Geistes gerungen, und wie ein im Sterben noch aufflammendes Licht war im Triumph seine Poesie erloschen, indem auch noch die Gedichte dieser letzten Periode herrliche Spuren des Genius zeigen. Weit entfernt aber, daß die vorgenommene Cur etwas gefruchtet hätte, verschlimmerte sich vielmehr der Zustand des Kranken, und man beschloß, ihn, ehe das Uebel noch einen höhern Grad erreichen sollte, einer bürgerlichen Familie zu Tübingen in Kost und Obhut zu übergeben. In diesem Hause, bei einem wohlhabenden Tischlermeister, lebt Hölderlin seit 1806 bis auf diesen Tag, zwar liebreich versorgt, aber in ziemlich ungeändertem Zustande, wie er das Klinicum verlassen.

FREUNDSCHAFFT

Wenn Menschen sich aus innrem Werthe kennen,
So können sie sich freudig Freunde nennen,
Das Leben ist den Menschen so bekannter,
Sie finden es im Geist interessanter.

Der hohe Geist ist nicht der Freundschafft ferne,
Die Menschen sind den Harmonien gerne
Und der Vertrautheit hold, daß sie der Bildung leben,
Auch dieses ist der Menschheit so gegeben.

Mit Unterthänigkeit
d. 20 Mai Scardanelli.
1758.

DIE AUSSICHT

Wenn in die Ferne geht der Menschen wohnend Leben,
Wo in die Ferne sich erglänzt die Zeit der Reben,
Ist auch dabei des Sommers leer Gefilde,
Der Wald erscheint mit seinem dunklen Bilde.

Daß die Natur ergänzt das Bild der Zeiten,
Daß die verweilt, sie schnell vorübergleiten,
Ist aus Vollkommenheit, des Himmels Höhe glänzet
Den Menschen dann, wie Bäume Blüth' umkränzet.

Mit Unterthänigkeit
d. 24 Mai Scardanelli.
1748.

470 LOTTE ZIMMER AN KARL GOK ÜBER HÖLDERLINS TOD

Hochzuverehrender Herr Hofrath

Ich nehme mir die Ehre Ihnen die sehr traurige Botschaft zu ertheilen von dem sanften Hinscheiden Ihres geliebten Herrn Bruders. seit einige Tage hatte Er einen Chartharr u wir bemerkten eine besondre Schwäche an Ihm wo ich dann zu Profeßor Gmelin ging u Er eine Arznei bekam spielte diesen Abend noch u aß in unserem Zimmer zu Nacht nun ging Er ins Bett mußte aber wieder aufstehen u sagte zu mir Er könne vor Bangigkeit nicht im Bett bleiben nun sprach ich ihm doch zu u ging nicht von der Seite Er nahm kurz einige Minuten noch Arznei es wurde Ihm aber immer banger ein Haußherr war auch bey Ihm u ein anderer Herr welcher Ihm gewacht hätte mit mir nun verschied Er aber so sanft ohne noch einen besondern Todeskampf zu bekommen meine Mutter war auch bey Ihm an das Sterben dachte freilich kein Mensch von uns Die Bestürzung ist nun so groß daß mirs übers Weinen hinaus ist, u denoch dem Lieben Vater im Himmel taußendmal danken muß daß Er kein Lager hatte, u unter taußend Menschen wenige so sanft sterben wie Ihr geliebter Herr Bruder starb.

Ihn Erwartung Sie zu sehen oder wen es Ihre Gesundheit nicht erlauben würde mir nähere Mitheilung über das Begräbniß zu geben indeßen Empfehle ich mich Ihnen u Frau Hofräthin mit Aller Hochachtung

Ihre ergebenste Lotte Zimmer

Tübingen d. 7ten Juni 1843 Nachts 12 Uhr.

Nach Nürtingen hahe ich auch geschrieben.

471 EINTRAG IM TOTENBUCH DER TÜBINGER STIFTSKIRCHE

1843. Nr. 91.

Friedrich Hölderlin, Bibliothekar, Dichter, gegen 40 J. *mente absens.*

Eltern: † Heinrich Fried. Hölderlin, Verwalter,
† Johanne Christiane geb. Heyn

Unverh.

Geb. Tag u. Alter: geb. Lauffen d. 29 *Mart.* 1770
73 J. 2 M. 8 T.

Krankheit: Lungen-Lähmung.

Ort u. J. d. Todes u. d. Beerd.: d. 7. *Jun.* N. 10 3/4 U.
d. 10. *Jun.* Vm. 10 U.

Commun. StPfA Nürtingen d. 21. *Jun.*

472 EIN GERÜCHT ÜBER DIE AUFBAHRUNG. NACH KARL GUTZKOW

Bei der Straße nach Tübingen dachte ich an Hölderlin. Ich reis'te mit einem Studenten, der mir von ihm erzählte. Sein Zimmer war trüb und uninteressant; er hatte sechs Bücher, unter denen Uz, Gellert und Klopstock. In Letzterm pflegte er am meisten zu lesen. Als ihm mein Reisegefährte das von Herwegh an ihn gedichtete Sonnett vorgelesen hatte, sagte er: »Es ist sehr schön, ich danke Ihrer Heiligkeit, daß Sie ein Sonnett auf mich gemacht haben.« – All' seine Umgebungen waren ihm Hoheiten, Majestäten und Heiligkeiten. Als er gestorben war, bemerkte man den Schreinersleuten, bei denen er wohnte, sie möchten nicht vergessen, ihm den wohlverdienten Lorbeer mit in den Sarg zu geben. Andern Tags hatten sie dem Entschlafenen das arme, nun zur Ruhe gekommene Dichterhaupt wirklich bekränzt; aber sie hatten das edle Reis über der weißen baumwollenen Zipfelmütze angebracht.

473 HEINRIKE BREUNLIN AN FRAU GOK

Nürtingen d. 9ten Juni

Meine liebe Theure!

Kaum vermag ich es, ein paar Worte aufs Papier zu bringen u doch dringen u fordern es meine Gefühle der Trauer, mich an Dich Liebe gleich zu wenden. Ach! wir Theilen ja [die] gleiche traurige Überraschung, Euch Ihr Theuren! kam wohl zu gleicher Zeit heute die TrauerKunde, von dem schnellen Hingang, unsers ewig Liebenden Bruders Hölderlins, auch durch einen Expreßen zu. Ach wie wohl wird es dem entfeßelten Geiste Drüben seyn, Der nun klar – u helle ist, u den Lohn Seines dunklen Pilger Lebens, nun erndet. So schmerzlich die Nachricht unsern Gemüthern ist – müßen wir doch Gott zu gleicher Zeit danken, daß der Gute! Edle! so schmerzlos, u ohne allen Kampf aus der Weld geschieden ist. Mein l Sohn! wird jezt in Eurer Mitte seyn, u es gereicht mir zum Trost u Beruhigung daß ich annehmen darf, mein geliebter Bruder! darf nicht so allein, die Reise, zur Beerdigung unsers theuren Verblichenen machen. Was wohl Morgen oder noch heute geschehen wird, Lotte Zimmer konnte den Tag der Beerdigung wohl in Ihrem Briefe noch nicht beisezen, ich denke mir aber, da der Theure, heute Nacht um 11 Uhr verschied, werde Er erst Samstags begraben werden, Ach es ist mir unaussprechlich schwer ums Herz. Ob mein l Sohn! von Tübingen aus hieher kommt, oder den l Hofrath nach Stuttg zurük begleitet, muß ich eben erwarten, aber sprechen möchte ich Ihn doch noch ehe Er auf diese unerwartete Trauer Post, nach Hauß reißt [...] Möge besonders auch auf meinen l Bruder! die Reise, u: schwerer Gang, zum ofnen Grabe des Geliebten! keine üble Folgen haben [...] H B.

474 FRITZ BREUNLIN AN KARL GOK

[Tübingen, 9. Juni 1843]

Die Beerdigung des Unvergeßlichen findet morgen Samstag um 10. Uhr statt, wozu also der liebe *Louis* u. *Julius*, wenn sie früh aufstehen pp eintreffen können.

475 GUSTAV AN CHRISTOH THEODOR SCHWAB

[Stuttgart, 9.Juni 1843]

Die Nachricht von Hölderlins Tode, die Du mir giebst, hat mich sehr ergriffen. Ich erhielt sie eben, als ich Uhlands Triumph zu Leipzig in der Zeitung las. Wenn es nicht unmöglich wäre, so ginge ich Morgen mit zur Leiche. Aber wie kann ich das, am Samstag Nachmittag, da ich übermorgen zu predigen habe!

Es ist mit ihm ein Dichter hinübergegangen von denen, ὧν οὐκ ἄξιος ὁ κοσμος.

In diesem Augenblick geht Marie mit Deinem Billet zu Uhlands (bei Roser); ich zweifle aber, daß er schon zurück ist.

Herr v. *Gock* ließ den Tod schon gestern ansagen; aber nur Emmy war zu Hause, und diese verdämmerte es uns auszurichten.

Ich will versuchen ob ich diesen Nachmittag ihn zu Hause treffe um ihm mein sehr wahrhaftes Beileid auszudrücken. Verfehle ich ihn, so thue Du es in meinem Namen, denn er geht doch hinauf.

Wie mag ich Dir es gönnen, daß Du einer von den Wenigen warest, die ihm selbst geistig noch nahe kommen konnten! Ich würde Dich sehr gerne am Grabe sprechen hören.

476* RECHNUNGSFORMULAR DER MERKLINSCHEN APOTHEKE

Tübingen, den 10 Juni *1843*
Rechnung von der Merklinschen Apotheke für Herrn Hölderlin

Monat	*Datum*		*fl.*	*Kr.*
Juni	7	Mixtur u. Brustthee		26x

den Empfang T. Märklin'sche Apotheke Josenhans
d. 10/ 6 43

477* RECHNUNG DES CHIRURGEN ROMBERG

Rechnung über	
chirurg: Bemühung und Nachtwache	1f 12.
Bemühung bey d. *Section*	1f 20.
	2f 32.

Tüb. 10. *Juni* 1843.
den Empfang T. *Chirurg Romberg.*

477* RECHNUNG LOTTE ZIMMERS

Tübingen d 10ten Juni 1843

Herrn Bibliothekar Hölderlin
folgendes vor seine Leiche ausgelegt

Vor das Trauerblasen	2 f	30 x
Dem Boten nach Nürtingen	1 f	36
Dem Herrn Dekan	2 f	
Vor eine Kappe		24
Dem Gehülfen vom Chirurg Wein u Kaffe		28
Dem Leichensäger in den 2 Nächten vor Wachen 4 Schopen Wein		32
Dem Botten Trincken als Er zurükkam		18
ferner dem Schreiner u Leichensäger 3 mal Wein 6 Schoppen zusammen		48
bey der Beerdigung dem Schreiner Todtengräber Leichensäger bettelfogt u Leichenschauer im ganzen 6 Maas Wein a 32	3 f	12 x
Vor Brod u Käs		36
Vor einen Schwam zum Waschen		24
vor eine Waschschüßel		8
Vor Lichter		12
Den Empfang bescheint	13 f	8 x

Elisabethe Zimmer.

479 GRABREDE CHRISTOPH THEODOR SCHWABS

Im Herrn geliebte Freunde!

Ein Leben hat geendet so voll von Glanz u. Freude, ein Leben so voll von Nacht u. Schmerz u. hier stehen wir nun am Grabe, zurückzublicken mit Wehmuth auf die einstigen lichten, mit Ergebenheit auf die dunkeln Tage u. hinauszuschauen mit froher Hoffnung in die bessere Zukunft, die dem befreiten Geiste blühen soll. Ja, wir wollen es uns recht deutlich vor das Gedächtniß rufen, was dieser reiche Geist einst war, dessen Hülle wir nun versenken; je mehr wir dieß erkennen, um so kräftiger u. wahrer wird uns die Hoffnung seyn, welche siegreich mit den Schatten des Todes ringt, um Leben u. unvergängliches Wesen an's Licht zu bringen.

Wieviel leistete, wieviel versprach Hölderlins Jugend! Die Erziehung einer zärtlichen, unendlich geliebten Mutter, der Umgang mit liebenden Geschwistern hatte frühe sein zartes, tiefes Gemüth erweckt, eifrige Benützung der angebotenen Bildungsmittel seinen Geist geöffnet u. tüchtig gemacht für alles Wahre u. Große, so betrat er die hiesige Hochschule u. hier entfaltete sich mit jugendlicher Kraft u. Freude der herrliche Genius. Er zog sich zurück von den lauteren gesellschaftlichen Freuden, nur mit wenigen Vertrauten war er zusammen, aber, wenn es bei der Freundschaft am meisten gelten muß, die Stimmen zu wägen u. nicht zu zählen, so konnte er keine reichere Wahl treffen, denn die Namen, welche sich zu dem seinigen gesellten, stehen unter den ersten in der Geschichte des menschlichen Geistes. So genoß Hölderlin bei aller Zurückgezogenheit vom Lärm des Tages, bei einem streng sittlichen Lebenswandel die schönsten Freuden, er wurde nicht müde, alles Edle, was er in den weiten Gebieten menschlicher Wissenschaft u. Kunst vor sich liegen sah, in sich aufzunehmen u. mit selbstständiger Kraft zu durchdringen, u. auf dem Grunde dieser Bildung erhob sich eine großartige, schöpferische Thätigkeit, die sich bald von der sklavischen Nachahmung der Muster losriß u. ihre eigenen Wege ging. Die Vorwelt in aller ihrer Größe u. Schönheit strahlte verklärt aus dem Spiegel dieser reinen, herrlichen Seele, aber auch Gegenwart u. Zukunft erfüllten seinen Geist, der mit dem gewaltigen Flug seiner Phantasie die kühnsten Denker seines Jahrhunderts begleitete, oft ihnen vorauseilte u. doch mit frommer Kindlichkeit wieder an den überkommenen Glauben sich schloß. Und diese eigenthümlichen Vorzüge sind es, die ihm, wenn sie auch bei ihrem ersten Auftreten wenig anerkannt wurden, einen immer noch wachsenden Ruhm erworben haben. So hatte sich sein Wesen schon während seiner hiesigen Studienjahre gestaltet u. manche seiner gelungensten, unsterblichen Dichtungen sind auf diesem Boden entstanden, aber er suchte mit unermüdlichem Eifer immer weiter zu dringen u. seinen Gesichtskreis zu erweitern, nun ging er in das nördliche Deutschland u. hielt sich längere Zeit in Jena auf, wo er in freundschaftlichen Verhältnissen mit den großen Geistesheroen lebte, welche damals in männlicher Reife u. Kraft als ermuthigende Vorbilder vor ihm standen u. auch ihn wieder hochschätzten. Sein glühender Geist kannte keine Gränze in der Verfolgung des vorgesteckten Zieles u. in dem Drang nach künstlerischer, geistiger Vollendung übersah er die Rücksicht auf den Körper, er überspannte durch allzu anstrengende Arbeit seine Kräfte u. es erfolgte eine Gereiztheit, in welcher er von Allem, was ihn berührte, mit ungeheurer Gewalt ergriffen wurde, das, was mit seiner Natur nicht übereinstimmte, heftig von sich abstieß u. in seine Schwermuth sich zurückziehend an das, was ihm liebenswerth schien, mit einer krankhaften Ängstlichkeit sich anklammerte. So von einer immer wiederkehrenden Unruhe gequält hielt er sich an verschiedenen Orten in Deutschland, in der Schweiz u. in Frankreich auf, bis endlich in seinem 32sten Lebensjahre die traurige Katastrophe erfolgte, welche seinen Geist hinabschleuderte in den nächtlichen Abgrund, aus welchem er bis an sein Ende sich nicht mehr erheben sollte.

Dahin war nun all die Tiefe dieses reichen Geistes, dahin die Liebe, mit welcher er die Seinigen u. die Menschheit umfaßte, dahin die Begeisterung, mit welcher er das Leben der Gottheit empfand, er war so arm, so namenlos arm geworden, er hatte sich selbst verloren; die Kraft seines Herzens, der Punkt, von dem aus er eine Welt hatte bewegen u. beseelen können, brach aus einander u. in ihm schwand Alles zu einem irren Chaos. Doch auch in diesem Zustand verließ der Himmel ihn nicht; er, der so viel hatte geben dürfen, war arm geworden, aber er sollte nun nehmen. Die zärtliche Liebe seiner Verwandten sollte ihn behüten vor der verzehrenden Noth der äußeren Sorge, die treue Sorgfalt seiner Pflegeleute, die Aufmerksamkeit seiner Hausgenossen, welche mit Ehrfurcht die Ruine dieses großen Geistes betrachteten, ihn schützen vor dem kalten Hauche gemeiner Rohheit. Und ihm war noch so viel Sinn geblieben, daß er diese Wohlthaten fühlen und in besseren Augenblicken dankend aussprechen konnte, was Jeder, der ihn liebte, mit ihm empfinden mußte, daß oft ein seelenvoller Schimmer der Freude, wie verirrt aus einer besseren Zeit, über sein Auge glitt, um dem Wohlwollen wieder mit Liebe zu begegnen. So lebte er seine, momentane Anfälle abgerechnet, stillen Tage bis zum 73sten Jahre fort, umgeben von einer heiteren Natur, anfrecht gehalten durch ein mäßiges, ungestörtes Leben u. eine sorgfältige Behandlung, bis ein unerwartet schneller Tod ihn der liebevollen Pflege derer, welche auch in seinen letzten Stunden um ihn waren, entriß.

Sehen wir zurück auf diesen schrecklichen Wechsel, auf diese plötzliche Verkehrung des Lichts in Finsterniß, auf die lange leere Nacht der Trauer nach dem kurzen Tage der Freude, so erkennt unser menschliches Auge keine Lösung des Räthsels, in uns ist keine Antwort auf die Frage nach diesem Schicksal: »Wir sind nichts, was wir suchen, ist Alles« hatte er gesagt u. er suchte u. rang u. rang – u. verirrte in eine Nacht, aus der ihn keine menschliche Hülfe erlösen konnte, aber getrost – es ist ein Gott in uns u. über uns, der lenkt, wie Wasserbäche, das Schicksal u. der hat seiner nicht vergessen, der ließ auch in diese Nacht die himmlischen Sterne der Liebe u. Freundschaft scheinen, der löste in sanftem Schlummer die müden Kräfte des Körpers u. hat den entfesselten Geist zu sich genommen. »Über den Sternen verhallt der Kampf, dort wandelt sich in edeln Freudenwein die Hefe des Lebens« so hoffte der Entschlafene in den Tagen seiner Jugend, so hoffen auch wir an seinem Grabe, ja an seinem Grabe am allerlebendigsten, denn wo der Schmerz so tödtend, so vernichtend unsere irdische Weisheit trifft, wie es bei der Betrachtung dieses dahingegangenen Lebens geschieht, da ringt sich unter dem harten Schlage am gewaltigsten, unmittelbarsten der Funke der himmlischen Hoffnung hervor u. aus der Schwüle der Sterblichkeit flüchtet unser Geist hinauf in die Himmelsluft der göttlichen Liebe, da lebt er sich mit Demuth u. mit Vertrauen hinein in die Wahrheit, daß Gott ein Gott der Lebendigen ist, ein Gott der Liebe, der das zerstoßene Rohr nicht zerbricht u. das glimmende Tocht nicht auslöscht, ein Gott, vor dem Wahnsinn u. Tod u. Grab

u. Verwesung nichts sind, ein Gott, der durch den Hauch seiner Gnade neues Leben u. unvergängliches Wesen sprossen läßt. Zu diesem Gott blicken wir hinauf an diesem Grabe, wir blicken hinauf in Liebe, in Glaube, in Hoffnung, wir demüthigen beim Andenken an den, in dessen Schicksal ein schreckendes Dunkel zu liegen schien, die Armuth unserer sterblichen Gedanken vor der Fülle der göttlichen Liebe u. Allmacht, bei welcher die Nacht leuchtet, wie der Tag u. die Finsterniß ist, wie das Licht u. im Glauben an diese Liebe u. Allmacht wird sich die Trauer unseres Herzens in Freude verwandeln u. das Klagelied in Lobgesang! Amen.

480 LIEDER AN HÖLDERLINS GRAB

Süß und ruhig ist der Schlummer
In der Erde kühlem Schooß.
Von des Lebens Noth und Kummer
Macht der Tod uns freundlich los.
Und zu jenen still verschloßnen Gründen
Kann kein Schmerz den sichern Eingang finden.

Im Grabe ist Ruh.
Drum wanken dem tröstenden Ziele
Der Leidenden viele
So sehnsuchtsvoll zu.

Hier schlummert das Herz,
Befreit von betäubenden Sorgen.
Es weckt uns kein Morgen
Zu größerem Schmerz.

481 KARL GOK AN CHRISTOPH THEODOR SCHWAB

[Stuttgart, 11. Juni 1843]

Verehrtester Freund!

Sie haben durch die Briefe meines unglüklichen Bruders *Hölderlin* das innige Verhältniß kennen gelernt, in welchem ich in seinen bessern Tagen mit ihm stand, und werden daher den Eindruk bemessen können, welchen die unerwartete Nachricht von seinem Tode auf mich machte.

Nur eine seit mehreren Tagen anhaltende ernstliche Unpäßlichkeit, bei welcher ich mich ohne Gefahr der üblen Witterung nicht aussezen durfte, konnte mich abhalten, den Unvergeßlichen zu seinem Grabe zu geleiten, und ich muß diß jezt um so mehr bedauern, nachdem ich von Ihrem verehrten Herrn Vater, der die Güte hatte, mich zu besuchen, und von meinen von Tübingen zurükkehrenden Verwandten vernommen hatte, welche neue Beweise von Achtung und Liebe Sie auch dem Verstorbenen durch Ihre schöne Rede an seinem Grabe gegeben, und wie sehr dieser durch eine zahlreiche Begleitung und einen rührenden GrabGesang geehrt worden ist.

Genehmigen Sie, verehrtester Freund, dafür meinen innigsten Dank, und erlauben Sie, daß ich als ein kleines Zeichen desselben ein kleines Andenken beilege, das vieleicht für Sie insofern einigen Werth hat, als es ein Eigenthum *Hölderlins* war, das ihm als Geschenk des verstorbenen Landgrafen von Hessen *Homburg* selbst sehr werth war.

Noch bleibe ich überdieß gegen Sie und Ihren verehrten Herrn Vater ein groser Schuldner für Ihre gütige Mitwirkung zur Herausgabe der neuen Ausgabe von Hölderlins Gedichten, und des gelungenen LebensAbrisses, der jezt für mich und seine Freunde doppelt schäzbar ist. Darf ich Sie bitten, den Herren Akademikern, welche zu Ihrer Bekanntschaft gehören, auch in meinem Nahmen den verbindlichsten Dank für die ehrenvolle Begleitung – und die rührende Feierlichkeit bey seinem Begräbniß, an dem sie Theil nahmen, abzustatten, und die Versicherung der vollkommensten Hochachtung zu genehmigen, in der ich stets seyn werde

der Ihrige

HofdomainenRath *Gok*

Stuttgart den 11. *Junii* 1843.

482 GMELIN AN KARL GOK

[Tübingen, 11. Juni 1843]

Ew. Hochwohlgebohren

habe ich bei der Leiche Ihres Herrn Bruders hier erwartet, Sie sind aber wahrscheinlich durch eine dringende Abhaltung zu erscheinen verhindert worden. Ich halte es für Pflicht, Ihnen von den lezten LebensUmständen Ihres H. Bruders Nachricht zu geben. Er hatte seit einigen Tagen einen Husten, der aber nicht beachtet wurde, weil er öfters Ähnliches hatte. Abends um 8 Uhr bekam er Beengungen, u. sah immer zum Fenster hinaus; ich verordnete ihm eine auflösende Arznei, u. befahl einen Wärter, ihn zu besorgen, allein die Beklemmung nahm zu, u. vor 11 Uhr starb er nach kurzem u. leichtem Todeskampf.

Ich hielt es um seiner Freunde willen für sehr wichtig, seine Leiche zu öfnen, hofte aber hierüber Ihren Willen zu erfahren; da ich aber keine Nachricht erhielt, so wurde die Öfnung in Gegenwart des Prof. Rapp u. meines Sohnes, *D. med.* Gmelin vorgenommen, u. sie gab sehr interessante Resultate. Das Gehirn war sehr vollkommen u. schön gebaut, auch ganz gesund, aber eine Höhle in demselben, der *Ventriculus Septi pellucidi,* war durch Wasser sehr erweitert, u. die Wandungen desselben ganz verdickt u. fest geworden, nehmlich sowohl das *Corpus callosum* als der *fornix* u. die seitlichen Wandungen. Da man sonst gar keine Abweichung im Gehirn vorfand, so muß man diese, mit der jeden Falls ein Druk auf die edelsten Gehirntheile verbunden war, als die Ursache seiner 40jährigen Krankheit ansehen.

Wir fanden die beiden Lungensäcke mit Wasser ganz überfüllt, was seinen Tod erklärt, der aber gegen die Weise der Brustwassersucht sehr schnell u. leicht erfolgte. Ferner waren die halbmondförmigen Klappen der großen Pulsader völlig verknöchert u. dick, was ohne Zweifel langsam entstanden u. die Ursache der langsam u. unmerklich eingetretenen Brustwassersucht war.

Wir wollen Gott danken, daß er diesen langen Pilger auf eine so leichte u. schmerzlose Weise zu sich nahm.

N. S. Das Leichenbegängnis war sehr feierlich, u. es nahmen auch viele Studirende daran Antheil.

483 SEKTIONSBERICHT VON DR. RAPP

Hoelderlin starb, ohne daß er etwas geklagt hätte, mit Ausnahme einer schweren Respiration.

Die Schädelknochen waren ziemlich dick, wenig Diploe; die Schädelhöhle geräumig, besonders breit; die *impressiones digitatae* auf der *basis cranii* waren sehr stark. Die Hirnhäute in unverändertem Zustande; kein Erguß auf der Oberfläche des Gehirns; die Consistenz des Gehirns ziemlich fest, die Venen mit Blut gefüllt; die beiden Substanzen des Gehirns waren deutlich zu unterscheiden.

Die seitlichen Hirnhöhlen enthielten etwa einen Kaffélöffel voll helle Flüssigkeit. *corpus striatum, thalam. nervi optic.* Die Commissuren waren im natürl. Zustande. Die *glandula pinealis* hatte ihre gewöhnliche Größe u. Farbe, an derselben ein kleines Häufchen Hirnsand. Der *ventriculus septi pellucidi* war sehr groß, sodaß er den Daumen aufnehmen konnte, hatte feste Wandungen u. enthielt Wasser. Die Arterien auf der Basis des Gehirns waren nicht verknöchert.

Beide Säcke der Pleure enthielten wohl 4 *lt* Wasser zusammen. Die Oberfläche des Herzens war mit weichen Pseudomembranen bedeckt; im Herzbeutel kein Wasser. Die *valvulae sigmoideae* am Ursprung der Aorta waren vollständig verknöchert, sie bildeten einen zusammenhängenden knöchernen, unregelmäßigen Ring. Die übrigen Klappen im Herz zeigten nichts Abweichendes.

Die Eingeweide des Bauchs hatten die normale Lage, namentlich war die Lage des *colon transversum* nicht abweichend. Die Milz von mittlerer Größe war auf ihrer ganzen Oberfläche mit dicken, kartalaginosen Flecken bedeckt. Auf der rechten Seite eine *hydrocele* in der Größe einer Faust.

No. 3.

N. 17. [illegible]

Tübingen.

Kosten-Zettel

bei Beerdigung

des [illegible]

gestorben den 4 Juni 1843.

Wofür?	Tare. fl.	Tare. kr.	Bezahlt. fl.	Bezahlt. kr.	Bescheinigung der Empfänger.
Sarg für Leichen über 18 Jahr.					
" " " mit dem weißen Kreuz	9 fl. 30 kr.		9	30	
" " " ohne dasselbe	7 fl. bis 5 fl. — kr.				
" " " einfacher	4 fl. bis 3 fl. 30 kr.				
" " " von 18—8 Jahren	4 fl. bis 3 fl. 30 kr.				
" " " unter 8 Jahren	3 fl. bis — fl. 40 kr.				
Verpichen desselben (wo nöthig)	—	30		30	
Herabtragen aus dem Hause, wo es verlangt wird, für den Schreiner bei Leichen mit dem weißen Kreuz	—	40	1	20	
ohne weißes Kreuz	—	24			
Schrauben (nie mehr als 6 passierlich)					
" bei Leichen über 14 J. à Stück	—	30	3		
" " " unter 14 J. à Stück	—	15			
Leichentuch, großes mit weißem Kreuz	2	30	2	30	
" kleines " " "	1	—			
" großes ohne weißes "	—	30			
" kleines " " "	—	12			
Trauerwagen sammt Bespannung,					
" mit weißen Borten	2	—	2	—	
" ohne weiße "	1	30			
Trauer-Geläute (zur Hospital-Casse):					
a) Zusammenläuten auf der Stiftskirche	2	—	2	—	
b) Todtenglocke allein	1	—			
c) auf dem Hospital:					
neben dem Stiftskirch-Geläute	—	10			
ohne letzteres	—	15			
(Für Besorgung des Meßners)					
a) Zusammenläuten auf der Stiftskirche	1	—	1	—	
b) der Todtenglocke allein	—	30			
Grab bei Leichen über 14 Jahr	2	—	2	—	
" " " von 14—8 Jahr	1	15			
" " " " 8—4 Jahr	1	—			
" " " unter 4 Jahr bei Vermöglichen	—	40			
" " " " 4 Jahr bei Unvermöglichen	—	30			
Grabgesang der Pauper, vor dem Grabe und in der Kirche	4	—			
" " " vor dem Grabe bei weißem Kreuze	3	—	3	—	
" " " vor dem Hause und Grabe ohne weißes Kreuz	2	—			
Trauer-Blasen, (Sporteln zur Staatscasse)	2	30	2	30	
Remuneration des Stadtmusikus	2	42	3	42	vid. Beilage.
Trauer-Gottesdienst in der Kirche:					
Musik	11	—			
Organist	1	21			
Calcant	—	18			
Meßner	1	—			
Lichter	—	30			
			29	32	
			2	30	
			32	2	

Wofür?	Taxe. fl.	Taxe. kr.	Bezahlt. fl.	Bezahlt. kr.	Bescheinigung der Empfänger.
Leichen-Kutsche zweispännig bei weißem Kreuz	1	20	6	40	
" " " ohne weißes Kreuz	1	—			
Trauerbediente (zu jeder Kutsche nur Einer) je	1	—	6		
Leichen-Ordner bei Leichen mit weißem Kreuz	2	—	3		
" " " " ohne weißes Kreuz	—	36			
Leichenträger (nur öffentliche) bei Vermöglichen je	—	36	4	15	
" " " bei Unvermöglichen je	—	15			
Leichen-Säger und **Sägerinnen**					
a) bei Leichen über 18 Jahr mit weißem Kreuz	2	36	2	36	
b) " " " 18 " ohne weißes Kreuz	2	—			
c) " " von 18—10 Jahr	1	15			
d) " " unter 10—8 Jahr	1	—			
e) " " unter 8 Jahr	—	40			
Nach vorgenommener Section für Waschen ꝛc.	—	30	—	30	
Für eine Nachtwache, wo sie verlangt wird	—	24	—	48	
Leichen-Schauer (wo er nicht Leichenordner ist)					
a) bei Leichen über 18 Jahr mit weißem Kreuz	1	30			
b) " " unter 18 Jahr bis 8 Jahr	—	30			
c) " " unter 8 Jahr	—	15			
d) " " über 18 Jahr ohne weißes Kreuz	—	30			
e) " " unter 18—8 Jahr	—	15			
f) " " unter 8 Jahr	—	6			
Polizei-Wache (auf Requisition des Leichenordners) je	—	12	—	24	
Kirchendiener	—	12	—	12	
Chirurg für Ansagen der Leiche	3	30	3	30	
" für Begleitung, wenn sie verlangt wird	1	—	1		
Sand (wo nöthig, die Leiche darauf zu legen)					
eine Truhe	—	36			
Für Hinauf- und Herabtragen, wo es verlangt wird	—	24			
Geistliche Competenz.					
Stadtpfarramt bei Leichen mit weißem Kreuz	2	—	2	—	
" " " ohne weißes Kreuz	1	—			
Diaconat (Wöchner) für Einschreiben der Leichen Nichtconfirmirter	—	30			
Beichtvater für Einschreiben Aelterer	1	—			
Honorar für Grabreden, wo sie verlangt werden, nach Bestimmung des Trauerhauses	—	—			
Leichen-Opfer bleibt überlassen; doch gewöhnlich					
bei Leichen über 14 Jahr 1 fl. bis 12 kr.	—	—	1	20	
" " unter 14 Jahr 9 kr. bis 3 kr.	—	—			
Meßner bei Leichen über 14 Jahr mit weißem Kreuz	—	40	—	40	
" " " unter 14 " " " "	—	20			
" " " über 14 Jahr ohne weißes Kreuz	—	20			
" " " unter 14 " " " "	—	15			
Revision des Kostenzettels					
bei Leichen über 18 Jahr	—	15	—	15	
" " von 18—8 Jahr	—	9			
" " unter 8 Jahr	—	6			

32 f 43.
32 f 2.
64 f 45.

Tübingen den 11. Juni 1842

Die vollkommene Einhaltung dieser Taxen und ihre geschehene Berichtigung bezeugt der mit Revision derselben beauftragte

53 f 36.

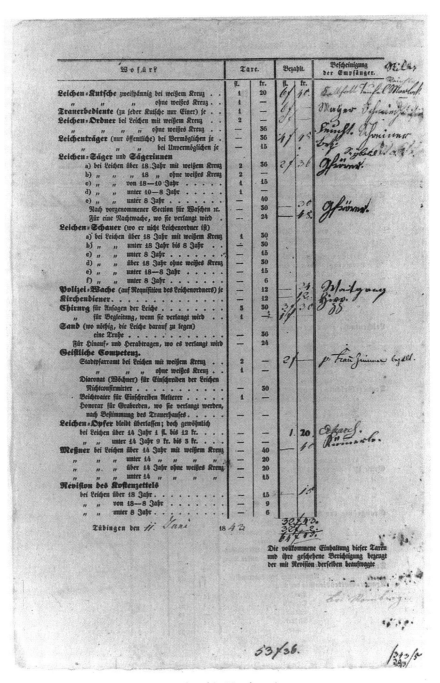

(Stadtarchiv Nürtingen)

484 GOK AN ELISABETHE ZIMMER

[Stuttgart, 11. oder 12. Juni 1843. Entwurf]

Hochgeehrte Frau!

Die unerwartete Nachricht von dem Tode meines unglüklichen Bruders *H.* hat mich zu tief erschüttert und bei meinem seit einigen Wochen anhaltenden Unwohlseyn so sehr angegriffen, daß ich zu meinem großen Leidwesen nicht im Stande war an dem Tage seines Begräbnisses eine Reise zu unternehmen, um den unvergeßlichen Bruder zu seiner Ruhestätte zu geleiten [...] Mein Schwester Sohn, Cassier Bräunlin, welcher zufälliger Weise auf Besuch hier war, als das Schreiben Ihrer Fräulein Tochter eintraf wird ... schon am Tag nach dem Empfang desselben bei Ihnen eingetroffen seyn und Sie, wie ich hoffe, bei der Besorgung Ihrer Geschäfte, deren Natur zum Leichen Begängniß gehört, unterstüzt u. für Begleichung der Auslagen gesorgt haben.

Ich habe es für meine Pflicht gehalten unsere Anerkennung der seltenen Sorgfalt welche Sie u. Ihre werthe Familie seit so vielen Jahren dem Unglüklichen widmeten, [...] auszusprechen, [...] bitte ich Sie noch insbesondere Ihrer Fräulein Tochter die den theuren Unglüklichen mit solcher zarten Aufmerksamkeit u. unermüdeter Gedult, biß zu seiner lezten Stunde behandelt hat, meinen gerührtesten Dank zu sagen – Möge Gott, der Gute Handlungen nicht unbelohnt läßt, mit seinem ewigen Seegen .. belohnen, und Sie geehrte Frau zum Trost der Ihrigen noch lange erhalten. Bin ich im Stande, Ihnen oder den l. Ihrigen auch in der Folge einen freundschaftlichen Dienst zu erweisen so soll mir jede Gelegenheit wilkommen seyn.

[Gok erwähnt dann seinen Dankbrief an Christoph Schwab und bittet, auch den Studenten in Zimmers Haus zu danken, die am Leichenbegängnis teilgenommen haben.]

H. *Professor Gmelin* hat mir gestern das Ergebniß der Section mitgetheilt nach welcher wir Gott danken dürfen, daß der theure Bruder beinahe [ganz] vor langer, schwerer Krankheit bewahrt wurde und endlich in die Ruhe eingegangen ist, nach der er sich hienieden vergeblich sehnte.

[Gok fügt] noch das schöne Gedicht [bei, das ihm] Cassier *Bräunlin,* welcher heute früh wieder v. *Nurtingen..* eingetroffen ist, zu Rüksendung [an Frau Zimmer] übergeben hat.

485 THEODOR KÖSTLIN AN HEINRICH KÖSTLIN

[a. Tübingen, 11. Juni 1843]

Am letzten Mittwoch starb hier der alte Hölderlin, im 73. Jahre, nach 38 Jahren des Wahnsinns, einen ruhigen Tod. Gestern Vormittag war seine Beerdigung; etwa 100 Studenten folgten der Leiche; Christoph Schwab, der die in der neuen Cotta'schen Ausgabe von Hölderlin's Gedichten enthaltene Lebensbeschreibung desselben verfaßt hatte, hielt ihm auch die Leichenrede, u. die Liedertafel sang vor u.

nach der Beerdigung am Grabe; die in der Zimmerei, wo Hölderlin 33 Jahre gelebt u. auch gestorben ist, wohnenden Studenten trugen den Sarg auf dem Kirchhofe. Von Angestellten schlossen sich dem Trauerzuge außer einigen Verwandten Hölderlin's nur Carl Mayer, Fallati u. Klüpfel an. – Natürlich blieben die Insignien einer academischen Leiche, Marschälle, *chapeau's,* Musik *etc.* weg. Die Leichenfeier war aber deßhalb nicht minder feierlich u. ergreifend.

486 TODESANZEIGE DER FAMILIE HÖLDERLINS

Stuttgart, den 12 Juni 1843. Unser lieber Bruder, der Bibliothekar Friedrich Hölderlin, ist am 7. d. M. in Tübingen, in dem Hause einer achtbaren Familie, welche uns durch unermüdet treue Pflege und Sorgfalt für ihn zum bleibenden Danke verpflichtete, in seinem 74. Lebensjahr nach einem leichten Krankheitsanfalle in jene bessere Welt geschieden, wo sein edler Geist Licht und Ruhe wieder finden wird, die ein trauriges Verhängnis mitten in seiner glücklich begonnenen Laufbahn getrübt hatte. So wie wir überzeugt sind, daß unsere nahen und fernen Verwandten stillen Antheil an unserer Trauer nehmen werden, so berechtigen auch die schäzbaren Beweise von Achtung und Theilnahme, die ein zahlreicher Kreis von Verehrern und Freunden des Verewigten bei der Begleitung zu seiner Ruhestätte gegeben hat, zu der Hoffnung, daß er von ihnen noch ferner eines freundlichen Andenkens gewürdigt werden wird.

Henriette, Wittwe des Professors Bräunlin, geb. Hölderlin.
Hofdomänenrath v. Gok.

487* QUITTUNG LOTTE ZIMMERS

[Handschrift Essigs:] Von dem Pfleger des † *M.* Hölderlin dem R[echt]sC[onsulent]: Dr: Eßig in Nürtingen, das Kostgeld vom 23. April 1843. bis 7. Juni auf auf 45. Tag mit 33.f 17..

für Zwischen Kost auf diese Zeit	6.f
Dreißig neun Gulden 17..	39.f 17..

erhalten zu haben
Nürtingen *d.* 12. Juni 1843.
Tübingen
[eigenhändig:] t: Lotte Zimmer, im Namen meiner Mutter

488* RECHNUNG FRITZ BREUNLINS

Verzeichniss der Auslagen, veranlaßt durch das Hinscheiden des Bibliothekars F. Hölderlin in Tübingen am 7/ 10.ten Junii 1843.

Beilage No:	1. Merklin'sche Apotheke		26 x
	2. Chirurg Romberg 2 f. 32 x derselbe für Fertigung des HauptkostenZettels, und Besorgung des Betrags an die Einzelnen 1. 12	3.f.	44 x
	3. Schreiner Heckenhauer & Cons:	64.	45.
	4. Frau Zimmer, verschied: Auslagen	8..	38
	Der DienstMagd derselben	2..	42.
	Dem Barbier & seinem Gesellen fürs lauf: Quartal	2.	..
		82.f.	15.x.

Diese Achtzig Zwei Gulden 15. x von dem Herrn Pfleger *Hölderlin's* dem *Doctor Eßich* in Nürtingen baar empfangen zu haben, beurkundet Nürtingen den 12. Jun: 1843 der Neffe des Verstorbenen

Cataster-Cassier Breunlin.

489 MELDUNG IN DER »ALLGEMEINEN ZEITUNG«

In Tübingen starb am 7. Juni Friedrich Hölderlin, der Dichter des Hyperion, im 73sten Jahr. Gegen 40 Jahre hatte der nervenzerrüttete Körper den Geist überlebt, der nach kurzem blendenden Aufleuchten sich mit Nacht umzogen hatte.

Doch uns ist gegeben,
Auf keiner Stätte zu ruhn,
Es schwinden, es fallen
Die leidenden Menschen
Blindlings von einer
Stunde zur andern,
Wie Wasser von Klippe
Zu Klippe geworfen,
Jahr lang ins Ungewisse hinab.

490* ABRECHNUNGSFORMULAR DES »SCHWÄBISCHEN MERKUR«

Auf Bestellung des Herrn Hofdomänenrath v. Gock, Schloßstr. N 2 *ist ein Advertissement, das* Tod Ihres HE. Bruders *betrifft,* 1 *mal, nämlich den* 13. Jun: 43. *in die Zeitung: Schwäbischer Merkur: auf* 25 *Linien eingerückt worden. Diß beträgt, zu vier Kreuzer für jede Linie,* 1. *Gulden und* 40 *Kreuzer.*

Welchen Betrag sogleich baar erhalten zu haben, bescheint Comtoir des Schwäbischen Merkurs

Stuttgart, den 14 *ten* Juni. *1843.*

[Nachbemerkung Goks:] Zu dieser Auslage von 1.f. 40.., kommen nach beiliegendem Conti, für ein Trauerkleid, welches nach dem Wunsche der Verwandten *Hölderlins,* seiner Treuen Pflegerin der ledigen Tochter, des Schreinermeisters *Zimmer* in *Tübingen* übersandt wurde, 13.f. 12..

–: 14.f. 52x.

491* RECHNUNG KARL GOKS

Um den Ersaz bittet, mit der Bemerkung, dass für die Farth zu dem leichen begängnis, wofür dem Kutscher *Schauffler* in Stuttgart, samt Trinkgeld –: 8.f 36x – bezahlt worden sind, nichts in Aufrechnung zu bringen seyn wird, da sich dieser Betrag mit den gleichen Auslagen des Herrn Cassiers *Breunlin* compensiren wird.

Hofdomainen Rath *GOK.*

[Nachbemerkung Fritz Breunlins:] Meine Auslagen für die Reisen nach und von Tübingen sowie für den 3.tägigen Aufenthalt daselbst ersetzte meine Mutter und nicht die Pfleg Caße.

Breunlin. CatasterCaßier

[Mitte Juni 1843]

492 HEINRIKE BREUNLIN AN KARL GOK

[Nürtingen, 16. Juni 1843]

Mein Geliebter Theurer Bruder!

Empfange den innigsten Dank vor Deine Liebe vollen Zeilen, die so ganz das brüderliche MitGefühl, unserer gemeinschaftlichen Trauer, u Wehmuth aussprechen, die auch auf mein Herz über den überrascht schnellen Hingang unsers ewig unvergeßlichen geliebten Bruders! schmerzlich einwürkte. Ach! wie aus meiner Seele gesprochen, sind Deine Worte, u der ganze Inhalt Deines l theilnehmenden l Schreibens – nur mangelt mir die Faßung meine Gefühle so zu geben, wie ich wünschte. Die trauer Kunde war zu unvorbereitet, um auf mein schwaches Wesen nicht recht fühlbare Folgen zu haben, besonnders auf meinen stets kranken Kopf. Doch die Zeit, wird auch wieder Linderung bringen, u wir durch erhaltene Faßung, immer mehr uns zum Dank gegen den l. Gott verpflichtet fühlen, daß das Lebens Ende, unsers verewigten Geliebten! ohne große, u lange Leiden des Körpers erfolgte. und wie ganz anders, wird es jezt dem Licht gewordenen Geiste Drüben seyn, u: das wiedersehen – mit der zärtlich Liebenden u sorgenden theuren Mutter! Friz wird Euch Theuren, über alles, was unsern Verlust betrieft, meine Gedanken, mitgetheilt haben, u meine Wünsche, den Über Rest betrefend was ich noch von des l Verblichenen Eigenthum in Verwahrung habe, ganz Dir meine theure l Schwägerin Deiner Ansicht an heim stelle, wie es damit gehalten seyn soll, ich hoffe bei einem baldigen Besuch von Euch Geliebten, wen Ihr vorher, nicht nur das Inventarium durchgegangen, sondern auch das was der Geliebte noch nicht erhalten hat, selbst gesehen habt, was freilich an Bettzeug u Tuch, nur noch ein ganz kleiner Theil vorhanden ist, von mir aber mit der strengsten Treue verwaltet wurde [...]

Daß Vetter Schäfer u Julius Blöß, in Deinem Namen, theurer Bruder! unsern Verewigten! mit zu seiner Ruhestätte begleiteten, erkannte ich sehr, aber wehe that es mir, bei meinen dankbaren Gefühlen, daß Dein Unwohlseyn, l Bruder! es ohnmöglich machte, es selbst Persönlich thun zu können, was ja leider! auch bei mir der Fall war.

493 SCHLESIER ZU HÖLDERLINS TOD

Uhland war nicht in Tühingen; er kam erst am 11., dem Bestattungstage, von einem Ausflug nach Nürnberg u. Leipzig, wieder in Stuttgart an.

Unterredung mit Schwab, 12. Juni 43.

Christoph Schwab, der Sohn, hat die Leichenrede gehalten. Von ihm besonders wurden die Studenten zur Theilnahme an der Bestattung aufgemuntert.

H. hatte noch den Abend Clavier gespielt. Abends fühlte er sich sehr unwohl; man schickt zu Gmelin, dem Arzt. Nach wenigen Stunden war er todt [...]

Uhland hat sehr bedauert, nicht in Tübingen anwesend zu sein. Von den Professoren in Tübingen, meinte er, würden nur sehr Wenige Hölderlins Gedichte gelesen hahen. – Noch dieses Frühjahr hat er – nach 14 Jahren etwa – ihn mit dem jungen Schwab besucht. Er war sehr freundlich gegen U., den er doch gewiß gar nicht kannte. Gleich darnach sendete ihm U. zu seinem Geburtstag einen Blumenstrauß, der ihn höchlich freute. »Prachatig!« rief er, in seiner Sprachweise.

Schwab wurde, durch die Predigt, die er andern Tags zu halten hatte, verhindert, der Bestattung beizuwohnen, was er so gern gethan hätte.

Ich bemerkte, daß wir nun wohl Hoffnung haben dürften, Hölderlin's Nachlaß bald publicirt zu sehen. Vor Gock's Tode schwerlich, entgegnete er. Der will ihm diesen Nachlaß vermachen; er wünscht aber bei Lebzeiten nicht aus seiner Verborgenheit in die litterarische Besprechung gebracht zu werden, durch H.' Briefe an ihn. – Es sei aber doch bedauerlich, wenn es zu lang anstehe, da doch etwas vom Interesse verloren gehe. Freilich, sagte Schw., ich kann aber nicht wohl darum fragen u. drängen. Doch wolle er vielleicht eine Anfrage versuchen. -

NB. Von Tübingen schrieb Keim jun. dieser Tage: Hölderlin habe am Abend noch sehr heiter in den Mond hinaus gesehn u. sich an dessen Schönheit gelabt, habe sich dann ins Bett gelegt u. sei verschieden (Daß er so schnell nicht starb, daß man den Arzt holte, s. oben.)

Schon vor längerer Zeit hat Hölderlin Fritz Vischer, noch mit voller Kraft, förmlich zur Thür hinausgeworfen (Von Mehreren bestätigt).

494* FRITZ BREUNLIN AN ESSIG

Weißenau den 18. Junii 1843.

Herrn RechtsConsulent *Dr Eßig*
Wohlgeboren in Nürtingen.

In Gemeinschaft mit meinem Oheim Gok habe ich Namens meiner Mutter Sie zu ersuchen, von der Verlaßenschaft Ihres Pfleglings *Hölderlin* für die Beerdigung dem Herrn Helfer *Sarwey* in Tübingen –: 1. *Ducaten* gütigst zu übersenden, sowie dem Herrn Professor Ferdinand *Gmelin* für das Seciren den – nach der Medicinal Taxe bestimmten Betrag, worüber nothigenfalls Herr Oberamts Arzt *Leobner* Ihnen gefällige Auskunft geben wird.

Hochachtungsvollst p Breunlin

495* M. SARWEY AN ESSIG

Eurer Wohlgeboren

beeile ich mich auf das Verehrliche *dd.* 23/ 24 d. M. zu erwiedern, daß mir das achtungsvolle Mitleid mit dem verewigten H. *Hoelderlin,* so wie die Hochschätzung der Pietät seiner Verwandten gegen ihn nie verstattet haben würde, irgend eine Remuneration, auch selbst wenn ich persönp. an seinem Grabe funktionirt haben würde, anzunehmen.. Ich bitte daher Rückfolgendes in *Ihrer* Rechnung wieder in Einnahme bringen zu wollen

Hochachtungsvoll p, Tübingen *d. 24 Jun. 1843. M. Sarwey,* Oberhelfer.

496* LOTTE ZIMMER AN ESSIG

Tübingen d 27ten Juni 1843.

Verehrtester Herr Doktor!

Sie erhalten hier die 2 f wieder zurück, weil Herr Kasier Bräunlin das Geld hier schon davor hergab, nur war der Balbier dazu mal nicht zu Haus, wo ich deßhalb die Quittung nachschicken mußte, es thut mir recht leid daß ich Ihnen noch Mühe damit verursachte, haben Sie die Güte der Frau Profeßorin viele Empfehlungen zu sagen, wie auch ich mich Ihnen freundlich empfehle u bin

Mit aller Hochachtung. Ihre ergebenste Lotte Zimmer.

497* QUITTUNG DES BARBIERS FEHLEISEN

Von Frau Zimmer den noch restirenden Rasur Verdienst samt Trinkgeld für den Gehülfen mit 2f erhalten zu haben, bescheint Tübingen *d:* 29 Junii 1843 *Fehleisen.*

498 MELDUNG IM »INTELLIGENZBLATT FÜR TÜBINGEN UND ROTTENBURG«

Gestorbene.

– 7. – Juni Friedrich Hölderlin, vorm. Bibliothekar im ev. Seminar, an Lungenlähmung, alt 73 Jahr.

499* QUITTUNG GMELINS

Von Herrn Rechts Konsulent Eßig zu Nürtingen für die Leitung der Section u. Belohnung des [...knechtes?] dabei, für den verstorbenen Bibliothekar Hölderlin 8 f. Acht Gulden erhalten zu haben bezeigt

Tübingen d. 14 Jul. 1843 Professor FGGmelin

500* FRITZ BREUNLIN AN HEINRIKE BREUNLIN

Stuttgart d: 17. Aug:

Anliegend empfängt du, theuerste Mutter, die Erklärung an das Oberamtsgericht wegen Hölderlins Effekten in Tübingen und 2 Rechnungen von Oheim Gok im Betrag von –: 14 f: 52. x., welche Herr Doctor Eßig gefälligst dem Oheim senden möchte.

Vielleicht kann der Herr GerichtsNotar vorläufig sagen, bis wann es ihm ungefähr möglich wäre, die Theilung vorzunehmen, damit ich meine Einrichtungen darnach treffen könnte.

Das Verzeichniss über die – in deinen Händen befindliche FahrnißStüke Hölderlins bringe ich Dir noch vor der Theilung vielleicht in 8. Tagen und will dann auch den Catalog über die Bücher in Ordnung bringen.

Die Meinigen sind Gott sey Dank alle wohl und Louise gewinnt unsere Wohnung täglich lieber.

Unter den herzlichsten Grüßen an Dich, theure
Mutter und die liebe Lina Dein treuer Fritz.

So eben besuchte mich – Oheim Gok auf meiner Caße, und behauptet Herr Stadtpfarrer Schwab dahier scheine ihm empfindlich zu seyn, dass man seinem Sohn kein Honorar für Hölderlins LeichenRede offerirt habe.

Sey nun so gut, liebe Mutter, und bitte Herrn Doctor Eßig, er möchte an den *Theol: Cand:* Christof Schwab in Tübingen 1. württemb: Dukaten mit der Entschuldigung senden, daß er durch mich, der ich erst kürzlich von Oberschwaben nach Stuttgart zurükgekehrt, darum ersucht worden seye.

Ich, meines Theils, würde bei den freundlichen Verhältnißen, in denen ich mit Schwab stehe, es nie wagen, demselben unmittelbar Geld für etwas zu senden, das er aus Hochschätzung für den Verstorbenen sich erbeten hat.

Du kennst aber ja des Oheims peinigende Aengstlichkeit und deshalb wollen wir ihn davon befreien.

Nochmals die herzlichsten Grüße.

501* QUITTUNG KARL GOKS

Empfang Schein für Vierzehn Gulden 52.. 14 f. 52.. welche dem Unterzeichneten für Auslagen zu einem Trauer-Kleid der Jgf. *Zimmer* in Tübingen, u.s.w. von Herrn Raths Consulenten, Dr. Essig in Nürtingen Baar ersezt worden sind,

Stuttgart den 22. August 1843.

HofdomainenRath *v. GOK.*

502 HÖLDERLINS BÜCHER IN NÜRTINGEN

Verzeichniß

der Bücher, welche bei der Verlassenschaft des in Tübingen gestorbenen *M.* Hölderlin sich in Nürtingen vorgefunden haben.

I. Griechische und lateinische Texte

Homeri Opera, graece et latine expressa.

Tomus I. continens Iliadem, Basileae MDCCLXXIX.

Tom. II. Odysseam.

Homeri Ilias graece et latine. Havniae et Lipsiae 1786.

Hesiodus, 2. Tomi.

Pindari Olympia, Pythia, Nemea, Isthmia. anno 1560.
Aeschyli Prometheus vinctus, ed. Schüz, Halae.
Sophoclis Tragoediae Septem. Francofurti 1555.
Euripides, 2. Tomi.
Euripidis ΡΕΣΟΣ
Chrestomathia Tragica Graeco-latina. Goettingae.
Platonis Opera. 12. Tomi.
Platonis Dialogorum Argumenta. 1 Tom.
Aristotelis Organon. Francofurti MDXCVIII.
Aristotelis de Moribus libri X.
Aristotelis Technae Rhetoricae Biblia V.
Theocriti Idyllia cum Scholiis Selectis. Gothae 1782.
Marci Antonini Philosophi Commentarii. Lipsiae.
Publii Terentii Afri Comoediae sex. T.II. Biponti 1780.
M. Tullii Ciceronis de finibus bonorum et malorum.
M. Tullii Ciceronis opera omnia. Lugduni MDLXXXVIII.
Caesaris Commentarii. Antverpiae 1585.
Virgilii Maronis Opera cum Annotationibus Minellii.
Taciti Opera. 1595.
M. Annaei Lucani de bello civili libri X.
Lucanus.
Trogus Justinus, Vratislaviae MDCLX.
Justini Historiae, ad modum Minellii. in duplo.
Plutarchi Opera. Tubingae MDCCXCIII. 4 Volumina.
Plutarchs Werke, griechisch.
Palaephatus.
Marcelli Palingenii Zodiacus Vitae. Roterodami 1648.
Joh. Barclaii Argenis. Amstelodami 1671.
Jacobi Balde Satyrica. 1660.

II. Deutsche Dichtung

Des Herrn von Justi Scherzhafte u. Satyrische Schriften. 3. Band, Berlin und Leipzig 1765.
Klopstocks Gelehrten Bibliothek 1. Teil, Hamburg 1774.
Klopstocks Hermanns Schlacht Reuttlingen 1777.
Klopstocks Geistliche Lieder Reuttlingen, 1780.
Klopstocks Messias. 3. Band. Reuttlingen 1782.
Weiße's Trauerspiele. 3. Bändchen. Reuttlingen 1776.
[Wieland] Der neue Amadis. Ein comisches Gedicht in 18. Gesängen. 1. Band. Carlsruhe 1777.
[Wieland] Musarion, ein Gedicht Reuttlingen, 1780.
Poetische Schriften von Zachariä. 1., 3. u. 4. Th. Reuttlingen 1778.

Weppens Gedichte. Carlsruhe 1783.
Taschenbuch für Freunde des Gesanges. Stuttg. 1795.

III. Theologie

Novum testamentum graecum et latinum. Lipsiae 1575.
Novum Testamentum Graecum. 1734
Hebräischer Psalter. 1556.
Chaldaismi Biblici Fundamenta p. p. Tubingae 1770.
Compendium Theologicae Dogmaticae. Stuttgardiae 1782.
Im. Joh. Gerh. Schellers Anleitung *p.p.* Halle 1783.
D. Jo. Alberti Bengelii Gnomon Novi Testamenti, editio secunda, Tubingae MDCCLIX.
Reinhardts Christliche Moral.
Zweiter Theil von Predigten über die Sonntäglichen Episteln.

IV. Philosophie

Franc. Baco de Verulamio liber de Sapientia Veterum.
D. Humes Untersuchung über den menschlichen Verstand. Jena 1793.
Compendium Logicae. Stutgardiae 1751.
Joh. August Eberhard, Neue Apologie des Sokrates. 2 Bde. Frankfurt u. Leipzig 1787.
J.A. Eberhard, Philosophisches Magazin. 1. Stück. Halle 1788.
[F.H. Jacobi] Über die Lehre des Spinoza in Briefen an M. Mendelsohn. Breslau 1789.
Critik der reinen Vernunft von Im. Kant. Riga 1790.
Critik der Urtheilskraft von I. Kant. Frankfurt u. Leipzig 1792.
Allgemeines Repertorium für empirische Psychologie *etc.* von J. D. Mauchart. 2. Bde. Nürnberg 1792.
Grundlage des Naturrechts von Fichte. Jena 1796.
Fr. W. Jos. Schellings ICH als Princip der Philosophie. 2 Bde. Tübingen 1795.
Ideen zu einer Philosophie der Natur von F.W.J. Schelling. Leipzig 1797.
[Fr. Schleiermacher], Über die Religion. Reden an die Gebildeten unter ihren Verächtern. Berlin 1799.
Das Petitionsrecht der Wirtembergischen Landstände. 1797.

V. Philologie, Wörterbücher, Grammatiken

Handbuch der klassischen Literatur von Eschenburg. Berlin und Stettin 1801.
Versuch über Pindars Leben und Schriften von J. G. Schneider. Straßburg 1774.
Pindars Olympische Siegeshymnen von Gedike. 1777.
Dictionarium historicum ac poëticnm. MDCXV.
Lexicon Graeco Latinum. Basileae.
Garthius olim bilinguis jam trilinguis Sive Lexicon Latino-germanico-graecum p. Norimbergae 1658.
Dictionarium Caesareum, in quo quatuor Principaliores Linguae Europae explicantur.

Jo. Augusti Ernesti Clavis Ciceroniana. Halae MDCCLXVIIII.
Danzii Compendium Grammaticae ebraeo-Chaldaicae. Editio sexta. Jenae.
Ramslers Griechische Grammatik. Stuttgart 1767.
Griechisch-Deutsches Handwörterbuch zum Schulgebrauch. Leipzig bei E.B. Schwikkert 1784.
Supplemente *p.* zum Griechisch deutschen Handwörterbuch. Leipzig 1788.

Nachwort

Die knapp 37 Jahre, die Friedrich Hölderlin entmündigt in Tübingen zubringen mußte, sind wiederholt zum Gegenstand des wissenschaftlichen Interesses, und, dank der Arbeiten von Pierre Bertaux und Peter Weiss, auch zum Gegenstand der öffentlichen Diskussion geworden. War Hölderlin, wie Bertaux behauptet, ein deutscher Jakobiner, der die Narretei nur vorspiegelte, um sich derart politischer Verfolgung zu entziehen? – Aufgrund der überlieferten Zeugnisse erscheint dies mehr als unwahrscheinlich; doch hat die ebenso provokante wie produktive These Stellungnahmen herausgefordert, die, präziser als bis dahin, die mutmaßliche psychische Verfassung Hölderlins zwischen 1806 und 1843 recherchierten und besprachen.

Manie, Katatonie, Hebephrenie, Schizophrenie, manisch-depressives Irresein, Schizophasie, Borderline-Syndrom oder auch nur, laut Bertaux, »wenn man will ein Fall psychischer Atrophie« – das sind einige Befunde, die seit 1806, besonders aber in diesem Jahrhundert erhoben worden sind, wobei hier und da noch mitzubesprechen wäre, ob die Psychose endogenen oder exogenen Ursprungs gewesen ist und ob sie einen zyklothymen oder schizothymen Verlauf genommen hat. Angesichts dieses verwirrenden differentialdiagnostischen Angebots auf der einen Seite und der offen konkurrierenden nosologischen Systeme auf der anderen, könnte man leicht versucht sein, sich von dieser Diskussion abzuwenden und das Thema mit Bauer Meckes Worten (am Schluß von »Max und Moritz«) zu beschließen: »Wat geiht meck dat an?!«

*

Denn die 36 Jahre, die Hölderlin in der Obhut der Tübinger Schreinerfamilie Zimmer verbringen mußte, können nicht allein durch die medizinische Perspektive erfaßt werden; der Zeitraum von 1806-1843 ist weitaus reicher aspektiert. Hierüber Aufschluß zu geben, ist die erste Bemühung der vorstehenden Sammlung.

Die Gleichzeitigkeit des Ungleichartigen – also das verriegelte Leben des Mannes im Turm hie und das erwachende Interesse der Außenwelt an Leben und Werk Hölderlins da – ließ sich am ehesten durch eine weitgehend chronologische Anordnung des Überlieferten erreichen. Da sind zunächst die Briefe, Äußerungen und Gedichte des kranken Mannes selbst, denen die psychologische Deutung allein nicht gerecht wird. Weiter gesellen sich Zeugen, Zaungäste und Kolporteure, um in Briefen und Literarisierungen verschiedenster Art, in Berichten, Rechnungen oder Tagebucheinträgen über den Alltag Hölderlins Auskunft zu geben. Über das Pianospiel wird berichtet und wie es sich stundenlang in der Variation eines einzigen Motivs verliert, über das Possentheater mit Titeln und Namen, wie es der Turmbewohner mit ungebetenen Besuchern und Voyeuren zu veranstalten liebte (»Ich, mein Herr, bin nicht mehr von demselben Namen, ich heiße nun Killalusimeno. Oui, Eure Majestät: Sie sagen so, Sie behaupten so! es geschieht mir nichts«, bekam etwa der Student Wilhelm

Waiblinger (vgl. Nr. 181) zu hören), ambitionierte Phantasten kommen zu Wort, die mit der Idee vom heiligen Wahnsinn kokettieren, aber auch Rechnungen werden zitiert, die Kosten für reparierte Hosenträger, gestopfte Socken und für eine grüne Zimmerkappe in Gulden und Kreuzern angegeben. Auch das Gezerre um die erste Sammelausgabe von Hölderlins Gedichten (1826) wird in der vorliegenden Anthologie breit dokumentiert in ihren komischen (die Eifersüchteleien der Schwaben gegenüber den »Ausländern« (!) in Berlin) wie auch in ihren ernsthaften Aspekten: allein die Entwendungen, Verschickungen, das Verbummeln und Vertrödeln Hölderlinischer Originale! – Mahlmann verschlampt das Tragödienfragment »Agis«; Kerner verschickt die einzige handschriftliche Gedichtsammlung an eine falsche Adresse; Neuffer weiß nicht mehr, wo er die Jugendgedichte verstaut hat; Conz holt einen Stapel von Gedichten aus dem Turm und läßt Schreiner Zimmer einen »bidren Meister« sein (Conzens Nachlaß: bis heute verschollen); Waiblinger klemmt sich ebenfalls eine »Rolle solcher Papiere« unter den Arm, und da nimmt auch Mörike etwas fort und schenkt es später Hermann Kurz ...

Von dem chronolgischem Prinzip sind nur wenige Ausnahmen gemacht worden, die in der Mehrzahl Tagebücher betreffen; es schien nicht ratsam, diese zumeist eng zusammengehörigen und aufeinander verweisenden Einträge zugunsten einer gar zu strikt geübten Konsequenz zu dissozieren. Auch der zweite Ordnungsgrundsatz dieses Bandes wurde gelegentlich (wenngleich seltener) durchbrochen: Es wurden nur solche Stücke aufgenommen, die zwischen 1806 und 1843 entstanden sind. Weiterhin blieben Literarisierungen, Würdigungen und Rezensionen von Hölderlins Leben und Werk weitgehend außer acht. Sie hätten den Band überfrachtet, zumindestens aber die gleichermaßen von Verlag und Herausgeber für sinnvoll erachtete Obergrenze von 350 Seiten Anthologie Bogen mißachtet. Einige repräsentative Exemplare sind jedoch aus jeder Gattung aufgenommen worden, so daß die beherrschenden zeitgenössischen Meinungen wenigstens durch ein oder zwei Stimmen wiedergegeben sind.

Eine handliche Auswahl aus den Zeugnissen über Hölderlins Turmzeit steht seit langem auf der Wunschliste der Hölderlin-Philologen und -Liebhaber. Sie zusammenzustellen hätte ich mit Blick auf die Bände 6-8 der Großen Stuttgarter Ausgabe nicht unternehmen wollen; zu sehr wäre die Anthologie von den Arbeiten Adolf Becks abhängig geblieben (was der vorliegende Band dem Mitherausgeber der Stuttgarter Ausgabe schuldet, ist freilich nicht zu verkleinern und für jeden Kenner ohnedies offensichtlich: vier Fünftel der Stücke sind, wenngleich anderen Auswahl- und Ordnungsprinzipien unterworfen, aus den Brief- und Dokumentenbänden der genannten Edition genommen). Doch erst eine Entdeckung Albrecht Starks im Sommer 1991, die das seitherige Wissen um Hölderlins Leben im Turm beträchtlich erweitert, wurde zum Anlaß für diese Ausgabe.

Im Laufe des Umzugs des Nürtinger Stadtarchivs aus seinem provisorischen Quartier in den Kellerräumen eines umgewidmeten Industriegebäudes ins renovierte Rathaus wurde Stark auf ein Aktenbündel mit dem Titel »Friedrich Hölderlin« aufmerksam. Es war ca. 15 Aktenmeter hinter anderen Hölderliniana sortiert und schien, umgeben von den Relikten einer späteren Generation, zu jenem Friedrich Hölderlin gar keinen Bezug zu haben. Erst die Leiterin des Nürtinger Stadtmuseums, Angela Wagner-Gnan, konnte die Authentizität und die Bedeutung dieser Papiere bestätigen.

Die Corpora mit der Registraturnummer 215/ 493 A bzw. B schließen nahtlos an die durch Adolf Beck publik gewordenen Pflegschaftsrechnungen an, die ebenfalls im Nürtinger Stadtarchiv unter der Nummer 796 lagern. Die bekannten Rechnungen enthalten zwölf Briefe Ernst Zimmers an Hölderlins amtlichen Vormund Gottlieb Israel Burk aus den Jahren 1828-1832. Die Verwaltungsrechnungen von 1833 an glaubte man verloren, da systematisches Nachforschen im Archiv ergebnislos blieb und ein anderer Ort für derartige Recherchen nicht in Betracht kam. Und in der Tat ist es nicht nachvollziehbar, warum die nun entdeckte 4. – 14. Administrationsrechnung (1833-1843) – mit ihren 42 Briefen der Familie Zimmer und anderen Papieren mehr – unter einer anderen Registraturnummer geführt worden ist.

Die Administrationsrechnung wurde alljährlich vom Nürtinger Pfleger (:Vormund) Hölderlins der vorgeordneten Behörde zur Revision vorgelegt. Die vierteljährigen Briefe der Familie Zimmer bildet nur ihren kleinsten Teil; die Akte besteht aus der eigentlichen Administrationsrechnung von durchschnittlich 35 Blatt Folio, beidseitig beschrieben, und einem ebenso starken »Rapiat« oder »Handbuch«; Rapiat und Administrationsrechnung verhalten sich zueinander wie Kladde und Reinschrift. In diesen Abrechnungen wurde die treuhänderische Verwaltung des Hölderlinschen Vermögens festgehalten. Weiterhin gehören zu einer Jahresakte: eine »Summarische Nachrechnung« (was wohl einer Bilanz nahekommt) sowie sorgfältig gesammelte Belege für Einnahmen aus Kreditgeschäften und diverse Ausgaben. Unter »Ausgaben« mußte auch jedes Briefporto zu wenigen Kreuzern registriert werden – und genau dies ist der Grund, warum die Briefe und Quittungen Ernst, Elisabethe und Lotte Zimmers erhalten sind: Sie stellten für den Rechnungslegenden unverzichtbare Ausgabennachweise dar. Doch bedauerlicherweise genügten für diesen Zweck auch die Umschläge der Briefe; Zeller, der Burk als Vormund ablöste und nur kurzfristig die Akten führte, hat daher und wohl auch aus persönlichem Interesse an Hölderlins Schicksal die Schreiben selbst (sofern sie keine Rechnungen oder Quittungen darstellten) zu seinen eigenen Papieren genommen – aus dem Jahr 1841, für das Zeller als Pfleger bestellt war, ist kein einziger Brief Lotte Zimmers erhalten.

Rapiate, Administrationsrechnungen, Bilanzen, Kreditverträge, Mahnungen und Quittungen über Revisionssporteln und Porti etc. wurden hier nicht wiedergegeben, so wie denn alles beiseite blieb, was zum alltäglichen Leben Hölderlins keine erkennbar wirksame Beziehung unterhielt. Aus dem ererbten Kapital des Kranken wurden Kredite vergeben und, mit durchschnittlich 5 Prozent Zinsen, wieder eingestrichen; je und je mußten säumige Schuldner angemahnt, mußte eine Verwaltungsgebühr beglichen werden. Davon jedoch dürfte Hölderlin nichts gewußt haben, weshalb es hier getrost fortgelassen wurde.

Die Briefe der Familie Zimmer sind hingegen vollständig aufgenommen worden: über ihre Bedeutung für die teilweise Rekonstruktion von Hölderlins Leben zwischen 1833-1843 herrscht kein Zweifel. Anders verhält es sich jedoch mit den zahlreichen Quittungen und Rechnungen, die in Tübingen und Nürtingen ausgestellt worden sind und oft nichts anderes als die Besohlung von Schuhen, die Flickarbeiten an Hemden oder Bettzeug betreffen. Über ihren Stellenwert mögen die Meinungen auseinandergehen: Der eine wird sie (wie seinerzeit Adolf Beck bei der Bearbeitung der bekannten Pflegschaftsakte) für Petitessen halten, die besser zu ignorieren seien; der andere wird aus ihnen Nachrichten über Hölderlins Bekleidung und Aussehen, über Lebensgewohnheiten oder die Tatsache erlesen, daß der Bevormundete nicht einmal mehr über die Wahl seiner Hosenträger mitzubefinden hatte, – die ihm insgesamt vielleicht nicht ganz uninteressant erscheinen. Hier sind sie noch aus einem anderen Grunde angeführt: Sie bilden eine Art zeitliches Gerüst, vor dessen Hintergrund die wenigen außerordentlichen Ereignisse (oder ihr Ausbleiben) umso deutlicher erscheinen sollen. Lichtmeß, Georgi, Jacobi und Martini: Regelmäßig wie Stundenschläge lassen die quartaliter erfolgten Abrechnungen das gleichförmige Jahr des Internierten sinnfällig werden.

Die wenigen übrigen Nachträge zur bzw. Abweichungen von der Stuttgarter Ausgabe werden jeweils im Stellenkommentar ausgewiesen und, wo nötig, besprochen. An dieser Stelle ist nur noch darauf hinzuweisen, daß Hölderlins Briefe an seine Mutter Johanna Christiana Gok im Unterschied zur Beckschen Präsentation hypothetisch datiert worden sind. Der Datierungsversuch beruht auf der Tatsache, daß die 61 erhaltenen Briefe (und viel mehr dürften es auch nicht gewesen sein) von unbekannter Hand durchnumeriert worden sind. Drei Briefe sind mit Sicherheit zu datieren; geht man nun davon aus, daß Hölderlins Briefe jeweils den quartalsmäßigen Briefen und Abrechnungen Ernst Zimmers beilagen (wofür beispielsweise Nrn. 34 u. 35 sprechen, oder auch Nrn. 177 u. 178: »Ich habe ebenfalls die Ehre, mich gehorsamst zu empfehlen [...]«), so ergibt sich eine erstaunliche Übereinstimmung zwischen der Anzahl theoretisch geforderter und de facto vorhandener Briefe: zwischen April 1815 und November 1825 würde demnach nur ein einziger Brief vermißt werden. – Damit jedoch deutlich bleibt, daß die angeführten Überlegungen hinreichen, eine Hypothese zu begründen, nicht aber sie zu festigen, ist die Datierung im Text als Vermutung ausgewiesen.

*

»Hoh! das ist nicht der Mühe werth, daß man es ließt; der Esel hätte sollen auf dem Feld schaffen, anstatt ein Buch zu schreiben! Nein! es ist gar zu erbärmlich! Man weis ja gar nicht, was der Mensch mit der Schmiererey will! [...] Und woher weiß doch der Kerl all das Zeug von Hölderlin und mir?« – Der Unmut Ernst Zimmers, den August Mayer und Gustav Schwab (Nrn. 25, 26) übereinstimmend schildern, richtet sich gegen das eben erschienene Werk Justinus Kerners, die »Reiseschatten« (1811), in denen Hölderlin alias »Holder« in verschiedenen Szenen auftritt. Selbstredend ist in diesem Buche alles falsch: undenkbar bereits die Tatsache, daß man Hölderlin allein aus dem Hause gelassen und ihm gar eine Reise mit der Postkutsche oder zu Pferde erlaubt hätte, wie es Kerner darstellt. Höchst unwahrscheinlich auch, daß die Sätze Holders von Äußerungen Hölderlins abgeleitet sind; zu sehr ähnelt die Position der literarischen Figur – zwischen dem orthodox frömmelnden Pfarrer einerseits und dem Repräsentanten der positiven Naturwissenschaften, dem »Chemikus«, andererseits, Kerners eigenen Überzeugungen, die zwischen exakter Forschung (die Studien zum Botulismus) und Mystizismus (»Seherin von Prevorst«) changieren.

Wie also? Hat Zimmer recht, indem er es vorgezogen hätte, den Autor der »Reiseschatten« bei der Landarbeit anstatt am Schreibtisch zu sehen? Oder ist Kerner im Recht, der, seine poetische Lizenz gebrauchend, eine wirkliche Gestalt zu einer literarischen Figur modulierend, neben das Faktische das Mögliche und Denkbare setzt? Und wenn dies der Fall ist, was hat eine solche Fiktion dann in einer Dokumentensammlung zu Hölderlins Turmzeit zu suchen?

Nun, auch dies gehört zur Geschichte der Jahre 1806-1843, bestimmte sie vielleicht nachhaltiger als das Tatsächliche. Der Wahnsinnige als Seher: diese antike, im 19. Jahrhundert rehabilierte Vorstellung, leitete die Gemüter und prägte insbesondere auch das Hölderlin-Bild in der literarischen Öffentlichkeit. Daß die Psychose (ein seinerzeit freilich noch unbekannter Begriff) kein Elend sei, sondern vielmehr eine anders – und vielleicht höher – organisierte Form der Vernunft, wurde zur gern geglaubten Vermutung. Kerners »Reiseschatten« lassen dies so deutlich erkennen wie Waiblingers »Phaeton« oder noch selbst der scheinbar sachliche Bericht über »Friedrich Hölderlins Dichtung, Leben und Wahnsinn«. Diese Manier des Denkens durfte – als ein typisches, handlungs- und ideenleitendes Verhalten der Zeitgenossen zu Friedrich Hölderlin – in einer Dokumentation nicht ganz unberücksichtigt bleiben, umso weniger, als die Grenzziehung zwischen protokollarischer Sachlichkeit und ... sagen wir: nicht gar so faktenhöriger Darstellung nicht immer ganz einfach ist. Nicht wenige Texte der vorliegenden Sammlung sind aus beidem geformt: aus Tatsachen *und* aus Kolportiertem, aus Beobachtungen *und* Phantasiertem, aus Zeugenbericht (etwa über Hölderlins Klavierspiel) *und* literarischer Ambition (daß dieses Klavier verstimmt gewesen sei und zerissene Saiten gehabt habe, ist eine Behauptung, die sich wohl weniger den Tatsachen als vielmehr den Lockungen der Gleichnisrede verdanken dürfte). – Die Anthologie stellt die ungleichartigen Texte nebeneinander in der Hoffnung, daß aus ihrem Wechsel- und Zusammenspiel sich nach und nach Linien zu einem Porträt herausbilden mögen.

*

Daß die Zeit »buchstabengenau und allbarmherzig« sei, gehört zu den verrätselten Maximen, die der alternde Friedrich Hölderlin mit dem Habitus eines Gelehrten seinen Zuhörern oder den Empfängern seiner wenigen Schreiben anbot. Diese und ähnliche Thesen als Wahnprodukte abzutun, geht wohl an, befriedigt aber nicht. Der kuriose Sinnrest regt die Vernunft auf, die sich über dem psychiatrischen Befund nicht beruhigen mag. – Was hat es damit auf sich? Sind derartige Äußerungen Koordinaten in einem unbekannten System, das prinzipiell rekonstruktionsfähig, nachvollziehbar und sinnvoll ist, oder handelt es sich bloß um Gedächtnisbruchstücke eines ehemaligen Stiftszöglings, dem nun die Theologumena durcheinander geraten und sich zu einem charmanten Paradox fügen? Sind die Devotionsformeln (Eure Heiligkeit, Eure Majestät) mit denen Hölderlin seine Besucher im Turm wohl mehr abwehrte denn empfing, kalkuliertes Verhalten oder verdanken sie sich einem verzerrten Wirklichkeitsempfinden? Sind die Verse der Wahnzeit als authentische Werkstufe zu begreifen oder bloß als Fabrikate einer gedemütigten Intelligenz, die der Mechanik von Metrum und Reim unterliegt?

Falsche Fragen sind gefährlicher als falsche Antworten, und die Fragen sind falsch gestellt. Sie spielen als Alternative aus, was keine ist, behaupten zusammenzugehören, wo, bei näherem Hinsehn, keine Gemeinschaft zu erkennen ist. Das künstlerisch perfekte Binnensystem vieler Gedichte hat dem ärztlichen Befund so wenig entgegenzusetzen, wie die medizinische Diagnose der rhythmischen und noetischen Energie etwa jener Herbstverse:

Die Sagen, die der Erde sich entfernen,
Vom Geiste der gewesen ist und wiederkehret,
Sie kehren zu der Menschheit sich, und vieles lernen
Wir aus der Zeit, die eilends sich verzehret.

Hölderlins Gedichte zwischen 1806 und 1843 als homogene Werkstufe zu betrachten, geht nicht wohl an. Die Verse sind ungleichartig. In der Frühzeit dominieren noch klassische Formen, Oden zumeist in alkäischem Silbenmaß, aber auch pindarische Formen neben metrisch ungebundener Rede. Von den dreißiger Jahren an beherrschen liedhaft gereimte Formen das Bild; in ihrer großen Mehrzahl sind die Gedichte nun dem Zyklus der Jahreszeiten gewidmet.

Doch ob dieser Kurzüberblick das Spätwerk Hölderlins tatsächlich repräsentiert, muß für immer offen bleiben. Nicht viel mehr als ein halbes Hundert Stücke – Gedichte, Stammbuchblätter, Widmungen und Sinnsprüche – hat sich aus einer knapp 37jährigen Produktionszeit erhalten. Daß Hölderlin aber weitaus mehr geschrieben haben muß, als die Überlieferung es vermuten läßt, steht außer Frage. Mindestens phasenweise hat er angestrengt an seinen Gedichten gearbeitet; Karl Mayer bezeugt dies etwa für den Jahresanfang 1811: »Der arme Hölderlin will auch einen Almanach herausgeben und schreibt dafür täglich eine Menge Papiers voll«, und Lotte Zimmer bestätigt noch in Briefen aus dem Jahr 1842, daß der Turmbewohner regelmäßig und ziemlich oft Verse schrieb. – Aus welchem Grund der Großteil der Gedichte abhanden gekommen ist, wurde oben bereits erwähnt: »Entwendung« ist wohl kein gar zu irreführendes oder unfreundliches Wort, um die Ursache zu bezeichnen.

Wie Hölderlin gearbeitet hat, ist völlig unklar und umso mehr nimmt es Wunder, wenn Fachgermanistik und Psychiatrie sich in der Überzeugung, daß der Dichter seine Strophen spontan erfand, völlig einig geben. Dafür spricht nichts außer den Berichten von einigen Zeugen, die Hölderlin um »ein paar Verse von eigener Hand« baten und dann zusahen, wie der Dichter dieser Aufforderung binnen weniger Minuten nachkam, indem er gelegentlich vorher aus dem Fenster blickte oder auch, mit der linken Hand den Takt schlagend, den Text sofort niederschrieb. Bedeutet dies nun, daß Komposition und Notation einen einzigen Akt darstellten? Oder ist es – mit Blick auf die lyrische Perfektion insbesondere der sogenannten »Scardanelli«-Gedichte von 1838 an – nicht viel wahrscheinlicher, anzunehmen, daß er die erbetenen Verse längst im Kopf hatte und sie für den Besucher nur mit ein wenig *mise en scène* zu Papier brachte? Und spricht nicht gerade die an Johann Georg Fischer gerichtete Frage Hölderlins nach dem Thema des gewünschten Gedichts: »Soll ich über Griechenland, Frühling, Zeitgeist?« – für die Annahme, daß er nicht improvisierte, sondern aus seinem Gedächtnis wählte?

Hölderlins Gedichte der letzten Lebensphase sind in der Literaturwissenschaft bisher nur auf geringes Interesse gestoßen. Bei der schier unabsehbaren Menge von Aufsätzen, Büchern«, Artikeln usw., die ausweislich der »Internationalen Hölderlin-Bibliographie« dem Leben und Werk des Dichters gewidmet sind, erscheint es befremdlich, daß bisher (soviel ich sehen kann) nur äußerst wenige auf die lyrische Besonderheit jener Gedichte konzentrierten Einzelstudien erschienen sind (sie stammen namentlich von Bernhard Böschenstein, Roman Jakobson und Grete Lübbe-Grothues sowie von Wilfried Thürmer). Im übrigen blieb das Feld den Psychiatern überlassen, die die Verse vorwiegend als pathographisches Material betrachteten. Dieter Bente und Max Römer (»Quantitative Textanalysen zum Sprachwandel Hölderlins in der Psychose«, 1969) beispielsweise faßten die Ergebnisse ihrer – auf alle sprachlichen Äußerungen Hölderlins bezogenen – Untersuchung wie folgt zusammen:

»a) ein Homogenitätsverlust mit starker Labilisierung der basalen Textstruktur;
b) eine wortweite Sprachfassung mit erhöhter wortschöpferischer Aktivität und Bevorzugug seltener Formen;
c) eine tiefgreifende Änderung des Satzbaues und seiner grammatikalischen Struktur mit Wendung zu nominalen Ausdrucksformen.«

Die Thesen mögen für vereinzelte Briefe, Stammbuchblätter oder Mündliches gelten; auf die Gedichte sind sie mehrheitlich nicht anwendbar. Und damit wird das Kardinalproblem quantitativer Analysen überhaupt deutlich: Sie fassen Ungleichartiges als vergleichbar auf und unterschlagen derart den kategorialen Unterschied der Gattungen. So sind die brieflichen und mündlichen Äußerungen ohne ihren jeweiligen Adressatenbezug nicht angemessen zu verstehen; die Stammbuchblätter und Widmungen nicht ohne die Kenntnis der diesem Genre eigentümlichen Neigung zum Aphoristischen und Maximenhaften – und die Gedichte?

Für sie gilt immerhin am wenigsten, was Bente und Römer diagnostizieren: »Homogenitätsverlust«, »Labilisierung der basalen Textstruktur«, »erhöhte wortschöpferische Aktivität«, »Bevorzugung seltener Formen« und »eine tiefgreifende Änderung des Satzbaues«. Im Gegenteil sind gerade die Gedichte von ca. 1830 an durch verhältnismäßig konventionelle Wortwahl und Syntax gekennzeichnet. Auch das Repertoire der Themen, Motive, Bilder und Formen ist eng begrenzt und keineswegs exzentrisch im Sinne der obigen Thesen. Der jahreszeitliche Turnus bildet – wie schon bemerkt – den Hauptgegenstand der späten Gedichte. Die Welt wird als Großraum begriffen, gelegentlich sogar in planetarischen Dimensionen wie in den oben zitierten

Herbstversen, oder in der zweiten Strophe des Gedichts »Der Winter«: »Der Erde Rund ist sichtbar von dem Himmel«. Die Landschafts- bzw. Saisonverse sind fast durchwegs aus Erd- und Himmelsimpressionen zu einer räumlichen Totale komponiert, in welche das Einzelgeschehen erst eingezogen wird. Daneben finden sich Abstrakta wie »Zeit«, »Geist« oder »Vergangenheit«, die zusammen mit thesenartigen Zeilen und gegenstandsleeren sinnlichen Werten wie »prächtig« oder »glänzend« jene Mischung von Anschauung und Idee bilden, die für die späten Gedichte charakteristisch ist. Noch einmal »Der Herbst« vom September 1837:

Die Sagen, die der Erde sich entfernen,
Vom Geiste, der gewesen ist und wiederkehret,
Sie kehren zu der Menschheit sich, und vieles lernen
Wir aus der Zeit, die eilends sich verzehret.

Die Bilder der Vergangenheit sind nicht verlassen
Von der Natur, als wie die Tag' verblassen
Im hohen Sommer, kehrt der Herbst zur Erde nieder,
Der Geist der Schauer findet sich am Himmel wieder.

In kurzer Zeit hat vieles sich geendet,
Der Landmann, der am Pfluge sich gezeiget,
Er siehet, wie das Jahr sich frohem Ende neiget,
In solchen Bildern ist des Menschen Tag vollendet.

Der Erde Rund mit Felsen ausgezieret
Ist wie die Wolke nicht, die Abends sich verlieret,
Es zeiget sich mit einem goldnen Tage,
Und die Vollkommenheit ist ohne Klage.

Die Spannung von Natur und Kultur ist neutralisiert: Wie Realien bewegen sich »Sagen« durch den Raum und ordnen sich »Bilder« der Natur zu. Menschliche Arbeit, ob geistiger (»die Sagen«) oder physischer Art (»der Landmann, der am Pfluge sich gezeiget«) steht zusammen mit der »Natur« unter den Prinzipien desselben Geistes, das Verschwinden und Wiedererscheinen der Jahreszeiten bildet die versöhnliche Wiederkehr der Zeiten überhaupt vor, die das Vergehen des Vergangenen aufhebt: »Die Bilder der Vergangenheit sind nicht verlassen/ Von der Natur [...]«

Es ist hier nicht der Ort, in einer extensiven Detailinterpretation zu zeigen, wie exakt die Struktur des Gedichtes diesem Grundgedanken entspricht, wie genau etwa die Syntax der ersten Strophe mit ihren Relativsatzeinschüben und der pronominalen Wiederkehr des Subjekts aus der ersten Zeile (»Die Sagen«) in der dritten (»Sie«) dem Rhythmus von Entfernung und Wiederkehr korrespondiert, von dem die Verse reden. Es galt allein an einem Beispiel zu zeigen, daß die Eigenart von Hölderlins späten Gedichten nicht der Erkrankung, dem Nachlaß der intellektuellen Kräfte geschuldet ist, sondern sich kompositorischer Souveränität verdankt.

Dies steht übrigens nicht im Widerspruch zur psychiatrischen Diagnose. Die Psychose (ich gebrauche hier den weitesten Begriff) schließt eine erstaunliche Binnenlogik und gedankliche Konsequenz nicht aus; nur ist es den Betroffenen meist nicht mehr möglich, sie zu kommunizieren. Die künstlerische Bedeutung jener Gedichte Hölderlins erschließt sich der medizinischen Analyse ebensowenig wie van Goghs »Kirche von Auvers«, solange die Grundsatzfrage nach dem Verhältnis von psychischer Disposition und Kreativität ungeklärt ist. Vorerst also wird es dabei bleiben, daß Psychologie und Literaturwissenschaft sowenig aneinander vorbei wie zusammen kommen können.

Auch die Briefe und Aussprüche Hölderlins sind durchaus als sinnvolle Äußerungen zu begreifen. Bereits im Oktober 1802 hatte sich Sinclair die »Gemüths Verwirrung« als »eine aus wohl überdachten Gründen übernommene Äußerungs Art« (StA 7,2; 299) gedeutet; ein Eindruck, den viele Beobachter noch weitaus später hatten, wenn sie mit den Devotionsformeln konfrontiert wurden. Daß der Kranke die Titulaturen (die er laut Waiblinger, auch den Angehörigen der Familie Zimmer verlieh) selbst nicht für wirklich nahm, bezeugen die Briefe an Johanna Christiana Gok, in denen regelmäßig von »Herrn« oder »Frau« Zimmer die Rede ist. Komplizierter mag es um die Pseudonyme – Scardanelli, Buoanarotti, Killalusimeno usw. – bestellt gewesen sein, mit denen Hölderlin anstelle seines bürgerlichen Namens angeredet werden wollte. Ebenso wie die Wut über den Gebrauch seines akademischen Titels »Magister«, könnte die Verweigerung des bürgerlichen Namens darauf hindeuten, daß der Mann im Turm mit jenem Magister Friedrich Hölderlin, der gedemütigt, entmündigt und interniert werden konnte und dessen Gedichte von anderen herausgegeben wurden, nicht verwechselt sein wollte.

»Hölderlin kan aber seine Verwanten nicht ausstehen, wenn sie ihn nach langen Jahren besuchen so fahrt er wüthend auf sie ein.« Was Ernst Zimmer im Dezember 1835 einem Unbekannten (vielleicht Dr. Lind aus Leipzig) mitteilt, dürfte die Formelhaftigkeit der Briefe Hölderlins an seine Mutter, Schwester und an den Stiefbruder Karl Gok mitregiert haben. Worauf der Unmut zurückging, ist nicht sicher auszumachen; vielleicht resultiert er aus älteren Konflikten, vielleicht kam er zustande, weil der Turmbewohner (übrigens ganz richtig) mutmaßte, daß seine Mutter für die Zwangsunterbringung im Tübinger Klinikum verantwortlich war. Die Briefe jedenfalls sind in ihrer Distanziertheit nicht zu überbieten. Offen wird eingestanden, daß allein die von Zimmer angemahnte Kindespflicht Ursache der Schreiben ist, deren sich der Urheber kühl entledigt. So bereits im ersten erhaltenen Brief, der einer Nachricht Ernst Zimmers beilag. Zimmer: »Ich habe Hölderlin gefragt ob Er nicht auch schreiben wolle. Es scheint aber, das er würklich keine Lust dazu hat.« Und dann doch der mürrische Nachsatz des Aufgeforderten: »Herr Zimmern erlaubt mir, eine Empfehlung von mir hinzuzusezen. Ich empfehle mich in Ihr gütiges Andenken. Können Sie, Theuerste Mutter! mich bald wieder mit einem Briefe erfreuen, so wird diß an ein dankbares Herz geschehen« (Nr. 35). Auch an anderer Stelle macht der Schreiber deutlich, daß seine Briefe sich keineswegs einem freien Entschluß verdanken: »Geehrteste Frau Mutter! Ich schreibe Ihnen, weil ich glaube, daß es Ihre Vorschrift, und meine Gemäßheit nach dieser ist. Haben Sie Neuigkeiten, so können Sie dieselbige mir mittheilen. Ich bin Ihr gehorsamster Sohn Hölderlin« (Nr. 83).

Die Formelhaftigkeit der zumeist kurzen Grüße läßt sich nicht allein durch psychotische Beschränkung erklären. Wie jene absurden Titel, die Hölderlin absichtsvoll seinen Besuchern verlieh, ist auch die Stereotypie der Briefe gewollt oder doch mindestens erkannt. »Ich schike mich schon wieder an, Ihnen einen Brief zu schreiben«, heißt es in einer Note von 1814 oder 1815, die dann weiter die Beschaffenheit der Korrespondenz überhaupt kommentiert: »Was ich Ihnen gewöhnlich geschrieben habe, ist Ihnen erinnerlich, und ich habe Ihnen fast wiederholte Äußerungen geschrieben« (Nr. 54).

*

Die wichtigsten Zeugnisse über Hölderlins Alltagsleben stellen die Briefe der Familie Zimmer dar. Sie gehören zu den wenigen Stücken, die aus genauer Kenntnis herrühren und nicht von literarischem Ehrgeiz oder durch interpretierende Zutaten verzerrt sind. Und gerade auch für die pathographische Diskussion können die Neufunde nicht hoch genug bewertet werden.

So dürfte voreilig gewesen sein, was Dietrich Uffhausen 1986 beobachtet hat: ein »Rückzugsgefecht« der »heutigen Psychiatrie«, die »die Bastionen der klassischen Psychiatrie weitgehend preisgibt« und – Uffhausen bezieht sich auf die Studien von Uwe Henrik Peters – im Unterschied zum umfassenden symptomatischen Katalog früherer Zeiten nurmehr am Befund der »Sprachstörung« festhält (HJb 24 (1984/ 85), S. 311 f.). Wenigstens einige Punkte der älteren Diagnose Hans Schadewaldts müssen dank der Neufunde nun jedoch als sicher bestätigt gelten, darunter die »starke motorische Unruhe, Paroxysmen, Anfälle von Wut und Raserei« und die »Äußerungen einer ›unheimlichen‹ Angst vor allem Unvertrauten, mit dem Gefühl ständigen, aber ›durchaus fiktiven‹ Bedrohtseins« (Zusammenfassung von Uffhausen, S. 311). Nicht allein die Schustersrechnungen, die einen unglaublichen Verschleiß des Schuhzeugs nachweisen, bekräftigen die anhaltende »motorische Unruhe« des kranken Mannes, sondern auch eine Bemerkung Lotte Zimmers vom Oktober 1839: »Sie können sich keinen Begriff machen wie Er die Hemmder verreißt vielmehr als Leute welche streng arbeiten, Er hat die Hände immer in den Aermel u. spielt mit [...]« – Auch gelegentliche Tobsuchtsanfälle sind mehrfach – zuletzt im August 1842 – bezeugt.

Und die »Angst vor allem Unvertrauten«? – Ernst Zimmer berichtet, daß schon kleine Veränderungen des Gewohnten Hölderlin aus der Fassung bringen konnten, so etwa der Einbau neuer Fensterläden: »worüber er aber anfangs Tüchtig geflucht hat. Er hat die gewohnheit oft Nachts wenn ihm ein gedanke im Bett einfält heraus zu fahren ein fenster zurük zu schieben und den Gedanken der freien Luft mitzutheilen, jetzt ist es ihm aber bei den neuen Fenster nicht mehr so bequem, es geht ihm bei der eröfnung der Fenster nicht schnell genug wie er es gewohnt war.« Eindrucksvoller und eindeutiger als diese Episode ist jedoch ein Brief Lotte Zimmers an Burk. Im Frühjahr 1839 mußte Hölderlins Turmstube gereinigt und frisch gestrichen werden; eine Arbeit, während derer er in einem anderen Raum untergebracht wurde. – »Es ist uns jedesmal Angst«, schreibt Lotte Zimmer, »wenn wir ein solches Geschäft vornehmen müßen u. was doch von Zeit zu Zeit nothwendig sein muß, indem es immer eine überredungskunst kostet, bis man ihn darüber gehörig belehrt hat, weil Er gleich mißtrauisch ist u meint Er müße fort.«

Er mußte nicht fort. 36 Jahre lang, vom Mai 1807 bis zu Hölderlins Tod am 7. Juni 1843, bezeugen die Briefe der Familie Zimmer auch dies: bewunderungswürdige Geduld mit dem spintisierenden, oftmals rasenden Hausgenossen, den man stundenlang Klavier spielen ließ, obwohl das musikalische Einerlei an den Nerven der unfreiwilligen Zuhörer rüttelte; und eine Fürsorge, die – wenn's drauf ankam – nicht auf's Geld sah: »überhaupt dürfen Sie überzeugt sein, daß er bekommt was Er bedürftig ist, daß ich Ihm nichts abgehen laße, wo natürlich ich nicht denke wir dürfen Ihm blos für die 8 x geben [...]«

Vergolten wurde dies alles mit einem geringfügigen Kostgeld, das jahrzehntelang nicht erhöht wurde (und das man, mit ostentativer Generosität, regelmäßig an Neujahr durch ein kleines Geldgeschenk abrundete) und – durch Mißtrauen sowie peinliche Kontrolle vor allem durch die larmoyante Schwester Hölderlins, die einmal die Haupterbin des kurzgehaltenen, reichen Mannes sein würde.

Kleinkram und Großmut: diese stilprägende Spannung läßt die Briefe der Zimmers nicht selten sogar zu unvermuteter Literarizität gelangen – so etwa noch in der letzten Rechnung Lotte Zimmers (»folgendes vor seine Leiche ausgelegt«), die am Ende noch einmal, wie unzufällig, »Brod« und »Wein« ins Spiel bringt: »[...] bey der Beerdigung dem Schreiner Todtengräber Leichensäger bettelfogt u Leichenschauer im ganzen 6 Maas Wein á 32 [...] Vor Brod u Käs [...] Vor Lichter [...]«

Zusammen 13 Gulden und acht Kreuzer.

Zitierte oder erwähnte Literatur:

- Dieter Bente, Max Römer: Quantitative Textanalysen zum Sprachwandel Hölderlins in der Psychose. In: Confinia Psychiatrica 12, 1969, S. 57-64
- Pierre Bertaux: Friedrich Hölderlin. Frankfurt/ M. 1978
- Bernhard Böschenstein: Hölderlins späteste Gedichte. In: HJb 1965/ 66, S. 35-36
- Roman Jakobson, Grete Lübbe-Grothues: Ein Blick auf »Die Aussicht« von Hölderlin. Roman Jakobson: Hölderlin – Klee – Brecht. Frankfurt/ M. 1976, S. 27-96
- Uwe Henrik Peters: Wider die These vom edlen Simulanten. Frankfurt/ M. 1982
- Hans Schadewaldt: Friedrich Hölderlin (1770-1843). Pathographische Paralipomena. In: Medizinische Welt 22, N.F. 1971, S. 3-16
- Wilfried Thürmer: Zur poetischen Verfahrensweise in der spätesten Lyrik Hölderlins. Marburg 1970
- Peter Weiss: Hölderlin. Frankfurt/ M. 1971

Quellennachweise und Anmerkungen

Die vorstehend gesammelten Texte stellen eine Auswahl namentlich aus der Stuttgarter Ausgabe und den neuen Nürtinger Funden dar. Diverse andere Quellen werden in der entsprechenden Anmerkung ausgewiesen. Hölderlins Briefe und dichterische Arbeiten sind vollständig und ungekürzt wiedergegeben worden; Gedichte und Prosastücke erscheinen im Druck leicht vergrößert, um sie derart von der chronologischen Folge abzusetzen (in den Anmerkungen wie im Inhaltsverzeichnis ist die jeweilige Überschrift der schnelleren Erkennbarkeit halber in Versalien gesetzt). Ihre Datierung erfolgt erst in den Anmerkungen und wird dort ggf. besprochen.

Vollständig sind weiterhin alle Autographen von der Hand Ernst, Elisabethe und Lotte Zimmers dokumentiert worden, wie sie in den beiden Teilen der Nürtinger Pflegschaftsakte zu finden sind. Hingegen blieben Randbemerkungen Dritter zumeist unberücksicht, solange sie nur das Eintreffen von Briefen, Nachrechnungen und Überweisungsvermerke darstellten und weder für die Datierung noch für den Inhalt der Schreiben von Bedeutung waren. Ausnahmen wurden gelegentlich gemacht, wenn dem Herausgeber die Formulierung der einen oder anderen Bemerkung originell erschien.

In Orthographie und Interpunktion der Quellen wurde nicht eingegriffen. Lediglich Schlußformel und Datum, die im Original bzw. in der Vorlage oft raumgreifend über das Blatt verteilt sind, wurden zu jeweils einer Zeile zusammengezogen; nur im Falle der Gedichte, Stammbuchblätter und Widmungen von Hölderlins eigener Hand ist die originalschriftliche Textverteilung im Druckbild – soweit möglich – wiedergegeben worden.

Weiterhin blieben Hochstellungen einzelner Buchstaben, insbesondere in der Datumsangabe (1ter, 30^{t}) unberücksichtigt. Sehr wahrscheinlich entsprach die Hochstellung und doppelte Unterstreichung von Buchstaben in Kombination mit Zahlen einer Konvention der Zeit, an die sich übrigens – eine Beobachtung von Ulrich Gaier – regelmäßig nur die Frauen hielten, wohingegen die Männer zumeist willkürlich verfuhren.

Schriftwechsel in den Vorlagen (meist vom Sütterlin ins Lateinische, oder, bei Formularen, vom gedruckten zum handschriftlichen Text) werden durch *Kursivierung*, alle sonstigen Hervorhebungen von der Hand des jeweiligen Autors durch Unterstreichung der entsprechenden Wörter bzw. Passagen wiedergegeben. Sämtliche Eingriffe des Herausgebers in den Text – ob Hinweise, Regesten oder Erläuterungen – stehen in Kastenklammern: [ ]. Kürzungen sind durch drei Punkte in Kastenklammern ausgewiesen. Die Neufunde werden durch Asterix hinter der laufenden Nummer bezeichnet.

Die Anmerkungen enthalten meist nur Quellenvermerke und, wo nötig, einige Notizen zur Datierung. Für weitergehende Informationen muß auf die beiden Historisch-Kritischen Ausgaben – die Frankfurter und die Stuttgarter – bzw. auf die Kritische Textausgabe (KTA) verwiesen werden. Über wiederkehrende ungebräuchliche Wörter und Termini unterrichtet ein gesondertes Glossar, über Lebensdaten und Berufe von Personen ein Register am Schluß des Bandes.

Häufig verwendete Quellensammlungen werden mit den folgenden Siglen bezeichnet:

EZ »... die Winter Tage bringt Er meistens am Forte Piano zu ...« Zwölf Briefe Ernst Zimmers aus den Jahren 1828 über Hölderlin im Tübinger Turm. Hrsg. v. Thomas Scheuffelen u. Angela Wagner-Gnan. Nürtingen 1989. Die Briefe sind gelegentlich anhand der mitgegebenen Faksimilia korrigiert worden.

HJb Hölderlin-Jahrbuch. Begründet v. Friedrich Beißner u. Paul Kluckhohn. Hrsg. im Auftrag der Hölderlin-Gesellschaft. 1, 1947 -

KTA Friedrich Hölderlin: Sämtliche Werke. Kritische Textausgabe. Hrsg. auf der Grundlage der Historisch-Kritischen Ausgabe (FHA) von D.E. Sattler. Bd. 9: Dichtungen nach 1806 – Mündliches. Hrsg. v. Michael Franz u. D.E. Sattler. Darmstadt u. Neuwied 1983. (Die Texte der FHA wurden für die KTA noch einmal überprüft und gelegentlich korrigiert, weshalb die Kritische Ausgabe hier der Historisch-Kritischen vorgezogen worden ist.)

StA Friedrich Hölderlin: Sämtliche Werke. Große Stuttgarter Ausgabe. Hrsg v. Friedrich Beißner. Bd. 1 – 8 Stuttgart 1943 – 1985. Bd. 1 – 5 hrsg. v. Friedrich Beißner. Bd. 6 – 7 hrsg. v. Adolf Beck, Bd. 8 hrsg. v. A.B. u. Ute Oelmann. – Die Ausgabe wird wie folgt zitiert: Band, Teilband; Seite (z.B. StA 7,3; 287).

StAN Stadtarchiv Nürtingen

1 a) aus: Volker Schäfer: Zu Hölderlins Gratial. HJb 24, 1984/85, S. 285. Aus den umfangreichen Materialien, die Schäfer entdeckt und kommentiert hat, konnte hier nur das erste Stück zitiert werden, um zu verdeutlichen, daß Johanna Christiana Gok bereits im November 1805 – also noch lange vor Ende von Hölderlins zweitem Homburger Aufenthalts – die faktische Entmündigung ihres Sohnes betrieb. Im übrigen muß auf den Aufsatz im HJb verwiesen werden.

b) – d) StA 7, 2; 359 f.

2 StA 8; 17

3 StA 7, 2; 360 f.

4 StA 7, 4; 355. – Ähnlich lautende Einträge finden sich in den Büchern des Kameralamts bis zum Jahrgang 1817/18. Die Rechnungsbücher von 1818 an sind noch nicht aufgefunden worden

Das Gratial wurde – eine viel zu wenig beachtete Tatsache, worauf auch Volker Schäfer hinweist – nicht etwa zugunsten Hölderlins, sondern sondern der Mutter ausbezahlt. Erst mit dem Tode Johanna Christiana Goks erhielt der amtlich bestellte Vormund des Kranken das Geld zur treuhänderischen Verfügung.

5 StA 7,2; 362

6 aus: Psychiatrie zur Zeit Hölderlins. Katalog zur Ausstellung anläßlich der 63. Jahrestagung der Deutschen Gesellschaft für Geschichte der Medizin, der Naturwissenschaften und Technik in Tübingen. Bearbeitet von Gerhard Fichtner. (= Ausstellungskataloge der Universität Tübingen Nr. 13) Tübingen 1980, S. 55 – 57. Vgl. a. StA 7, 2; 364 f. Im Folgenden seien die Erläuterungen Fichtners wiedergegeben:

»Die Abkürzungen sind nur in den ersten Abschnitten beispielhaft wiedergegeben worden.

Allgemeine Abkürzungen:

℥ = 1 Unze = 8 Drachmen
= 29, 23 Gramm

ʒ = 1 Drachme = 3 Scrupel
= 3, 654 Gramm

℈ = 1 Scrupel = 20 Gran
= 1,218 Gramm

gr = 1 Gran = 0, 0609 Gramm

i bzw. j = 1

ß = 1/2

℞ = Recipe

M. = Misce

D. = Da oder detur

S. = Signa oder signetur«

Das Zeichen für »Recipe« leitet das Rezept ein, das dann in Basis (= Hauptmittel), Adjuvans (= unterstützendes Mittel), Vehiculum (= Trägerstoff) und Corrigens (= Geschmacks- oder Geruchsverbesserer) gegliedert ist. »Misce« und »Detur« stellen Anweisungen für den Apotheker über Zubereitung und Darreichungsform (flüssig, fest, als Pulver usw.) dar; unter »Signa« (= »Bezeichne« für den Patienten) werden Anweisungen für Art und Häufigkeit der Einnahme gegeben.

Über die Medikation urteilt Jürgen Keidel, der Direktor des Deutschen Apotheken-Museums in Heidelberg, wie folgt: »Bedrohliche Überdosierungen sind an den Rezepten nicht zu erkennen; fest steht, daß sie mehr geschadet als genützt haben. Das Jahr 1806 fällt in eine Zeit, als infolge der stürmisch sich entwickelnden naturwissenschaftlichen Erkenntnisse der ganze Arzneischatz neu geordnet wurde. Es ist schwer zu beurteilen, ob die Rezepte für Hölderlin der damaligen allgemeinen ärztlichen Auffassung entsprachen. Heute würde man sie als nutzlos oder schädlich gänzlich ablehnenn.« (Zit. n.: Dietrich Uffhausen: »Weh! Närrisch machen sie mich.« Hölderlins Internierung im Autenrieth-schen Klinikum (Tübingen 1806/07) als die entscheidende Wende seines Lebens. In: HJb 24, 1984/85, S. 354, A. 59)

7 StA 7,2; 368 – Fichtner (a.a.O. S. 59 f.) äußert die wahrscheinliche Vermutung, daß Becks Lesung »Con.flex« vielmehr »Conflex« lauten müsse und dieser Begriff wiederum eine Verballhornung Kerners darstelle, der als Student bei Autenrieth gehört hatte. Autenrieth: »[...] so läßt sich einsehen, warum fast immer der Conflux [:Zusammenfluß] einer psychischen und einer physischen Ursache dazu gehört, um Manie zu erzeugen [...]« (Zit. n. Fichtner, S. 60)

8 StA 7,2; 370-372

WAS IST DER MENSCHEN LEBEN

StA 2, 1; 209; KTA 23. Laut StA 2, 2; 841: »nach dem 5. März 1800 [...] spätestens wohl 1802 entstanden«. KTA rechnet dieses Gedicht wie das nachfolgende zum »Umkreis der Phaeton-Segmente«.

WAS IST GOTT ...

StA 2, 1; 210; KTA 24. StA beschränkt sich auf die vage Vermutung, die Verse seien früher als 1825 entstanden. KTA wie oben.

PHAETON-SEGMENTE

StA 2, 1; 372; KTA 25-27. KTA nimmt 1807/08 als Entstehungszeitraum an. – Der Titel verdankt sich der Überlieferung in Wilhelm Waiblingers Roman »Phaeton« (1823). An der Authentizität der Texte bestehen im Einzelnen starke Zweifel; Waiblinger selbst räumt ein, daß sie »im Original [...] abgetheilt [sind], wie Verse, nach Pindarischer Weise«.

FREUNDSCHAFT, LIEBE ...

StA 2, 1; 261; KTA 38. In KTA werden die Jahre 1809/10 als Entstehungszeitraum angegeben.

9 StA 7, 2; 382
10 StA 7, 2; 381
11 StA 7, 2; 381
12 StA 7, 2; 386-394

HYPERION-FRAGMENTE

KTA 32-34; vielleicht um 1810; lt. StA jedoch zwischen 1823 u. 25

WENN AUS DER FERNE ...

KTA 34 f.; dort als »Hyperion-Fragment« D eingeordnet; die Datierung entsprechend. – Vgl. a. StA 2,1; 262 f. u. 2, 2; 897 f.

13 StA 7, 2; 399 f.
14 StA 7, 2; 401 f.
15 StA 7, 2; 402 f.
16 StA 7, 2; 405
17 StA 7, 2; 406 f.
18 StA 7, 2; 410
19 StA 7, 4; 357
20 StA 7, 2; 411

AUF DEN TOD EINES KINDES

Dieses Gedicht und die folgenden drei Titel finden sich in StA 2, 1; 264-267 u. in KTA 45-49; dort sind sie, in Anlehnung an August Mayers Formulierung »Der arme Hölderlin will auch einen Almanach herausgeben [...]« (vgl. Nr. 20) als »Almanach-Fragmente« bezeichnet. Die (von Mayer – s.o. -teils nur unvollständig überlieferten) Gedichte sind vermutl. zwischen 1808 u. 1811 entstanden.

DER RUHM

AUF DIE GEBURT EINES KINDES

DAS ANGENEHME ...

21 StA 7,2; 412
22 StA 7, 2; 412 f.
23 StA 7, 3; 470-473
24 StA 7, 2; 413
25 STA 7, 2; 415
26 StA 7, 2; 416
27 StA 7, 2; 419-420
28 StA 7, 2; 422-424

AN ZIMMERN. Die Linien ...

zur Überlieferung s. Nr. 20; vgl. a. StA 2, 1; 267

29 StA 7, 2; 425
30 StA 6, 1; 443. Das Datum ergibt sich lt. StA 6, 2; 1103 aus dem Poststempel.
30 StA 7, 2; 425
31 StA 7, 2; 425 f.
32 StA 7, 2; 426
33 StA 6, 1; 443 f. Zur hypothetischen Datierung dieses Briefes u. der folgenden vgl. Nachwort S.
34 StA 7, 2; 428
35 StA 6, 1; 444

36 StA 6, 1; 444 f.
37 StA 6, 1 445 f.
38 StA 8, 22 f.
39 StA 7, 2; 428 f.
40 StA 6, 1; 444
41 StA 7, 2; 429
42 StA 6, 1; 446 f.
43 StA 8; 20
44 StA 7, 2; 430
45 StA 6, 1; 447
46 StA 6, 1; 447 f.
47 StA 6, 1; 448
48 StA 6, 1; 448 f.
49 StA 6, 1; 449. Der Brief ist vermutlich nicht vor November 1814 geschrieben worden; die Erwähnung der »Feiertage« deutet jedoch darauf hin, daß er erst nach Weihnachten verfaßt wurde und vermutlich der Lichtmeß-Abrechnung Ernst Zimmers aus dem Jahr 1815 beilag.
50 StA 7, 2; 436; die Datumsangabe bezieht sich auf den Erscheinungstag des Artikels im »Rheinischen Merkur« Nr. 212.
51 StA 6, 1; 449 f. – Das Datum ergibt sich aus dem Poststempel; vgl. StA 6, 2; 1107
52 StA 7, 2; 431 f.
53 StA 6, 1; 450
54 StA 6, 1; 450
55 StA 8; 20
56 StA 6, 1; 450 f.
57 StA 6, 1; 451
58 StA 6, 1; 451
59 StA 6, 1; 452
60 StA 7, 2; 433-435
61 StA 6, 1; 452
62 StA 6, 1; 452
63 StA 6, 1; 453
64 StA 6, 1; 453
65 StA 6, 1; 453
66 StA 6, 1; 454
67 StA 6, 1; 454
68 StA 6, 1; 454
69 StA 6, 1; 455
70 StA 6, 1; 456
71 StA 6, 1; 456 f.
72 StA 6, 1; 456
73 StA 6, 1; 456
74 StA 7, 2; 439
75 StA 6, 1; 456 f.
76 StA 6, 1; 457
77 StA 7, 2; 441-443
78 StA 7, 2; 446
79 StA 7, 2; 446 f.
80 StA 7, 2; 449
81 StA 7, 2; 452
82 StA 6, 1; 457 f.
83 StA 6, 1; 458
84 StA 7, 2; 453 f.
85 StA 7, 2; 454 f.
86 StA 7, 2; 456
87 StA 7, 2, 456 f.
88 StA 7, 2; 457 f.
89 StA 7, 2; 459 f.
90 StA 7, 2; 460-462
91 StA 6, 1; 458
92 StA 7, 2; 464-466
93 StA 7, 2; 469 f.
94 StA 7, 2; 471-473
95 StA 7, 2; 475 f.
96 StA 7, 2; 477
97 StA 7, 2; 482-484
98 StA 7, 2; 486-488
99 StA 7, 2; 440
100 StA 6, 1; 458 f.
101 StA 7, 2; 489- 491
102 StA 7, 2; 492
103 StA 7, 2; 492 f.
104 StA 7, 2; 493-495
105 StA 7, 2; 496
106 StA 7, 2; 497-499
107 StA 7, 2; 500 f.
108 StA 6, 1; 459
109 StA 7, 2; 501 f.
110 StA 7, 2; 503
111 StA 7, 2; 504-506
112 StA 7, 2; 507-509
113 StA 7, 2; 510 f.
114 StA 7, 2; 513 f.
115 StA 7, 2; 514-516
116 StA 7, 2; 516 f.
117 StA 7, 2; 517
118 StA 7, 2; 517-519
119 StA 7, 2; 521-523
120 StA 7, 2; 524
121 StA 7, 2; 525
122 StA 7, 2; 527
123 StA 7, 2; 525
124 StA 6, 1; 459
125 StA 7, 2; 528-530
126 StA 7, 2; 534
127 StA 7, 2, 535-537
128 StA 7, 2; 538 f.

129 StA 7, 2; 539-541
130 StA 7, 2; 543-546
131 StA 7, 2; 548 f.
132 StA 7, 2; 550-552
133 StA 7, 2; 554
134 StA 7, 2; 556 f.
135 StA 7, 2; 559 f.
136 StA 7, 2; 562
137 StA 6, 1; 460
138 StA 6, 1; 460
139 StA 7, 3, 555
140 StA 6, 1; 460
141 StA 6, 1; 461
142 StA 7, 2; 564
143 StA 7, 3; 3-13
144 StA 6, 1; 469
145 StA 7, 2; 565
146 StA 7, 3; 22
147 StA 6, 1; 461
148 StA 7, 3; 22
149 StA 7, 3; 478-481.
150 StA 7, 3; 23
151 StA 6, 1; 461 f.
152 StA 6, 1; 462
153 StA 6, 1; 462
154 StA 6, 1; 463
155 StA 6, 1; 463

WENN AUS DEM HIMMEL ...

StA 2, 1; 269. Das Gedicht ist früher nach einer Mitteilung Mörikes vom April 1832 datiert worden: »Ich besize von H.s eigener Hand einige Blätter, welche etwa 1823-24 in Tübingen geschrieben sind; zwei metrische Poesien und einige Briefe als Fortsetz. des Hyperion [...]« Mörikes Auskunft wird auch von Beißner (StA 2, 2; 900 f.) für maßgeblich erachtet. In KTA 36, wird jedoch die Vermutung geäußert, daß »Wenn aus der Ferne ...« als »Briefgedicht zum ‚Hyperion' entworfen wurde«; dergestalt müßte es in die Nähe des Gedichts »Wenn aus Ferne ...« gerückt werden und zwischen 1807 und 1810 entstanden sein.

AN ZIMMERN Von einem Menschen sag ich ...

StA 2, 1; 271. Mörike datiert die Verse auf 1825; in KTA 40 wird aufgrund eines Stil- und Formvergleichs eine wesentlich frühere Entstehungszeit angenommen.

156 StA 6, 1; 463
157 StA 7, 3; 24
158 StA 6, 1; 464
159 StA 7, 2; 571 f.
160 StA 6, 1; 464
161 StA 7, 2; 567 f.
162 StA 6, 1; 464 f.
163 StA 7, 3; 25
164 StA 6, 1; 465
165 StA 7, 2; 573
166 StA 7, 1; 187-189
167 StA 7, 3; 26 f.
168 StA 7, 3; 483-485

FÜR WILHELM WAIBLINGER

StA 2, 1; 352; KTA 57. Vermutl. 1823

SINNSPRÜCHE FÜR FÜNF BESUCHER

StA 4, 2; 808. Entstanden 1826; die Namen der Besucher, denen Hölderlin seine lateinischen Verse zugeeignet hat, sind mit Sicherheit fingiert; bei einem von ihnen handelte es sich möglicherweise um den jungen David Friedrich Strauß. – Die folgende Übersetzung stammt von D.E. Sattler (»Friedrich Hölderlin. 144 fliegende Briefe. Bd. 1, Darmstadt und Neuwied 1981, S. 118): »Omnes homines ...«: Alle Menschen sind vornehmlich gute. »Homines sunt eis ...«: Die Menschen sind sich gewöhnlich nicht feind. »Quomodo homines sunt ...«: Wie Menschen sind, so sind sie teilhaftig. »Homines sunt tales ...«: Menschen sind so, wie sie gewöhnlicherweise untereinander sind. »Homines sunt praecipue ...«: Sie Menschen sind es vorzüglich insofern, als sie einander gut sind.

169 StA 7, 3; 44
170 StA 7, 3, 44

AN CHRISTOPH THEODOR SCHWAB IN DIE AUSGABE DER GEDICHTE VON 1826

171 StA 7, 2; 574
172 StA 7, 2; 574 f.
173 Nrn. 1-4: StA 6, 1; 467-469; Nr. 5: StA 7, 1; 483. Die hier gebotene Reihenfolge der Briefe sagt nichts über ihre Entstehung aus.
174 StA 6, 1; 465
175 StA 7, 2; 576

DER FRÜHLING. Wenn auf Gefilden ...

StA 2, 1; 272; KTA 39. Beide Ausgaben vermuten eine relativ frühe Entstehungszeit.

DER MENSCH. Wer Gutes ehrt ...

StA 2, 1; 352; KTA 482

DAS GUTE

StA 7, 1; 481 nimmt eine »verhältnismäßig frühe Entstehungszeit« an; KTA 51 legt sich – wie bei dem voranstehenden Gedicht – auf die Vermutung »um 1810« fest und glaubt weiter, daß Karl Mayer der Empfänger der Zeilen gewesen sei.

DAS FRÖHLICHE LEBEN

StA 2, 1; 274 f.; KTA 43 f. StA bescheidet sich auf die Auskunft »verhältnismäßig frühe Entstehung«, KTA gibt das Jahr 1810 an.

DER SPAZIERGANG

StA 2, 1; 276; KTA 41 f.. Aufgrund der alkäischen Form ist eine verhältnismäßig frühe Entstehungszeit anzunehmen.

DER KIRCHHOF

StA 2, 1; 277; KTA 50. StA läßt die Datierung offen und beschränkt sich auf die ungefähre Angabe Christoph Theodor Schwabs, das Gedicht sei »viel früher« als 1841 entstanden. KTA reiht es in den Umkreis der »Almanach-Fragmente« (»Auf den Tod eines Kindes«, »Der Ruhm«, »Auf die Geburt eines Kindes«, »Das Angenehme dieser Welt ...«) und vermutet mithin spätestens September 1811 als Entstehungszeit.

DIE ZUFRIEDENHEIT

StA 2, 1; 278; KTA 53-55. In StA undatiert, in KTA neben »Der Ruhm« gestellt und dem Jahr 1810 oder 1811 zugeordnet.

176 StA 6, 1; 466

177 StA 6, 1; 466

178 StA 6, 1; 466 f.

179 StA 6, 1; 467

180 StA 6, 1; 467

181 StA 7, 3; 50-80

182 StA 7, 3; 92 f.

183 StA 7, 3; 95. Faksimiliert aus StA

184 StA 7, 3; 96-99. Die Kommentare Becks im Text sind übernommen worden. Insbesondere die Rolle Karl Goks wird von Adolf Beck unzureichend dargestellt. Wie aus den Beständen des Nürtinger Stadtarchivs hervorgeht, vertrat er eine juristisch und moralisch durchaus achtungswürdige Position; die raumfordernde Besprechung der Akten hier auszubreiten, geht jedoch – da Hölderlin von den unrühmlichen familiären Paralipomena nichts gewußt haben dürfte – nicht an. Dies wird an anderem Orte geschehen.

185 StA 7, 3; 100 f.

186 EZ 16; dort nicht transskribiert

187 EZ 10-15; vgl. a. StA 7, 3; 103 f.

188 EZ 18-22; vgl. a. StA 7, 3; 105

189 EZ 24; dort nur teilweise transskribiert

190 StA 7, 3; 106

191 EZ 26-33; vgl. a. StA 7, 3; 106 f.

192 EZ 34-37; vgl. a. StA 7, 3; 107 f.

193 EZ 40; vgl. a. StA 108

194 StA 7, 1; 483. Hölderlins Brief hat vermutlich nichts mit dem zuvor von Zimmer erwähnten zu tun.

195 StA 7, 3; 110

196 EZ 42-45; vgl. a. StA 7, 3; 108

197 StA 7, 3; 110 f.

198 EZ 46; dort nicht transskribiert

199 StA 7, 3; 114

200 EZ 48-51; vgl. a. StA 7, 3; 111 f.

201 EZ 52-55; vgl. a. StA 7, 3; 112

202 EZ 58-61; vgl. a. StA 7, 3; 112 f.

203 EZ 63; dort nicht transskribiert

204 EZ 62 f.

205 EZ 66-69; vgl. a. StA 7, 3; 114 f.

206 StA 7, 3; 115-117

207 StA 7, 3; 119

NICHT ALLE TAGE ...

StA 2, 1; KTA 59. Die ungefähre Entstehungszeit ergibt sich aus einem Brief Ernst Zimmers an einen Unbekannten vom 22. Dezember 1835 (Nr. 277): »Daß Höld: zuweilen seinen Zustandt fühlt, ist keinem Zweifel unterworfen. Er machte vor ein paar Jahren folgenden Vers auf Ihn selbst [es folgt die Abschrift des Gedichts]«

AUSSICHT. Wenn Menschen fröhlich sind ...

StA 2, 1; 281; KTA 61. Auf der Rückseite der Abschrift dieses und des folgenden Gedichts, die von Johannes Mährlen stammt, hat der Kopist notiert: »Zwei Gedichte von *Hölderlin* einem Studenten auf Verlangen für eine Pfeife Taback gefertigt.« (StA 2, 2; 909). Bei dem Studenten handelt es sich um Joh. Paul Friedrich Lebret, der im Wintersemester 1829 bei Zimmers gewohnt hat; daraus ergibt sich wohl der ungefähre Entstehungszeitraum. In KTA wird vermutet, daß die Verse dem Andenken Waiblingers gelten, der am 30. Januar 1830 in Rom verstorben war. Die Annahme wird damit begründet, daß die Eingangsworte der Waiblinger vermutlich

1823 ins Stammbuch geschriebenen Zeilen mit denen des vorliegenden Gedichts identisch sind.

DEM GNÄDIGSTEN HERRN VON LEBRET

StA 2, 1; 282; KTA 60. Zur Entstehung s. »Aussicht«

208 EZ 70 f.

209 EZ 71

210 EZ 72 (Faksimile) u. 73 (Umschrift).

211 EZ 72 (Umschrift) u. 73 (Faksimile)

212 EZ 74

213 EZ 74 f.

214 StA 7, 3; 122

215 EZ 76

216 EZ 78-80; vgl. a. StA 7, 3; 124

217 StA 7, 3; 28

218 EZ 82

219 EZ 84 f.

220 EZ 86

DER FRÜHLING. Wie seelig ists ...

StA 2, 1; 283; KTA 58. Auf der Rückseite der Handschrift wurde notiert: »Geschrieben von Hölderlin, ehemaligem Bibliothekar, Verfasser des Romanen: *Diotima* u.s.w. Dieses bezeugt: *Vicar* Faber. Kemnath d. 18ten *Jun:* 1832.« (StA 2, 2; 910). Nach Angaben der KTA studierte Ludwig Robert Karl Faber zwischen 1825 und 1828 in Tübingen; er hat das Gedicht wahrscheinlich während dieses Zeitraums erhalten.

221 StA 7, 3: 125 f.

222 EZ 88

223 EZ 89

224 EZ 90

225 EZ 90 f.

226 StA 8, 32-35. Faksimiliert nach StA; Kommentare im Text von Beck.

227 StA 7, 3; 125

228* StAN B, Bü 4, Anl. 12, 4/1833

229* StAN B, Bü 4, Anl. 3, 4/1833

230* StAN B, Bü 4, Anl. 5, 4/1833

231* StAN B, Bü 4, Anl. 14, 4/1833

232* StAN B, Bü 4, Anl. 4, 4/1833

233* StAN B, Bü 4, Anl. 16, 4/1833

234* StAN B, Bü 4, Anl. 6, 4/1833

235* StAN B, Bü 4, Anl. 7, 4/1833

236* StAN B, Bü 4, Anl. 10, 4/1833

237* StAN B, Bü 4, Anl. 18, 4/1833

238* StAN B, Bü 4, Anl. 8, 4/1833

239* StAN B, Bü 4, Anl. 9, 4/1833

240* StAN B, Bü 3, Anl. 5, 5/1834

241* StAN B, Bü 3, Anl. 13 1/2, 5/1834

242* StAN B, Bü 3, Anl. 4, 5/1834

243* StAN B, Bü 3, Anl. 8, 5/1834

244* StAN B, Bü 3, Anl. 7, 5/1834

245* StAN B, Bü 3, Anl. 14 1/2, 5/1834

246* StAN B, Bü 3, Anl. 6, 5/1833

247 StA 7, 3; 127 f.

248 StA 7, 3; 129 f.

249* StAN B, Bü 3, Anl. 10, 5/1834

250* StAN B, Bü 3, Anl. 15 1/2, 5/1834

251* StAN B, Bü 3, Anl. (unleserlich), 5/1834

252 StA 7, 3; 131

253 StA 7, 3; 256 f.

254 StA 7, 3; 539-541

255* StAN B, Bü 3, Anl. 12, 5/1834

256* StAN B, Bü 3, Anl. 16 1/2, 5 /1834

257* StAN B, Bü 3, Anl. 11, 5/1834

258* StAN B, Bü 3, Anl. 8, 5/1834

259* StAN B, Bü 2, Anl. 9, 6/1835

260* StAN B, Bü 2, Anl. 4, 6/1835

261* StAN B, Bü 2, Anl. 10, 6/1835

262* StAN B, Bü 2, Anl. 11, 6/1835

263* StAN B, Bü 2, Anl. 12, 6/1835

264* StAN B, Bü 2, Anl. 31, 6/1835

265* StAN B, Bü 2, Anl. 16, 6/1835

266* StAN B, Bü 2, Anl. 5, 6/1835

267* StAN B, Bü 2, Anl. 13, 6/1835

268* StAN B, Bü 2, Anl. 14, 6/1835

269* StAN B, Bü 2, Anl. 6, 7/1835

270* StAN B, Bü 2, Anl. 16, 6/1835

271* StAN B, Bü 2, Anl. 17, 6/1835

272* StAN B, Bü 2, Anl. 18, 6/1835

273* StAN B, Bü 2, Anl. 22, 6/1835

274* StAN B, Bü 2, Anl. 20, 6/1835

275* StAN B, Bü 2, Anl. 21, 6 /1835

276* StAN B, Bü 2, Anl. 7, 6/1835

277 StA 7, 3; 132-135. Bei dem Unbekannten handelt es sich möglicherweise um Dr. Lind aus Leipzig (vgl. Nr. 283), über den nichts Näheres in Erfahrung zu bringen war.

278* StAN B, Bü 1, Anl. 23, 7/1836

279* StAN B, Bü 1, Anl. 14, 7/1836

280* StAN B, Bü 2, Anl. 24, 6/1836

281* StAN B, Bü 1, Anl. 6, 7/1836

282* StAN B, Bü 1, Anl. 30, 7/1836

283* StAN B, Bü 1, Anl. 16, 7/1836

284* StAN B, Bü 1, Anl. 7, 7/1836

285* StAN B, Bü 1, Anl. 10, 7/1836

286* StAN B, Bü 1, Anl. 18, 7/1836

287* StAN B, Bü 1, Anl. 8, 7/1836
288* StAN B, Bü 1, Anl. 12, 7/1836
289* StAN B, Bü 1, Anl. 20, 7/1836
290* StAN B, Bü 1, Anl. 9, 7 /1836
291* StAN B, Bü 1, Anl. 11, 7/1836
292 StA 7, 3; 139
293* StAN A, Bü 5, Anl. 18, 8/1837
294* StAN A, Bü 5, Anl. 6, 8/1837
295* StAN A, Bü 5, Anl. 10, 8/1837
FÜR KARL KÜNZEL. StA 2, 1; 353
296* StAN A, Bü 5, Anl. 17, 8/1837
297* StAN A, Bü 5, Anl. 20, 8/1837. Der Dresdner Besucher ist unbekannt, die Stammbuchverse sind nicht überliefert. Bemerkenswert ist, daß Hölderlin das Gedicht mit seinem bürgerlichen Namen unterzeichnet haben soll.
298* StAN A, Bü 5, Anl. 7, 8/1837
299* StAN A, Bü 5, Anl. 11, 8/1837
300* StAN A, Bü 5, Anl. 24, 8/1837
301* StAN A, Bü 5, Anl. 8, 8/1837
302* StAN A, Bü 5, Anl. 13, 8/1837

DER HERBST. Die Sagen, die der Erde sich entfernen ...
StA 2, 1; 284; KTA 62. Christoph Theodor Schwab datiert das Gedicht auf den 16. September 1837.

303* StAN A, Bü 5, Anl. 14, 8/1837
304* StAN A, Bü 5, Anl. 22, 8/1837
305* StAN A, Bü 5, Anl. 9, 8/1837
306* StAN A, Bü 5, Anl. 15, 8/1837
307* StAN A, Bü 5, Anl. 16, 8/1837
308 StA 7, 3; 145-149

DER SOMMER. Das Erndtefeld erscheint ...
StA 2, 1; 285; KTA 63. In StA nach einer Bemerkung von unbekannter Hand auf der Rückseite des Original auf Dezember 1837 datiert (2, 2; 910), in KTA nimmt man – aufgrund einer Umdatierung von Diefenbachs Aufsatz (Nr. 308) – den Sommer 1837 als Zeitraum der Niederschrift an.

309* StAN A, Bü 4, Anl. 17, 9/1838
310* StAN A, Bü 4, Anl. 6, 9/1838
311* StAN A, Bü 4, Anl. 10, 9/1838
312* StAN A, Bü 4, Anl. 12, 9/1838
313 StA 7, 3; 169
314* StAN A, Bü 4, Anl. 19, 9/1838
315* StAN A, Bü 4, Anl. 7, 9/1838
316* StAN A, Bü 4, Anl. 11, 9/1838
317 StA 7, 3; 169
318 StA 7, 3; 169
319 StA 7, 3; 169 f.
320 StA 7, 3; 170
321 StA 7, 3; 171
322* StAN A, Bü 4, Anl. 13, 9/1838
323* StAN A, Bü 4, Anl. 14, 9/1838
324* StAN A, Bü 4, Anl. 21, 9/1838
325* StAN A, Bü 4, Anl. 8, 9/1838
326* StAN A, Bü 4, Anl. 23, 9/1838
327* StAN A, Bü 4, Anl. 9, 9/1838
328 StA 7, 3; 153-163
329 StA 7, 3; 178
330* StAN A, Bü 3, Anl. 8, 10/1839
331 StA 7, 3; 198-200
332* StAN A, Bü 3, Anl. 12, 10/1839
333* StAN A, Bü 3, Anl. 14, 10/1839
334* StAN A, Bü 3, Anl. 13, 10/1839
335* StAN A, Bü 3, Anl. 20, 10/1839
336* StAN A, Bü 3, Anl. 6, 10/1839
337* StAN A, Bü 3, Anl. 7, 10/1839
338* StAN A, Bü 3, Anl. 22, 10/1839
339* StAN A, Bü 3, Anl. 23, 10/1839
340* StAN A, Bü 3, Anl. 9, 10/1839

DER FRÜHLING. Es kommt der neue Tag ...
StA 2, 1; 286; KTA 85. Eine wahrscheinliche, geschweige denn exakte Datierung ist nicht möglich. KTA geht, mithilfe äußerst vage begründeter Vermutungen, vom Frühjahr 1843 aus.

AUSSICHT. Der offne Tag ...
Das Autograph Hölderlins (Schiller-Nationalmuseum/Deutsches Literaturarchiv Marbach a. N., ist erst spät aufgetaucht und konnte weder in StA 2, 1; 287 bzw. 8; 3 noch in KTA 70 die bekannten Abschriften ersetzen. Der Text folgt dem Faksimile in dieser Ausgabe.

DER FRÜHLING. Die Sonne glänzt, es ...
StA 2, 1; 288; KTA 88. StA stellt zur Diskussion, daß die »Datierung [...] möglicherweise nicht fingiert« (2, 2; 911) sei; KTA verweist auf die Überlieferung der Handschrift durch Hermann Conrad Cless, der in den Jahren 1842/43 bei den Zimmers gewohnt hat und das Gedicht vermutlich während dieses Zeitraums erhalten hat.

341* StAN A, Bü 3, Anl. 15, 10/1839
342* StAN A, Bü 3, Anl. 25, 10/1839
343* StAN A, Bü 3, Anl. 10, 10/1839
344* StAN A, Bü 3, Anl. 27, 10/1839
345* StAN A, Bü 3, Anl. 16, 10/1839

346* StAN A, Bü 3, Anl. 28, 10/1839
347* StAN A, Bü 3, Anl. 11, 10/1839
348* StAN A, Bü 3, Anl. 17, 10/1839
349* StAN A, Bü 3, Anl. 18, 10/1839
350* StAN A, Bü 2, Anl. 16, 11/1840
351* StAN A, Bü 2, Anl. 17, 11/1839
FÜR EINEN UNBEKANNTEN. Von der Realität des Lebens
StA 2, 1; 353. Lotte Zimmer notierte auf den Blättern der Handschrift: »Hir das Blatt von Hölderlin mit seiner Handschrift Sie werden lachen auch ob der Unterschrift u ob dem Datum da er 1729 schreibt u schrieb dieses doch 1840, ich möchte wißen wer der Buarotti war, vor den Er sich hier unterschrieben? [...]« (StA 2, 2; 970)
352* StAN A, Bü 2, Anl. 15, 11/1840
353* StAN A, Bü 2, Anl. 9, 11/1840
354* StAN A, Bü 2, Anl. 10, 11/1840
355* StAN A, Bü 2, Anl. 11, 11/1840
356* StAN A, Bü 2, Anl. 24, 11/1840
357 StA 7, 3; 38
358* StAN A, Bü 2, Anl. 23, 11/1840
359* StAN A, Bü 2, Anl. 12, 11/1840
360* StAN A, Bü 2, Anl. 18. 11/1840
361* StAN A, Bü 2, Anl. 19, 11/1840
362* StAN A, Bü 2, Anl. 27 1/2, 11/1840
363* StAN A, Bü 2, Anl. 13, 11/1840
364* StAN A, Bü 2, Anl. 23, 11/1840
365* StAN A, Bü 2, Anl. 14, 11/1840
366* StAN A, Bü 2, Anl. 20, 11/1840
367* StAN A, Bü 2, Anl. 21, 11/1840
368 StA 7, 3; 202-207
369 StA 7, 3; 210
370* StAN A, Bü 1, Anl. o. Nr., 12/1841
HÖHERES LEBEN
StA 2, 1; 289; KTA 65. Nach Christoph Theodor Schwab am 20. Januar 1841 niedergeschrieben.
HÖHERE MENSCHHEIT
StA 2, 1; 290; KTA 66. Nach Christoph Theodor Schwab am 21. Januar 1841 niedergeschrieben.
371 StA 7, 3; 211
372 StA 7, 3; 212
373 StA 7, 3; 213
374* StAN A, Bü 1, Anl. 6, 12/1841
375 StA 7, 3; 214 f.
376 StA 7, 3; 216
377 StA 7, 3; 216 f.
378 StA 7, 3; 217 f.
379 StA 7, 3; 218 f.
380 StA 7, 3; 220
381 StA 7, 3; 20 f.
382 StA 7, 3; 221
383 StA 7, 3; 221 f.
384 StA 7, 3; 222
385 StA 7, 3; 229-231
386* StAN A, Bü 1, Anl. 7, 12/1841
387* StAN A, Bü 1, Anl. 8, 12/1841
388 StA 7, 3; 232
389 StA 7, 3; 234
390 StA 7, 3; 246 f.
391 StA 7, 3; 233
392 StA 7, 3; 248 f.
393* StAN A, Bü 1, Anl. 13, 12/1841
DES GEISTES WERDEN
StA 2, 1; 291; KTA 71. Nach der Abschrift von unbekannter Hand am 18. Juli 1841 entstanden.
DER FRÜHLING. Der Mensch vergißt ...
StA 2, 1; 292; KTA 68. Ca. Laut Christoph Theodor Schwab 1841 entstanden.
DER SOMMER. Wenn dann vorbei ...
StA 2, 1; 293; KTA 69. Laut Christoph Theodor Schwab 1841 entstanden.
DER WINTER. Wenn blaicher Schnee ...
StA 2, 1; 294; KTA 64. Laut Christoph Theodor Schwab ca. 1841 entstanden.
394* StAN A, Bü 1, Anl. 11, 12/1841
395* StAN A, Bü 1, Anl. 9, 12/1841
396* StAN A, Bü 1, Anl. 10, 12/1841
397 StA 7, 3; 552-254
398 StA 7, 3, 260 f.
399 StA 7, 3; 261-263
400* StAN A, Bü 1, Anl. 13, 12/1841. Bei dem »Zeugniß« handelt es sich um Gmelins Attest (Nr. 412)
401* StAN A, Bü 1, Anl. 12, 12/1841
402* StAN A, Bü 1, Anl. o. Nr. gehört zu Beilage Nr 13, 12/ 1841
403* StAN A, Bü 1, Anl. 14, 12/1841
404* StAN A, Bü 1, Anl. 15, 12/1841
405* StAN A, Bü 1, Anl. 16, 12/1841
406* StAN A, Bü 1, Anl. 17, 12/1841
407* StAN A, Bü 1, Anl. 18, 12/1841
WINTER. Wenn sich das Laub ...
StA, 2, 1; 295; KTA 73.
408 StA 7, 3; 266
409 StA 7, 3; 269
410* StAN A, Bü 1, Anl. o. Nr, 13/1842
411* StAN A, Bü 1, Anl. 19, 13/1842

412* StAN A, Bü 1, gehört zu Anl. 19, 13/1842
DER WINTER. Das Feld ist kahl ... Das Datum ist wahrscheinlich nicht fingiert.
StA 2, 1; 296; KTA 74. Laut Christoph Theodor Schwab im Januar 1842 entstanden.
413* StAN A, Bü 1, Anl. o. Nr, 13/1842
414* StAN A, Bü 1, Anl. o. Nr, 13/1842
415* StAN A, Bü 1, Anl. 7, 13/1842
416* StAN A, Bü 1, Anl. 11, 13/1841
DER SOMMER. Noch ist die Zeit ...
StA 2, 1; 297; KTA 75. Laut Christoph Theodor Schwab am 9. März 1842 entstanden.
DER FRÜHLING. Wenn neu das Licht ...
StA 2, 1; 298; KTA 76
417 KTA 217-226
418 StA 7, 3; 267
419 StA 7, 3; 268
420 StA 7, 3; 268
421 StA 7, 3; 268
422* StAN A, Bü 1, Anl. o. Nr., 13/1842
423* StAN A, Bü 1, Anl. 8, 13/1842
424* StAN A, Bü 1, Anl. 12, 13/1842
425 StA 7, 3; 275 f.
426* StAN A, Bü 1, Anl. o. Nr., 13/1842
427 StA 7, 3; 276
428* StAN A, Bü 1, Anl. 5, 13/1842
DER HERBST. Das Glänzen der Natur ...
StA 2, 1; 299; KTA 72. StA folgt einer Datierung von unbekannter Hand auf den 12. Juli 1842 und sieht diese Annahme durch Herwegh bestätigt (2, 2; 918 f.); KTA zieht die Angabe Christoph Theodor Schwabs vor, nach der das Gedicht am 15. November 1841 entstanden sei.
DER SOMMER. Im Thale rinnt der Bach ...
StA 2, 1; 300; KTA 77. Aufgrund eines Notats von unbekannter Hand auf dem Original datiert StA auf den 13 Juli 1842; KTA folgt Ferdinand Schimpf und zieht die Lesart »19. Juli« – wenngleich nicht mit letzter Sicherheit – vor.
DER SOMMER. Die Tage gehn vorbei ...
StA 2, 1; 301; KTA 78. Laut Christoph Theodor Schwab im Juli 1842 entstanden. Auf dem Originalblatt hielt Lotte Zimmer fest: »Vor einige Tage schrieb Er dieses unterschreibt aber immer diesen Namen , u. lebt in seinen Gedanken, immer im 18ten Jahrhundert.« (StA 2, 2; 920)
429 StA 7, 3; 280
430 StA 7, 3; 281- 283
431* StAN A, Bü 1, Anl. o. Nr., 13 /1842
432* StAN A, Bü 1, Anl. 9, 13/1842
433* StAN A, Bü 1, Anl. 13, 13/1842
434* StAN A, Bü 1, Anl. 15, 13/1842
DER MENSCH. Wenn aus sich lebt ...
StA 2, 1; 302; KTA 79
435* StAN A, Bü 1, Anl. o. Nr., 13/1842
436* StAN A, Bü 1, Anl. 16, 13/1842
437 StA 7, 3; 287 f.
438 StA 7, 3; 287 f.
439 StA 7, 3; 288
440 StA 7, 3; 289
441 StA 7, 3; 289
442* StAN A, Bü 1, Anl. 18, 13/1842
443* StAN A, Bü 1, Anl. o. Nr., 13/1842
444* StAN A, Bü 1, Anl. 10, 13/1842
445* StAN A, Bü 1, Anl. 14, 13/1842
446* StAN A, Bü 1, Anl. 17, 13/184
447 StA 7, 3; 290
DER WINTER. Wenn ungesehn ...
StA 2, 1; 303; KTA 81. Nach einer Notiz auf der Rückseite des Originalbaltts am 7. November 1842 niedergeschrieben.
DER WINTER. Wenn sich das Jahr geändert ...
StA 2, 1; 304; KTA 83. StA verzichtet auf Datierungsversuche, KTA ordnet das Gedicht in der Nähe von »Der Winter. Wenn sich der Tag ...« ein und nimmt mithin den Winter 1842 als Entstehungszeit an.
DER WINTER. Wenn sich der Tag des Jahrs ...
StA 2, 1; 305; KTA 84. Zur Datierung s.o.
448* StAN A, Bü 1, Anl. 12, 13/1842
449 StA 7, 3; 291
450 StA 7, 3; 292
451* StAN A, Bü 1, Anl. 10, 13/1842
452* StAN A, Bü 1, Anl. 11, 13/1842
453* StAN A, Bü 1, Anl. 3, 13/1842
454* StAN A, Bü 1, Anl. 7, 14/1842
455* StAN A, Bü 1, Anl. 6, 13/1843
456* StAN A, Bü 1, Anl. 10, 13/1843
GRIECHENLAND. Wie Menschen sind ...
StA 2, 1; 306; KTA 82. Nach den Angaben von Johann Georg Fischer läßt sich auf eine Niederschrift zwischen dem 27. und dem 30. Januar 1843 schließen.
457 StA 7, 3; 292-294
458 StA 7, 3; 294 f.
459 StA 7, 3; 295-297
460 StA 7, 3; 297-302
461 StA 7, 3; 312

462 StA 7, 3; 313
463* StAN A, Bü 1, Anl. 14, 13/1843
464* StAN A, Bü 1, Anl. 15, 13/1843
465* StAN A, Bü 1, Anl. 13, 13/1843
466 StA 7, 3; 315
467 StA 7, 3; 315
DER FRÜHLING. Der Tag erwacht ...
StA 2, 1; 307; KTA. Eine Mitteilung auf der Rückseite des Blatts (sie stammt nach StA 2, 2; 923 von Xaver Schnyder) behauptet: »Wenige Monate vor seinem [Hölderlins] Tod geschrieben.«
DER FRÜHLING. Die Sonne kehrt zu neuen Freuden wieder ...
StA 2, 1; 308; KTA 90. Laut Fritz Breunlin 1843, in Hölderlins »lezten Tagen geschrieben.« (StA 2, 2; 924)
DER FRÜHLING. Wenn aus der Tiefe kommt ...
StA 2, 1; 309; KTA 87. StA hält den 20. März 1843 als Entstehungsdatum für möglich bis wahrscheinlich; KTA den 29. März desselben Jahres.
DER ZEITGEIST
StA 2, 1; 310; KTA 81. StA legt dem Datierungsversuch (2, 2; 925) Fischers Aufsatz »Hölderlin's lezte Verse« (Nr. 458) zugrunde und legt sich auf den April 1843 fest; richtig behauptet jedoch KTA aufgrund des Schreibens Fischers an Auguste Neubert (Nr. 457) den Januar 1843 als Zeitpunkt der Niederschrift.
468* StAN A, Bü 1, Anl. 8, 13/1843
469 StA 7, 3; 316-319
FREUNDSCHAFFT
StA 2, 1; 310; KTA 89. Das Datum der Niederschrift ergibt sich aus einem Vermerk Robert von Mohls auf der Handschrift: »Vorstehendes Gedicht ist von dem wahnsinnigen Dichter Hölderlen am 27ten Mai 1843 aus dem Stegreife niedergeschrieben worden. [...]« (StA 2, 2, 925 f.)
DIE AUSSICHT. Wenn in die Ferne geht ...
StA 2, 1; 312; KTA 91. StA folgt der ungefähren Angabe Fritz Breunlins am Rande des Blattes: »In Tübingen von Hölderlin in seinen lezten Lebenstagen geschrieben.« (2, 2; 926). KTA legt sich genauer auf »Anfang Juni« fest, was ebenso möglich wie unbeweisbar ist.
470 StA 7, 3; 321
471 StA 7, 3; 322
472 StA 7, 3; 324
473 StA 7, 3; 325 f.
474 StA 7, 3; 326
475 StA 7, 3; 327
476* StAN A, Bü 1, Anl. 19, 13/1843
477* StAN A, Bü 1, Anl. 20, 13/1843
478* StAN A, Bü 1, Anl. 4, 13/1843
479 StA 7, 3; 328-331
480 StA 7, 3; 332 f.
481 StA 7, 3; 334 f.
482 StA 7, 3; 336 f.
483 StA 7, 3; 338
484 StA 7, 3; 343 f.
485 StA 7, 3; 345
486 StA 7, 3; 346 f.
487* StAN A, Bü 1, Anl. 9, 13/1843
488* StAN A, Bü 1, Anl. 16, 13/1843
489 StA 7, 3; 323
490* StAN A, Bü 1, Anl. o. Nr, 13/1843
491* StAN A, Bü 1, Anl. 25, 13/1843
492 StA 7, 3; 349 f.
493 StA 7, 3; 352 f.
494* StAN A, Bü 1, Anl. 22, 13/1843
495* StAN A, Bü 1, Anl. 35, 13/1843
496* StAN A, Bü 1, Anl. 36, 13/1843
497* StAN A, Bü 1, Anl. 26, 13/1843
498 StA 7, 3; 322
499* StAN A, Bü 1, Anl. 23, 13/1843
500* StAN A, Bü 1, Anl. 24, 13/1843
501* StAN A, Bü 1, Anl. 25 1/2, 13/1843
502 StA 7, 3; 388-391

Glossar

Accord (Acord, Acort, Akort)	Vereinbarung, Übereinkunft
Barchent	festes Mischgewebe aus Leinen und Baumwolle
cc.	Abkürzung für. lat. *Canones*: bezeichnet eine Maßstäbe setzende Gruppe von Autoren
cr.	Kreuzer; zum Wert s. „Gulden"
Elle,	Längenmaß, die württ. Elle entspricht ca 0, 61 m
Fahrnis	bewegliche Habe
f., fl.	Abkürzung für *Florin*: Gulden
Gant(h):	öffentliche Zwangsversteigerung
Georgi	23. April
gezuzt	wohl verballhornt für „gezupft": vom Kiel befreite Federn
Gratial	aus Gnade gewährte, nicht einklagbare Unterstützung für Mittellose oder Erwerbsunfähige
Gulden	der württembergische Gulden entspricht 60 Kreuzern; ein Kreuzer wiederum 4 Hellern. Die Kaufkraft eines Guldens kommt - nach den Angaben des württembergischen Hauptstaatsarchivs und bei aller Vorsicht in Hinblick auf schwer vergleichbare Waren- und Dienstleistungspreise – in etwa DM 50,- nahe.
Häupfel	(gelegentlich auch *Haipfel*) großes Kopfkissen
hujus	lat. *heute*
Hypochondrie	im 18. und 19. Jahrhundert ein diffuser Befund, der eine Reihe nervöser Erkrankungen bezeichnet
Jacobi	25. Juli
Kameralamt	übergeordnete Behörde; entspricht nach Zuständigkeit und Aufgaben in etwa den heutigen Landratsämtern
Kamisol	Weste
Kartätschennägel	Nägel mit breitem Kopf, die zur Fixierung von Stoff oder Leder in Gebrauch waren
Kobialkosten	unsicher, lateinische Ableitung nicht möglich; gemeint sind wohl Kopierkosten
Kronentaler	entspricht 2 Gulden und 42 Kreuzern
La(n)mafas	Faser aus *Lama*, also einem flanellartigem, meist einseitig gerauhtem Stoff aus Wolle oder Baumwolle; als Mantel- oder Futterstoff in Gebrauch
Legat	kleine Hinterlassenschaft, die im Vergleich zur gesamten Erbmasse unerheblich bleibt und daher auch rechtlich keine Rolle spielt
Leiche	schwäb. für *Beerdigung*
Leichensäger	Leichenansager
Leilach	Bettlaken, großes Leintuch allgemein
Lichtmeß	2. Februar
Martini	11. November
Obsignation	amtliche Versiegelung einer Hinterlassenschaft
Öhrn	Flur
Petschaft	Siegel
p.p.	ital. *perge, perge,* „weiter, weiter": entspricht dem heute gebräuchlichen „usw."

pusillanim	winzig, klein, unbedeutend
Reiste, Reuste	grobes Leinen
T.	Abkürzung für lat. *testatus:* bezeugt
V, Vrl.	Vierling: in Bezug auf Garn: ein Viertelpfund
würklich	schwäb. für gegenwärtig, zur Zeit
x	Kürzel für Kreuzer
Zie(c)he	Bett- oder Kopfkissenbezug; der Kissenbezug wird meist verkleinernd als *Zie(c)hle* oder *Ziechlein* bezeichnet
Zitz	buntbedruckter Baumwollstoff von feinerer Qualität
zugeher, zugehör	Zubehör
Zwilch	grobes Leinen, das meist für Arbeitskleidung Verwendung fand

Dank

Dieses Buch würde ohne die Aufmerksamkeit von Albrecht Stark und Angela Wagner-Gnan, die (wie im Nachwort ausführlicher geschildert) den zweiten Teil der Nürtinger Pflegschaftsakte gefunden und seine Bedeutung erkannt haben, nicht vorliegen. Besonders gedankt sei auch Hans Magnus Enzensberger, der mir ein Privatissimum über leserfreundliche Editionen gelesen hat und erste Ideen zur Gesprächsreife entwickeln half.

Dem Präsidenten der Hölderlin-Gesellschaft, Gerhard Kurz, und den Mitgliedern des Vorstands, denen ich das Konzept der Sammlung vorstellte, danke ich für ihre sachliche und finanzielle Unterstützung. Die kritischen Hinweise von Ulrich Gaier (der auch die Transskription der Handschriften mühevoll überprüft hat) sowie Gerhard Kurz habe ich mit Gewinn bedacht; auf einen Vorschlag von Peter Härtling geht der Titel dieses Bandes zurück.

Pannen sind bei jeder Arbeit zu verzeichnen. Daß die Termine dennoch knapp eingehalten werden konnten, danke ich vielen: Roman Geisler und Uwe Schweikert vom Metzler-Verlag und insbesondere der Setzerin Johanna Boy, die allesamt mehr geleistet haben als ich erwarten durfte. Dank schulde ich auch Peter Gahl, Oliver Keinath, Angelika Lochmann, Wolfgang Rapp, Elke Rühl und Ulrich Sautter, die während verschiedener Phasen des Drucks die Korrekturen lasen.

Ute Oelmann vom Stefan-George-Archiv, Manfred Koch und Gerhard Lunde danke ich herzlich für ihre verläßliche Hilfe durch Widerrede und Zuspruch.

Nicht zuletzt bin ich der Stadt Nürtingen durch ein zweijähriges Stipendium dankbar verpflichtet, das mir unter anderem auch für die Vorbereitung des vorliegenden Bandes einige Zeit verschafft hat. Während der gesamten Arbeit erwies sich Bürgermeister Helmut Mohr als ein stets erreichbarer, verständnisvoller und hilfsbereiter Gesprächspartner.

Inhalt

(Die dichterischen Werke Hölderlins sind durch VERSALIEN ausgewiesen.)

Register der Personennamen (S. 1–353)

Aeschylos (525-456 v. Chr.; grch. Dramatiker) 105, 144f., 340
Aristoteles (384-322 v. Chr.; grch. Philosoph) 340
Arnim, Ludwig Joachim von (1781-1831; Schriftsteller) 35, 38, 40 ff., 54, 63, 187 f., 286 f.
Arnim, Bettina von (geb. Brentano 1785-1859; Schriftstellerin) 252, 257f., 286
Arndt, Ernst Moritz (1769-1860; Schriftsteller) 160
Auberlen, Karl August (1824-1864; Stiftler, Professor der Theologie in Basel) 308, 312
Auguste von Hessen-Homburg (1776-1871; verh. Erbgroßherzogin von Mecklenburg-Schwerin) 53, 87, 92, 173, 230
Autenrieth, Johann Heinrich Ferdinand (1772-1835; Leiter der Tübinger Universitätsklinik und Universitätskanzler) 2 ff., 5, 200

Bacon, Francis Baron of Verulam (1561-1626; engl. Philosoph) 341
Bahnmaier, Jonathan Friedrich (1774-1841; Stiftler und Repetent) 318
Balde, Jakob (1604-1668; Jesuit, Hofprediger und Lyriker) 340
Barclay, John (1582-1621; engl. Schriftsteller) 340
Bauer, Ludwig (1803-1846; Schriftsteller, Freund Mörikes und Waiblingers) 115, 272
Baur von Orendelsal: s. Ludwig Bauer
Bengel, Johann Albrecht (1687-1752; piet. Theologe) 341
Bertha v. L...: s. Bertha von Lützow
Bilfinger, Carl Friedrich (1744-1796; Hofrat und Oberamtmann in Nürtingen) 13
Bilfinger, Christian Ludwig (1770-1850; Kompromotionale Hölderlins) 248, 261
Bliefer (Tübinger Buchbinder) 28 ff.
Bliefer (Frau des Tübinger Buchbinders) 200
Blöst, Julius (entfernter Verwandter Hölderlins) 323, 335
Blumenhagen, Wilhelm (1781-1839; populärer Schriftsteller) 232
Boccacio, Giovanni (1313-1375; ital. Schriftsteller) 22
Böhlendorff, Casimir Ulrich von (1775-1825; Schriftsteller und Freund Hölderlins) 36
Börne, Ludwig (1786-1837; Schriftsteller) 231
Brandauer, Friedrich Wilhelm (1820-1856; Stiftler und Pfarrer) 308, 313
Braun (Heidelberger Verlag) 25
Brentano, Clemens (1778-1842; Schriftsteller) 22, 38, 41, 44, 191
Breslau, David Heinrich (1784-1859; Mediziner) 20
Breunlin, Heinrike Sibylle Christiane (geb. 1793, verh. Günther, Tochter Maria Eleonora Heinrike B.s) 11, 112
Breunlin, Karl Heinrich Friedrich (Fritz) (1797-1880; Sohn Maria Eleonora Heinrike B.s, Hölderlins Patenkind) 165, 331-339
Breunlin, Louise (Frau Fritz Breunlins) 339
Breunlin, Maria Eleonora Heinrike (Rike) (geb. Hölderlin 1772-1850; Schwester Hölderlins) 126, 159f., 162-165, 167ff., 182, 195ff., 201ff., 222, 242, 255, 268, 305f., 314, 323, 333, 335, 338
Brockhaus, Friedrich (1804-1874) und Heinrich (1800-1865); Verleger 124, 214
Buonarotti: Wahlname Hölderlins 205f., 241, 278
Bürger, Gottfried August (1747-1794; Schriftsteller) 104
Burk, Israel Gottfried (Oberamtspfleger in Nürtingen, Vormund Hölderlins von 1828-1840) 157, 161f., 164ff., 168, 170-173, 175-180, 182-187, 189, 195-197, 199, 201-208, 211, 216ff., 221, 230, 233f., 238ff., 242-245, 251, 254, 256f., 260, 266, 268
Burk, Philipp David (1714-1770; Theologe und Erbauungsschriftsteller) 160
Byron, George Gordon Noel Lord (1788-1824; engl. Schriftsteller) 107

Caesar, Gaius Julius (100-44 v. Chr; röm. Militär, Politiker und Schriftsteller) 340
Calderon de la Barca, Pedro (1600-1681; span. Dramatiker) 22
Campe, Joachim Heinrich (1746-1818; Pädagoge) 248
Canitz, H. (Herausgeber der Werke Waiblingers) 231
Caroline Louise von Hessen-Homburg (1771-1854; verheiratete Fürstin von Schwarzburg-Rudol-

stadt) 81, 92
Carriere, Moriz (1817-1895; Professor für Philosophie und Aesthetik) 286f.
Cath. (nicht ermittelt) 243
Cicero, Marcus Tullius (106-43. v. Chr.; röm. Politiker, Rhetor und Schriftsteller) 340
Chamisso, Adelbert von (1781-1838; Schriftsteller) 63
Conz, Karl Philipp (1762-1827; Professor für klassische Literaturen in Tübingen) 19 f., 21, 29, 49, 56, 58 f., 61 ff., 95, 104, 108, 144f., 201, 276, 280, 318
Corday, Charlotte (1768-1793; Mörderin Marats) 28
Cotta von Cottendorf, Johann Friedrich Freiherr (1764-1832; Verlagsbuchhändler) 6. 20, 38, 50, 52, 54 ff., 59, 61-64, 66, 68, 70, 72-76, 78 f., 80-92, 94, 96 f., 119f., 124, 187, 214, 231, 251, 253-262, 269, 284, 286ff., 290f., 312, 332
Cramer, Karl Gottlob (1758-1817; Schriftsteller) 104, 214
Croker, Crofton (Schriftsteller) 217
Cronegk, Johann Friedrich Freiherr von (1731-1758; Dramatiker) 146, 214

Denzel, Bernhard, Gottlieb (1773-1838; Stiftler, Prälat in Eßlingen) 79
Diefenbach, Albert (geb. 1811; Student der Theologie in Tübingen) 212
Diest, Leutnant Heinrich (von) (1791-1824: Initiator der ersten Sammelausgabe von Hölderlins Gedichten) 50, 52 ff., 62, 65, 70 ff., 74 f., 76, 78, 80 f., 83 f., 86-89, 91, 93 ff., 97, 116, 120
Diest, Johann Heinrich (Vater v. Heinrich Diest) 87
Dillifant (Nürtinger Obergerichtsnotar) 242
Diotima (nur angegeben, wenn Susette Gontard (1769-1802) gemeint ist) 140f., 144, 149f., 215, 281, 307-310, 313, 315, 319

Eberhard, Johann August (1739-1809; Professor der Philosophie in Halle) 341
Ehrenbaum, Dr. (Berliner Begleiter Lenaus) 292
Ehrenreich, Joseph Anton von (Professor der italienischen Sprache, Erbauungsschriftsteller) 160
Eichhorn, Johann Gottfried (1752-1827; Orientalist und Historiker) 214
Emma v. O…: s. Emma von Ochsenstein
Emmy (nicht ermittelt) 323
Engelmann, Julius Bernhard (Hofmeister und Pädagoge in Frankfurt/M.) 82
Erbgroßherzogin von Mecklenburg-Schwerin: s. Auguste, geb. von Hessen-Homburg
Ernesti. Johann August (1707-1781; Philologe und Theologe) 342
Eschenburg, Johann Joachim (1743-1820; Aesthetiker) 341
Eser, Friedrich (1798-1873; Freund Waiblingers) 109
Essig, Dr. (Rechtskonsulent in Nürtingen; Vormund Hölderlins von 1842-1843) 301, 305f., 318, 333f., 336-339
Esslinger, Gottlieb (Tübinger Schuhmacher) 162, 167f.
Euripides (485-406 v. Chr.; grch. Dramatiker) 314, 340
Ewald, Johann Ludwig (1747-1822; Schriftsteller, Herausgeber der „Urania") 86, 94

Fallati, Johannes (1809-1855; Bibliothekar in Tübingen) 332
Fehleisen (Tübinger Barbier)
Feucht, Philipp (Tübinger Schneider) 160, 170, 186, 197, 199, 206, 208, 221, 233, 241, 244f., 265, 271, 304f., 315
Fichte, Johann Gottlieb (1762-1814; Philosoph) 143, 341
Fischer, Johann Georg (1816-1897; Schriftsteller) 307ff.
Florello, Johannes (1777-1850; Professor der Philosophie in Greifswald, schwed. Abstammung) 124
Fouqué, Friedrich Heinrich Karl Baron de la Motte (1777-1843; Schriftsteller) 25, 32 f., 41, 63, 73, 76, 78, 81 f., 90, 92
Friedrich II., König von Preußen 147
Friedrich I., König von Württemberg (1754-1816) 2
Fürstin von Rudolstadt: s. Prinzessin Caroline von Hessen-Homburg

Gaupp, Immanuel (geb. 1785; Jurastudent in Tübingen) 21
Gellert, Christian Fürchtegott (1715-1769; Schriftsteller) 322
Gerber, Gottlieb (Sattler in Tübingen) 210
Gfrörer, Louiße (Tübinger Näherin) 238
Gleim, Johann Wilhelm Ludwig (1719-1803; Schriftsteller) 146, 214
Gmelin, Dr. med. (Sohn von Ferdinand Gottlieb G.) 328

Gmelin, Ferdinand Gottlieb (1782-1848; Professor der Medizin und Naturgeschichte in Tübingen; Hölderlins behandelnder Arzt) 30, 262f., 269, 273f., 285, 328, 332, 336f.
Goethe, Johann Wolfgang von (1749-1832; Schriftsteller und Naturforscher) 22, 36, 41, 103, 105, 112, 141, 147, 214, 224, 230, 257, 287, 300, 309, 311f., 318
Gok (Finanzrat in Ludwigsburg) 55
Gok, Ida Eberhardine (verheiratete Arnold 1811-1868; Tochter Karl Christoph Friedrich G.s) 120
Gok, Johanna Christiana (geb. Heyn, verwitwete Hölderlin 1748-1828; Mutter Hölderlins, Maria Eleonora Heinrike Breunlins und Karl Christoph Friedrich Goks) 1 ff., 9, 11, 14, 29-50, 53 f., 68, 74, 98 f., 108, 112f., 115f., 118f., 126, 133f., 157, 160, 166f., 170-173, 205, 321
Gok, Johann Christoph (1748-1779; Vater Karl Christoph Goks, Stiefvater Hölderlins und Maria Eleonora Breunlins. Nürtinger Kommunalbeamter und späterer 3. Bürgermeister) 157f.
Gok, Karl Christoph Friedrich (1776-1849; Hölderlins Stiefbruder) 55-58, 60-64, 67-70, 72, 74 f., 77 f., 80-91, 93, 95, 97, 99, 107, 117, 120, 126
Gok, Marie Eberhardine (geb. Blöst 1777-1853; Frau von Karl Christoph Friedrich G.) 205, 251, 253, 262, 304
Gok, Karl (gest. 1840; Sohn des Karl Christoph Friedrich G.) 120
Gontard (Frankfurter Bankiersfamilie; vgl. a. „Diotima") 200, 215
Günther (Sekretär in Eßlingen) 201, 205
Günther (Nürtinger Obergerichtsnotar) 242
Gundert, Georg Friedrich Simeon (1782-1858; Helfer in Weinsberg)
Gutenberg 285
Gutzkow, Karl (1811-1878; Schriftsteller) 322
Habermaas, (1824-1898; Jurastudent, wohnte im Hause der Zimmers) 292
Hagedorn, Friedrich von (1708-1754; Schriftsteller) 248, 280
Hammon (Nürtinger Obergerichtsnotar) 242
Härlin, Samuel Benjamin (1786-1865; Mediziner, Freund Kerners) 20
Hartlaub, Johannes Wilhelm (1804-1885; Pfarrer, Freund Mörikes) 272, 314
Haug, Barbara (Tübinger Weberin) 206, 211
Haug, Friedrich (1761-1829; Bibliothekar, Kommolitone Schillers) 49, 53, 55 f., 60 ff., 64 f. 67, 69, 71, 79, 86, 94, 100, 102, 104, 106 f., 112, 143, 145, 147
Haug, Maria Magdalena (Tübinger Weberin) 199
Heckenhauer (Tübinger Schreiner) 333
Hegel, Georg Wilhelm Friedrich (1770-1831; Philosoph, Freund Hölderlins) 5, 22, 62, 82, 91, 93, 173, 220, 248, 261, 280, 311, 314
Heinse, Wilhelm (1749-1803; Schriftsteller) 147, 224, 280
Hensel, Luise (1798-1876; Schriftstellerin, konvertierte später zum Katholizismus) 44
Herder, Emil Ernst Gottfried Baron von (1783-1855; Sohn Johann Gottfried H.s) 124
Herwegh, Georg (1817-1875; Schriftsteller) 231, 322
Hesiod (um 700 v. Chr.; grch. Dichter) 339
Heubel, Georg (Verleger Waiblingers) 284
Heyer (Buchhandlung in Darmstadt und Gießen) 78
Heyn, Johann Andreas (1712-1772; Pfarrer, Vater von Johanna Christiana Gok) 157
Heyn, Johanna Rosina (geb. Sutor 1725-1802; Mutter v. Johanna Christiana Gok) 157
Hillmar (Pseudonym Hölderlins) 60
Hoch, Immanuel (1788-1856; Stiftler und Pfarrer) 2
Hoffmann, E. (Nürtinger Schneider) 240
Hölderlin, Johanna Christiana Friderica (1771-1775; Schwester Hölderlins) 158
Hölty, Ludwig Heinrich Christoph (1748-1776; Schriftsteller) 102
Homer (8. Jhd. v. Chr.; grch. Epiker) 29, 149, 185, 339
Huber, Marie Therese (verheiratete Forster, 1764-1829; ab 1819 Redakteurin von Cottas „Morgenblatt") 89
Hume, David (1711-1776; engl. Philosoph) 341

Jacobi, Friedrich Heinrich (1743-1819; Philosoph) 105, 341
Jean Paul Friedrich Richter (1763-1825; Schriftsteller) 29
Jesus Christus 153, 160
Julius: s. Blöst
Justi, Johann Heinrich Gottlob von (1705-1771; Satiriker) 340
Justinus, Marcus Junianus (2. Jhd. n. Chr.; Historiker) 340

Kalb, Charlotte Sophie Juliane von (geb. Marschalk von Ostheim; Schriftstellerin) 97, 286

Kampe: s. Campe
Kant, Immanuel (1724-1804; Philosoph) 141 f., 147, 341
Kaulbach, Wilhelm von (1805-1874; Maler und Illustrator) 250
Keim, Theodor (1825-1875; Stiftler und Professor der Theologie in Tübingen) 336
Keller, Ernst Urban (1730-1812; Prälat in Nürtingen) 1
Keller, Karl G. (ca. 1820-1882; Kompromotionale Chr. Th. Schwabs) 292
Keller, Louise (1809-1850; Malerin) 290 f., 300
Kerner, Justinus (1786-1862; Arzt und Schriftsteller) 2 ff., 5 f., 20 f., 24 f., 28, 32 f., 49, 53-57, 59, 61 f., 64 f., 67-71, 73, 57 f., 78 ff., 81, 83, 85-89, 91 ff., 95, 97 f., 120, 125, 128, 201, 253, 292,
Kesel, Frau von (nicht ermittelt) 14
Killalusimeno: Wahlname Hölderlins 148
Kilzer, Wilhelm (1799-1864; Lyriker) 284
Kleist, Heinrich von (1777-1811; Schriftsteller) 104, 190 f.
Klopstock, Friedrich Gottlieb (1724-1803; Schriftsteller) 138, 146, 185, 214, 248, 280, 322, 340
Klüpfel, Karl August (1810-1894; Historiker, Sohn von Hölderlins Kompromotionalem) 261, 332
Koerner: s. Kerner
Köstlin, Heinrich (1787-1859) 20 f., 332
Kosegarten, Ludwig Gotthard Theobul (1758-1818; Pfarrer und Schriftsteller) 104
Krehl, F. (Nürtinger Schneider) 217
Kronegk: s. Cronegk
Kühne, Gustav (1806-1888; Schriftsteller) 222
Kummer, Paul Gotthelf (1750-1835; Buchhändler in Leipzig) 52, 63
Künzel, Karl (1808-1877; Handschriftensammler) 206
Kurz, Hermann (1813-1873; Schriftsteller, Übersetzer und Historiker) 217-220, 255

Landauer, Georg Christian (1769-1845; Kaufmann in Stuttgart und Freund Hölderlins) 53, 117, 155
Lang, Friedrich Carl (1766-1822; Herausgeber) 78 f.
Lavater, Johann Kaspar (1741-1801; Pfarrer und Schriftsteller) 141, 147, 150, 214
Lebret, Johann Friedrich (1732-1807; Professor der Theologie und Kanzler der Universität Tübingen) 200
Lebret, Johann Paul Friedrich (Jurastudent aus Augsburg, wohnte bei Zimmer) 169, 174
Lenau, Nikolaus (Nikolaus Franz Niembsch Edler von Strehlenau 1802-1850; Schriftsteller) 291 f.
Lenz, Jakob Michael Reinhold (1751-1792; Schriftsteller) 116
Leohner (Oberamtsarzt in Tübingen) 336
Leske (Buchhändler der Buchhandlung Fr. Heyer) 78
Leube, Dr. Wilhelm (1799-1880; Oberamtsarzt in Tübingen) 165, 181
Levin, Rahel (verheiratete Varnhagen 1771-1833; Schriftstellerin) 23, 38
Lina (nicht ermittelt) 339
Lind, Dr. (nicht ermittelt) 203
Lindenmaier, Georg Friedrich (Tübinger Tuchmacher) 184, 197, 232, 244 f., 271
Lohbauer, Rudolf (1802-1873; Freund Mörikes) 111, 178, 217, 243
Lohenschiold, Maria Elisabeth von (geb. Hölderlin 1732-1777; Hölderlins Tante) 158 f.
Lottum und Wylich, Karl Friedrich Heinrich Graf von (1767-1841; preußischer Staatsminister) 53
Louis: s. Schäfer
Lucanus, Marcus Annaeus (39-65; röm. Dichter) 340
Lützow, Bertha von, Stiftsdame von Oberstenfeld (geb. 1827) 291

Mäcken, Jakob Ulrich (Verleger in Reutlingen) 96
Mäcken, Johann Jakob (Buchhändler in Reutlingen) 96
Mäcken, Madame 96
Magenau, Rudolf (1767-1846; Stiftler und Freund Mörikes) 58, 62, 79, 318
Mahlmann, Siegfried August (1771-1826; Schriftsteller und Redakteur) 19 f., 56, 61, 63, 67
Mährlen, Johannes (1803-1871; Stiftler, Freund Mörikes) 179, 272
Maier (Assessor): s. Karl Mayer
Maier, Friederike (Tübinger Näherin) 185, 187, 189, 194, 198, 203 f., 207, 211 f., 218
Majer, Ludwig Jakob (1769-1844; Kompromotionale Hölderlins, Dekan in Ulm) 311
Marcelli *Palingenius* Stellatus (= Pier Angelo Manzoli, 1502-1543; Arzt und kirchenkritischer Schriftsteller 340
Marianne von Hessen-Homburg (1785-1846, verheiratete Prinzessin Wilhelm von Preussen) 51-54, 62, 72, 78 f., 81 f., 87, 90, 92, 230
Marcus Aurelius Antonius (121-180; röm Kaiser) 340

Marie (nicht ermittelt) 323
Martizaer, Herr von (fiktiver Name) 124
Marx, Karl Heinrich (1818-1883; Philosoph) 316
Matthison, Friedrich von (1761-1831; Lyriker) 60, 64, 66, 70, 102, 104, 139, 142, 147, 214, 224, 249, 279, 310 f., 318
Mauchart, Immanuel David (1764-1826; Stiftsrepetent, später Dekan)
Maurer (Buchhandlung in Berlin) 76 f., 82
Mayer, August (1792-1812; Jurastudent in Tübingen) 23 f., 28 f.
Mayer, Karl (1786-1870; Jurist, Lyriker) 23 ff., 28, 49, 64, 68, 70, 292, 332
Merklin (Apotheke in Tübingen)
Michaelis, Julie (von Waiblinger umschwärmte junge Frau) 272
Miller (Tübinger Weberin) 220
Mine: s. Luise Wilhelmine Neuffer
Mittler (Buchhandlung in Berlin) 76 f.
Mörike, Eduard (1804-1875; Schriftsteller) 107, 177, 179, 217-220, 243, 272, 284, 314
Mörike, Luise (geb. 1798; Schwester Eduard M.s) 272
Müller, Friedrich (Tübinger Schuhmacher) 160, 183 f., 186, 193, 198, 204 f., 212, 217, 232, 239, 246, 270, 301
Müller, Gottl. (Tübinger Tuchmacher) 145
Müller, Heinrich (1631-1675; Professor der Theologie, Erbauungsschriftsteller) 160
Müller, K. L. Methusalem (Herausgeber der »Zeitung für die elegante Welt«) 156
Müllner, Adolph 119
Musäus, Carl Friedrich Wilhelm (1735-1787; Schriftsteller) 156

Nast, Immanuel Gottlieb (1769-1829; Skribent in Leonberg und Freund Hölderlins) 163 f., 260, 277
Nathusius, Marie (geb. Scheele, 1817-1857; Schriftstellerin) 266
Nathusius, Philipp (1815-1872; Mitarbeiter der „Kreuzzeitung") 266 f.
Neubert, Auguste (Pfarrerstochter aus Ulm) 307 f.
Neubronner (Buchhändler in Ulm) 167
Neuffer, Christian Ludwig (1769-1839; Stiftler, Pfarrer, Schriftsteller und Freund Hölderlins) 49, 53, 55, 58 ff., 62, 68, 70, 73, 79 f., 83, 86, 89, 91, 93 ff., 102, 104, 155, 311, 314, 318
Neuffer, Luise Wilhelmine (geb. Oesterle; seit 1803 verheiratet mit Christian Ludwig N.) 156
Nicolai (Buchhandlung in Berlin) 76 f.
Niembsch: s. Lenau
Niethammer, Friedrich Immanuel (1766-1848; Stiftler, Professor der Philosophie) 214
Notter, Friedrich (1801-1884; Medizinstudent in Tübingen) 85
Novalis Friedrich Freiherr von Hardenberg, 1772-1801; Schriftsteller) 143

Ochsenstein, Emma von 291
Ostertag, Wilhelm Eduard (1821-1885; Stiftler und Pfarrer) 313
Ossian (Held aus den irischen Sagen, keltischer Barde; ihm wurden lange Zeit Gesänge zugeschrieben, die in der Tat aber von dem vermeintlicher Übersetzer, J. Macpherson (1736-1796), stammten) 215, 226

Paristeer, Herr von (fiktiver Name) 124
Pfisterer (Tübinger Schneider) 194
Pfizer, Paul (1801-1867; Jurastudent in Tübingen) 104 176, 183, 272
Pierer, Heinrich August (1794-1850; Verleger) 214
Pindar (ca. 322-446 v. Chr.; grch. Lyriker) 101, 109, 314, 340 f.
Planck (Nürtinger Stadtschreiber) 13
Platon (428-349 v. Chr.; grch. Philosoph) 103, 140, 142, 232, 340
Ploucquet, Wilhelm Gottfried (Professor der Medizin in Tübingen) 21
Plutarch (1. Jhd. n. Chr.; Philosoph und Historiker) 340

Rabener, Gottlieb Wilhelm (1714-1771; Satiriker) 232
Ramsler, Johannes Friedrich (nicht ermittelt) 342
Rapp, Wilhelm (1794-1868; Professor der Anatomie und Zoologie in Tübingen)328, 331
Reinbeck, Emilie (Malerin; Frau von Georg R.) 291
Reinbeck, Georg (1766-1849; Schriftsteller) 291
Reinhardt, Karl Friedrich (1761-1837; Stiftler, Gesandter der französischen Republik, Pair Frankreichs) 341
Ricke (Magd Johanna Christiana Goks) 15
Ritter, Karl (1779-1859; Geograph) 82
Romberg (Chirurg in Tübingen) 323 f., 333
Rosenkranz, Karl (1805-1879; Professor der Philosophie) 314
Roser, Karl (1787-1861; Staatsrat, Schwager Ludwig Uhlands) 323

Rosetti: Wahlname Hölderlins 293
Rosine: s. Rosine Stäudlin
Ruge, Arnold (1803-1880; Politiker und Publizist) 316
Runge, Philipp Otto (1777-1810; Maler) 22

Salm, Graf von (nicht ermittelt) 155
Sappho (geb. 630 v. Chr.; grch. Lyrikerin) 215
Salvator Rosa: Wahlname Hölderlins 308
Sarwey, M. (Helfer in Tübingen) 336 f.
Savigny, Friedrich Karl von (1779-1861; Staatsrechtler und preußischer Minister) 38, 41 f.
Scaliger Rosa: Wahlname Hölderlins 310, 312
Scardanelli: Wahlname Hölderlins 125, 205, 235 f., 249, 252, 264, 272, 275, 278, 282, 289, 294, 302, 307 f., 310, 312, 314, 316 f., 320
Scarivari: mögl. Wahlname Hölderlins 308
Schäfer, M. Ludwig Heinrich (angeheirateter Verwandter K. Goks, Präzeptor in Lauffen) 323, 335
Schauffler (Stuttgarter Kutscher) 335
Scheller, Immanuel Johann Gerhard (Lexiograph und Grammatiker) 341
Schelling, Friedrich Wilhelm Joseph (1775-1854; Philosoph, Freund Hölderlins) 2, 141, 143, 147, 280, 287, 341
Schickardt (Witwe des Nürtinger Revisors) 240
Schiller, Johann Christoph Friedrich von (1759-1805; Schriftsteller) 60, 62, 64 f., 67, 96, 104 f., 117, 121, 138, 141, 147, 214, 218, 224, 230, 248, 250, 253, 257, 280, 287, 292, 300, 307, 309-312, 318 f.
Schlegel, August Wilhelm (1767-1845; Schriftsteller) 42
Schlegel, Friedrich (1772-1829; Schriftsteller) 5, 42
Schleiermacher, Friedrich Daniel Ernst (1768-1834; Theologe und Philosoph) 341
Schlesier, Gustav (geb. 1810; Publizist) 108, 164, 205, 253, 286 f., 316, 336
Schlosser, Johann Friedrich (Fritz) Heinrich (1780-1851; Jurist, Lehrer, Übersetzer) 62, 66
Schmid, Friederike (Näherin in Tübingen) 241
Schmid, Siegfried (1774-1859; Schriftsteller und Freund Hölderlins) 5, 51, 97, 314
Schneckenburger, Matthias (1804-1848; Kompromotionale Mörikes) 243
Schneider. Johann Gottlob (1750-1822; Professor und Universitätsbibliothekar in Tübingen) 341
Schnurrer, Friedrich (1784-1833; Mediziner) 21, 214
Schoder, Friedrich Gustav (1785-1813; Theologiestudent in Tübingen) 2, 21
Schreiber, Alois Wilhelm (1763-1841; Professor der Aesthetik in Heidelberg) 28
Schreiner, Johann Georg (1801-1859; Lithograph und Freund Mörikes) 111, 118, 178
Schubart, Christian Friedrich Daniel (1739-1791; Schriftsteller) 64, 67
Schulze, Johannes (1786-1868; Herausgeber der Werke Winckelmanns) 51-55, 62 f., 72 f., 76 ff., 90 ff.
Schwab, Christoph Theodor (1821-1883; Sohn Gustav Schwabs, Stiftler, Professor in Stuttgart) 125, 252 f., 257, 266 ff., 276, 287 f., 291, 308, 312, 323 f., 322, 336, 339
Schwab, Gustav (1792-1850; Schriftsteller) 28, 41, 49, 55, 69, 94 f., 98 ff., 102, 107, 117, 119 ff., 124 f., 126, 136, 146, 153, 155 f., 214, 253 ff., 258 f., 261, 269, 281, 284, 286 ff., 291 f., 299 f., 304, 312, 314, 316, 323, 336, 339
Schwab, Sophie (geb. Gmelin, 1795-1865; Ehefrau Gustav Schwabs) 252, 261
Seckendorf, Franz Karl Leopold (Leo) Freiherr von (1775-1809; Publizist) 5, 19, 22, 61 f., 188, 318
Seeger (Nürtinger Obergerichtsnotar) 242
Seeger, Christian (Tübinger Kürschner) 271, 315
Seiler, Georg Friedrich (1733-1807; Professor der Theologie und Erbauungsschriftsteller) 160
Seume, Johann Gottfried (1763-1810; Schriftsteller) 190
Shakespeare, William (1564-1616; engl. Dramatiker und Lyriker) 22, 41
Sigwardt, Georg C. Ludwig (1784-1864; Professor der Botanik und Chemie) 21
Silcher, Philipp Friedrich (1789-1860; Komponist, Universitätsmusikdirektor in Tübingen) 218
Sillaer, Herr von (fiktiver Name) 124
Sinclair, Isaac von (Diplomat, Schriftsteller, Freund Hölderlins) 5, 22, 50 f., 54 f., 66, 173, 200, 250 f., 278, 311, 318
Sömmering 284 f.
Sommineer, Herr von (fiktiver Name) 124
Sophie (nicht ermittelt) 156
Sophokles (496-406 v. Chr.; grch. Dramatiker) 6 f., 142, 167, 214 f., 307, 312, 314, 340
Stälin, Christoph Friedrich (1805-1873; Historiker) 261
Stang, Karl Friedrich (1792-1865; Stiftsrepetent) 65, 67
Stäudlin, Karl Friedrich (1761-1826; Professor der

Theologie in Tübingen) 56, 58, 60 f. 67, 69, 117, 188
Stäudlin, Rosine (1767-1795; Schwester Karl Friedrichs) 73, 163
Steinreuß 21 (nicht ermittelt)
Stoll (1778-1815; Schriftsteller, Freund Kerners) 21, 184, 292
Storr (nicht ermittelt)

Tacitus, Publius Cornelius (55-116; röm. Historiker) 340
Tasso, Torquato (1544-1595; ital. Schriftsteller) 224, 229
Terenz (Terentius), Afer Publius (185-159 v. Chr.; röm Dramatiker) 340
Theokritos (300-260 v. Chr., grch. Dichter) 340
Tieck, Johann Ludwig (1773-1853; Schriftsteller) 5, 41 f., 143
Tiedge, Christoph August (1752-1841; Schriftsteller) 104
Trenck, Friedrich Freiherr von (1711-1749); öster. Offizier) 102 f.
Tritschler, Johann Chr. Salomo (1785-1841; Arzt und Liederkomponist) 20 f.
Trogus, Gnaeus Pompeius (Historiker zur Zeit des Augustus) 340

Uhland, Gotthold (Oberamtsarzt in Tübingen, Onkel Ludwig U.s) 117, 119, 120 f., 125, 128, 136, 146, 153, 188, 214, 254, 257, 259, 281, 287, 291, 304, 311, 323, 336
Uhland, Ludwig (1787-1862; Schriftsteller, Professor in Tübingen) 2, 4, 21, 28, 32, 41, 49, 55, 57, 62, 68 ff., 78 f., 80 f., 83 f., 86-89, 91, 94 f., 97 f., 100 ff., 108, 166, 181
Uz, Johann Peter (1720-1796; Schriftsteller und Jurist) 104, 213, 322

Varnhagen von Ense, Karl August von (1785-1858; Diplomat und Schriftsteller) 6, 21, 23, 25, 63, 65 f., 70, 84, 125
Varnhagen, Rahel: s. Levin
Vermehren, Johann Bernhard (1774-1803; Schriftsteller und Dozent) 69, 94 f.
Virgil (Vergilius), Publius Maro (70-19 v. Chr.; röm Dichter) 340
Vischer, Friedrich Theodor (1807-1887; Schriftsteller und Aesthetiker) 336
Voß, Leopold (Verleger) 155 f.

Wächter, Karl Georg (1797-1880; Professor der Rechte in Tübingen) 203. 291
Wächter (nicht ermittelt)
Waiblinger, Wilhelm (1804-1830; Schriftsteller) 100, 108 f., 112, 115, 119, 121, 123, 135, 149, 178, 214, 223 f., 231, 250, 252, 254, 259, 272, 277, 280 f., 284, 287 f.
Wagner 307, 311
Wagner, Johann Ernst (1769-1812; Romancier) 176
Wagner, J. J. (Unterschriftsbevollmächtigter Schreiber der Cottaschen Buchhandlung) 97, 256
Weiße, Christian Felix (1726-1804; Dramatiker) 340
Weisser, Friedrich Christoph (1761-1836; Schriftsteller) 4, 100, 109 f.
Weppen, Johann August (1741-1812; Schriftsteller) 341
Wieland, Christoph Martin (1733-1813; Schriftsteller) 105, 121, 146, 249, 340
Wilhelm, Prinzessin: s. Marianne von Hessen-Homburg
Willmans, Friedrich (1764-1830; Buchhändler und Verleger) 87, 97
Winckelmann, Johann Joachim (1717-1768; Kunstschriftsteller) 51, 54 f., 103
Wolff, Christian Freiherr von (1679-1754; Philosoph) 160
Wurm, Christian Friedrich (1803-1859; Stiftler, Professor der Geschichte) 100 f.

Zachariae, Just Friedrich Wilhelm (1726-1777; Schriftsteller und Professor der Literatur) 213, 340
Zeller, Andreas Christoph (1684-1743; Abt) 160
Zeller, Gustav Hermann, 1812-1884; Oberamtspfleger in Nürtingen von 1838-1841, Vormund Hölderlins im Jahr 1841) 266, 268, 270, 273 f., 285 f., 288, 293, 295, 303, 305
Ziller, Karl Christian Friedrich (1801-1838; Stiftler, Verwandter Fritz Breunlins) 95, 97, 221 f., 269
Zimmer, Charlotte (Lotte) (1813-1879; Tochter von Ernst z.) 162, 173, 233 ff., 238 ff., 242-246, 251, 253, 260, 262, 268-271, 274 f., 285 f., 293 ff., 299, 303, 305 f., 315, 318, 321, 324, 327, 333 f., 337, 339
Zimmer, Christian Friedrich (geb. 1806; Sohn von Ernst Zimmer) 106, 108
Zimmer, Ernst (Friedrich) (1772-1838; Schreiner, Hölderlins Kostherr im Tübinger Turm) 12, 15, 28-34, 46, 58 f., 84, 106, 108, 115, 126,

134, 161-173, 175-180, 182-187, 189, 193-199, 201-208, 210 ff., 216 ff., 220 ff., 247, 260, 292, 311

Zimmer, Marie Elisabetha (geb. Gfrörer, 1774-1849; Frau von Ernst Zimmer) 15, 48, 205, 232, 233 ff., 238, 240, 242-246, 253, 260, 266, 269 f., 273, 300, 324, 331 f.

Zirwizaer, Herr von (fiktiver Name) 124

Zoller, August (1773-1858; Rektor des Stuttgarter Katharinenstifts) 189

Zollikofer, Georg Joachim (1730-1788; Prediger in Leipzig) 141, 149, 150, 214

Zwilling, Jacob (1776-1809; Offizier und philosophischer Schriftsteller) 22

Dieter Burdorf
Hölderlins späte Gedichtfragmente
»Unendlicher Deutung voll«

1993. XII, 614 Seiten, 8 Abb., kart.
ISBN 3-476-00885-1

In dieser Studie werden die Seiten 73 bis 76 des *Homburger Folioheftes*, der wohl bedeutendsten von Hölderlin überlieferten Sammelhandschrift, editorisch und interpretatorisch umfassend erschlossen. Die Fragmente, die in den bisherigen Ausgaben unter Titeln wie »Das Nächste Beste« und »Vom Abgrund nemlich ...« wenig überzeugend ediert sind, stehen im Brennpunkt von Hölderlins lyrischen Spätwerk. Dieter Burdorf zeigt, daß auf den vier Handschriftenseiten ein Ensemble unterschiedlicher Genres (Gedichte, Sentenzen, Stichwörter u.a.) von Hölderlin absichtsvoll entworfen worden ist. Das sich in den Gedichtfragmenten artikulierende dichterische Subjekt sucht nach einem Ort gelingender Interaktion zwischen den poetischen Instanzen »Ich« und »Wir« und bemüht sich zunächst, diesen Ort in Evokationen deutscher und südfranzösischer Landschaften zu erreichen; gefunden wird er jedoch erst in einem Schwebezustand, der alle topographischen Fixierungen überschreitet. Hölderlins späte Gedichtfragmente können – so das zentrale Ergebnis der Untersuchung – durch die in ihnen entfalteten offenen Konzepte von Subjektivität und Intersubjektivität anregend und aufregend wirken: sie sind »unendlicher Deutung voll«.

Verlag J. B. Metzler Stuttgart · Weimar